KB240814

초기 소설사의 형성 과정과 그 저변

The Formation Process and Lowest Stratum of the Early Romance History

저자 **정환국**(鄭煥局)은 1968년 전남 고흥 거금도에서 태어나 성균관대학교 한문교육과
와 대학원 한문학과에서 한문학을 전공하였다. 현재 성균관대학교 동아시아학술원 연
구교수로 있으며, 민족문학사연구소 연구실을 맡고 있다. 지금까지 전기소설을 비롯
한 한문 서사산문류를 연구하여 「조선후기 인물기사(人物記事)의 전개와 그 성격」 등
의 논문을 썼으며 『역주 매천야록(梅泉野錄)』(공역) 등을 번역하였다. 근대이행기의
한문학에도 관심을 두고 있으며, 앞으로 한문 서사류의 전개과정과 그 양상에 관한
보다 체계적인 연구 계획을 가지고 있다.

초기 소설사의 형성 과정과 그 저변

1판 1쇄 발행 2005년 10월 20일
1판 2쇄 발행 2006년 10월 20일

지은이 / 정환국
펴낸이 / 박성모
펴낸곳 / 소명출판
출판고문 / 김호영
등록 / 제13-522호
주소 / 137-878 서울시 서초구 서초동 1621-18 (란빌딩 1층)
대표전화 / (02) 585-7840
팩시밀리 / (02) 585-7848
somyong@korea.com / www.somyong.com

ⓒ 2005, 정환국

값 20,000원

ISBN 89-5626-178-4 93810

초기 소설사의 형성 과정과 그 저변

The Formation Process and Lowest Stratum of the Early Romance History

정환국

소명출판

이 책을
고단했지만 아름다운 영혼,
어머니 영전에 바칩니다.

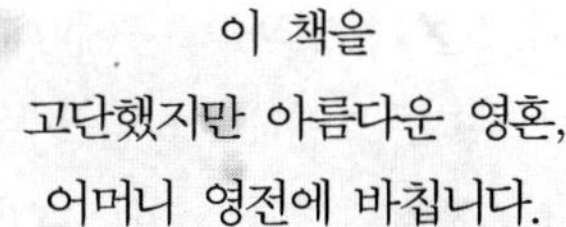

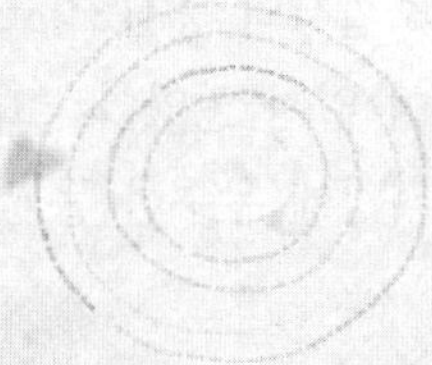

　기호학자 움베르토 에코는 '운명과 죽음에 대한 질문과 가르침'이 문학의 중요한 기능이라고 했다. 그런데 이 말을 우리 문학에 제한시켜 보면 가장 이른 시기의 '전기소설(傳奇小說)'에 걸맞는 언급일 게다. 21세기를 살아가는 지금, 죽음과 운명의 문제는 소거될 수 없는 우리들의 영원한 숙제가 아닌가? 그런 점에서 비록 저 전통시대의 사상(死狀)으로 남아 있는 전기소설은 이런 문제를 새롭게 환기시켜 줄 대상임에 틀림없다. 이미 죽은 장르를 다시 살려내 오늘 우리들의 운명과 죽음을 따져 보는 일, 한번 생각해볼 수 있지 않을까?

　이 책은 약 10년 간 줄곧 공부한 전기소설에 대한 필자의 보고서이다. 초기 소설사에 진작부터 관심을 가지고 있었던 연구자로서 그동안 초기 소설사의 중심 장르였던 전기소설이 통시적으로만 조명된 데 대한 불만이 없지 않았다. 그래서 초기 소설이 궤적을 그리며 소설사가 성립되는 과정엔 무수한 불균열의 지점들이 존재하리라는 기대를 갖게 되었다. 이런 생각으로 개별 작품들과 저변 및 주변의 정황들을 분석해보니, 기대대로 전기소설은 시대마다 각이한 자기 색깔을 뽐내고 있었다. 그러면서도 이 층차성과 함께 초기 소설의 성립 과정에는 나름의 '흐름'이 있다는 점 또한 분명히 인식할 수 있었다. 그 흐름에는 당연히 초기 서사의 양태들이 집적되는 형태로, 그러면서도 지속적인 '새로움'이 한켠 한켠 자리를 잡아가고 있었다. 초기 소설의 중층성을 확인하는 지점이었다. 이 때문에 개별 작품을 분석하는 자리에서도 대체로 전후소설사의 흐름과 관련지어 논의하고자 했다. 그 궤적을 우선 나말여초(羅末麗初)부터 17세기 전반까지로 한정하였다. 이 기간은 바로 전기소설이 탄생하여 그 정점에 도달한 시기이자, 문학사에서 초기 소설사가 형성되는 과정이기도 했다. 그래서 지금 그에 대한 논의들을 모아 '초기 소설사의 형성 과정과 그 저변'이란 제목으로 상재(上梓)한다.

우선 다룬 내용의 개략을 들어둔다.

제1부는 소설 형식의 성립 과정에 주목하였다. 나말여초 전기(傳奇)부터 『금오신화(金鰲新話)』, 그리고 16세기 소설까지의 과정을 형식화 원리에 주목하여 살펴보았다. 구체적인 논의 방식은 주로 중국 소설과의 비교 형식을 취하였다. 한편 그 소재와 미의식의 측면에서도 전기소설이 하나의 장르로 형식화되는 지점들을 탐색해보았다.

제2부는 이른바 17세기 '소설의 시대'의 전사(前史)로써 그 전후 시기의 소설 창작과 향유의 기반이 되는 환경을 전방위적으로 검토하고자 했다. 여기서는 크게 세 가지를 다뤘다. 중국 소설의 유입과 영향, 16세기 말에서 17세기 전반을 통과하는 동아시아 전란, 그리고 소설 주변의 제양식들의 움직임을 논의의 장에 끌어들인 것이다.

제3부는 17세기 전기소설의 면모와 그 전변의 양상을 다뤘다. 「운영전(雲英傳)」·「최척전(崔陟傳)」·「상사동기(相思洞記)」·「동선기(洞仙記)」, 그리고 「왕십붕기우기(王十朋奇遇記)」·「왕경룡전(王慶龍傳)」 등에 이르기까지 사상사·사회사(전란)와 접맥되었거나, 중국 소설을 개작했거나, 전

후소설사의 관련성 등과 연관된 면모를 다원적인 시각에서 접근하였다. 그런 이유로 불가피하게 논의가 중복되는 경우도 없지 않았다. 그러나 초기 소설사의 구도가 이런 복잡한 과정 속에서 밑그림이 그려지고 있었다는 점은 어느 정도 가시화되었다고 판단된다.

그러나 이것은 처음부터 하나하나 기획한 속에서 접근한 연구는 아니다. 개별 논문들을 발표, 수정하면서 자연스레 엮어졌기 때문이다. 그것을 지금 한 데 묶은 것이다. 그런 터라 대체로 시대 순으로 편제하였으나 편차가 없지 않다. 특히 입문 초기에 발표한 논문들의 경우 지금 보면 보완하거나 수정해야 할 부분이 더러 있다. 그럼에도 불구하고 자구만을 고치는데 그쳤다. 다시 보완하는 지난한 작업을 회피하고자 해서 그런 게 아니라, 그때 그때 고민했던 흔적들을 있는 그대로 내보이고, 또 그것이 한 연구자의 입문 과정으로 이해되길 기대했기 때문이다. 또한 가지, 나름대론 초기 소설사에 대한 문제적인 시각을 견지하려고 노력하였다. 따라서 이 책은 초기 소설사에 대한 '문제 해결'이 아니라 '문제제기' 차원에서 엮어진 셈이다. 그러다 보니 논증보다는 주장이 앞선 경우도 많았다. 이런 저런 문제적인 시각을 견지한답시고 이 책 자체가 '문제'가 아닌지 두려운 마음이 앞선다. 그렇긴 하지만 이 책이 조그만 논쟁거리가 되어 그 비판의 화살이 필자에게 겨누어 졌으면 하는 바램을 가져 본다.

이 책이 이렇게나마 꾸려진 데에는 몇 분 선생님의 학덕에 전적으로 의존한 결과다. 지금 이분들을 거명할 순 없다. 딴의 이유가 있다. '최소한 누를 끼치지는 말아야 하지 않겠는가.' 과유불급(過猶不及)의 소치라고 오해받을 수도 있겠지만 그래도 어쩔 수 없다. 최소한 이게 지금 필자의 솔직한 심정이므로 공부가 좀더 정진되어 학적 역량이 쌓이면 그때 비로소 '학은'을 이야기하고 싶다. 다만, 욕구불만이던 시기에 함께 고민하고 격려해주었던 동학들의 살가운 모습만큼은 꼭 이 자리에 옮겨놓고 싶다. 실시학사 고전문학연구반과 민족문학사연구소 매천야록반은 필자로 하여금 격의 없는 언행을 서슴지 않도록 방임한 책임이 크다. 그리고 지금은 민족문학사연구소 16~17세기 소설사반과 대화 중에 있다. 이 지인·동학들의 모습을 떠올리며 고마운 마음을 전한다. 그리고 김형섭 동학은 인용문 등을 꼼꼼하게 읽어주고 바로잡아 주었다. 역시 고맙기 그지없다. 논문을 편재하면서 편마다 관련 중요자료를 첨부하였다. 이 자료를 제공해준 소장자 및 소장처 관계자 분들께도 심심한 감사를 드린다. 끝으로 인문학의 고사 상황에서 함께 고민하는 소명출판은 또 하나의 고역을 맡아 주었다.

필자는 전기소설을 읽으면서 새삼 '고독'에 대해 음미하게 되었다. 현대를 살아가는 우리들은 분명 고독하다. 고독하기 때문에 그 어떤 욕망이 꿈틀대지만 그것도 결국은 자신이 고독하다는 사실을 확인하는 과정 외에 다른 위안은 되지 못하는 것 같다. 그런 우리들의 일상이 어쩌면 그렇게 저 전기소설에 등장하는 인물들의 고독과 닮아 있는지 모르겠다. 시대와 환경의 엄청난 거리에도 불구하고 현대를 살아가는 우리는 여지없이 '전기적 인간'이다.

이 책은 거의 조울이라 할 만큼 혼란스러웠던 필자의 젊은 시절의 자화상이라 말하고 싶다. 방황한 만큼 책의 내용도 산만하다. 그런 지금 그 필자는 고독이라는 낯선 손님과 함께 거처를 마련하고 있는 중이다. 이 고독이 내 안에서 편안히 자리를 잡고 남의 고독과도 대화할 수 있는 시간과 여유가 생긴다면, 앞으로의 연구가 좀더 성숙해질 것이라 소망해본다.

2005년 9월
불암산 허리가 조금씩 물들어가는 즈음
정 환 국

소설 형식의 성립 과정

나말여초 전기(傳奇)의 '욕망의 형식화'에 대하여
: 초기 소설의 성립 과정에 주목하여

『금오신화』와 『전등신화』의 지향과 구현화 원리

「설공찬전」 파동과 16세기 소설 인식의 추이

전란 소재 애정전기소설의 성립과 발전에 대한 시론
: 「취취전(翠翠傳)」과 「이생규장전(李生窺墻傳)」을 중심으로

전기소설 삽입시의 미감
: 초기 소설의 양식화와 그 서사적 맥락에 대한 지표로써

나말여초 전기(傳奇)의 '욕망의 형식화'에 대하여

초기 소설의 성립 과정에 주목하여

1. 문제의 실상

인간의 '욕망'은 소설의 '갈등'과 암묵적으로 내통하고 있다는 예단이 가능하다면, 이 욕망의 지속적인 추구와 좌절, 그리고 이에 대한 처리 문제가 서사문학에 있어서 중요한 영역을 차지한다는 점은 어느 정도 명백해 보인다. 따라서 동아시아에서의 소설의 발생과 전이 과정도 이 욕망의 처리 문제와 결코 분리될 수 없을 터다. 이른바 '지괴(志怪)'에서 '전기(傳奇)'로의 전환은 이 점을 파고들면서 동아시아의 독특한 서사양식으로 구현되는 과정이기도 했다.

전기하면 으레 떠올려지는 것 중에 하나가 주인공의 죽음이다. 그리고 이네들은 걸핏하면 원귀(寃鬼)로 나타나 하소연을 해댄다. 그 하소연은 단순하지 않아서, 무언가 심각한 문제를 안고 있을 성싶다. 바로 거기, 즉 죽음과 환혼(還魂)의 과정 안엔 욕망의 그림자가 꿈틀거린다. 그러나 그것은 채워지거나 충족되는 성질의 것이 아니다. 그래서 이 욕망의 딜레마는 전기 양식의 뚜렷한 지향성 중에 하나로 자리한다. 결과적으로 초기 소설의 형태는 바로 이 문제를 특화시켜 나가면서 성립되었다 해도 과언은 아니다.

본고는 이 점에 착안하되 초기 전기의 성립 과정을 기존의 연구 구도[1])와 각도를 달리하거나 보완하는 지점에 두고자 한다. '욕망의 형식화'[2])가 초기 전기 양식에 어떻게 구현되고 있는가 하는 점을 개별 작품에서 확인해봄으로써 초기 소설사를 구획해보려는 것이다. 여기에 거론할 수 있는 작품은 「조신전(調信傳)」·「호원(虎願)」·「최치원(崔致遠)」 등이다. 지괴와 전기를 양식적으로 구분했을 때, 「조신전」과 「호원」은 전

---

1) 주지하듯이 이 시기 '傳奇(小說)'에 대한 연구는 우리나라 소설의 성립이라는 큰 전제 아래에 이루어져 왔다. 그러므로 설화와의 변별이라든가, 나말여초의 문화적 환경의 변화 등 주로 역사적인 맥락에서 논의가 이루어졌다. 그런 과정에서 초기 소설의 구도가 어렴풋하게 그려졌고, 이제 소설의 시작은 나말여초로 비정해도 큰 이의가 제기되지 못할 만큼 연구의 성과가 가시화되었다. 그런데 정작 개별 작품의 내적 면모와 상호간의 소통에 대해서는 의외로 논의가 적었다. 그리고 어떤 주제나 형식으로 접근한 사례도 거의 없었다. 주요 연구 성과는 다음과 같다.
이헌홍, 「최치원전의 전기소설적 구조」, 『수련어문논집』 9집, 부산여대, 1982; 임형택, 「나말여초의 전기문학」, 『한국문학사의 시각』, 창작과비평사, 1984; 김종철, 「서사문학사에서 본 초기 소설의 성립문제」, 『고소설논총』(다곡이수봉선생회갑기념논총), 1988; 박일용, 「소설의 발생과 수이전 일문의 장르적 성격」, 『조선시대의 애정소설』, 집문당, 1993; 장효현, 「전기소설의 성과 문제」, 『민족문화연구』 28집, 민족문화연구소, 1995; 윤재민, 「전기소설의 성격」, 『한국한문학연구』 20주년 특집호, 한국한문학회, 1996; 박희병, 『전기소설의 미학』, 돌베개, 1997; 김현양, 「최치원의 장르성격 논의에 대한 비판적 검토」, 『민족문학사연구』 10호, 민족문학사연구소, 1997; 정출헌, 「나말여초 서사문학사의 구도와 「수이전」」, 『고전소설사의 구도와 시각』, 소명출판, 1999; 정병호, 「나말여초 전기소설의 대두와 「최치원」」, 『인문과학』 14집, 경북대 인문과학연구소, 2000.
2) '욕망의 형식화'는 욕망을 작품 안에 구현하는 과정에 주목하여 붙여본 용어이다. 일찍이 지라르가 근대 서구소설에서의 욕망의 문제를 본격적으로 논의한 적이 있는데(김윤식 역, 『소설의 이론』, 삼영사, 1977), 그가 언급한 욕망과 여기서 제한하고 있는 개념과 범위는 그 시대와 지역의 거리만큼 차이가 있다. 그럼에도 인간이 뭔가를 추구한다는 지점에서의 욕망은 어느 정도 공통분모를 갖게 마련이다. 특히 본고에서는 초기 소설 양식에서 간취되는 '결핍'이란 동인에 의해 이를 충족·해소하고자 하는 원망, 그리고 좌절·초극의 과정이 구현되는 면모를 구획해보는데 한정하였음을 밝혀둔다.

기성보다는 지괴성이 더 두드러져 보인다. 이에 반해 「최치원」은 그야
말로 전기이다.3) 물론 이와 같은 잣대란 것도 중국 쪽의 이분법적인 분
류에 매달려 있는 처지여서 내부적 특성을 고려해야 한다는 전제가 고
려될 필요가 있으나 지괴·전기가 동아시아 소설의 보편적 시원을 가진
다고 할 때, 우리는 지금까지 이를 너무 무시한 경향마저 있었다. 그렇
긴 하지만 본고에서는 초기 소설 형식의 성립 과정을 살펴본다는 점에
서 이 세 작품을 지괴와 전기로 구분하는 작업에 매달리려고 하진 않겠
다. 장르적 귀속과 작품의 선후 문제는 우선 그 동안의 논의의 성과와
한계로써 남겨 두고, 초기 소설로서의 전기 양태를 한데 모아 논란해보
고자 한다.
　　또 한 가지, 이들 작품들의 운동성을 살피기 위해서 중국 쪽의 움직임
을 보다 적극적으로 고려하지 않을 수 없겠다.4) 쌍방의 비교를 위해서
가 아니라 우리 쪽 초기 서사의 흐름을 객관화시키기 위한 불가피한 전
제로써 말이다. 그래서 위의 작품들과 연결되는 저쪽의 전기소설 — 즉
당대(唐代) 전기 — 을 함께 분석하기로 한다. 이런 과정을 통해 양자의
변별점도 자연스럽게 구획될 것이다.5)

---

3) 『수이전』 일문을 지괴적 성격으로, 「최치원」을 전기적 성격으로 구분하여 논한 예가
　이미 있었다(정출헌, 「나말여초 서사문학사의 구도와 〈수이전〉」, 『고전소설사의 구도
　와 시각』, 소명출판, 1999, 13~48면).
4) 정출헌 역시 중국의 상황과 관련지어 나말여초 서사문학사를 되짚어 보는 작업이
　필수적이란 점을 지적한 바 있다(정출헌, 위의 논문, 16면). 그리고 그런 문화적 토대에
　대해서도 적잖은 언급이 있었다. 그러나 정작 작품간의 논의는 진행되지 못했다.
5) 분명한 점은 영향 관계를 설명하자는 것이 아니라는 사실이다. 물론 이것 또한 장을
　달리해서 분명하게 따져 보아야 할 사안이라는 점은 명백하다.

2. 욕망의 몇 가지 양상과 처리 방향

1) 이류(異類)의 인간되기 —「호원」과 「임씨전」

초기 전기 중 이류(異類)가 등장하는 작품에서의 공통점은 한마디로 인간으로서의 삶에 대한 진지한 원망(願望)이다. 그런데 이 이류들은 그저 단순한 이류가 아니고, 원래는 '인간'이었다는 설정이 감지된다. 인간과 신의 사랑 내지 인간과 요괴의 사랑, 혹은 인간과 동물의 사랑이라는 이 '기괴한' 덧칠은 비유교적 사랑에 대한 유교 측의 비난을 피하기 위한 하나의 보호색이었다[6]는 점에서 이를 반증한다. 인간의 현실을 비판하기 위해서 설정된 인간의 내면 저 반대편에 있는 존재들로 비춰진다. 그런 점에서 여기 이류는 원귀나 환혼 따위와 별반 차이가 없다. 인간을 비판하는 존재들임에도 이들은 다시 그 '인간'을 동경하고, 그 인간이 되고자 갈망한다. 인간을 거부했으면서도 끝없이 그 인간을 동경하는 속에서, 이들 작품들은 강한 현실 지향을 보여준다.

이 문제를 논의하기에 요긴한 작품이 「호원(虎願)」과 당대의 전기인 「임씨전(任氏傳)」이다. 진작에 「호원」은 『삼국유사』에 부기된 관계로 「신도징(申屠澄)」과의 관련성이 적지 않게 지적되어 왔으나, 서사적 근친성과 주제의 지향성은 오히려 「임씨전」과 관련이 깊다.[7]

「임씨전」은 여요(女妖)인 임씨(任氏)가 인간으로 변신하여 정육(鄭六)을 만나 결연을 맺는다는 줄거리로, 전체적인 분위기가 「호원」과 상당 부분 맞닿아 있다. 인간이 되고자 하는 여요의 욕망, 주위의 경계 어린 눈

---

6) 장징(張兢), 이용주 역, 『사랑의 중국문명사』, 이학사, 2004, 133면.

7) 「신도징」과는 함께 살았던 여인이 호랑이였다는 사실이 끝 부분에 표시되어 있는 외에는 별로 近似한 부분이 없다(『삼국유사』 권5. "忽壁角見一虎皮, 妻大笑曰 : '不知 此物尚在耶?' 遂取披之, 卽變爲虎, 哮吼挐攫, 突門而出.").

초리, 인간과 이물의 교환(交歡), 원망을 이루지 못한 채 최후를 맞이하는 따위가 서로 흡사하다.

그런데 임씨는 전신이 여우이면서, 인간으로 화해서는 기녀인 몸이다.[8] 때문에 그녀에게는 두 가지 욕망이 겹쳐져 있다. 즉 인간이 되고픈 원천적인 욕망과 신분을 극복해보려는 세속에의 욕망이다. 이에 비해 호녀(虎女)는 인간이 되고픈 욕망을 자기 집단에서부터 억제를 당하는 처지이다. 양자의 처지는 그들 상대방, 즉 정육과 김현(金現)이 있다고 해서 극복될 성싶지 않다. 따라서 정육과 김현은 이 문제에 있어서 깊이 동감할 뿐, 어떤 구체적인 극복 방안을 마련할 수 없는 판이다. 그럼에도 호녀와 임씨는 자신의 유일한 희망이 '실제 인간'과의 결합인양 인연을 맺는데 매달린다. 그 애처롭고 불안한 매달림 속에서 이들의 욕망은 보다 뚜렷해지면서 고양된다. 특히 임씨가 의지하는 정육의 경우, 입신은커녕 제 몸 하나 붙일 곳 없어 매제 위음(韋崟)의 도움으로 살아가는 딱한 처지의 존재이다. 이렇게 현철하지 못한 정육은 끝내 임씨를 죽음으로 몰고 가고야 만다. 작자 심기제(沈旣濟)는 작품의 끝 부분에 개입하여 이 점을 누누이 밝히고 있거니와,[9] 그럼에도 그에게 의지할 수밖에 없는 임씨의 사정이 매우 비극적이다.

호녀의 경우도 처지는 별다르지 않다. 김현은 호녀가 처해 있는 상황을 어떻게 돌려볼 엄두도 못낸 채, 요절하는 호녀를 두고 차마 이렇게 보낼 수 있냐고 반문해볼 뿐이다. 그리하여 임씨와 호녀의 원망은 보다 근원적인 것이며, 현실에서는 충족이 불가능하다는 심리적 기제가 깔리게 된다.

이 두 주인공이 처한 욕망의 문제와 결부시켜 또 한 작품이 주목되는

---

8) 「任氏傳」(『唐代傳奇』, 新釋漢文大系 44, 明治書院. 이하 당대 전기의 경우 동일함).
   "將曉, 任氏曰: '可去矣. 某兄弟名係敎坊, 職屬南衙, 晨興將出, 不可淹留.'"
9) 「임씨전」. "惜鄭生非精人, 徒悅其色, 而不徵其情性. 向使淵識之士, 必能揉變化之理, 察神人之際, 著文章之美, 傳要妙之情, 不止於賞翫風態而已. 惜哉!"

데, 당대 전기인 「인호전(人虎傳)」이다. 그런데 「인호전」은 좀 다른 차원에서 이해되는 작품이다. 평소 욕망에 집착하던 이징(李徵)은 어느 순간 호랑이, 즉 야수로 변해 가는 자신을 발견한다. 인간이었던 존재가 마음의 병이 깊어지면서 야수로 변해 가는 과정이 밀도 있게 그려진다.10)

여기서 이징이 왜 야수로 변해갈 수밖에 없었던가 하는 점을 되짚어 보면, 이류의 욕망에 대한 또 다른 측면을 접할 수 있다. 그는 평소 재주가 뛰어나 동료들과 어울리지 못하고 걸핏하면 남을 얕잡아 보아 따돌림을 당하곤 하였다. 그런 상황이 지속되자 그는 이를 견디지 못하고 벼슬자리에서 물러나더니 급기야 중앙 정계에 남지 못한 채 오초(吳楚) 지역을 떠도는 방외의 존재가 되고 만다.11) 그런 그가 갑자기 발광을 하더니 흉측한 야수로 변했던 것이다. 그렇게 야수로 변해버린 그의 앞에 나타난 동방(同榜) 원참(袁傪)의 모습은 너무나 대조적이다.

> 오호라, 내 그대와 동방급제하여 사귐이 평소 두터웠었지. 그런데 오늘 그대
> 는 나라의 법령을 집행하여 친구를 빛내 주는데, 나는 숲 속에 몸을 숨기고 영
> 원히 인간 세상과 이별하고 말았네 그려. 뛰쳐 올라 하늘에 호소하고 머리를
> 박고 땅에 통곡해보아도 이 몸 망가져 쓸데없게 되었으니 이것이 과연 운명이
> 란 말인가?12)

이징이 내뱉는 절망의 외침이다. 원참은 이징과 함께 과거에 합격한 지우인데, 그는 '문학(文學)'으로 입신하여 조정의 반열에 올랐고, 청준(淸峻)한 어사대에 올라 백관(百官)을 조정하고, 성명(聖明)의 간택을 받아 이

---

10) 특히 이 작품은 20세기에 들어와 나카지마 아츠시[中島敦]에 의해, 일본 제국주의
　 가 한창 팽창하던 와중에서 지식인이 겪어야 했던 내적 갈등이란 새로운 내용으로 부
　 활한 바 있다(명진숙 역, 「山月記」, 『역사속에서 걸어나온 사람들』, 다섯수레, 1993, 33
　 ~47면).
11) 「人虎傳」. "及謝秩, 則退歸閉門, 不與人通者近歲餘. 後迫衣食, 乃具糚東遊吳楚之
　 間."
12) 「인호전」. "嗟夫! 我與君同年登第, 交契素厚, 今日執天憲, 耀親友, 而我匿身林藪,
　 永謝人寰. 躍而吁天, 俛而泣地, 身毀不用, 是果命乎?"

젠 완전히 남과 다른 위치가 되어 있다.'13) 그리고 지금 마침 영남(嶺南)으로 감찰의 임무를 띠고 가는 몸이다. 왜 이런 결과가 나고 말았던가? 그것은 한쪽은 집단에 적응을 잘한 반면, 한쪽은 전혀 적응을 하지 못했기 때문이다. '이것이 과연 운명이란 말인가'라고 외치는 이징의 모습에서는 강한 저항감마저 느껴지는데, 「인호전」에는 인간 집단—특히 사(士)의 집단—의 복잡한 갈등 양상이 그 바탕에 깔려 있다.

이런 면모를 통해 볼 때 확실히 이류의 원망이란 것이 정작 '이류→인간'으로의 꿈이 아니고, 이류를 통해서 진정한 인간의 모습을 반추하는 데 있음을 알 수 있다.

다시 「호원」과 「임씨전」을 보자. 이들은 마침내 원망을 이루지 못하고, 추악한 '원형'으로 복귀한 채 싸늘한 주검으로 남는다. 사실 이들은 평소 비범한 능력을 발휘하는 존재들이었다. 호녀(虎女)는 아무리 용맹한 자라도 그녀를 잡을 수 없는데다 다친 사람을 바로 치료하는 능력을 지녔으며, 임씨는 선견지명과 예지가 돋보이는 세상에 없는 여인이다. 그런데 이들은 일족(一族)의 죄를 대신한다며 아무 저항도 하지 못하고 목숨을 내놓는가 하면, 사냥개 한 마리를 당해내지 못하고 최후를 맞이한다. 비범한 능력을 가진 이들이 예상치 못한 곳에서 좌절했던 것이다. 그렇지만 이들이 꿈꾸던 원망이 그에 따라 삭아 들었는가 그렇지 않은가? 분명한 것은 거기에는 인간에 대한 심각한 회의가 각인되어 있다는 점이다.

2) 인생, 그 달콤하면서도 시린 꿈―「조신전」과 「침중기」

인생이란 무엇인가. 케케묵은 이 질문이 한 개인에게는 엄청난 무게

---

13) 「인호전」. "虎曰 : '吾子以文學立身, 位登朝序, 可謂盛矣. 況憲臺清峻, 分糺百揆, 聖明愼擇, 尤異於人 (…중략…)'."

로 다가오는 것은 비단 오늘날 우리의 경우만은 아닐 터다. 거기에 '인생살이'라고 꼬리표를 달면 한숨이 더 보태어진다. 인생 자체는 어쨌든 '욕망'(또는 욕심)과 짝함으로써 형성되기 때문이리라. 그 인생에는 한 가정을 꾸리는 소박한 것에서부터 부귀영달을 누리려는 거창한 차원에 이르기까지 다 걸쳐 있는 셈이다. 「조신전(調信傳)」과 「침중기(枕中記)」는 고금을 뛰어넘어 인생살이에 대한 의미를 우리에게 되새겨준다. 요컨대 두 작품은 '꿈'을 통해 인생 전반을 통째로 경험한다는 내용이다.14)

한단(邯鄲)의 길거리에서 여옹(呂翁)이 만난 노생(盧生)은 인생이 많이 꼬인 인물이다. 그는 '사나이가 세상에 태어나 출장입상(出將入相)하지 못하면 그만이다'며 자신의 낙척한 신세를 한탄한다. 그의 인생에서의 욕망은 바로 출장입상이었다. 이에 반해 조신(調信)은 속세를 떠났던 몸으로 우연히 장원(莊園)의 관리인으로 갔다가 여색을 보고 잠재되어 있던 욕망이 꿈틀거리기 시작한다. 갑자기 조신에게 육박해 들어온 이 욕망은 너무 깊은 것이어서, 그는 자신이 불자라는 사실도 망각한 채 대비전(大悲前)에 빌어 은밀한 욕심을 채우고자 갈망한다. 여옹과 대비(大悲)는 이들을 부질없는 욕망의 체험장으로 인도하였으니, 그곳이 바로 꿈의 세계였다.

그렇다면 노생과 조신이 꾼 꿈의 실체는 과연 어떠했던가? 둘 다 자신의 전 생애를 추체험하게 되는데, 한쪽은 '달콤한 꿈'을 꾼 것인 데 반해 한쪽은 그야말로 '지독한 악몽'을 꾼다. 노생은 곧장 재색을 겸비한 최씨(崔氏)를 만났고, 이후 과거 급제에 이어 쾌속 승진을 거듭한다. 그리고 최씨와의 사이에 난 자식 다섯은 모두 뛰어난 재주를 가진 인물들로 성장, 주위의 부러움을 산다. 그러나 그런 50년의 부귀영달 속에 위기가 없었던 것은 아니었다. 너무 총망을 받던 나머지 주위의 시기를 사 유언

---

14) 그간 두 작품의 관련성에 대한 언급은 적잖이 있었음으로, 양자의 관련 양상에 관해서는 생략하기로 한다. 구체적인 사례에 대해서는 정범진, 「침중기연구」(『대동문화연구』 2집, 성균관대 대동문화연구원, 1966) 등 참조.

비어에 저촉되어 관직을 삭탈당하고 폄적(貶謫)되기도 한다.15) 더구나 권력다툼의 틈바구니 속에서 생명의 위협까지 받았던 노생은 일시적이지만 '내가 왜 복록을 구했던가?'라고 후회하며 스스로 목숨을 끊어야 하는 지경에 봉착하기도 한다.16) 그렇지만 이런 일시적인 위기는 최종적인 부귀영달을 위한 필요 조건에 지나지 않은 듯하다. 결국 인생의 부귀영달을 단번에 흠씬 경험한 노생의 꿈은 달콤한 것이었다. 막 깬 노생에게 베개를 밀어주었던 여옹은 '그래 네가 꿈꾸던 인생이 이런 것이었더냐'고 되묻는다. 이 달콤한 꿈에서 현실로 돌아오기 전에 따끔하게 꼬집는 여옹의 대응에 노생은 그만 '인생의 꿈(이상)'에서 비로소 깨어나고 있었던 것이다.

이에 반해 조신은 그렇게 흠모하던 김씨녀(金氏女)를 얻어 40년을 함께 살면서 자식을 다섯이나 두었지만, 변변한 집 한 칸 갖지 못하고 옷 한 벌 제대로 입지 못한 채 사방으로 유리걸식하는 신세다. 급기야 둘은 늙고 병들어 드러누운 데다, 자식들마저 굶어 죽거나 구걸하러 나갔다가 개에게 물려 신음한다. 서로 좋아서 이룬 연분이 서로를 옥죄어 근심만 쌓이게 만든 셈이다.

> 예쁜 얼굴에 아름다운 미소도 풀 위의 이슬이요, 지란의 약속도 버들개지가 바람에 날리듯 변하고 말았어요. 당신은 제가 있는 게 누가 되고, 저는 당신 때문에 근심이 쌓이지요. 옛날의 기쁜 때를 곰곰이 생각해보면, 그것이 바로 우환의 계단이었지요.17)

간난신고를 겪을 대로 겪고 난 후의 김씨녀의 발언이다. 이 발언은 때

---

15) 「침중기」. "時望淸重, 群情翕習, 大爲時宰所忌, 以飛語中之, 貶爲端州刺史."
16) 「침중기」. "府吏引從至其門而急收之, 生惶駭不測, 謂妻子曰: '吾家山東, 有良田五頃, 足以禦寒餒, 何苦求祿?' (…중략…) 引刀自刎, 其妻救之, 獲免."
17) 「조신전」(박희병 교주, 『한국한문소설』, 한샘, 1995. 이하 나말여초 전기의 인용은 동일함). "紅顔巧笑, 草上之露, 約束芝蘭, 柳絮飄風. 君有我而爲累, 我爲君而足憂, 細思昔日之歡, 適爲憂患所階."

늦은 감이 있다. 이젠 더 이상 몸서리쳐지는 상황이 더 있을까 싶은데, 이들은 이제 와서 헤어질 결심을 하고 있다. 이 제의를 들은 조신도 뛸 듯이 기뻐하며 반기고 있다. 조신은 가혹한 현실을 '악몽'으로 꾸었던 것이다.

기실 조신의 경우 불자의 몸으로서, 속세의 인연에 연연하는 것 자체가 문제인 상태다. 그런데 조신의 욕망을 단순히 여색으로 귀결시킬 일은 아닌 성싶다. 그러기에는 꿈에 그려진 현실이 너무 커 보인다. 거기에는 당대 일반인이 겪었을 법한 삶의 현장이 목도되고 있으니 말이다. 요컨대 「조신전」은 여색의 몰입, 즉 욕망의 파고가 전생애의 삶의 문제에 부딪쳐 번지는 파문을 짧은 편폭에 짜임새 있게 구성한 작품이다.

어쨌든 「조신전」과 「침중기」는 인생의 덧없음을 꿈을 통해서 구현하고 있는 점에서는 공통적 지반을 확보하고 있다.

3) 불우(不遇)의 울분과 지우(知友)에 대한 갈망 – 「최치원」과 「유선굴」

욕망의 대상과 방향은 개인에 따라서, 또는 처해진 환경에 따라 다양하게 나타나는 법이다. 그 중에 이성(異性)에 대한 갈망은 앞의 두 가지 측면과 마찬가지로 일정한 보편성을 지닌다. 그런데 이성을 갈망하는, 또는 그것이 최종적으로 지향하는 점에 있어서는 보편성과 함께 특수성을 갖게 마련이다. 이 점에 있어서는 「최치원(崔致遠)」과 「유선굴(遊仙窟)」을 들지 않을 수 없다.

양자의 친연성에 대해서는 이미 주의가 기울여졌다.[18] 그런데 두 작

---

18) 대표적인 연구로, 한영환, 「崔致遠傳과 遊仙窟」(『衝擊과 調和』, 국학자료원, 1992)이 있다.
　　한편, 「최치원」의 경우는 최근 이동환 교수에 의해 작품의 명칭과 작자 문제, 그리고 창작의 배경 등에 관한 점이 면밀한 논증을 거쳐 재정립된 바 있다(「〈雙女墳記〉의 작자와 그 창작배경」, 『민족문화연구』 37호, 고려대 민족문화연구원, 2002). 이 논의에서

품의 문제의식을 읽어내기 위해서는 어느 한쪽이 아닌 남주인공과 여주
인공, 양자의 두 입장을 함께 고려할 필요가 있다. 애정전기의 경우—
물론 일반 애정소설도 마찬가지이겠지만— 남녀 양자의 상호 변증법적
변주(變奏)를 통해서 애정이 고양됨을 으레 보기 때문이다.

최치원은 재기충만한 재원이다. 쌍녀분 석문(石門)에 스스럼없이 휘갈
기는 필적에서 그의 이런 면모를 읽을 수 있다. 여기에는 전도양양한 한
젊은 벼슬아치의 패기가 느껴지기도 한다. 그러나 그와 동시에 그는 지
방 현위(縣尉)로 전전할 수밖에 없는 한계를 스스로 아는 존재이기도 하
다. 따라서 「최치원」에 그려지는 최치원의 모습은 결국 고독할 수밖에
없다.[19] 그런 고독감은 소식을 전하러 온 시녀 취금(翠襟)을 보고도 달려
드는 모습에서 감지된다.[20] 그의 고독은 두 여인을 맞이하기에 충분한
욕망을 포함하고 있었다. 결과적으로 최치원은 세아불합(世我不合)의 고
독을 가진 존재이며, 따라서 그것이 이성에의 갈구로 전환되기에 이른
것이다.

한편 그의 맞은 편에 있는 두 여인의 폭사(暴死)는 당혹스럽기까지 하다.

부모님이 저희들 결혼 문제를 논의하시어 저는 소금장수와 혼인하기로 하고,
동생은 차장수에게 시집갈 것을 허락했지요 저희들은 매양 남편 될 사람을 이
야기할 때면 마음에 차지 않아 답답한 마음이 맺혀 풀기 어렵더니 졸지에 요절

작품명은 '최치원'이 아니라 '쌍녀분기'로 해야 하며, 작자는 기존의 여러 견해를 모두
수정하여 최치원 측근 후배인 崔匡裕(867년경~?)를 들고 있다. 아울러 최치원의 실의
와 최광유의 현실허무주의, 그리고 최치원의 在唐時 연애사건·쌍녀분에의 題詩·당
대 전기 「洛神傳」의 영향 등이 창작의 배경이었음을 밝혔다.
    다만, 본고에서는 제목명을 굳이 '쌍녀분기'로 표기할 필요성을 느끼지 못하며, 아울
러 「최치원」과 「유선굴」의 상사점은 그 영향의 관계를 떠나서 아직도 여전히 유효하
다고 본다. 즉 영향수수의 관계에서 보지 않고 상호 욕망의 형식화를 구현하는 과정을
주목해보자는 얘기다.
19) 최치원의 고독감에 대해서는 박희병, 「전기적 인간의 미적 특질」(『전기소설의 미
    학』, 돌베개, 1997) 참조.
20) 「최치원」. "公旣見芳詞, 頗有喜色, 乃問其女名字, 曰'翠襟!' 公悅而挑之." 따라서
    이 장면이 작품 전체에서 전혀 낯설거나 어색하지 않다.

하기에 이른 것입니다. 바라는 바는 仁賢이니 의심하는 마음을 품지 마세요[21]

혼인할 대상이 마음에 들지 않아 답답한 나머지 갑자기 죽음에 이르렀다? 부모의 일방적인 결정이 있었다고는 하지만 잘 납득이 가지 않은 죽음이다. 그녀들이 비부(鄙夫)를 거부하고 인현(仁賢)을 바라는 바가 이렇게 목숨과 바꾸는 것 이상으로 컸던가? 이 이해할 수 없는 국면에서 오히려 이들의 소중한 심리 상태의 흐름을 읽어낼 수 있다.

결국 최치원의 고독과 두 여인의 죽음은 일체가 되어 보다 고양된 욕구로 표출되기에 이르렀으니, 그것은 지우(知友)에 대한 갈망이었다. 즉 자신을 알아주는 이가 없어 고독해 하는 최치원이나, 인현을 만나지 못해 죽음에까지 이른 두 여인이 비로소 지우를 만난 상황이다. 그러므로 최치원과 두 여인의 만남은 정인(情人)으로서의 해후인 동시에 지인으로서의 상회(相會)로써 작품 안에서 고양되어 나타난다.

이 같은 양상은 「유선굴」도 마찬가지이다. 「유선굴」의 경우는 워낙 선취(仙趣)가 작품 전체를 분식(粉飾)한 터라, 주인공의 선계 체험이라는 측면이 강하지만, 그런 분식 속에 은근한 욕망이 숨어 있다. 우선 선굴(仙窟)을 찾아가는 장작(張鷟)은 최치원과 사정이 엇비슷하다. 그의 글이 워낙 유명하여 당시 신라와 일본에서 다투어 구득해 갈 지경이라고 했으니 말이다. 그러나 그는 작품에도 나오듯이 '박망후(博望侯) 장건(張騫)의 후예지만 지금 가업이 쇠퇴하여 하료(下寮)에 전전하는' 처지이다.[22] 그 또한 당대 신흥 사인으로서 불우한 상태다.[23]

---

21) 「최치원」. "父母論嫁, 阿奴則定婚鹽商, 小妹則許嫁茗估. 姊妹每說移天, 未滿于心, 鬱結難伸, 遽至夭亡. 所冀仁賢, 勿萌猜嫌."

22) 「유선굴」. "(…중략…) 下官堂構不紹, 家業淪胥. 靑州刺史博望侯之孫, 廣武將軍鉅鹿侯之子, 不能免俗, 沉跡下寮."

23) 唐代 傳奇와 나말여초의 전기 작가는 대체로 새롭게 등장한 비판적 문인들에 의해 창작되었다. 흥미로운 사실은 일본의 경우, 헤이안시대(平安) 문학의 주 담당층은 뇨보[女房]였다. 이들은 일종의 '고급 궁녀'로 궁정에 발탁되어 문학을 담당했던 새로운 계층이었다. 일본 초기 서사문학의 결정판 『源氏物語』의 작자 무라사키 시키부[紫式

한편 주인공 십랑(十娘)은 명문 청하(淸河) 최씨(崔氏)의 후예이다.24) 남편은 붓을 버리고 갑옷을 입고 오랑캐를 쓸어내기 위해 종군했다가 불귀(不歸)의 객(客)이 되고 말았다. 그래서 지금 그녀는 사수일부(死守一夫)하는 몸이다.25) 그런 십낭이 똑같이 과부가 된 시누이 오수(五嫂)와 함께 장작을 맞이하게 되는 설정이 「최치원」과 상당히 닮아 있다.

이후 이들은 끊임없이 시를 주고받으며 상대방의 진정을 파악하게 되고, 그러면서 서서히 교감을 맺어간다. 그럼에도 「유선굴」은 좀처럼 작품 전체의 의중을 드러내지 않는다. 줄곧 장작과 십낭·오수 사이에 한담조(閑談條)의 이야기가 이어지며 가볍고 환상적인 분위기가 지속된다. 이들은 바둑내기를 하는가 하면, 음악을 연주하고 춤을 추는 등 향연을 계속한다. 거기에 웃음소리 또한 끊이지 않는다. 그렇게 이들은 서서히 일체감을 맛본다. 이 과정은 그야말로 흥미 본위로 진행되는데, 이는 결국 한밤의 결연을 위한 조건이었다.

여기 선굴은 사실은 당대에 번성했던 유곽(遊廓)을 선경으로 포장해 놓았다. 화려한 자리와 분위기, 이 모든 것은 유곽의 거리에서 접할 수 있는 광경의 하나이다. 따라서 십낭과 오수는 기녀의 한 모습이기도 하다.26) 「유선굴」은 당대의 유흥문화의 발전에 편승하여 자리잡기 시작한

部]도 바로 이 뇨보였다. 이렇게 보면 한·중·일 초기 소설의 담당층은 모두 역사에 새롭게 등장한 문인들로, 문학을 무기로 권력에 참여하려 했던 일군의 계층에 의해 주도되었다는 점이 확인된다. 따라서 이들 신흥 계층의 원망과 좌절이 자연스럽게 초기 소설에 녹아들고 있었다.

24) 淸河 崔氏는 北朝 이래 이른바 '五姓七族'의 하나로 명문 중에 명문이다. 여기에는 太原 王氏, 滎陽 鄭氏, 范陽 盧氏, 隴西 李氏 등이 포함된다. 당대 전기에 이들 명문 출신이 많이 등장하는데, 「鶯鶯傳」의 鶯鶯이 崔氏, 앵앵의 어머니가 滎陽 鄭氏이며, 「柳毅傳」의 용녀의 화신이 范陽 盧氏이며, 또한 「霍小玉傳」의 李益은 곽소옥을 버리고 范陽 盧氏에게 장가를 들었으며, 「枕中記」에서 노생과 혼인한 이도 淸河 崔氏였다. 이것은 단순한 우연이 아니다. 唐代에 士人들은 이런 집안과 혼인하는 것을 매우 영광으로 여겼던 바, 창작층인 사인의 원망이 은연중에 투사된 예인 것이다(何滿子, 『中國愛情小說中的兩性關係』, 上海書店出版社, 1993).

25) 「유선굴」. "(…중략…) 蜀生狡猾, 屢侵邊境, 兄及夫主, 棄筆從戎, 身死寇場, 縈魂莫返. 兒年十七, 死守一夫."

사대부 문인과 기녀와의 사랑을 그린 전형적인 예로, 그것이 선계로 채색된 것이다. 그러므로 「유선굴」과 「최치원」은 작품의 성립 조건에서 벌써 거리가 있다. 그럼에도 불구하고 「유선굴」의 이 화려한 향연은 결과적으로 지인을 만나는 과정에 다름 아니다.

그런데 「최치원」과 「유선굴」 모두 지우와 단 한번의 결연을 이루고는 영결하고 만다. 「최치원」과 「유선굴」은 세아불합을 겪던 최치원과 장작이 각각 '명굴(冥窟)'과 '선굴(仙窟)'에서 지우를 만나 뜻을 합하고 결연을 이루었다가 끝내 슬픔을 안은 채 이별하는 구조로 짜여져 있다.

3. 그 형식화의 원리―사유의 두 지점, 불교와 도교

지금 유형화시켜 본 '욕망'은 기실 똑같은 것은 아니다. 그것은 인간의 본원적인 것일 수도 있고, 사회 변화에 따라 형성된 사회적 욕망일 수도 있다. 거기에는 실현 가능한 것도 있고, 애초 실현이 불가능한 것도 있다. 그럼에도 불구하고 이것들은 합쳐지고 포개어져서 하나의 지향을 보여주는 바, 그것은 인간 자신에 대한 끝없는 탐색과 성찰이라 하겠다. 그 대체적인 과정은 욕망이 일시적으로 충족되거나 지속되기는 하지만, 결국 큰 좌절이 뒤미처 오는 형태로 진행된다. 그 좌절은 도저히 회복할 수 없는 형태이다. 따라서 최소한 이들 작품 안에서 욕망에 대한 실현은 궁극적으로 자리하지 않는다.

---

26) 「유선굴」의 '仙'자는 곧 '기녀'를 가리킨다고까지 언급한 예가 있다(陶慕宁, 『靑樓文學與中國文化』, 東方出版社, 1993, 41면). 이에 대해서는 이미 何滿子가 「中國小說發軔期的代表作家―張鷟」(『文學遺産』第三期, 1988)에서 언급한 예가 있으며, 설득력 있는 견해이다.

이 점을 되새김질하며 마지막 결말 처리 부분을 짚어 본다.

우선, 「호원」·「임씨전」·「인호전」은 모두 이류들이 원망하던, 인간이 되고자 하는 욕망은 끝내 좌절되어 원형복귀를 하거나 죽음을 맞이한다. 그런데 그들의 짝인 인간은 그 희생에 힘입어 오히려 복을 누린다. 「인호전」의 경우만 하더라도 이미 전도양양하던 이징의 지우 원참이 병부시랑(兵部侍郎)에까지 오른다는 에필로그로 작품이 종결된다. 호녀와 임씨는 똑같이 인간이 되지 못하고 죽음을 맞이하지만, 호녀는 거역할 수 없는 천명이라 하여 자신의 죽음을 달게 받는 반면, 임씨의 경우 결코 원치 않는다. 그녀는 억지로 끌려가다시피 하여 죽음을 맞이한다.

「조신전」과 「침중기」의 경우 짧은 꿈속에서 일가를 이루고, 그 속에서 인생의 부침을 깨닫는다. 그리고 그 처리 방향은 결국 '부질없음'으로 귀착될 판이다. 조신은 "아침이 되자 수염과 머리털이 온통 희었고, 아연 인간 세상에 대한 뜻이 없어져 버렸다."27) 이는 '백년의 신고를 실컷 겪어 탐염(貪染)의 마음이 얼음 녹듯 사라졌기 때문이었다.'28) 이에 반해 노생(盧生)의 반응은 약간 다르다. 꿈에서 깨어난 노생에게 여옹(呂翁)은 '인생이 다 그런 것이다'고 하며 부질없음을 깨닫게 하고자 한다. 이에 대해 노생은 한참을 생각하더니, 이윽고 대답하기를, "총욕(寵辱)의 도, 궁달(窮達)의 운, 득실의 이치, 사생의 실정을 모두 알았습니다. 이는 선생께서 저의 욕(慾)을 막으려 하신 것이군요. 그러나 감히 이 가르침을 받지 않겠나이다"29)고 하며 떠나버린다.30) 그리고 작품은 더 이상 군더

---

27) 「조신전」. "及旦鬚髮盡白, 惘惘然殊無人世意."

28) 「조신전」. "已厭勞生, 如飫百年辛苦, 貪染之心, 洒然氷釋."

29) 여기 번역 중 "敢不受敎"에 대한 해석에 논란이 있다. 정범진은 "깨우쳐 주신 일 마음속 깊이 명심하겠습니다"라고 하여(『앵앵전』, 성균관대 출판부, 1995, 76면) 가르침을 받들지 않겠다는 뜻으로 풀이한 반면, 內田泉之助는 지금 필자의 풀이와 같은 뜻으로 번역한 바 있다(『당대전기』, 앞의 책, 78면). 특히 우리 쪽에서 지금까지 이 부분의 번역을 대체로 전자 쪽으로 해온 것으로 안다. 이는 아무래도 수정되어야 한다고 판단된다.

30) 「침중기」. "生憮然良久, 謝曰 : '夫寵辱之道, 窮達之運, 得喪之理, 死生之情, 盡知

더기 없이 종결된다. 욕망의 단절을 시도한 여옹의 기대를 노생은 한마디로 거절한다. 그는 그가 꿈꾸던 앞날이 부질없음을 충분히 체험했으면서도 결코 포기하지 않았던 것이다.

「최치원」과 「유선굴」의 경우, 한번의 만남과 결연을 맺고는 영별하고 만다. 이 지우와의 만남은 일회성으로 끝나고 양쪽은 만나기 전보다 더한 고독과 슬픔을 떠 안는다. 「최치원」의 이녀(二女)가 "하룻밤의 기쁨을 모시고 나니, 이로 좇아 천년의 한을 만들고 말았다"[31]고 통곡하며 영결하였듯이, 십랑 역시 똑같은 아픔을 이야기하며 장작(張鷟)을 떠나 보내야 했다.[32] 다만 남주인공 쪽의 반응은 좀 다르다. 최치원은 영달에의 꿈을 결연히 접으며 하는 말이 "뜬세상의 영화는 꿈속의 꿈이라, 흰 구름 깊은 곳이 몸두기 좋다네"[33]라고 한다. 그리고 그 길로 유유자적한 삶을 살다 늙어 가는 것으로 처리된다. 그런데 장작은 십낭과 영별한 아픔을 절절하게 표현해낸다. 거기에는 모든 수식어를 동원해도 모자랄 판이다. 이별의 슬픔과 회한의 정서가 끝없이 이어진 채 작품은 종결된다.

이 전 과정을 통해서 우리는 하나의 형식을 발견하게 된다. 그것은 이들 작품이 모두 욕망의 '추구―일시적 충족―좌절―(초월·지속적 갈구)'의 형식화를 이루고 있다는 점이다. 초기 전기는 바로 이 욕망의 좌절(꺾임)의 순간을 파고들면서 자기 색깔을 발현하게 된 것이다. 그리고 그 속에는 '인간'에 대한 보다 심오한 성찰이 이루어지고 있었다.

그런데 이런 형식화를 떠받치고 있는 것은 다름 아닌 종교적인 처리 장치이다. 특히 욕망이 좌절되는 시점에는 곧장 종교적인 사유를 발동시킴으로써 작품 전체가 어그러지지 않고 하나의 통일된 형태를 갖출 수 있었다. 이때 종교라고 하면 불교와 도교[34]이다. 결론부터 말하자면 초

之矣. 此先生所以窒吾欲也, 敢不受敎.' 稽首再拜而去."
31) 「최치원」. "(…중략…) 只應拜一夜之歡, 從此作千年之恨."
32) 「유선굴」. "(…중략…) 十娘曰 : '兒與少府, 平生未展, 邂逅新交, 未盡歡娛, 忽嗟別離, 人生聚散, 知復如何!'"
33) 「최치원」. "(…중략…) 浮世榮華夢中夢, 白雲深處好安身."

기 전기의 경우, 중국 쪽 전기는 도교적 사유가 짙게 깔려 있으며, 우리 쪽 전기는 불교적 사유에 흠뻑 빠져 있었다. 분명한 것은 어느 한쪽이 무조건 불교적 도교적이란 말은 결코 아니다. 다만 보다 우세한 쪽이 눈에 띈다는 것이며, 그것이 전기의 결구에 있어서 매우 중요한 요소로 작동한다는 사실이다. 그리고 그에 따라서 욕망의 처리 방향도 조금씩 나누어졌으며, 이는 향후 전기소설의 결구 방향까지도 일정 정도 견인하는 결과를 빚어냈다.

이 점을 좀더 따져 보기 위해 앞에서 결말 처리 과정을 살펴보면서 채 논란치 못했던 점을 되짚어 보자. 호녀와 임씨의 죽음, 조신과 노생의 태도, 그리고 최치원과 장작의 반응에 대해서다. 이 점은 작자의 태도와 긴밀하게 조응하거니와, 거의 똑같은 상황을 거쳐 온 이들이 각각 다르게 반응한 이 사실은 결말 부분의 사소한 처리 문제로 치부하기에는 너무 뚜렷한 특징이다.

이 주인공들의 대응을 분리해보면, 우연일 만큼 호녀와 조신, 최치원 계열과 임씨와 노생, 그리고 장작 계열로 나뉜다. 결과적으로 우리 쪽과 중국 쪽으로 나누어지는 셈이다. 우리 쪽 주인공들의 지향 속에서는 강한 초월의식이 드러나 있다. 호녀가 김현 앞에서 결연히 희생을 감수하는 장면에서는 숙연한 마음을 금할 수 없는데, "다만 첩을 위해 불사(佛寺)를 창건하여 불경을 강송하고 업보를 빌게 해준다면 낭군의 은혜가

---

34) 여기서 말하는 '도교'는 '노장사상'과는 구별될 필요가 있으며 실상이 또 그렇다. 물론 도교가 노장사상의 전통을 이은 면이 있기 때문에 양자의 관련이 적지 않은 게 사실이고 경우에 따라서 동일시되기도 한다. 그러나 엄밀하게 말해 노장사상은 대체로 기원전 3~4세기 경에 성립된 이른바 '무위자연'을 모토로 성립된 사상이며, 도교는 민간신앙과 신선술이 접맥되어 漢代를 거치면서 형성된 종교관념이다(森三樹三郎, 오진탁 역, 『불교와 노장사상』, 경서원, 1992). 따라서 불교와 노장사상은 상호 통하는 구석이 많지만(이를테면, 불교의 '空'과 노장의 '無'는 일맥상통하는 점이 있다), 중국에서 도교와 불교는 적잖은 거리가 생긴다. 여기서 도교는 특히 한대를 거쳐서 위진남북조시대에 확실하게 자리잡은, 신선술과 장생불사를 추구한 면모에 대해서 주목하는 의미로 규정해둔다.

이보다 큰 것은 없을 거예요"35)라는 소회를 피력한 부분에 가면 그녀가
이런 감행을 할 수 있었던 근거를 찾게 된다. 조신은 승려로서 인간 세상
에 대한 욕망을 애초에 끊어야 했던 몸이다. 그런데 김씨녀를 보고 한눈
에 반하여 세욕이 꿈틀거리게 되었다. 그러나 꿈을 통해 최악의 인생유
전을 겪고 나서는 비로소 세욕을 완전히 끊고 불교에 다시 귀의하였다.
뒤에 어떻게 되었는지 알 수 없는 그의 마지막 모습36)에서는 세욕과의
영별을 실감할 수 있다. 최치원 역시 불사와 산림강해(山林江海)에 귀의하
여, '장왕(長往)' 즉 세속과 단절한 채 은둔하고 말았다. 따라서 이들 작품
은 결국 불교적 초월의식에 근거하여 결말을 처리했음을 알 수 있다.37)

그렇다면 저쪽 계열은 어떤가? 정육(鄭六)이 무관의 벼슬을 얻어 임씨
더러 함께 가자고 하자, 자신의 미래를 알아차린 임씨는 절대 따라가려
고 하지 않는다. 그런 임씨를 보고 위음마저 떠날 것을 강권하자, 무격
(巫覡)이 가지 말라 했다고 핑계를 대며 한사코 거절한다. 정육은 이것마
저 무시하고 함께 갈 뜻을 굽히지 않자, 임씨는 "혹시 무당의 말이 징험
되고 만다면 이는 다만 공연히 죽는 것이니, 무슨 이익이 있겠어요"38)라

---

35) 「호원」. "但爲妾創寺, 講眞詮, 資勝報, 則郎君之惠莫大焉."
36) 「조신전」. "後莫知所終."
37) 여기서 다시 논급해둘 것이 있다. 『海東異蹟』 따위 우리나라 선가 계열의 작품에
최치원은 단군과 함께 언제나 비조격으로 추앙되고 있다. 더구나 종래의 연구에서 「최
치원」이 도가적 사유가 강한 것으로 인정되기도 하였다. 그러나 노장사상과 도교를 구
별하면 「최치원」은 결국 노장사상이 강한 편이지 도교적인 작품이라고는 할 수는 없
다. 최치원의 초세의식은 노장사상의 '무' 아니면, 불교의 '공'사상에서 따져 볼 일이
다. 필자가 볼 때 「최치원」은 여기서 논의한 만큼의 불교적 사유뿐만 아니라, 이 노장
사상도 적지 않게 녹아들어 있다고 판단된다. 따라서 노장사상 쪽에서 바라본 기존연
구도 그대로 유의미하다. 그러나 간혹 이런 변별의식 없이 '도교소설'이니 '도교적'이
란 것으로 귀결시켜 버리곤 하는데 이는 대단히 위험한 결론이다. 이 점은 새삼 강조
될 필요가 있는데, 이후 소설의 연구에도 이 같은 무분별한 잣대가 그대로 적용되는
예가 적지 않기 때문이다. 최치원의 사적이 신선화되었고 후대의 작품에서도 그가 신
선인양 그려진 경우가 적지 않지만, 그것은 어디까지나 그 인물의 특징에서 연유한 것
일 뿐으로, 여기서 말하는 도교적 사유에 의해 신선화되지는 않았다. 그런데 16세기
후반의 작품 「崔孤雲傳」은 그야말로 도교적 사유에 기반하여 창작된 작품이다.
38) 「임씨전」. "任氏曰 : '儻巫者言可徵, 徒爲公死, 何益?'"

고 외친다. 그녀는 죽음을 예감하며 이렇게 뿌리치려 하는데도 정육과 위음(韋崟)은 웃어넘겨 버리고 한사코 동행을 강행하였다. 그리하여 결국 임씨는 비명횡사한다.

임씨가 인간으로 화하여 악의를 갖지 않고 부도(婦道)를 실천한 이러한 면모는 기본적으로 도교의 '현화(幻化)'의 은미한 뜻을 잘 구현한 것이라 한다.39) 그렇다면 「호원」의 호녀의 경우도 이와 같은 궤로 볼 수 있겠다. 그런데 호녀는 죽음을 운명적으로 받아들인 데 반해 임씨는 완강히 거부하고 있다. 그녀는 끝까지 현세에 남으려 했던 것이다. 이는 도교의 현세의식과 밀접한 관련이 있다.

「침중기」의 경우는 그야말로 도교적 사유가 농후한 작품으로, 인간의 부귀영달의 문제를 도교적 사유 속에서 얽어놓은 것이다. 헛된 부귀영달의 망상을 버리라는 여옹은 그야말로 도사(道士)이다. 「침중기」의 첫 대목이 "개원(開元) 7년에 도사 여옹은 신선술을 터득한 이였다"40)로 시작한다. 그리고 여옹이 꺼내 준 '베개'는 도교의 법기(法器)에 해당한다.41) 이 법기를 이용하여 '인생여몽(人生如夢)'을 체득케 한 것이다. 여기 여옹은 '세속화된 신선'이기도 하다. 천상의 신선이 지상의 인간(도사 따위)으로 대치됨으로써, 인간과 별개의 존재로 인식되었던 신선이 일상생활의 인물들로 환치하는 과정이 바로 세속화의 과정이며,42) 그에 따라 신선에게는 난관 자체가 성립되지 않았다가 세속화가 이루어지면서 그들에

---

39) 詹石窗, 『道敎文學史』, 上海文藝出版社, 1992, 381~382면. 도교의 幻化觀, 또는 幻化思想은 인간이 이류, 또는 귀신으로 화하여 그 공능을 실현하는 것을 말한다. 그것이 악한 것으로 화했을 때는 '요괴'나 '魔孽'이 되지만, 선한 것으로 화했을 때는 조물주의 공능을 실현하게 되는 것이다. 임씨의 경우는 후자에 해당된다.

40) 「침중기」. "開元七年, 道士有呂翁者, 得神仙術."

41) 도교의 法器로 대표적인 것이 검과 거울이다. 「古鏡記」는 바로 이 도교의 법기인 거울을 통해 비상한 경험을 하는 대표적인 작품이기도 하다. 이에 대해서는 李豐楙, 「六朝鏡劍傳說與道敎法術思想」(『中國古典小說研究專集』 2, 聯經出版社, 1980)과 정재서, 「거울의 도교적 기능과 그 문화적 수용」(『도교와 문학 그리고 상상력』, 푸른숲, 2000) 참조

42) 신선의 세속화 문제에 대해서는 孫昌武, 『道敎與唐代文學』, 人民出版社, 2001 참조.

게도 해결할 수 없는 문제들이 생겨나게 되었다. 바로 이 과정에서 파생된 갈등이 당대 전기소설의 중요한 밑그림이 되기도 하였다.

「침중기」에서 노생은 도사의 인도를 거부한다. 노생은 인생의 덧없음을 분명히 깨우쳤음에도 불구하고 자신의 욕망을 끊지 않으려 했다. 노생에게는 욕망을 성취하고픈 욕구가 여전히 남아 있었던 것이다.

「유선굴」은 남아 있는 십낭이나 떠나가는 장작 모두 서로를 갈구하는 욕망이 대단히 고조된 채 끝을 맺는다. 장작의 십낭·오수와의 만남은 기실 당대 사대부들이 기녀와 어울리는 정경과 다름없는데, 그 기녀는 '여선(女仙)'이며, 침입한 장소는 '선굴(仙窟)'로 묘사되어 있는 것이다.43) 여기 십낭 역시 여옹과 마찬가지로 세속화된 여선에 속한다. 「최치원」의 이녀(二女)와 쌍녀분의 분위기도 이와 다를 바 없다. 최치원 본인도 거기에 도취된 상태를 실토하지 않을 수 없었으니 말이다.

그런데 장작과 십낭의 마지막 모습과 최치원과 이녀의 모습은 서로 대조적이다. 십낭은 말할 것도 없거니와, 앞에서 살핀 바대로 장작은 이 이별을 결코 받아들일 수 없다는 듯 아쉬워하고 안타까워한다. 여기에도 욕망에 대한 지속적 향유의 욕구가 유지되고 있다.44)

중국에서 불교와 도교는 똑같이 인간의 '해탈'을 추구하며, 이 같은 종교 경험은 문학에 그대로 투사되었다고 한다. 그러나 도교 계열은 도사니 연단술이니 하여 현세의 지속선상에서 해탈을 추구하였다. 그러므로 상대적으로 현실 지향성이 강하다.45) 중국 문학은 도교의 선험적 체험이 워낙 뿌리 깊이 체화되어 있었다. 따라서 당대 전기에는 불교적인 색채보다는 도교적인 색채가 훨씬 선명하다. 한 연구에 의하면 당대 전기의 80%가 도교 계열이라고 한다.46)

---

43) 「유선굴」. "下官亦低頭盡禮而言曰 : '向見稱揚, 謂言虛假, 誰知對面, 恰是神仙. 此是神仙窟也.'"

44) 「최치원」. "致遠驚喜如夢, 拜云 : '致遠海島微生, 風塵末吏, 豈期仙侶猥顧風流, 輒有戱言, 便垂芳躅?'"

45) 葛兆光, 『中國宗敎與文學論集』, 淸華大學出版社, 1998, 25면.

저쪽에 영향을 받은 우리의 경우, 분명 그 속에는 도가적인 색깔이 적지 않다. 그러나 문제는 불교적으로 윤색되면서 작품의 궁극적인 지향이 저쪽과 분리되어 갔다는 것이다. 호녀는 '윤회'를 꿈꾸면서 이생에서의 아쉬움을 기꺼이 받아들이고 있으며, 조신은 그 어디에서도 해소할 수 없을 인생의 무상함을 불교에의 정진으로 해소하고자 한다. 결과적으로 이들에게는 치열한 현실보다 귀의처가 더 중요해 보인다. 때문에 묘사된 현실의 국면은 보다 어그러져 있어야 했다. 이런 의도에서 「임씨전」이나 「침중기」보다 이쪽의 작품에 그려진 현실은 훨씬 심각하다. 즉 이분된 세계를 설정했기 때문에 현실 국면은 이상 국면의 지향을 위해서 보다 '쓰라릴' 필요가 있었다. 이에 반해 「임씨전」·「침중기」는 이분 구도가 아니라, 하나의 구도에서 지어진 것이다. 비록 '이물'과 '꿈'이라는 다른 차원이 대입되어 있기는 하지만, 이는 현실 지향의 차원에 머물러 있는 것이지 다른 어떤 세계를 지향하고 있지는 않다. 바로 이 점이 양자의 기법과 구도의 상사점에도 불구하고 전혀 별개의 특징적인 국면을 담지할 수 있었다.

이를 다시 정리해보면 우리의 경우, 노정된 욕망에 대한 좌초를 불교의 초월 사유(또는 윤회관)로 정리한 반면, 당대 전기는 욕망에 대한 지속적 향유 욕구를 숨기지 않음으로써 도교적 현세의식을 강하게 투영시켰다고 할 수 있겠다. 그러나 여기서 다시 환기할 점은 비록 위와 같이 양자의 지향이 구분되기는 하지만, 그 안에는 도교와 불교의 상호 충돌과 조화를 통해서 인간 욕망의 문제를 부각시키고, 그것을 어느 선까지 끌고 나가다가 마무리를 짓고 있다는 것이다. 이처럼 초기 전기는 욕망의 형식화를 통해서 자기 면모를 확인시켜 나갔다.

바야흐로 인간의 욕망과 그 좌절의 강도가 강해지면 강해질수록 종교적 해소장치는 더욱 더 불가피해질 수밖에 없었으리라. 소설이 종교적

---

46) 劉瑛, 『唐代傳奇硏究』, 正中書局, 1982.

요소를 개입시키지 않고 결말을 처리하게 되는 것은 이보다 한참 후에
야 가능하였다.[47)

이 시점에서 다시 우리의 경우만 소급해서 볼 때, 「최치원」과 「호원」
·「조신전」의 이질성 문제를 따져 보지 않을 수 없다. 「호원」과 「조신전」
은 지금 『삼국유사』에 실려 전한다. 따라서 이 두 작품은 굳이 불교적
색채의 유무를 논란할 필요가 있을지 의심스럽기까지 하다. 이에 반해
「최치원」은 불교적 의식과 함께 노장적 사유가 녹록치 않게 녹아들어
있다. 또한 중국의 지괴와 전기의 흐름에서 볼 때, 「호원」과 「조신전」
은 지괴적인 성격이 강하며, 「최치원」은 전기쪽에 다가와 있는 형편이
다. 「호원」과 「조신전」은 분명 불교적 윤색이 가미된 작품이란 생각이
든다. 두 작품은 원래 그것이 전기에 해당되든 아니면 지괴류에 해당되
든, 또 그 당시 문헌으로 정착되었든 구전되었든, 하나의 이야기로 전
해지고 있었던 것을 일연(一然)의 시대에 와서 불교라는 보호색을 띠며
재탄생한 셈이다.[48)

---

47) 우리의 경우 17세기 이후 소설에 와서야 가능해진다.

48) 이와 관련하여 「白月山兩聖成道記」 같은 작품을 주목할 필요가 있다. 「호원」이나
이 작품은 함께 『삼국유사』에 수록되어 있어, 모두 기원설화 따위로 취급될 법하다. 더
구나 현재 이런 작품을 모두 묶어 전기로 간주하고 있다. 그런데 「백월산양성성도기」
의 경우는 득도의 방법을 보여주기 위한 불교설화로서의 성격이 강한 작품이다. 그에
반해 「호원」 따위는 원래 다른 층위의 작품들이었는데 불교 전파를 위해서 견인된 것
으로 보여진다. 따라서 각각 별개 층위의 이야기들이 『삼국유사』라는 하나의 일관된
구현물에 집약, 재구축된 상태로 존재하게 되었다는 가설이 설 수 있겠다. 이는 다시
『삼국유사』라는 집약물은 다양한 층위의 서사 양태를 포지하고 있다는 것을 반증한다.
물론 이 점은 앞으로 구체적인 실체와 논거를 통해서 밝혀져야 할 사안이다. 여기서는
이런 점이 간취된다는 점을 언급해둔다.

4. 여언(餘言) – 결론을 대신하여

지금 초기 전기의 욕망의 형식화가 초기 소설의 중요한 양태를 창출하였음을 밝혔다. 중국의 경우 도교적 전통이 뚜렷한 속에서 형성된 지괴를 거쳐 '전기'라는 양식이 성립되면서 지속적으로 이런 사유의 물결이 이어진다. 그런데 우리의 경우, 당대 전기의 영향을 받으면서 나아간 방향은 거기에 불교적 사유를 접목시키는 일이었다. 그렇게 해서 형성된 양국의 전기의 전통은 일정 기간 유지된다.

이 형성 시기에 주목할 또 한 가지 흥미로운 사실은 우리의 경우, 협의류(俠義類) 전기가 거의 창작되지 않았다는 사실이다. 협의류 전기야말로 도교적 전통 속에서만 창작될 수 있는 산물이다. 그런데 우리는 이쪽에 대해서는 별로 흥미를 가지지 않았던 모양이다.[49] 요컨대 불교적으로 처리 가능한 양식만이 취택되었던 셈이다.

또 한 가지 첨언할 것은 중국의 경우는 진작에 전기소설에서 해피엔딩의 구조가 탄생하였다는 점이다.[50] 이 점 역시 그냥 지나칠 문제가 아니라고 본다. 해피엔딩의 결구가 가능해진 것은 욕망에 대한 추구가 어느 정도 실현되었거나 최소한 실현에 대한 가능성을 발견했다는 징표이다. 그것은 도교적 현세의식에 기반한 것이기도 할 터다. 그러나 불교적 사유 속에서는 욕망 자체가 억제되며, 인간 현실은 결코 욕망이 실현될 공간이 될 수 없다. 그래서 욕망 자체를 끊어내고자 한다. 그렇다면 우리의 경우, 욕망을 단절했다면 결말이 비극적이지 않아야 되는 것 아니냐는 반문이 생길 법하다. 그런데 여기서 살핀 작품들은 아이러니컬하게도 모두 비극적인 결말이다. 이를 어떻게 이해해야 할까? 이것은 어쩌면

---

49) 물론 전혀 없었다고 할 수는 없겠다. 이를테면 「圓光」 같은 경우는 부분적이긴 하지만 협의적 요소가 찾아진다.
50) 「李娃傳」 등이 대표적이다.

간단한 문제일 수 있다. 다시 말해 인간은 결국 욕망을 완전히 벗어 던진 존재가 될 수 없는, 끝없이 그것을 등에 짊어진 '욕망체'라는 사실을 반증해준다 할 것이다.

이와 같은 사정으로 양국의 전기는 일정 정도 분리되었던 바, 저쪽은 도교적 사유의 전통이 지속적으로 위력을 발휘한 데 반해, 우리의 경우는 불교적 사유가 전기 양식에 상당히 뚜렷하게 틈입하기에 이른다. 이런 현상은 최소한 『금오신화』까지 이어지고 있다. 그러다가 16세기 중반을 정점으로 변화가 일기 시작하는데, 그 가장 뚜렷한 징표가 16세기 후반에는 창작되었을 것으로 추단되는 「최고운전(崔孤雲傳)」이다. 「최고운전」은 도교적 사유 양식이 뚜렷한 작품이다.

여기서 다룬 문제는 시론적인 성격이 강하다. 따라서 그 방향성에 있어서 재점검될 부분이 적지 않으리라 본다. 이에 대해서는 앞으로 하나하나 구체적으로 들어가 밝혀보고자 한다.

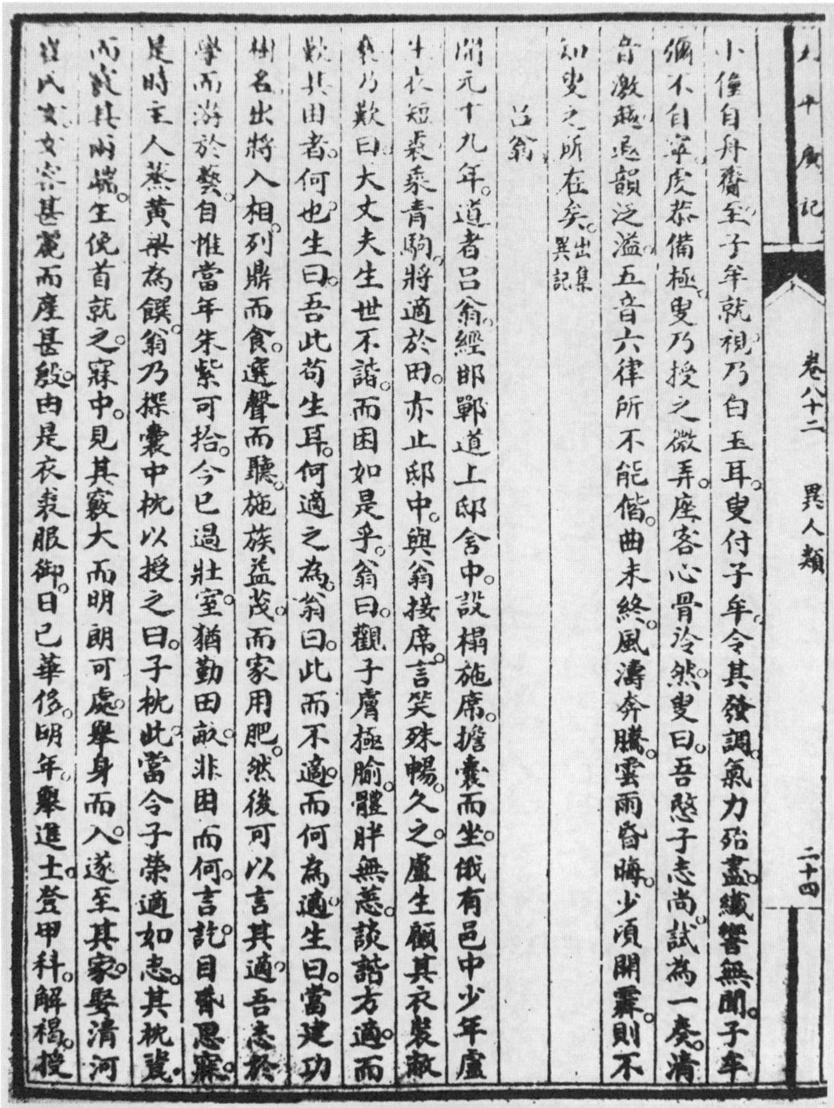

太平廣記 卷八十二 異人類 二十四

小僮自舟齎至子年就視乃白玉耳叟付子年令其發調氣力殆盡纖響無聞子年
彌不自寧虔恭備極叟乃授之微弄座客心骨泠然叟曰吾愍子志尚試為一奏清
音激越遐韻泛溢五音六律所不能偕曲未終風濤奔騰雲雨昏晦少頃開霽則不
知叟之所在矣出集異記

呂翁

開元十九年道者呂翁經邯鄲道上邸舍中設榻施席擔囊而坐俄有邑中少年盧
生衣短裘乘青駒將適於田亦止邸中與翁接席言笑殊暢久之盧生顧其衣裝敝
褻乃歎曰大丈夫生世不諧而困如是乎翁曰觀子膚極腴體胖無恙談諧方適而
歎其困者何也生曰吾此苟生耳何適之為翁曰此而不適而何為適生曰當建功
樹名出將入相列鼎而食選聲而聽使族益茂而家用肥然後可以言其適吾志於
學而游於藝自惟當年朱紫可拾今已過壯室猶勤田畝非困而何言訖目昏思寐
是時主人蒸黃粱為饌翁乃探囊中枕以授之曰子枕此當令子榮適如志其枕青瓷
而竅其兩端生俛首就之寐中見其竅大而明朗可處舉身而入遂至其家娶清河
崔氏女女容甚麗而產甚殷由是衣裘服御日已華侈明年舉進士登甲科解褐授

▲『太平廣記』 권82(異人條)에 실려 있는 「枕中記」의 앞부분.
여기에는 제목이 「呂翁」으로 나와 있다. 주지하듯이 당대 전기소설은 대부분 이 송대 李昉 등이 편찬한 『태평광기』에 실려 전하고 있다. 여기 본은 976년에 간행된 중간본, 『太平廣記五百卷』(新興書局, 1958)이다.

具從前事又訪女家女死隔十五年油布宛然律依其
喻作寘福女來魂報玄賴師之恩妾已離苦得脫矣時
人聞之莫不驚感助成寶典其經秩今在東都僧司藏
中每年春秋披轉襪災焉　讚曰　堪羨吾師伎勝緣
魂遊却返舊林泉爺孃若問兒安否爲我崔遷一齣田

金現感虎

新羅俗每當仲春初八至十五日都人士女競遶興輪
寺之殿塔爲福會元聖王代有郎君金現者夜深獨遶
不息有一處女念佛隨遶相感而目送之遂事入屏處
通焉女將還現從之女辭拒而强隨之行至西山之麓

▲『삼국유사』소재「金現感虎」와「調信」의 부분.
「김현감호」는『三國遺事』권5 感通편에,「조신」은 권3 '塔像'편에 실려 전한다. 여기『삼국유사』는 中宗壬申刊本이다.

郡取於溟州城入安於內府時使介十人各賜銀一斤

宋五石昔新羅為京師時有世達寺（今興教寺也）之莊舍在

溟州㮈李郡（按地理志溟州無㮈李郡唯有㮈城郡本㮈生郡今寧越又牛首州領縣有㮈靈郡本㮈巳郡今剛州牛首州今春州㮈李郡未知孰是）本寺遺僧調信為知莊

到莊上悅 ▽ 守金昕公之女感之深屢就洛山大悲前

潛祈得幸方數年間其女已有配矣又往堂前怨大悲

之不遂已哀泣至日暮情思倦憊俄成假寐忽夢金氏

娘容孫入門粲然啟齒而謂曰兒早識上人於半面心

中愛矣未嘗暫忘迫於父母之命強從人矣今願為

同穴之友故來爾信乃顛喜同歸鄉里計活四十餘

雙女墓

雙女墳記曰有雞林人崔致遠者唐乾符中補溧水
尉嘗憩于招賢館前岡有塚號曰雙女墳詢其事迹
莫有知者因爲詩以吊之是夜感二女至稱謝曰兒
本宣城郡開化縣馬陽鄉張氏二女少親筆硯長負
才情不意爲父母匹于鹽商小竪以此憤恚而終天
寶六年同葬于此宴語至曉而別在溧水縣南一百
一十里

▲ 「최치원」의 존재를 알려주는 「雙女墓」(『六朝事迹編類』卷下, 墳陵條). "雙女墳記曰 ……"이라고
하여 '쌍녀분기'라는 자료에서 내용을 간추렸음을 밝히고 있다. 주지하듯이 「최치원」의 원출전은
『수이전』이지만 전하지 않으며, 成任이 편찬한 『太平通載』(권68)에 실려 있으나 이것마저도 현재
일실된 상태인데, 다행히 六堂本『삼국유사』의 부록에 작품 내용이 전재되어 있다.

『금오신화』와 『전등신화』의 지향과 구현화 원리

1. 초기 소설사에서의 『금오신화』

비교문학은 영향과 수용이라는 차원에서도 중요하지만 자국의 문학을 보다 객관적인 실체로 파악하기 위하여 성립된 학문임을 간과해서는 안 된다. 말하자면 '나'의 독단과 아집을 경계하여, '타자'를 설정함으로써 나의 현실을 외부의 눈을 통해서 바라볼 때보다 유효한 시각을 마련할 수 있기 때문이다.

기왕의 한중소설의 관련 양상에 대한 연구의 중심은 『전등신화(剪燈新話)』와 『금오신화(金鰲新話)』라고 해도 과언은 아닐 게다. 그만큼 적지 않은 논의가 있어 왔다. 이 연구 성과들을 시기적으로 구분해보면, 바로 우리 문학 연구의 역사와 일치한다. 그것은 문학 연구의 고뇌에 찬 분투이면서 동시에 스스로를 한계짓는 과정이기도 했다. 요컨대 '영향'과 '비교우위'의 사이에서 힘 겨루기를 한 느낌이다.

근자에 이를 극복해보려는 새로운 연구의 시각이 없지 않아, 『전기만록(傳奇漫錄)』 등과 함께 양자를 동아시아의 보편적 서사의 특질 속에서 이해하려는 시도도 이루어졌다.[1] 그럼에도 여전히 기왕의 연구는 『금오신화』의 개별 다섯 작품과 『전등신화』 중 이와 관련성이 깊은 몇몇 작품만을 대비적으로 비교 분석하여 결론을 내려버림으로써 양자의 총체적인 상을 그려내기까지는 도달하지 못한 것으로 보인다. 아울러 이런 양상이 전후 소설사의 전개에서 어떤 역할을 하면서 초기 소설사의 향방을 가늠했는지에 대한 생산적인 논의는 거의 이루어지지 않았다.

이 해묵은 과제를 다시 시도하는 본 연구에서는 크게 다음 몇 가지 방향을 염두에 두었다. 우선 『금오신화』와 『전등신화』의 개별 작품들 간의 연관성과 차이점에 대해서는 지금까지 많은 논의가 이루어졌다고 보고, 이런 지엽적인 관련성을 넘어 전체 작품의 유기적인 특성을 천착함으로써 양자의 궁극적 지향(志向)을 규명해보겠다. 다음으로 이 궁극적 지향을 구현화시키는 원리에 초점을 맞춰 동아시아 전기소설의 전통 속에서 양자의 '같으면서도 다르고 다르면서도 같은' 의미망을 조직해본다. 그리고 마지막으로 『금오신화』를 정점으로 변모하는 한국전기소설의 전변의 향방을 『전등신화』와의 관련성 속에서 조망해볼 것이다.

본 연구의 궁극적인 목적은 초기 소설사의 전변 과정을 입체적으로 조명하는 데 있어서 『금오신화』의 자리매김이다. 따라서 『금오신화』가

---

1) 초기 연구로서 대표적인 업적은 다음과 같다.
　박성의, 「비교문학적 견지에서 본 금오신화와 전등신화」, 『문리논집』 3, 고려대, 1958; 이상익, 「한중소설의 비교연구—금오신화와 전등신화」, 『연구논총』 2, 서울대 국어교육과, 1972; 한영환, 『전등신화와 금오신화의 구성 비교연구』, 개문사, 1975; 이석래, 「금오신화는 전등신화의 모방인가」, 『한국문학사의 쟁점』, 집문당, 1986; 김수성, 「금오신화와 전등신화의 비교연구」, 성균관대 박사논문, 1994. 한편 『傳奇漫錄』 등을 포함하여 다룬 연구는 다음과 같다.
　전혜경, 「한·중·월 전기소설의 비교 연구」, 숭실대 박사논문, 1995; 이학주, 「동아시아 전기소설의 예술적 특성 연구」, 성균관대 박사논문, 1999; 박희병, 「한국·중국·베트남 전기소설의 미적 특질 비교 연구」, 『대동문화연구』 36집, 대동문화연구원, 2000.

전기소설의 완성태가 아니라, 진행중인 장르로서의 유력한 물적 증거로 삼고자 한다. 이 진행중인 물적 증거를 보다 객관적으로 이해하기 위해서『전등신화』를 끌어들인 셈이다. 때문에『전등신화』는 기본적으로 타자로서, 나(『금오신화』)를 비추어보는 '거울'이다. 그리고 다시 양자는 이 시기 전후의 소설의 거울로 비춰지길 기대한다.

2. 『전등신화』와 『금오신화』의 지향

주지하듯이 두 작품의 성립의 역사적 버팀목은 '전란'과 '변란'이다. 『전등신화』는 장사성(張士誠)의 난을 비롯한 원말명초(元末明初)의 전란이며,『금오신화』는 수양대군의 왕위찬탈, 즉 계유정난(癸酉靖難)이다.[2] 그것이 전적인 것이 아니라 하더라도 최소한 이런 역사적 사건이 일어나지 않았다면 이들 작품은 산생되지 않았거나, 창작되었다 해도 다른 방향으로 흘러갔을 것임은 분명하다.

1) 『전등신화』의 경우

구우(瞿佑)는 젊은 시절 이미 장사성(張士誠)의 난 등 원말(元末)의 전란을 체험했으며, 중년 이후 명왕조가 들어서면서 착잡하게 얽힌 폭압정치

---

2) 이 기본적인 창작 기저는 기존의 논의에서 이미 언급된 것이다. 특히 양자의 세계 인식에 대한 우의성의 측면과 상통함이 지적된 바 있다(박희병, 앞의 논문, 39~53면). 그러나 본고는 이것이 우의성에만 한정되지 않고 작품의 본질적인 면을 규정한다는 점에 주목하였다.

를 목도했던 터다. 그가 살던 시기는 역사적으로 왕조교체기라서 일반적으로 겪을 법한 사회 변동이었다. 그러나 유독『전등신화』에 그 흔적을 짙게 물들여 놓았다. '전란'은『전등신화』창작의 동인이 되었을 뿐만 아니라, 전편을 통과하는 중심 문제였다.『전등신화』20편 중「삼산복지지(三山福地志)」·「화정봉고인기(華亭逢故人記)」·「천태방은록(天台訪隱錄)」·「모란등기(牡丹燈記)」·「부귀발적사지(富貴發跡司志)」·「애경전(愛卿傳)」·「취취전(翠翠傳)」·「용당영회록(龍堂靈會錄)」·「태허사법전(太虛司法傳)」·「추향정기(秋香亭記)」등이 전란과 긴밀한 관련이 있다. 그 외의 나머지 작품에 펼쳐진 세계도 그것이 직접적이라 할 수는 없지만 전란 후의 파장 속에서 생각해볼 여지가 충분하다. 거기에는 전란이 일어나기 직전의 폭풍전야 같은 두려움, 전란 과정에서 내동댕이쳐진 인간 군상, 그리고 전란 후에 드러난 제 모순 등이 산포(散布)되어 있다.

「삼산복지지」의 원자실(元自實)은 평범한 농사꾼이다. 그럭저럭 살 만한 형편이었는데, 한 번의 난리를 통해 집이 온통 털리고 만다. 이리저리 떠돌던 그는 돈을 꾸어준 묘군(繆君)마저 자신을 저버리자 분통이 터진 나머지 우물에 몸을 던져 자살을 기도한다. 그런데 그는 떨어진 우물 속, 즉 '삼산복지(三山福地)'에서 엄청난 미래의 일을 전해 듣고 아연실색한다. "앞으로 3년 안에 세상의 운세가 바뀌어 큰 환란이 닥치리니 이 얼마나 두려운 일인가?"[3] 이 말에 원자실은 급히 돌아와 처자식을 이끌고 피난을 떠난다. 원자실은 굶주림의 고통 속에 몇 해를 전전한 대가로 큰 환란을 피할 방도를 얻은 것이다. 뒤미처 세상은 전란에 휩싸인다.[4]

「천태방은록」의 서일(徐逸)은 천태산 속의 선경에 들어갔다가 이른바 '정강지변(靖康之變)'의 난리를 피해 살고 있는 일군의 무리들을 만난다.

---

3)「三山福地志」(대각문고본『剪燈新話句解』.『전등신화』의 경우 이하 동일함). "道士因言 : '不出三年, 世運變革, 大禍將至, 甚可畏也.'"

4)「삼산복지지」. "急携妻子, 逕往福寧村中, 墾田治圃而居. (…중략…) 其後, 張氏奪印, 丞相被拘, 大軍臨城, 陳平章遭擄, 其餘官吏多不保其首領."

이곳은, 지금이 원명교체기의 혼란한 시기라는 사실도 아랑곳하지 않는 그야말로 평화로운 세상이다. 그곳 주민들은 서일에게 "그대 인간 세상에 나가거든 잘 얘기해주게. 지금에야 평화롭고 안락한 곳 찾았다고"[5] 하면서 유혹한다. 그 유혹에 빠진 서일은 집으로 돌아와 식구들을 데리고 다시 그 동구(洞口)를 찾았으나, 다만 골짝의 새소리가 구슬프고 고갯마루 원숭이 울음소리가 애처로울 뿐 그곳은 흔적이 없이 사라져 버렸다. 참담한 심정으로 되돌아오는 서일의 모습에서[6] 이제 오갈 데 없이 세계에 내던져진 한 '인간'이 포착된다. 전란 직전의 어두운 그림자이다.

한편 「부귀발적사지」의 하우인(何友仁)이 경험한 이계(異界)에서의 체험도 각별하다. 가난에 찌든 하우인은 부귀발적사(富貴發跡司)에 기원하여 지긋지긋한 가난을 면해줄 것을 청원한다. 그랬더니 발적사의 반응이 난데없다. 즉 하우인이야 평소 악행을 쌓지 않아 부귀를 누리게 하는 것이야 어렵지 않지만, 극복할 수 없는 문제가 있다는 것이다. 그것은 하우인만이 치를 일도 아니었다.

> 그런데 천지 운행의 운수와 생령들이 재앙을 만나는 때를 만나 국통이 점점 쇠해져 큰 환란이 장차 닥치게 될 것이오 (…중략…) 그 말이, 수년 뒤엔 병란이 크게 일어나 황하의 남쪽과 양자강의 북쪽에서 도륙되는 인민의 수가 모두 3십만에 이른다는 것이오[7]

국통이 쇠미해짐에 따라 기필하게 되는 천지의 전란은 부귀발적사에서도 막을 수 없는, 인간에겐 운명적인 재앙이라는 것이다. 이처럼 「부

---

5) 「天台訪隱錄」. "君到人間煩致語, 今遇昇平樂安處."
6) 「천태방은록」. "到家數日, 乃具酒醴携殽饌, 率家僮輩, 賚往訪之, 則重岡疊嶂, 不復可尋; 豊草喬林, 絶無蹤跡. 往來于樵蹊牧徑之間, 但聞谷鳥悲鳴, 嶺猿哀嘯而已, 竟惆悵而歸."
7) 「富貴發跡司志」. "然而天地運行之數, 生靈厄會之期, 國統漸衰, 大難將作 (…중략…) 數年之後, 兵戎大起, 巨河之南, 長江之北, 合屠戮人民三十餘萬."(번역은 이병혁, 『전등신화』, 태학사, 2002를 따랐으되, 필요한 경우 윤문을 하였다. 이하도 마찬가지임)

귀발적사지」는 전란의 재앙을 운명론적인 시각에서 바라본다. 그리고 이는 다수의 인민들에게 드리워진 가혹한 현실임을 반영한다. 이제 그렇게 전란은 턱밑까지 다가와 있었다.

「화정봉고인기」·「애경전」·「취취전」·「추향정기」 등에서는 바로 이 전란에 내쳐진 인간 군상을 만날 수 있다. 구우의 자전적 작품으로 알려져 있는 「추향정기」는 전란으로 헤어져 다시 해후할 기약이 없는, 현재진행형의 비극미가 주조를 이루고 있다. 이 작품이 비극성을 갖게 된 보다 큰 이유는 여주인공 채채(采采)가 난리 통에 목숨을 부지하기 위하여 그가 사랑하던 상생(商生)대신 다른 남자와 혼인을 한 데 있었다. 전란 후에 그녀를 찾은 상생 앞에 "불행하게 이 몸을 남에게 맡겨 목숨을 부지하였지요"8)라며 안타까워하는 채채의 모습에서는 죽음 이상의 비애가 묻어 나온다.

채채의 경우 연명을 위해서 상생과의 약속을 저버렸다면, 부부의 인연을 맺은 상황에서는 어떤가? 「애경전」의 나애애(羅愛愛)와 「취취전」의 취취(翠翠)는 각각 기녀와 민가의 딸 신분으로 단란한 가정을 꾸리지만, 전란이 발발하면서 적장(賊將)에게 내몰린다. 그런데 그녀들의 대응은 각이하여 나애애는 스스럼없이 죽음을 택하여 절개를 지키는 반면, 취취는 포로가 되어 훼절하는 신세가 되고 만다. 여기 채채, 애경, 취취의 대응은 결과적으로 전란의 시기에 '여성'이 처한 질곡이었다.

전란을 당하여 여성의 이러한 피화는 이렇거니와, 남성들은 또 어떠했던가? 그 어느 때보다도 그네들에게는 공명과 절의를 세울 기회임에 틀림없다. 그러나 공명과 절의가 상충되었을 때, 그 사이에서 어름거리는 군상이 생겨나게 마련이다. 「화정봉고인기」의 전생(全生)과 가생(賈生)은 평소 호방하면서도 검속됨이 없는, 유협(遊俠)으로 자처하던 자들이다. 그런데 전란이 터지자, 이를 호기로 삼아 반란군에 가담하여 공을

---

8)「秋香亭記」. "(…중략…) 不幸委身從人, 延命度日."

세우려 한다. 전도양양하던 이들은 그러나 한 번에 몰사하고 만다. 분명 이들도 전란의 희생자이지만, 자신들의 왜곡된 욕망으로 인하여 더러운 이름만 남기고 파탄이 난 것이다. 그들 스스로 "대장부가 죽으면 죽었지 어찌 차마 남의 목구멍 밑에 붙어서 숨을 쉬며 살아서야 되랴!"[9]라며 자책하였듯이, 만고의 웃음거리가 된 이러한 경우도 결국 전란이 빚어낸 또 다른 인간의 자화상이다.

이런 전란의 파고를 겪고 남은 것은 빈들에 쌓여 있는 백골뿐이다.

> 마침 병란이 끝난 직후라 온통 폐허가 되어 거처에는 사람이 없고 누런 모래에 백골만이 끝없이 이어져 있었다. (…중략…) 바로 앞에서는 올빼미가 울고 뒤에서는 여우 늑대가 부르짖고 있었다. 얼마 후 무리를 이룬 까마귀가 날개를 부딪치며 내려오는데, 혹은 한 다리를 들며 울고 혹은 양 날개를 치며 춤을 추며, '까악 까악' 괴상한 짓을 하면서 빙빙 돌며 陣을 만들고 있었다. 다시 여덟 아홉 구의 시신이 좌우에 엎어져 있는데, 음산한 바람이 싱싱 불고 갑자기 비가 흩뿌리며 번개가 한 번 내리치자, 뭇 시신이 다투어 일어났다.[10]

「태허사법전」 서두의 섬뜩한 풍경이다. 전란의 격전지였던 이곳에선 까마귀 울어대는 음습한 가운데 원혼이 된 시신들이 벌떡 일어나 사람에게 달려들고 있다. 풍대이(馮大異)는 이 귀신들에게 갖은 고통을 당하다가 결국 그 여파로 죽는다. 그것을 액면에서는 풍대이가 평소 귀신을 업신여긴 데 대한 응보인 것처럼 처리하였지만, 그 이면에는 전란으로 모든 것이 파괴된, 그래서 인간성마저 상실된 시대에 대한 암울한 현실이 반사되어 있다. 『전등신화』에 등장하는 여귀(女鬼)나 원혼(寃魂)은 대부분 이런 전란의 상처와 관련지어 생각해볼 수 있는데, 이들 원귀들은 살아남은 자들에게 부질없이 심통을 부리기도 한다.

---

9) 「華亭逢故人記」. "大丈夫死卽死矣, 何忍向人喉下取氣耶?"

10) 「太虛司法傳」. "時兵燹之後, 蕩無人居, 黃沙白骨, 一望極目. (…중략…) 鵂鶹鳴其前, 豺狐嘷其後. 頃之, 有群鴉接翅而下, 或跋一足而啼, 或鼓雙翼而舞, 叫噪怪惡, 循環作陣. 復有八九死屍, 僵臥左右, 陰風颯颯, 飛雨驟至, 疾雷一聲, 群屍競起."

이외에도 선량한 존재들의 거처를 불법으로 점거하여 악행을 일삼는
「신양동기(申陽洞記)」와 「영주야묘기(永州野廟記)」의 요괴들은 '적장'으로
상징화되는 바,11) 이 또한 전란의 연장선상에게 주의 깊게 살펴질 부분
이다.

『전등신화』에 펼쳐진 또 하나의 세계는 전란으로 인해 해묵은 문제들
이 낱낱이 파헤쳐진 장면들이다. 그런데 그 고발의 주체는 비판적 지식
인(작자)이 될 수밖에 없다. 그래서 우선 그네들의 사인(士人)으로서의 정
체성에 대한 심각한 고민이 필요하였다. 그들은 뛰어난 문재를 지녔지만
(「水宮慶會錄」), 세상에서 정당한 대우를 받지 못하고 있는(「修文舍人傳」)12)
자신들을 발견한다. 그럼으로써 비판적 지식인으로서의 면모를 갖추게
된다. 그들이 목도한 사회는 불의와 부정부패가 만연한 곳이다. 두 발을
딛고 있는 현장에서 벌어지고 있는, 그래서 인민이 고통받고 있는 원인
을 따져가다 보니, 이런 광경들이 포착되었다.

 ① (…중략…) 그러나 威令이 행해지는 곳에 이미 살폈던 것을 후에 다시 보
고, 총명이 미치는 곳에 도리어 작은 것을 살피느라 큰 것을 빠뜨리는 바람에
가난한 자는 지옥에 떨어져 재앙을 받고 부유한 자는 經을 외워 죄를 면하게
되었습니다.13)

 ② 이 세상에서는 어진 사람은 아래에서 굶어죽고, 어질지 못한 사람은 서로
어깨를 나란히 하고 발자취를 이으며 세상에 이름을 드날리지. 태평스러운 날
이 적고 어지러운 때가 많은 것은 다 이 때문이라네.14)

---

11) 皐于厚, 「'剪燈二話'與明代傳奇小說的發展趨勢」, 『明淸小說硏究』 4期, 2001, 18면.
12) 특히 「修文舍人傳」은 당대 전기 「人虎傳」의 전통을 이어, 지식인의 욕망과 좌절을
 심각하게 탐색한 작품으로도 흥미가 있다.
13) 「令狐生冥夢錄」. "(…중략…) 然而威令所行, 旣前瞻而後仰; 聰明所及, 反小察而大
 遺, 貧者入獄而受殃, 富者轉經而免罪."
14) 「修文舍人傳」. "賢者槁項黃馘, 而死於下; 不賢者比肩接跡, 而顯於世. 故治日常
 少, 亂日常多, 正坐此也."

여기서 가난한 자와 부유한 자는 그 대상이 일반 백성이며, 어진 자와 어질지 못한 자는 그 대상이 사인이다. 위정자들의 실정(失政)과 관리들의 부정부패로 인하여 천도가 어그러져 있는 현실인데, 문제는 그 업을 받을 주체가 천도를 망가뜨린 위정자들이 아니고 선량한 일반 백성들이라는 사실이다. 결과적으로 이 전도된 현실을 "출척필명 상벌필공(黜陟必明, 賞罰必公)"(「영호생명몽록」)하여 바로 잡지 않으면, 전란 따위의 환란이 지속될 수밖에 없고, 그 피해자는 언제나 인민들임을 명시하고자 한다.

『전등신화』는 이 과정에서 하나의 역설을 집어넣어 놨다. 앞에서 여귀에 대해서 주의했거니와, 여기에 등장하는 여귀나 요괴(妖怪)는 처단의 대상이 되곤 한다. 물론 원혼들은 대부분 위로받을 대상이지만, 「모란등기」의 부숙방(符叔芳)이나 「태허사법전」의 뭇귀신들은 당연히 위로 받을 존재들임에도 불구하고 부질없이 생민(生民)에게 해를 끼친다고 하여 처단을 당한다.15) 그들의 죄과는 생민을 괴롭혔다는 것인데, 가해자인 이들 또한 생민이었다. 죽은 백성이 산 백성을 괴롭힌다는 설정, 이것이 『전등신화』가 보여주는 역설의 미학이다.

요컨대 전란의 시대에 부침했던 지식인들이 그 환란에 내동댕이쳐진 인민들의 삶을 목도하고 이를 심각하게 반영하면서 현실에 대한 비판적 거리를 유지한 것이 『전등신화』가 추구한 방향이었다.16)

---

15) 한편 『전등신화』에는 요괴 등 미신적 존재(특히 귀신)들에 대한 타파의 메시지가 강하다. 때문에 여기 대상들도 그런 궤에 속해 있다. 그러나 그런 점이 확실히 있지만, 이것을 반어적 설정으로 이해할 때보다 진전된 해석이 가능하다.

16) 여기서 한 가지 언급해둘 것은 『전등신화』 전체가 과연 瞿佑의 창작인가 하는 점이다. 진작에 구우의 저작이 아니라고 한 언급이 있으나(魯迅은 그의 『小說舊聞鈔』에서 『聽雨紀談』과 『七修類稿』를 인용하여 「秋香亭記」 외에는 그의 창작이 아니라고 한 바 있다), 대부분의 자료에는 구우의 저작으로 나온다. 그런데 21편의 내용을 보면 그것이 결코 한 인물에 의해 창작된 것으로는 보이지 않는다. 李鈺(1760~1813)은 그의 「鳳城文餘」에서 "『전등신화』는 구우가 원·명시대 소설들을 수정하여 만든 것이라 하면서, 「滕穆醉遊聚景園記」·「秋香亭記」는 그 자신이 직접 지은 것이며, 「牡丹燈記」는 陳愔, 「金鳳釵記」는 柳貫, 「綠衣人傳」은 吾衍, 「渭塘奇遇記」는 明馬龍이 각각 지었다[剪燈新話者, 瞿宗吉之所刪述元明間小說者, 而若聚景園·秋香亭記等記, 亦佑之

2) 『금오신화』의 경우

『금오신화』는 『전등신화』처럼 다양한 소통구조를 보여주지 못한다. 그 결말은 초현실세계와의 교통(交通) 이후 곧 죽음을 맞거나 세상에서 종적을 감춰버리는 식이다. 이 방향말고는 다른 경우는 찾아볼 수 없다.17) 그런데 왜 이런 결말이 났는가를 역으로 추적해볼 필요가 있다.

『금오신화』의 다섯 작품을 순차적으로 따라가다 보면 상당히 흥미로운 사실을 발견하게 된다. 각자가 독자적인 형태를 견지하면서도 동시에 상호 긴밀한 연결의 통로를 열어 놓고 있기 때문이다. 즉 「만복사저포기(萬福寺樗蒲記)」·「이생규장전(李生窺墻傳)」에서는 인귀교환(人鬼交歡) 모티프를 이용, 요절한 여주인공들의 한풀이를 통해서 어떤 '사건'이 발생했다는 점을 알려주고, 「취유부벽정기(醉遊浮碧亭記)」에서는 '뭔가가 문제'라는 정도의 메시지를 던져주며, 「남염부주지(南炎浮洲志)」에서 문제의 구체적인 실체가 드러나고, 마지막으로 「용궁부연록(龍宮赴宴錄)」을 통해서 이를 보다 예각화시키는 양상이다. 그럼으로써 하나의 큰 의미망을 구축한다. 이것이 전체적인 구도이기도 하다.

「만복사저포기」와 「이생규장전」의 의미를 환원하여 정리할 때, 그것은 '절(節)'에 대한 확신과 그것의 딜레마이다. 즉 주인공 자신은 불의에 항거하여 절개를 지킴으로써 목숨을 초개와 같이 버렸는데, 꽃다운 청춘으로 땅 속에 묻힌 것밖에 남은 게 없다. 일개인에게 닥친 '절의'로 인한 비극은 과연 어디서 초래된 것인가? 이들을 만난 양생(梁生)과 이생(李生)

所作也. 牧丹燈記陳惜作, 金鳳釵記柳貫作, 綠衣人傳吾衍作, 渭塘奇遇錄明馬龍作]"고 하였다. 이옥이 어디에 근거해서 이렇게 기록한 것인지 지금으로선 확인할 길이 없는데, 이 난데없는 언급에서 오히려 『전등신화』 성립의 객관적 조건을 되짚어 볼 수 있겠다. 요컨대 『전등신화』는 당대 이미 창작된 작품과 구우 자신이 직접 지은 작품을 함께 엮은 것이다. 그러다 보니 당대사회의 다양한 목소리가 자연스럽게 포획될 수 있었으며, 아울러 한 개인의 자아 인식에 국한되지 않는, 당대 지식인의 세계 인식이 총집합될 수 있었다.

17) 박희병, 「금오신화의 미학」, 『한국전기소설의 미학』, 돌베개, 1997, 223면.

은 이 풀 수 없는 '사건'에 봉착하게 되었고, 이것의 원인이 어디에 있었던가를 찾아 나서야 했다. 따라서 『금오신화』 전체 중에서 이 두 작품은 근본적인 문제를 도출하는 역할을 수행한다.

그러나 이 사건의 실마리를 현실에서는 도저히 찾을 수 없었다. 그래서 다른 세계의 체험이 필요했다. 기왕의 이계의 인물—여귀와 최랑(崔娘)—을 통해 제출된 문제가 심각했기 때문에 이를 확인하기 위해서는 그 이계로 찾아가야 했다. 따라서 양생의 부지소종(不知所終)과 이생의 죽음은 기실 별계 여행의 시작인 셈이다.

「취유부벽정기」의 홍생(洪生)은 이런 풀리지 않은 의문을 안은 채 여유(旅遊)를 떠난다. 과연 부벽정(浮碧亭)에서 만난 여인은 자신을 유혹하는 대상이 아니라, 천추의 한을 간직한 기자(箕子)의 딸이었다.[18]

> 우리 선조가 이곳에 봉해져서 예악과 형정을 모두 湯임금의 가르침대로 따랐으며, 八條의 법으로 백성을 교화하여 문물이 번화한 지 천여 년이 되었지요. 그러나 하루아침에 나라의 운명이 곤궁해져 환란이 졸지에 닥치니, 선고(準王—인용자)는 필부의 손에 패하여 마침내 나라를 잃게 되었지요. 衛滿이 이때를 틈타 보위를 도적질하니, 이로부터 조선의 업은 실추되고 말았지요. 저는 약질로 엎어지고 넘어지는 낭패를 보아 절개를 지켜 죽음을 기다릴 뿐이었더니 (…하략…).[19]

이 대목은 흔히 수양대군의 왕위찬탈을 반영한 것으로 인정하곤 한다. 홍생이 "옛날을 조문하노니 흐르는 눈물 더해지고, 오늘을 아파하노

---

18) 이 같은 설정은 「渭塘奇遇記」·「滕穆醉遊聚景園記」와 비슷하다. 그러나 이를 애정 쪽으로 끌고 가지 않고 「鑑湖夜泛記」 쪽으로 끌고 갔다. 이렇게 한 번 꺾은 것이 『금오신화』의 문제 도출에 있어서 결정적인 역할을 한다.

19) 「醉遊浮碧亭記」(대련도서관 조선간본 『금오신화』. 이하 동일함). "我先祖實封于此, 禮樂典刑, 悉遵湯訓, 以八條敎民, 文物鮮華, 千有餘年. 一旦天步艱難, 災患奄至, 先考敗績匹夫之手, 遂失宗社, 衛瞞乘時, 竊其寶位, 而朝鮮之業隊矣. 弱質顚蹶狼狽, 欲守貞節待死而已."(번역은 심경호, 『매월당김시습 금오신화』, 홍익출판사, 2000을 따랐으되, 필요한 경우 윤문을 하였다. 이하도 마찬가지임)

니 스스로 근심을 사는구나"[20]라고 한 데서 이는 자명해 보인다. 그러나 이 부분을 『금오신화』의 전개 과정으로서 주목할 필요가 있다. 여기서 베일에 가려졌던 문제의 실마리가 보이기 때문이다. 억울하게 수절을 해야만 하는 이들이 생겨나는 것은 나라의 업이 실추되었기 때문이라는 말이다. '절의'와 '국난'이 긴밀하게 조응하는 지점이다.

그러나 이왕의 문제의 원인이 가닥을 잡아가는데도 불구하고, 이들은 더 이상 논의를 진전시키지 못하고 이별을 강요받는다. 부벽정이라는 하나의 역사적 공간에서 문제의 실마리를 발견한 홍생은 더 근본적인 원인에까지 접근하기 위해서 본격적인 토론장이 마련된 다른 세계로 찾아간다. 그것은 별계로의 출입을 의미하였으니, 바로 홍생의 죽음이었다.[21] 그리고 그 몫은 자연스럽게 박생(朴生)에게로 옮겨진다.

「남염부주지」의 박생은 곧장 이계를 찾지 않고 우선 현실계에서 머뭇거린다. 자신의 신념을 확인하는 동시에, 별세계에 들어가기 위한 준비이기도 하다. 그것은 일원론적(一元論的) 질서에 대한 확신이었다. 그 확신 속에서 염부(炎浮)를 찾는다. 그리고 염라왕[焰魔王]과의 토론을 통해서 자신의 신념은 더욱 굳어지는데, 그 신념이 현실 세상에서 이행되지 않고 혼란이 지속되는 원인을 따져가다 보니, 한 나라를 다스리는 군주에게로 시선이 모아졌다.

나라를 다스리는 이는 백성을 폭압하거나 위협해서는 안 될 것이오 백성들이 비록 이를 두려워하여 따르는 것 같지만 마음속에서는 거스를 뜻을 품고 있어서, 날이 가고 달이 차면 마침내 얼음처럼 두터운 앙화가 일어날 게요 덕망이 있는 사람은 권력을 써서 왕위에 올라서는 아니 되오 하늘이 거듭해서 간곡하게 말하지 않을지라도 행사로써 보여 처음부터 끝까지 일관되게 하니, 상제의 명은 실로 지엄하다오 대개 나라라는 것은 백성들의 나라이고 명이라는

---

20) 「醉遊浮碧亭記」. "弔古多垂淚, 傷今自買憂."
21) 「醉遊浮碧亭記」. "生驚覺, 命家人沐浴, 更衣焚香, 掃地鋪席于庭, 支頤暫臥, 奄然而逝."

것은 하늘의 명이기에 하늘의 명이 떠나버리고 민심이 등진다면 왕이 비록 몸
을 보전하고자 한들 그럴 수 있겠소?[22]

박생이 아닌 저 염부의 왕이 인간 세상의 왕에 대해 내린 단안(斷案)이
다. 박생은 여기서 자신의 신념이 분명해졌다는 사실과 함께 자신이 지
향해야 할 방향을 깨닫는다. 때문에 박생의 현세에서의 머뭇거림은 자신
의 확신에 대한 믿음의 부재[23]라기보다는 자신의 믿음이 실현되는 현실
을 발견할 수 없었기 때문이다. 박생은 그래서 세상에 미련을 두지 않고
염부로 떠나간다. 그것은 죽음이었다. 그런데 바로 여기에 「남염부주지」
의 역설이 존재한다. 박생이 스스럼없이 떠난 곳은 어디인가? 그곳은 인
간이 가장 가기를 두려워하는 지경이 아니던가? 가장 저어하는 공간을
흔쾌히 떠나가는 박생의 모습에서, 즉 박생의 이승에서의 죽음에서 비극
적 현실을 발견한다. 「남염부주지」는 불행하게도 박생이 꿈꾼 세계가
오히려 지옥에서 펼쳐지고 있었다는 점, 그리고 그곳으로 떠난 박생의
행위가 현실에 대한 부정을 내포한다는 점을 드러내는데 몰두한다. 그리
고 이 지점에서 그동안 양생과 이생, 그리고 홍생과 박생이 찾아나선 문
제가 '전도된 정치 현실'이었음이 선명해진다.

이어지는 「용궁부연록」은 작자의 지향을 더욱 뚜렷하게 구현해낸다.
그런데 이번엔 용궁이다. 재사 한생(韓生)은 용궁 안에서의 성정(盛政)을
찬미하는 자리에 초대를 받는다. 이 자리는 모든 계층이 참여하고 있었
다. 곽개사(郭介士, 무신)와 현선생(玄先生, 문신)이 먼저 왕의 공덕을 찬송
하고, 이어서 목석(木石)의 망량(魍魎)과 산림의 정괴(精怪)가 등장하여 "각
기 그 기능을 자랑하여 휘파람을 불고 노래 부르고 춤도 추고 피리도
불고 손뼉도 치며 뛰기도 하면서, 서로 다른 생김새이지만 똑같은 소리

---

22) 「南炎浮洲志」. "有國者不可以暴劫民, 民雖若瞿瞿以從, 內懷悖逆, 積日至月, 則堅
冰之禍起矣. 有德者不可以力進位, 天雖不諄諄以語, 示以行事, 自始至終, 而上帝之
命嚴矣. 蓋國者民之國, 命者天之命也. 天命已去, 民心已離, 則雖欲保身, 將何爲哉?"
23) 진경환, 「남염부주지의 반어」, 『고전문학연구』 13집, 한국고전문학회, 1998.

로 노래를 부른다."24) 이들은 미천한 자신들도 태평의 세상을 만나 마음껏 기쁨을 누리고 있다고 찬송한다. 거기에 강하(江河)의 세 군장(君長, 제후)까지 합세하여 기쁨의 노래는 멈출 줄 모른다. 그야말로 왕의 선정을 경하하는 축제가 벌어진 것이다. 이 자리는 바로 '부동이화(不同而和)'의 이상적 세계였다.

매월당은 이처럼 『전등신화』의 들머리인 「수궁경회록」에 펼쳐진 세계를 이곳 『금오신화』의 끝에 재배치시킴으로써 그의 정치 현실에 대한 강한 지향성을 드러내고자 하였다.

그런데 한편으로 의아하지 않을 수 없었다. 어떤 질서가 구현되었기에 궁궐 안이 이처럼 태평성대라고 함께 기뻐한단 말인가? 한생은 의아심을 품은 채 궁실 밖으로 나가본다. 그런데 밖의 실상을 보고 난 한생은 놀라지 않을 수 없었다. 신왕(神王)은 하늘의 계시를 받아 조화의 묘수를 부려 자연의 이치인 뇌(雷)·전(電)·풍(風)·우(雨) 등을 관장, 조금도 질서가 어긋나지 않게 하고 있었다. 이 광경은 환웅(桓雄)이 태백산에 내려와 풍백(風伯)·운사(雲師)·우사(雨師)를 거느려서 만물을 통섭했던 옛 단군조선(檀君朝鮮)의 모습이지 않은가.

「취유부벽정기」의 기자조선(箕子朝鮮)에서 어그러지는 정치 현실을 상정하더니, 여기선 단군조선을 통해 이상적인 정치 현실을 복원해 놓은 것이다. 요컨대 우리 민족의 역사 속에서 지금 조선의 이상적 정치 현실을 찾은 셈이다.25) 「용궁부연록」은 비록 이상적 정치 공간을 용궁이란 별계에 펼쳐냈지만, 그것이 다시 조선의 옛적 모습으로 전화됨으로써 강한 현실 지향을 견지한다.26) 이는 매월당이 전국을 탕유(宕遊)하며 돌아

---

24) 「龍宮赴宴錄」. "(…중략…) 而各呈所能, 或嘯或歌或舞, 或吹或抃或踊, 異狀同音, 乃作歌曰 (…하략…)." 따라서 이들을 '일반 백성'으로 상정해도 무방할 것이다.
25) 매월당은 유독 檀君과 箕子 때를 이상적 정치시대로 상정하고 그에 대한 회고의 情을 드러내곤 했으니, 「擬楚辭九歌」·「箕子廟」·「檀君廟」(『梅月堂集』 권9) 등에서 이를 확인할 수 있다.
26) 여기서 매월당이 기자조선을 "平壤古朝鮮國也. 周武王克商, 訪箕子, 陳洪範九疇

다녔던 흔적이기도 했다. 그런데 이상적인 정치 구현의 공간을 발견하는 그 순간, 한생은 종적을 감추어버린다.

마지막 한생의 '종적 감추기'는 매월당의 지향의식과 직결된다. 이상적인 정치 현실을 그려보았지만, 그것이 지금 조선의 현실에서 구현되기는 만무했던 터다. 따라서 그런 지금의 정치 현실을 결코 받아들이지는 않겠다는 의지의 표현이 이 장면으로 이해되는 것이다.[27] 때문에 최소한 이 지점에서 초세의식은 다시 강한 저항의 의미로 전화되는 바, 현실과 만날 수 없는(또는 화해할 수 없는) 평행선을 유지할 뿐이다.

『금오신화』는 이처럼 다섯 작품이 하나의 일관된 지향, 즉 이상적 정치 현실에 대한 갈망으로 꿰어져 있다.

3. 그 구현화 원리 – 이계 체험을 통한 지향의 표출 방식

지금까지 『전등신화』와 『금오신화』의 텍스트를 다시 구성하는 차원에서 양자가 지향한 바를 살펴보았다. 양자는 똑같이 자아의 세계에 대한 여정을 이계 체험으로 특화시켜 나간다. 그런데 그 시선이, 『전등신화』는 전란으로 상처를 입은 인민들에게로 모아짐으로써 아래로 향해 있는 반면, 『금오신화』는 이상적 정치 실현을 갈망하며 심각한 비판의식을 담지함으로써 위로 향해 있다. 그리고 『전등신화』는 전란의 폭력성과 인민의 참상을 다양한 소재를 활용하여 각 작품 안에 파편적으로 구현하고 있는 반면, 『금오신화』는 이상적 정치에 대한 원망이 어느 한

之法, 武王封于此地, 而不臣也"(「醉遊浮碧亭記」)라고 인식하고 있음을 함께 염두해 둘 필요가 있다.
27) 「남염부주지」를 통해서 그런 반어가 있음이 지적된 바 있다(진경환, 앞의 논문).

작품이라도 빠지면 구현이 잘 안 되도록 상호 유기적으로 배치시켰다. 이 같은 면모를 구현하는 원리는 대체로 이원적(二元的) 세계를 넘나드는 전기소설의 장르 관습에 기대고 있다.[28]

1

양자의 개별 작품 중 '이계 체험'[29]에서 자유로운 것은 거의 없다.『전등신화』의 경우,「연방루기(聯芳樓記)」와 부록인「추향정기(秋香亭記)」만이 여기서 자유롭다. 당대(唐代) 전기(傳奇)에도 현실적 원리에 의해 직조된 작품이 적지 않음을 상기해볼 때, 이처럼 거의 통째로 비현실적 공간을 할애하였다는 것은 소설사의 흐름에서 볼 때 오히려 의외다.『금오신화』는 주지하듯이 어느 것도 자유롭지 않다. 때문에 이 이계 체험의 형식화는 양국 소설사에서 두 작품이 정점을 이루고 있는 셈이다. 이런 서사적 장치는 현실에 대한 '불만'과 '욕망'의 합법칙적 결합을 강제한다.

『전등신화』의 이계 체험에는 분명 다른 세계에 대한 놀라움이 나타나 있다. 우선 그 이계 자체가 매우 두려운 곳으로 묘사되곤 한다.

> 令狐譔이 地府의 대궐문을 나와 북쪽으로 1리 남짓 가자 鐵城이 나타났는데, 높고 험한 데다 검은 안개가 하늘을 가리고 있었다. (…중략…) 들어가 보니 죄인들이 수없이 많은데, 살갗이 벗겨진 자, 찢어져 피가 흐르는 자, 심장이 잘려나간 자, 눈알이 도려진 자들이 부르짖고 원통해 하며 그 사이에서 나뒹구는데, 매질에 쓰라려 하며 병독에 고통스러워하는 소리에 땅이 진동하였다.[30]

물론 명부(冥府)는 으레 이런 광경이 저질러지는 세계로 상정되곤 한

---

28) 두 작품의 이원적 세계의 원리와 그 미의식에 대해서는 이학주, 앞의 논문과 이대형,「금오신화의 서사방식 연구」(연세대 박사논문, 2001) 참조.

29) 人鬼交歡・人鬼相逢 따위도 남주인공의 입장에서는 '이계 체험'이다. 따라서 본고에서는 이것을 따로 구분하지 않기로 한다.

30)「令狐生冥夢錄」. "譔出府門, 投北行里餘, 見鐵城巍巍, 黑霧漲天. (…중략…) 入見, 罪人無數, 披剝皮・刺血・剔心・剜目, 叫呼怨痛, 宛轉其間, 楚毒之聲動地."

다. 인과응보에 의한 인간의 내세에 대한 인식의 하나이기 때문이다. 그런데 중요한 것은 주인공이 이런 세계를 경험한다는 사실이다. 그 세계는 또한 뭔가 결손된 상태다. 여기 「영호생명몽록」의 명부도 그렇거니와, 「영주야묘기」의 이계는 요괴가 점령한 공간으로, 「신양동기」의 이계 또한 가확(猳玃)의 무리들이 불법 점거하여 오싹한 공간으로 변해버렸다. 「수궁경회록」의 수궁(水宮)만 하더라도 「용궁부연록」의 용궁과는 다르다. 그곳은 "후미지고 누추하여 신위(神威)를 밝게 드러내고 제명(帝命)을 천명할 수 없어" "전례(典禮)를 들어보지 못한"31) 세계이다. 주인공은 이런 이계에서 걸핏하면 봉변을 당하거나 놀림감이 되기 일쑤다.

> 즉시 뭇 귀신들에게 명하여 그의 갓과 옷을 벗기고 회초리로 때리게 하자, 흐르는 피가 낭자하였다. 죽고자 하나 죽을 수도 없었다. (…중략…) 그러자 뭇 귀신들은 즉시 잡아다가 石床 위에다 놓고 손으로 비벼 꼬듯 여러 손들이 엎치락뒷치락 하며 주무르자, 어느새 점점 길어지고 있었다. 얼마 후 붙들어 일으켜 세우니 과연 키가 세 길이 되어 가느다랗기가 간지대 같았다. (…중략…) 뭇 귀신들은 다시 내몰아 석상 위에 국수를 말 형상으로 두고, 힘을 다해 골절을 누르자 으드득 소리가 났다. 일으켜 세워 보니 과연 한 자로 줄어들어 둥글기가 큰 게만 하였다. (…중략…) 馮大異는 땅바닥에서 비틀거리며 그 고통을 견디지 못하였다.32)

귀신들에게 붙잡혀 고통을 받는 풍대이의 모습이 오히려 희화적으로 비춰진다. 그러나 말로 표현하기 힘든 이 고통스런 장면은 전란 후의 온통 폐허가 된 공간에서 벌어지고 있다. 전란은 끝났지만 그 공간은 황폐

---

31) 「水宮慶會錄」. "弊居僻陋. (…중략…) 無以昭示神威闡揚帝命. (…중략…) 吾等僻處遐陬, 不聞典禮."

32) 「太虛司法傳」. "卽命衆鬼, 卸其冠裳, 加以棰楚, 流血淋漓, 求死不得. (…중략…) 群鬼卽捽之, 於石床之上, 如搓紛之狀, 衆手翻覆而按摩之, 不覺漸長. 已而, 扶起, 果三丈矣, 裊裊如竹竿焉. (…중략…) 群鬼又驅至石床上, 如按麨之狀, 極力一捺骨節, 礫礫有聲, 乃擁之起, 果一尺矣, 團欒如巨蟹焉. (…중략…) 大異蹣跚於地, 不勝其苦."

화되어 귀신들이 횡행하는 세상이 된 것이다. 그래서 지금 풍대이는 광포한 세계에 내던져져서 일신을 구걸하는 신세가 되어 있다.

『전등신화』의 이계가 이렇게만 설정된 것은 물론 아니다. 이를테면, 「삼산복지지」의 삼산복지, 「천태방은록」의 선경, 「부귀발적사지」의 부귀발적사, 「용당영회록」의 용궁은 이른바 이상적인 세계이다. 그러나 간과할 수 없는 점은 이 세계에서의 주인공의 체험이다. 삼산복지에서는 다가올 전란의 어두운 그림자를 실감하며, 「천태방은록」의 선경에서는 나라의 쇠망을 경험하며, 부귀발적사에서는 전란으로 인한 인민의 도륙을 예견하게 되며, 「용당영회록」의 용궁에서는 변란의 시기에 분골쇄신해야 할 자신을 발견한다. 곧 별계는 인간 세상에서 치러야 할 인민의 고초가 예견되는 공간으로 설정된 것이다.

그 이계는 비극적인 장소인 동시에 불법이 행해지는 곳이다. 거기에는 어그러진 세계가 펼쳐져 있으며, 주인공은 그 어그러진 세계를 체험하는 경우가 많다. 『전등신화』에 나타난 무상함과 초세의식은 이 체험의 결과이다. 따라서 『전등신화』의 이계와 그 체험은 전란의 소용돌이를 정면 돌파하는 세계로 상정되어 있으며, 때문에 그 세계는 소름이 돋는 '실체험적 장소'였다. 그것은 전란의 참담함을 담아내는 그릇이었다.

『금오신화』의 이계는 어떤가? 같은 이계이지만 그곳은 어떤 상태의 공간이고, 또 어떤 세계로 느끼고 있는가 하는 점에서는 『전등신화』의 이계와는 사뭇 다르다. 홍생이 찾아간 부벽정(浮碧亭)은 분명 이계가 아니지만, 거기에 한 여인이 나타남으로써 갑자기 별계로 변하고 만다. 홍생과 선녀는 이 환상적인 공간에서 옛날 기자조선의 화려한 때를 추억하며 회한에 젖는다. 이상적인 시기의 한 국가에 대한 회상이다. 부벽정이라는 작은 공간이 회상과 회한의 장소가 되는 바, 그곳은 과거의 이상적인 정치가 실현되었던 공간이다.

이 같은 양상은 「남염부주지」나 「용궁부연록」에서도 전일하다.

그 땅에는 본디 초목도 없고 모래와 자갈도 없으며, 발에 밟히는 것은 모두 구리가 아니면 쇠였다. 낮에는 거센 불길이 하늘까지 뻗쳐 땅덩이가 녹아 내리고, 밤이 들면 차가운 바람이 서쪽에서 불어와서 사람의 살갗과 뼈를 쑤셔대니, 몸에 부딪치는 고통을 견딜 수가 없었다. 또한 쇠로 된 벼랑이 성처럼 서서 바닷가를 따라 이어져 있었다. (…중략…) 성 가운데 사는 백성들은 쇠로 집을 지어 살았다. 그래서 낮에는 불에 데어 문드러지고 밤에는 얼어붙어 갈라지곤 하였다. 그들은 그저 아침과 저녁에만 구물구물 움직이며 웃고 이야기하는 모습이었다. 그렇다고 그다지 괴로워하지도 않은 듯했다.[33)

앞서 「남염부주지」의 염라세계를 치도의 원리가 구현된 장소로 설정했다는 것 자체가 하나의 역설이라고 말했었다. 그런 염부의 모습이 이렇다. 이곳이 「영호생명몽록」에 그려진 명부와 똑같은 곳이라고는 볼 수 없지만, 이른바 저승으로서는 같다. 즉 인간이 살 수 없는 곳이란 점에서는 동일하다는 얘기다. 그런데 이곳 염부는 영호생(令狐生)이 체험한 명부처럼 사람이 못사는 곳이 아니다. 물론 이곳도 초목이란 전혀 없으며 낮에는 땅덩이가 녹아 내리고 밤에는 찬바람이 사람의 살갗을 도려내는 곳이다. 그러나 백성들은 이곳에서 그럭저럭 생활을 유지하고 있고, 그다지 큰 고통도 겪지 않는다. 또한 「용궁부연록」의 한생(韓生)은 용궁에서 이상적 정치가 이루어지고 그것이 구현되는 원리까지 목도한다.

『금오신화』는 이처럼 여행하는 이계가 그야말로 무서운 세계가 아니다. 오히려 그 공간은 바람직한 이치가 구현되는 세계다. 매월당은 이계를 있어야 할 세계로 상정함으로써 이상적 정치 현실을 갈망하는 그의 지향을 이곳에 구현해 놓은 것이다.

『전등신화』의 별계는 소름이 돋는 '실체험적 장소'로써 '있지 말아야 할 세계'이다. 이에 비해 『금오신화』의 경우, 이것이 상상 체험의 성격

---

33) 「南炎浮洲志」. "其地無草木沙礫, 所履非銅則鐵也. 晝則烈焰亘天, 大地融冶; 夜則凄風自西, 砭人肌骨, 吒波不勝, 又有鐵崖如城, 緣于海濱. (…중략…) 其中居民, 以鐵爲室, 晝則焦爛, 夜則凍裂, 唯朝暮蠢蠢, 似有笑語之狀, 而亦不甚苦也."

을 견지하면서, '있어야 할 세계'로 인식한다. 그것은 기본적으로 전란의
폭압성을 반영하는『전등신화』와 이상적인 정치 현실을 갈망했던『금오
신화』의 지향성의 차이에 기인하고 있다. 요컨대 '지양(止揚)의 세계'와
'지향(志向)의 세계'를 작품의 중심으로 통과시키면서 각자의 방향잡기를
시도한 것이다.

②

그런데 이런 세계를『전등신화』는 환상적인 필치로 그려낸 데 반해,
『금오신화』는 심각하게 그려낸다. 따라서 양자의 표출 형태도 각이한
방향으로 나아간다.『전등신화』의 주인공들은 세계에 대한 '경험'이 많
은 편이며,『금오신화』의 주인공들은 세계를 '확인'하는 경우가 강하다.
이때 가장 먼저 접할 수 있는 특징으로,『전등신화』에 구현된 다성(多
聲)의 목소리이다. 앞에서『전등신화』의 이계를 실체험적 장소로 이해해
보았는데, 이계이든 현실 공간이든『전등신화』에는 다채로운 인물군이
등장하여 저마다의 소리를 냄으로써 갖가지 전란 경험을 체화시켰다.
마흔 다섯의 나이에도 가난에 찌들어 애오라지 살아갈 방도가 없는 선
비 하우인(何友仁,「부귀발적사지」), 사인으로서 박학다문했으나 끝내 세상
에 쓰이지 못하고 하루를 자급하기에도 겨를이 없는 하안(夏顔,「수문사인
전」), 재주를 믿고 귀신을 얕보다가 원귀들에게 실컷 혼이 나고 흉측한 몰
골로 집에 돌아왔다가 끝내 죽음을 맞이한 광사(狂士) 풍대이(馮大異,「태허
사법전」) 같은 이는 사인(士人)으로서의 정체성에 회의를 보여주는 인물들
이다.
「삼산복지지」의 원자실(元自實)은 그야말로 평범한 농사꾼으로 충실히
생활하려는 태도를 보여준다. 그런 반면 부유하지만 탐욕스러워 불의를
서슴지 않는 오로(烏老,「영호생명몽록」) 같은 존재도 있고, 원혼이 된 부숙
방(符淑芳)에게 동티가 나 괴로움을 겪는 마을 사람들도 있으며, 기녀와
민가의 딸로 전란에서 희생된 나애애(羅愛愛)와 취취(翠翠), 옛날 가사도

(賈似道)의 시녀와 노복이었던 녹의인(綠衣人)과 조원(趙源, 「녹의인전」) 등의 하층민들도 있다. 이들은 각자 제 목소리와 제 몸짓으로 문면에서 유영(遊泳)한다.

　뿐만 아니라, 요괴들에게 자신들의 거처를 빼앗기고 그곳에서 쫓겨난 야묘(野廟)의 신(「영주야묘기」)과 쥐들(「신양동기」)은 바로 전란 속의 백성들의 모습으로 비춰진다. 이런 예는 주인공과 보조적 인물들 간의 구분 없이 나타나고 있다. 이들의 움직임 속에서 '세계에 대한 경험'은 다채롭게 이루어진다.

　　약속한 날이 되자 온 집안 식구들은 애타게 바라보고 있고, 자실은 평상에 단정하게 앉자 아이를 시켜 동구 밖에서 엿보게 하였다. 얼마 후 달려들어 와서 외쳤다. "어떤 사람이 쌀을 지고 옵니다." 자실은 급히 나가 기다렸더니, 자기 집 앞을 지나가면서도 돌아보지 않았다. 자실은 지금 온 사람이 자기 집을 알지 못한 것으로 생각하고 급히 가서 물었더니, '張員外郎의 문객들에게 식사를 보내는 사람이오'라고 한다. 자실은 아무 말도 못하고 돌아올 수밖에 없었다. 얼마 후 아이가 또 들어와 알렸다. "어떤 사람이 돈을 가지고 옵니다." 급히 나가 맞이했더니, 이번에도 문 앞을 지나갈 뿐 들어오지 않았다. 다시 가서 물어보니, '李縣令의 遊客들에게 여비를 보내는 사람이다'고 한다. 멍하고 무안할 뿐이었다. 이와 같은 경우가 몇 번이나 거듭되었지만, 날이 저물도록 끝내 소리와 그림자도 비치지 않았다.[34]

　이 대목은 원자실의 집안 식구들이 아사 직전에 몰린 상황에서 묘군(繆君)한테서 받기로 한 양식을 기다리는 장면이다. 문 앞만을 보면서 기다리는, 그야말로 눈이 빠지는 상황이다. 그러나 끝내 양식을 짊어지고

---

34)「三山福地志」. "至日, 擧家懸望, 自實端坐於床, 令稚子於里門覘之. 須臾, 奔入曰 : '有人負米至矣.' 急出候焉, 則越其廬而不顧. 自實猶謂來人不識其家, 趨往問之, 則曰 : '張員外之餽館賓者也.' 默然而返. 頃之, 稚子又入告曰 : '有人携錢來矣.' 急出迓焉, 則過其門而不入. 再往扣之, 則曰 : '李縣令之賑遊客者也.' 憮然而慼. 如是者凡數度, 至晚, 竟絶影響."

오는 자는 그림자도 찾아볼 수 없다. 이제 영영 가망이 없고 더 기다릴 것은 굶주림에 쓰러져 죽음을 맞는 것일 뿐이다. 이런 극한 상황이 『전등신화』에서는 자주 나온다. 이와 같은 장면이 다양한 인물들의 목소리를 통해서 표출되고 있는 바, 그 다성의 울림을 통해서 세계의 폭력성에 대한 고발이 다각도로 이루어질 수 있었다.

『금오신화』는 물론 작품 수가 상대적으로 적다는 점을 인정한다 하더라도 이런 인물의 다성성(多聲性)은 찾아 볼 수 없다. 그 대신 주인공과 세계와의 대화만이 끈질기게 지속된다. 「취유부벽정기」·「남염부주지」·「용궁부연록」 등에서 이러한 경향은 분명함으로, 「만복사저포기」와 「이생규장전」에 대해서만 그 단상을 붙여두고자 한다.

앞에서 이 두 작품은 『금오신화』의 전체의 전개에 있어서 어떤 사건이 일어났음을 말하고자 한다고 했다. 어떤 사건이 일어났다는 점을 드러내기 위한 장치는 무엇인가? 그것은 두 남녀의 비극적인 만남이다. 그네들은 서로에게 대책이 없이 매달리며, 원망을 이루려 집착한다. 이 집착의 과정에 타자가 개입될 여지는 전혀 없다. 오직 두 남녀의 목소리만 들릴 뿐이다. 그런데 「만복사저포기」의 후반부에 성격이 서로 다른 네 여인이 등장하여 제 목소리를 낸다. 일반 여성의 다양한 취향과 바램을 모아놓은 것처럼 보인다. 그러나 이들의 목소리도 결국은 여귀가 양생(梁生)과 작별하는 마당에, 여인으로서의 못다 이룬 원망을 대신해주는 것으로 이해된다. 따라서 이 경우 네 여인의 목소리는 각 개체로서의 기능이 살아 있는 것이 아니라, 여귀의 원망을 예각화시키는 역할에 종속되고 만다.

이처럼 매월당은 주인공과 세계의 대화 속에는 타자의 개입을 원천적으로 봉쇄하고자 한다. 일체 타자의 개입을 불허한 채 현실의 문제를 심도 있고 전일하게 파고들고자 하는 것이다. 따라서 『금오신화』는 이러한 주인공과 세계와의 대화를 통해서 도출된 문제를 자신, 즉 주인공의 내면으로 차곡차곡 쌓는다. 때문에 주인공은 결국 이 상황을 주체할 수 없을 지경으로 몰고 간다. 그러나 『전등신화』는 다양한 인물들의 세계 경험을 통해서 문제를 밖으로 표출하는 성향이 강하다.

이러한 서사의 경향을 외부로의 '발산'(『전등신화』)과 내부로의 '수렴' (『금오신화』)으로 구분해서 이해할 수 있겠다. 이 점은 사실 또 다른 지면을 할애하여 밝혀야 할 흥미로우면서도 복잡한 사안인데, 여기서는 이같은 서사의 경향을 주인공의 외부세계에 대한 반응 정도를 가지고 약간 더 따져 보기로 한다.

『금오신화』에 설정된 세계는 있어야 할 세계로 상정되었기 때문에 그곳을 유영하는 주인공은 그 세계와 마주치는 순간, 바로 자신의 신념을 확인하려고 한다. 그러므로 세계의 놀라움에 연연하지 않는다. 그 세계는 어쩌면 자신의 머리 속에 그려져 있던 세계인지도 모른다. 이때 외부세계는 주인공의 평소 신념을 확인시켜 주는 동시에 주인공에게 그 방향으로 나갈 것을 강요한다. 따라서 설정된 세계는 주인공이 나아가야 할 당위로 서 있는 것이다. 그런데 주인공은 그쪽으로 나갈 엄두를 내지 못한다. 결국 머뭇거릴 수밖에 없다. 이때의 머뭇거림은 주저하는 상태가 아니라, 더 이상 물러설 데도 나아갈 데도 없는, 그야말로 한계 상황이다. 결국 주인공 내부의 치열한 갈등만이 지속될 뿐이다.

『전등신화』에 설정된 세계는 있지 말아야 할 세계로 상정되었기 때문에 주인공은 이 세계를 경험하는 것이 꼭 지옥문에 이끌려와 있는 느낌을 갖는다. 그러나 어쩔 수 없이 마주친 세계는 주인공 자신이 직접 경험하는 공간이다. 그 세계는 복잡하게 얽혀 있으며, 주인공은 그런 세계를 하나하나 체험해야만 한다. 따라서 주인공에 의해 접목된 세계는 일상적인 사람들이 경험하는 세계이며, 주인공 자신은 끊임없이 외부의 시선에 이끌릴 수밖에 없다.

그래서 서사의 방향도 자연히 이 주인공의 움직임을 따라 한쪽은 외부세계로 향하게 되고 한쪽은 외부세계를 통해서 내부로 수렴하려는 경향이 강해진다.

이 같은 전개 원리는 자연히 결말의 성격을 강제하게 되는 바,『금오신화』의 결말은 매우 심각하여 여운의 강도가 강한 반면,『전등신화』의 결말은 상대적으로 여운의 강도가 약하다. 왜냐하면 작품 전 과정을 통해서 '세계 경험'을 했기 때문에 결말은 대체로 그 세계에 대한 경이로움과 안타까움, 또는 아쉬움을 표출하는 정도에 머물기 마련이다.

① 善文은 집에 돌아와 얻은 보물을 가지고 가서 波斯(페르시아—인용자)의 보물가게에 팔아, 억만의 재물을 얻게 되었다. 마침내 부유한 집안이 된 것이다. 이후 그는 다시 공명에 뜻을 두지 않아 집을 버리고 수도하면서 명산을 두루 유람하다가 끝내 어찌되었는지 알 수 없다.[35]

② 韓生은 비단으로 겉을 바른 작은 상자에 그 물건들을 간직하여 진귀한 보배로 삼고 남에게는 보여주려 하지 않았다. 그 뒤에 그는 세상의 명예와 이익을 생각하지 않고 명산에 들어가 끝내 어찌 되었는지 알 수 없다.[36]

「수궁경회록」과 「용궁부연록」의 결말인데, 글자까지도 엇비슷하다. 그런데 여선문(余善文)의 경우, 용궁에서 상량문을 지은 공로로 받은 보물을 가게에 팔아 부자가 되고서 공명에 뜻을 접고 부지소종해 버린다. 이 문맥으로는 재물을 얻었기 때문에 세상에 대한 미련을 더 두지 않은 것으로 이해된다. 대낮 한가롭게 앉아 있던 여선문은 까닭 없이 용궁에 초대를 받았고, 그곳의 세계를 환상적으로 체험하였으며, 거기서 준 보화로 부자까지 된 것이다.

젊어서부터 글을 잘하여 조정에까지 이름이 알려졌던[37] 한생 역시 상량문을 지어 축수한 사례로 받은 보물을 얻는다. 그러나 그는 이 보물을

---

35)「水宮慶會錄」. "善文到家, 携所得於波斯寶肆, 鬻焉, 獲財億萬計, 遂爲富族. 後亦不以功名爲意, 棄家求道, 徧遊名山, 不知所終."
36)「龍宮赴宴錄」. "生藏之巾箱, 以爲至寶, 不肯示人. 其後, 生不以利名爲懷, 入名山不知所終."
37)「용궁부연록」. "前朝有韓生者, 少而能文, 著於朝廷, 以文士稱之."

상자에 넣어 숨겨두고 진귀한 보배로 여길 뿐 남에게 보이지도 않고 산으로 들어가 종적을 감추어 버린다. 이상적인 사회가 펼쳐진 용궁에서 받은 이 보물은 이상사회의 증거품이기도 하거니와, 그는 굳이 그것을 꼭꼭 숨기고 만다. 왜 그랬을까? 아니 왜 그렇게 결말을 처리하고 말았을까? 여기서 우리는 모든 문제를 주인공 일개인에게 쌓이게 하여 풀 수 없는 한계 상황을 창출한 매월당의 의도를 읽어낼 수 있다.

4. 향후 소설사의 향방과 관련하여

지금까지 『전등신화』와 『금오신화』의 지향과 그 지향을 구현하는 원리에 대해서 거칠게 천착해보았다. '어떻게 같으면서도 다르고, 또 다르면서도 같은가'를 따지면서 초기 소설사의 흐름을 파악해보려는 의도였는데, 또다시 '어떻게 다른가'로 나아가 버린 느낌이 없지 않다. 다시 환원하는 의미에서 양자의 공통적인 특질의 하나를 끄집어내어 향후 소설사의 향방을 묻는 가늠자로 제기하면서 글을 맺고자 한다.

양자가 엇비슷한 구조를 통해 서로 다른 지점에 입각해 있었지만, 그 지향에는 언제나 '운명론'을 무기처럼 다루고 있다. 양자는 모두 해결점 없는 현실을 운명론에 걸쳐놓음으로써 돌파구를 찾는다. 서사의 진행은 이렇게 함으로써 방향성을 찾을 수 있었다. 운명론은 작품 전체의 돌쩌귀 같다. 기실 전기소설은 운명론에 기대지 않고는 그 자체의 해결을 감내할 수 없는 양식인지도 모른다.[38] 그만큼 이 양식은 문제를 도출시키는 성격

---

38) 『금오신화』와 『전등신화』에 체현된 운명론이 똑같다는 뜻은 아니다. 이를테면 운명이란 것이 극복되어야 할 성질의 것이냐, 아니면 받아들일 수밖에 없는 숙명이냐에 따라 서사적 개체는 전혀 각이한 심리 상태에 처해지기 때문이다. 따라서 전기소설의 운

이 강한 반면, 도출된 문제를 해결하려는 성향은 약하기 때문이다. 전기소설의 전변(轉變)과 해체의 과정은 바로 이 문제 도출에서 문제 해결로의 모색 과정이며, 동시에 스스로 그 한계를 소설사에 드러낸 과정이기도 했다. 특히 『금오신화』는 이 지점의 정점을 보여준다. 최소한 전기소설의 전변 과정에서 볼 때 『금오신화』는 완성의 형태가 아닌 것이다.

17세기 전기소설은 바로 이 『금오신화』의 '문제제기'적 형식을 '문제해결'의 방향으로 끌고 가는 가운데 형성된 산물이다. 따라서 『금오신화』와는 현격히 다른 '소설군'으로 태어나게 되었다. 그 대체적인 방향은 작자가 전란의 파란만장한 현장을 목도하면서 세계를 바라보는 인식이 바뀌었고, 그에 따른 신이(神異)적 색채를 소거하는 것이었다.39)

그런데 그 과정에서 매우 흥미로운 사실이 발견된다. 즉 그 구현의 원리를 『금오신화』 쪽에서 찾지 않고, 오히려 『전등신화』 쪽에서 찾았다. 거기에는 전란이란 현실이 매개가 된 이유도 있겠지만, 기본적으로 소설양식이 현실적인 직조 원리로 전변하는 과정에서 『전등신화』에 구현된 다채로운 모습들이 자연스럽게 채용된 데 따른 결과로 보인다. 향후 소설사의 향방은 문제를 '내부로 쌓는 형식'이 아니라, '외부로 표출하는 형식'으로 나아가는 것이었다. 이것이 『금오신화』와 17세기 전기소설과의 거리이기도 했으며, 전변의 과정이기도 했다.

명론에 있어서도 층차적 이해가 필요한데, 여기서는 다만 이야기를 풀어가는 과정에서 운명론이 중요한 역할을 한다는 점만 확인해둔다.
39) 이에 대해서는 제1부 「전란 소재 애정전기소설의 성립과 발전에 대한 시론」 참조

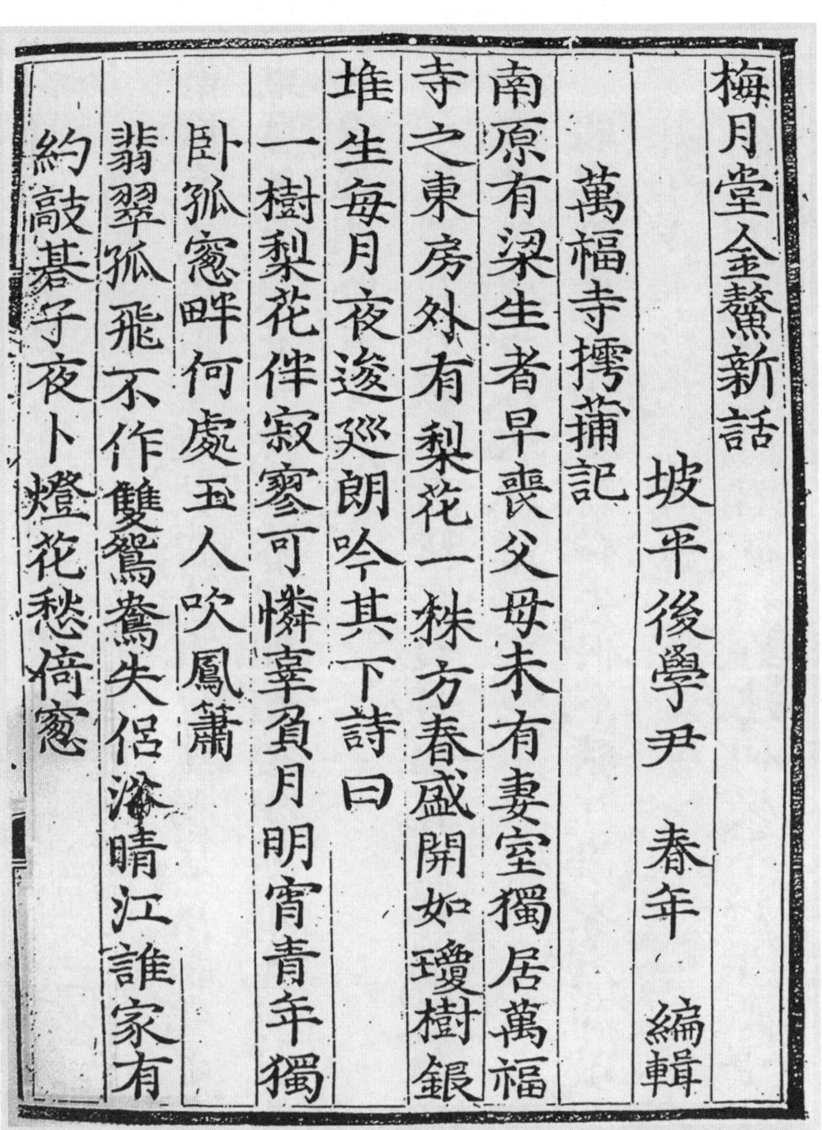

梅月堂金鰲新話

坡平後學尹春年　編輯

萬福寺摴蒲記

南原有梁生者早喪父母未有妻室獨居萬福
寺之東房外有梨花一株方春盛開如瓊樹銀
堆生每月夜逍遙朗吟其下詩曰
一樹梨花伴寂寥可憐辜負月明宵青年獨
臥孤窓畔何處玉人吹鳳簫
翡翠孤飛不作雙鴛鴦失侶浴晴江誰家有
約敲碁子夜卜燈花愁倚窓

▲『금오신화』의 이본들.
최근 중국 대련도서관에서 발견된 조선간본으로, 尹春年이 16세기 후반에 편집 간행한 것으로 간주된
다. 서두엔 윤춘년이 지은 「梅月堂先生傳」이 실려 있다.

梅月堂金鰲新話

○萬福寺樗蒲記

南原有梁生者早喪父母未有妻室獨居萬福寺之

東房外有梨花一株方春盛開如瓊樹銀堆生每月

夜逍遙朗吟其下詩曰

一樹梨花伴寂寥可憐辜負月明宵青年獨臥孤

窓畔何處玉人吹鳳簫

翡翠孤飛不作雙鴛鴦失侶浴晴江誰家有約敲

棋子夜卜燈花念倚窓

吟罷忽空中有聲曰君欲得好逑何憂不遂生心喜

17세기 일본에서 林羅山이 句讀·懸吐한 본으로, 하버드대학 소장본이다. 표지가 '道春訓點 金鰲新話'로 나와 있다.

南原在金羅道萬福寺、三韓古刹、

小野湖山曰、題曰樗蒲記、余視以爲最常戲謔文、讀至數葉、情味詞思、一段深於一段、一章巧於一章、寶是天下奇文、三百年湮沒而復顯于世、固不足怪、歐陽公所謂精氣已能自發者、蓋此類也、見

三島中洲曰、一句脫胎、一篇好文字、照常花遂化有情花、湖山曰、二絶此記發端、青年二

金鰲新話卷之上　韓人　金始習　原著

○萬福寺樗蒲記

南原有梁生者。早喪父母。未有妻室。獨居
萬福寺之東房外。有梨花一株。方春盛開。
如瓊樹銀堆。生每月夜逡巡朗吟其下。詩
曰。

一樹梨花伴寂寥。可憐辜負月明宵。青
年獨臥孤窻畔。何處玉人吹鳳簫。
翡翠孤飛不作雙。鴛鴦失侶浴晴江。誰

19세기 후반 일본에서 간행한 이른바 大塚本으로, 첫 장에 "韓人 金始(時)習 原著"라는 표기가 보인다.

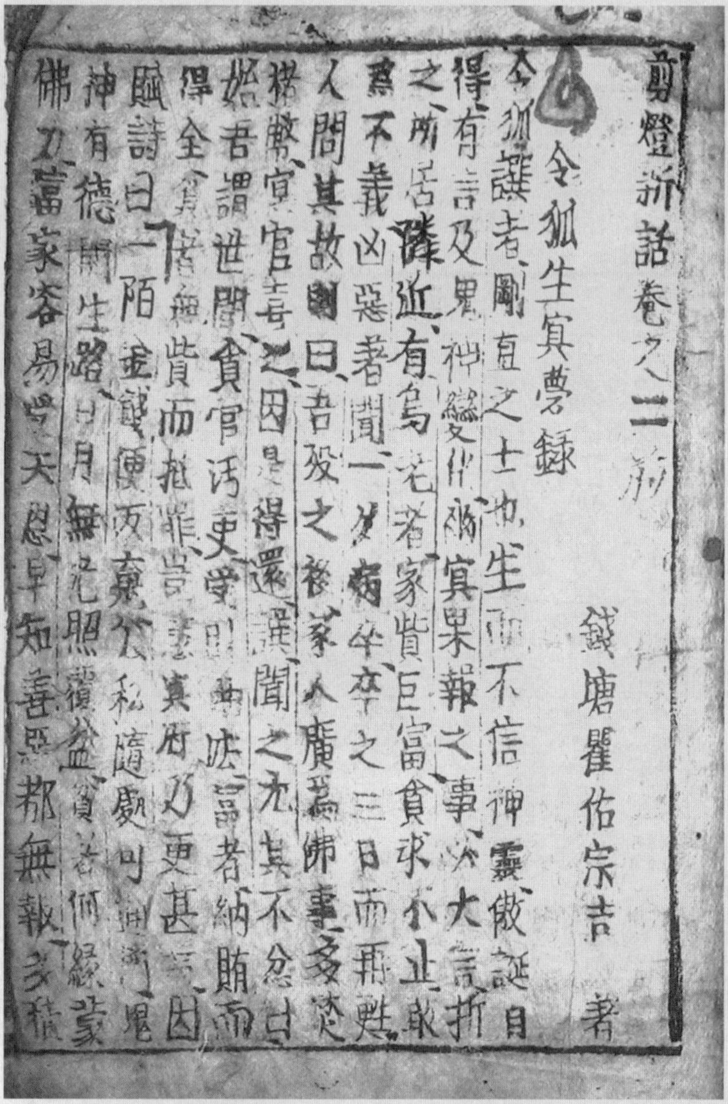

剪燈新話卷之二　前

令狐生冥夢錄　　　　　　錢塘瞿佑宗吉　著

令狐譔者，剛直之士也。生而不信神靈，傲誕自
得，有言及鬼神變化報應冥果報之事，必大言折
之。所居隣近，有烏老者，家貧巨富貪求不止，求
烹不義凶惡，著聞一鄉，卒之三日而復甦。
人問其故，則曰：吾歿之後，家人廣為佛事，多焚
楮幣，官吏毒之，因得還選，聞之元其不忿，
始吾謂世間貪官污吏受，西法富者納賄而
得全命，賣而推非，真府乃更甚，因
賦詩曰：一陌金錢便疋麻，私隨處叫□鬼
神有德，關生路日月，無光照覆益貧，
佛力富家容易學，天恩早知毒惡，都無報，芳積

▲『전등신화』 조선간본(충남대 도서관 소장본).
『전등신화』는 현재 중국에도 간본이 거의 남아 있지 않은데, 이 책은 임란 이전 목활자로 간행된 조선간본이다. 모두 4권에다 「취향정기」가 부록으로 실려 있는데, 이는 원『전등신화』의 重校本 계통이다. 보존 상태는 그리 양호하지 않아 결락된 부분이 더러 있다. 이 자료는 제2권의 첫째 작품 「令狐生冥夢錄」의 첫 부분이다. "錢塘瞿佑宗吉 著"로 나와 있다.

「설공찬전」 파동과 16세기 소설 인식의 추이

1. 금서(禁書)와 소설

1511년 9월, 소설사의 중요한 획을 그을 만한 사건이 터졌다. 그 직전 「설공찬전(薛公瓚傳)」이 비상한 관심을 끌어 한문본은 물론이고, 국문번역본이 서울을 중심으로 나돌고 있었다. 이 소설은 당시 일종의 필사본 베스트셀러가 된 것이다. 급기야 정부에서는 요서(妖書)로 지목하고 모두 환수하여 불태웠으며, 이 책을 숨겨두고 내놓지 않는 자에게는 '요서은장률(妖書隱藏律)'을 적용하여 치죄한다고까지 하였다. 그리고 작가 채수(蔡壽)는 사사(賜死)될 뻔하다가 파직을 당하는 선에서 사건은 일단락지어졌다.

16세기 벽두에 터진 이 금서조처는 그 유례를 찾기 힘든 소설 파동이었다. 그리고 이 사건은 전후 소설사에 있어서 적지 않은 전환의 계기를 마련해주었다. 아니 그렇게 보고자 하는 것이 이 글의 의도이다. 당시 사회에서 이 사건이 대중에게 과연 어떻게 받아들여졌는지는 알 수 없

지만, 지금의 관점에서 16세기 소설사의 이면을 뒤집어 볼 때 이 파동을
계기로 상당한 변화가 초래되었음을 감지할 수 있다.

이 변화를 감지하기에 앞서, 「설공찬전」 파동이 단순한 문학 방면의
한 사건이 아니라 정치적 역학 관계 속에서 터진, 사상적 문화적 재편과
정에서 불거져 나온 중요한 징표임이 확인될 필요가 있다. 물론 이에 대
한 기존의 견해가 없지 않다. 그러나 지금까지 제시된 견해는 여러 가지
가능성을 열어 놓은 데 불과하다. 이 점이 전방위적으로 밝혀졌을 때,
파동이 일어난 진의까지 파악할 수 있을 것이다.

다음, 이러한 파동의 진의를 통해서 「설공찬전」이라는 문제적인 작품
에 국한해서만 보지 않고, 이것이 16세기 소설사, 소설 인식의 문제와
연관을 가지게 된다는 점을 주목해보려고 한다. 성급한 가정 중에 하나
는 이른바 '사화(士禍)의 시기'를 맞이하여 집권이데올로기의 고취가 절
대적인 명제가 되었던 바, 여기엔 '소설'을 포함한 문학에 대한 처리 문
제도 분명한 현안 중에 하나였을 것이란 점이다. 이런 문제들을 함께 엮
어 16세기 소설(인식)의 향방을 새롭게 읽어내는 방편으로 삼고자 한다.

2. 16세기 벽두에 터진 「설공찬전」 파동

1) 「설공찬전」 파동 전후의 분위기

과연 「설공찬전」 파동은 왜 일어났는가? 이 점은 억지 의문을 설정한
느낌이 들 수도 있다. 그러나 이 파동의 전후 시기에 치열하게 진행된
정치 내외적 상황을 접하고 나면 이 우문이 단순하지 않다는 것을 직할
것이다. 특히 그 전후 시기에 벌어진 '이단(異端)'에 대한 논쟁은 이 분야

를 이해하는데 좋은 실마리를 제공해주며, 당시의 전반적인 사회 분위기까지 감지케 해준다.

이단에 대한 부정과 그 혁파는 성리학적 체계 내에서 이른바 사문(斯文)을 보호하기 위해서, 또는 교화를 위해서 언제나 있어왔으며 최소한 조선시대 동안은 지속된 과정의 하나였다. 그것이 분명하지만, 유독 이 시기에는 그 어느 때보다도 구체적이며 뚜렷한 목적의식 속에서 이루어지고 있었다.

이단에 대한 재인식과 혁파의 바람은 주로 성종 때부터 거세어지는데, 특히 불교에 대한 비판의 날을 먼저 세운다. 채수도 일찍이 우승지로 있을 때 '복세암(福世菴)이 궁궐을 누르고 있으니 철거하는 것이 좋겠다'고 임금에게 간청한 일이 있거니와,[1] 불교의 혁파에 대한 신호탄은 공교롭게도 내불당(內佛堂)·원각사(圓覺寺)·복세암 등 이른바 왕실 사찰을 철폐하자는 주장에서였다.

이를 계기로 이제 구체적인 이단의 상징물들을 혁파하자는 의견이 광범위하게 나오기 시작한다. 이단이 상대적으로 그나마 설자리가 있었던 조선 초기의 분위기와는 완전히 다른 것이었다. 그 대세를 짐작하기에 어렵지 않은 것이 이런 말이다. "성현(成俔)은 불자(儒者)인데, 임금의 뜻에 맞추어 부처를 배척하는 사람을 탄핵하도록 청하였으니 옳겠는가?"[2]

이 같은 불교에 대한 혁파 논의는 성종대에 와서 이른바 '도첩제(度牒制) 폐지'로 정점을 맞이한다. 정작 도첩제는 불교를 제한적으로 억압하기 위한 도구가 아니었던가? 그런데 이것마저도 완전히 폐지함으로써 형식적으로는 승려가 되는 길을 원천적으로 봉쇄해 버리고자 한 것이다. 이 논의는 성종대에 본격적으로 진행되어, 1492년 결국 도첩제는 폐지되기에 이른다. 그때는 승려를 두고, "화복설(禍福說)에 현혹되어 그 도를

---

1) 『성종실록』 권114, 11년 2월 11일(신유)조 "壽曰 : 福世菴臨壓宮闕, 撤去爲便."
2) 『성종실록』 권117, 11년 5월 28일(정미)조 "史臣曰 : 成俔儒者也, 希旨請劾闢佛之人, 可乎?"

닦으려는 자가 아니고, 모두 군역(軍役)을 피하려는 자들"3)이라는 인식이
팽배해 있었다.

이렇게 불교를 이단으로 몰아 부쳐 건국 초에 유지해 왔던 이교(異教)
와의 적당한 긴장감마저 완전히 끊어버리려는 시도가 어느 정도 달성될
무렵, 이번에는 그 대상을 도교 쪽으로 옮겨간다. 그 상징물은 다름 아
닌 소격서(昭格署)였다. 사실 소격서란 것도 기본적으로 조선왕조의 건국
과 함께 고려 때의 소격전(昭格殿)을 축소 개편하면서 그 위상을 격하시
킨 상징물이다. 그런데 연산군과 중종대에는 이 상징물마저 혁파하자는
논의가 거세어진다. 유신들의 끈질긴 혁파요구에 연산군대에 이미 형식
적으로 혁파된 것이나 다름이 없게 되었으며, 중종 13년(1518)에는 조광
조 등의 집요한 요청에 의해서 한 때 혁파되기에 이른다. 이 해는 가히
'소격서 혁파 파동'이라고 할 만큼 소격서의 존폐를 놓고 치열한 공방이
벌어졌다.

지금 이단에 대한 비판과 혁파의 대상으로 왕실과 관련된 상징물들이
란 점이 흥미를 끈다. 내불당이 그렇고, 여기 소격서가 또한 그러하다.
그 혁파를 주장하는 이들의 똑같은 목소리는 '오도(吾道)를 부흥하기 위
해서 이단을 혁파해야' 하는데, 이는 임금부터 실천해야 신하가 따르고,
나아가 만백성들이 순화된다는 취지가 담겨 있었다. 그래서 조광조는 임
금에게 직접 "소격서를 설치한 것은 도교를 펴서 백성에게 사도(邪道)를
가르치기 위함이니, 기꺼이 따라 받들고 속임수에 휘말리다 보면 밝고
밝은 의리에는 멀어지고 허망한 것에만 밝게 되옵니다. 이는 실로 임금
마음의 사(邪)와 정(正)의 갈림길"4)이라며 옥죄기까지 한다. 중종은 한때
'소격서는 자전(慈殿)께서 큰 병이 있어 불가피하게 세운 것이라 혁파하

---

3) 『성종실록』 권261, 23년 1월 29일(경자)조. "持平劉璟曰 : 今之爲僧者, 非惑於禍福之
   說欲其修道, 皆避軍役者也."
4) 『중종실록』 권34, 13년 8월 1일(무진)조. "今昭格之設, 載敷道教, 訓民于邪, 憲憲趨
   奉, 泄泄謬悠, 邈乎顯顯之義, 暸然誕妄之象, 實君心邪正之分."

지 못할 형편에 있다'고 항변까지 하지만,5) 대세는 혁파하는 쪽으로 기울게 된다. 이런 과정에서 이단의 구체적인 대상은 불교와 도교로 집약되고 있었다. "이단의 무리는 부처나 노자(老子)가 모두 그런 것인데, 소격서도 그 하나인"6) 셈이었다. 더욱이 소격서의 초제(醮祭)는 "불가에서 말하는 지부시왕(地府十王)도 포함되었다고 하니, 황탄하고 해괴하기가 더욱 심하다"7)는 인식이 깔려 있어서 소격서는 이단을 혁파하는데 가장 중요한 상징물이 되었다.

그런데 이단에 대한 문제가 예민해지면서 비단 이 이교뿐만이 아니라, 사문(斯文)이나 오도가 아니면 무조건 이단으로 몰아 부치는 상황이 벌어졌다. 이 사정을 우리는 공교롭게도 남곤(南袞)의 입을 통해서 확인할 수 있다.

> 詞章은 국가의 중대한 일입니다. 예로부터 우리나라를 문헌의 나라라고 일컫는 것은 빛나는 문장이 있었기 때문인데, 근간에는 吟風咏月을 모두 그르다 하여 이단이라고 지목하므로, 문장이 보잘것없어지고 경술도 거칠어 졌으니, 만약 중국에서 문사가 사신으로 온다면 누가 그 책임을 맡아 화답하겠습니까?8)

음풍농월하는 것까지도 이단으로 몰아붙이는 정치판의 살벌한 분위기이다. 바야흐로 이단의 공격은 대외 관계에 영향이 미칠 만큼 광범위하고 철저하게 진행되고 있었다. 이는 그만큼 정치적으로 팽팽한 긴장감을 유지하였고, 그에 따라 이념적 편향성 또한 경직될 수밖에 없었던 사

---

5) 『중종실록』 권47, 18년 윤4월 14일(갑인)조 "傳曰 : 復昭格之事, 慈親大病之際, 迫於不得已復立. (…중략…) 勢有所不能革也."
6) 『중종실록』 권56, 21년 2월 14일(정묘)조 "(…중략…) 異端之徒, 佛老皆是, 而今之昭格署, 居一也."
7) 『중종실록』 권21, 10년 2월 21일(기유)조 "昭格署醮祭, 佛家所謂地府十王, 亦與焉, 荒怪尤甚."
8) 『중종실록』 38권, 15년 1월 11일(경자)조 "詞章國家重事, 古稱吾國爲文獻之邦者, 以其有文章之華也. 近聞吟風咏月者, 皆非之, 指爲異端, 以此文章蕭索, 經術亦爲荒莽. 若天使文士出來, 則誰任其責而和答耶?"

화 시기의 한 초상이 아닐 수 없었다.

한편 「설공찬전」 파동이 일어나기 직전에는 풍속이 불미스럽다며 『삼강행실도(三綱行實圖)』를 간행하여 전국에 반포하는가 하면,[9] 사풍(士風)의 문란함이 극에 달해 이에 대한 언사(言事)를 맡고 있는 대간이 '차라리 좌천이 될지언정 대간이 되는 것은 원치 않는다'고 할 정도였다.[10] 이단과 불미(不美)한 풍속에 대한 경계가, 이를 간언하는 대간이 그 직임을 기피할 정도로 위험수위에 도달했으며, 사안에 따라 그에 대한 기득권층의 거부도 만만치 않았다는 사실을 입증하고 있다.

당연히 이 같은 이단에 대한 철저한 배척과 부정은 이 시기 사림파의 등장과 그들의 정론과도 무관하지 않다. 그렇다면 문학 분야에서 이단 문제가 불거져 나왔다면 그것은 어떤 대상이었을까? 당연히 소설 쪽이 표적이 될 수밖에 없었으리라. 「설공찬전」은 바로 이런 시기에 느닷없이 출현하여 한동안 조야(朝野)를 시끄럽게 달구었다.

2) 「설공찬전」 창작과 파동의 진의

「설공찬전」의 창작 시점은 대략 1508년에서 1511년 사이로 좁혀진다. 채수가 1506년 10월경에 상주 함창(咸昌)으로 내려갔고, 작품의 배경이 1508년으로 잡혀지는 바, 이렇게 짐작되는 것이다. 그런데 1511년 9월 파동이 일어난 시점은 사헌부의 보고처럼 이미 「설공찬전」이 조야(朝野)에 쫙 퍼져 있었다는 점을 감안하면 그 창작 시기는 조금 더 앞으로 당

---

9) 『중종실록』 권14, 6년 8월 28일(을사)조. "傳曰近來風俗不美, 三綱行實多印, 頒布中外, 使閭巷小民, 無不周知."

10) 『중종실록』 권14, 6년 9월 29일(병오)조. "檢討官孔瑞麟曰 : '近來士習不美, 可謂寒心. 有道之世, 則以臺諫入侍經筵, 莫不以爲榮幸, 聞近來人皆有言, 寧爲左遷, 而願勿爲臺諫. 所以然者, 言事者厭於上聽, 而忤於大臣, 一言出口, 衆謗叢身, 誰樂爲敢言直諫哉?'"

겨질 판이다.

군이 이 시기를 언급한 이유는 「설공찬전」 창작의 계기가 궁금하기 때문이다. 이쯤해서 작자인 채수(蔡壽, 1449~1515)에 대해 주목할 때가 되었다. 채수는 허백당(虛白堂) 성현(成俔)·매계(梅溪) 조위(曺偉)와 일찍부터 관직 생활을 같이 하며, 개성과 금강산 등지를 함께 유람한 지기였다. 특히 성현과는 학문적 동지로 돈독한 우정을 과시했다. 성현은 「촌중비어서(村中鄙語序)」에서 채수가 문학에 노성(老成)했던 점을 강조한 바 있다.11) 그런데다 김안로(金安老, 1481~1537)와 이자(李耔, 1480~1533)는 바로 채수의 사위들이다. 이들은 각각 『용천담적기(龍泉談寂記)』와 『음애일기(陰崖日記)』를 저술하였으며, 채수 자신은 『촌중비어(村中鄙語)』(1496)를 남겼다. 더구나 그는 이미 "신경(山經)·지지(地誌)·패관소설 등에도 해박했던" 터다.12) 이런 사실은 상당히 흥미로운데, 그것은 채수와 그 주변이 '필기(筆記)의 창작집단'으로 구성되어 있었다는 점을 말해준다.

그런데 사료에 의하면 그의 관력은 「연보」의 기록과는 달리 적잖은 부침을 겪었음을 알 수 있다. 사료의 기록은 채수에 대해서는 상당히 가혹한 편이다. 그가 정치적으로 가장 활발한 활동을 벌인 시기는 성종 때이다. 특히 왕명의 출납을 맡은 승지로 활약하며 국정 전반에 관여하고 있었다. 그런데 "채수는 임금의 뜻에 따라 도리어 문신들이 사후(射侯)하는 것을 즐겁다고 하였으므로, 듣는 자들이 병통으로 여겼다"13)는 논평이 있듯이, 그는 엄정한 태도를 견지하지 못하고 가볍게 처신했다는 주변의 따가운 평판을 듣곤 하였다. 더구나 임사홍(任士洪)을 몰아낼 때 무고의 의혹이 있었고, 근무 중에 음주로 처벌을 받는 등 항상 왕의 주변

---

11) 「村中鄙語序」(『虛白堂集』 권7, 拾遺). "吾友蔡耆之氏, 於退閒之際, 以平昔所嘗聞者與夫朋僚談諧者, 雖鄙俚之詞, 皆錄而無遺. 其著述之勤, 用力之深, 非老於文學者, 其何能爲? 可爲後人之勸戒也, 可爲野外之逸史也, 可爲老境之玩惕而閑居之鼓鍾也."

12) 南袞, 「碑銘」(『國朝人物考』). "山經地誌, 稗官小說, 無不該博."

13) 『성종실록』 권103, 10년 4월 26일(임자)조. "(…중략…) 蔡壽又順上旨, 反以文臣趨射爲樂, 聞者病之."

에 있으면서, 그리고 재예가 출중한 인물로 촉망을 받으면서도 그의 행실은 도마 위에 오르곤 하였다. 「연보」와 실록 자료 사이에 상당한 심리적 거리가 느껴지는 대목이다. 그리고 1515년 그가 죽었을 때 다음과 같은 평가가 내려진다.

> 인천군 채수가 졸하였다. 채수는 사람됨이 영리하며 글을 널리 보고 기억을 잘하여 젊어서부터 문예로 이름을 드러냈고, 성종조에는 폐비의 과실을 극진히 간하여 간쟁하는 신하의 기풍이 있었다. 그러나 성품이 경박하고 조급하여 하는 일이 거칠고 경솔하였으며, 늘 시주와 음률을 가지고 즐겼다. 일찍이 「설공찬전」을 지었는데, 떳떳하지 않은 말이 많았기 때문에 士林의 헐뜯음을 받았다.[14]

한마디로 그는 영리하지만 성품이 경박하여 처리한 일이 거칠다는 것이다. 그는 이런 평가를 들을 만큼 처신에 있어서는 그리 후한 점수를 받지 못한 형편이었다. 그런 그가 중종반정이 일어났을 때 본의 아니게 반정의 공신이 되었다.[15] 그때는 이미 노경에 접어든 몸이었다. 조정에서 그의 자리는 더 이상 주어지지 않았고, 그도 거기에 연연하지 않았다. 그런 상황에서의 퇴거의 선택은 꽤 자연스러워 보인다.

「설공찬전」의 창작도 이런 점과 무관하지 않을 것이다. 말하자면 채수의 성향과 주변 환경이 이런 작품을 짓기에 충분한 여건이 조성되어 있었다고 보아진다. 그가 패관소설을 즐겨했다는 말처럼 함창으로 퇴거해 있으면서 하나의 기이한 이야기를 엮은 것으로, 이는 일종의 퇴거(退去)의 산물쯤으로 간주된다. 더구나 「설공찬전」의 성격과 그의 「문귀신무격복서담명지리풍수(問鬼神巫覡卜筮談命地理風水)」 등에 나타난 귀신에

---

14) 『중종실록』 권23, 10년 11월 8일(경인)조. "仁川君蔡壽卒. 壽爲人聰穎, 博覽强記, 少以文藝顯名. 在成宗朝, 極諫廢妃之失, 有諍臣風. 然性輕躁誕妄, 擧措粗率, 常以詩酒音律自娛. 嘗作薛公瓚傳, 辭多不經, 士林短之."

15) 중종반정을 주도한 朴元宗 등은 이 반정에 채수를 끼워넣지 않을 수 없다고 하면서 모시려 하였고, 그의 사위 金勘이 사태의 추이를 보고 억지로 술을 마시게 하여 만취 상태로 궁궐문에 끌고 와 결국 거사에 동참하게 되었다고 한다.

대한 이해, 그리고 『용천담적기』에 기록된 그의 '귀신 체험' 등을 연결 시켜 볼 때, 작품 창작의 연결고리가 자연스럽게 그려지기도 한다.[16)]

물론 「설공찬전」의 내용 중에 당대 정치와 연결시켜 볼 만한 부분이 없지는 않다. 이를테면 왕권모독죄에 해당할 만한 대목이 중종반정을 빗 댄 예로 받아들여지고 있기도 하기 때문이다. 그런데 과연 이런 목적의 식이 선명한가? 아니 사회에 어떤 파장을 일게 하려는 의도에서 이것을 창작했던가? 이는 전후 사정으로 볼 때 아무래도 부자연스럽다. 그런 비 판의식이 철저한 소유자로서의 채수의 모습은 최소한 필자에게는 그려 지지 않는다.

그가 말년에 지은 「쾌재정기(快哉亭記)」에서 '의식도 족한 편이며 시주 (詩酒)로 자오(自娛)하는 한가로운 사람'이라고 하면서, 이제 자신에 대한 '찬사와 헐뜯음은 일체 알지 못하는 일이다'고 세상의 모든 평가에 대해 귀를 막아버린다.[17)] 아마 그 비방 중에 가장 큰 부분은 「설공찬전」에 대 한 것일 게다. 그렇게까지 의도하지 않았는데, 파장은 이외로 컸던 상황 을 그려볼 수 있다. 그렇다면 「설공찬전」 파동의 진의는 무엇일까?

이에 대한 답은 사실 그동안의 연구에서 이미 주어졌다고 해도 과언 은 아니다. 작품 내적 원인으로는 윤회화복설이나 왕권모독죄에 해당할 만한 대목이 들어 있다는 점[18)]을, 그리고 작품 외적 요인으로는 훈구파 와 사림파간의 정치적 갈등 구도에서 빚어졌다는 점[19)]을 들고 있다. 다 만 전자의 경우는 너무 당연한 이유가 되겠고, 따라서 이것은 오히려 진 정한 원인이 될 수 없겠다. 그리고 후자의 경우는 대체적인 경향으로 살

---

16) 물론 실제 있었던 薛氏 집안의 일을 소설화했다는 최근의 연구가 있다(이복규, 「〈설 공찬전〉이 實話에서 유래한 소설일 가능성」, 『국제어문』 28집, 국제어문학회, 2003).
17) 「快哉亭記」(『懶齋集』 서벽외사해외수일본). "主人者何, 蔡耆之也. 少年登科, 濫龍 頭也; 位至封君, 榮過分也. 年老辭祿, 來故鄉也; 衣食纔足, 餘無望也, 詩酒自娛, 一 閑人也; 是非毀譽, 摠不知也. 優哉優哉! 聊卒歲也."
18) 이복규, 『최초의 국문본 소설 설공찬전』, 시인사, 1997.
19) 박희병, 『한국고전인물전연구』, 한길사, 1992, 119면.

펴진 것이라 아직 확답을 얻지 못하고 있는 형편이다. 한편 정치적 구도 속에서 일어났으되, 사림의 훈구를 향한 문제제기보다는 사림의 내적 결속을 위한 의도에서 기획되었다는 최근의 논의가 있고 보면,[20] 이 문제가 그리 호락호락하지 않다는 점을 환기시켜 준다.

한 가지 분명한 사실은 채수는 분명 훈구 계열의 인사로 분류될 수밖에 없다는 것이다. 그런데 이 점을 점검하기에 앞서 언급해둘 사실이 있다. 이 시기 정국이 비록 '훈구'와 '사림'의 갈등으로 인한 사화(士禍)로 점철된 것은 역사적 실체이지만 문제는 정작 지금의 관점에서 재단하듯이 훈구와 사림이 두부 자르듯이 구분되지는 않는다는 점이다. 더구나 당시 사림파란 끊임없이 동요되는 왕권과 재상권 간의 안정을 꾀한 정치그룹이라고 했을 때,[21] 주로 언관계통의 인물들이 사림 계열로 채워졌을 뿐, 두 축이 무조건 서로 갈등하는 대상으로만 표상되었던 것은 아니다. 그러므로 채수와 「설공찬전」 파동 문제는 꼭 훈구와 사림의 알력 속에서 살필 일도 아니다. 다만, 당시 언관제도가 재상권—주로 훈구계열—의 견제를 위해서 확장된 사실은 유념할 필요가 있겠다.

이런 전제 아래에서 채수가 과연 어느 계열이었냐고 묻는 것은 오히려 불필요할지도 모르겠다. 그런데 최근에는 그가 사림파로 인정되곤 한다. 그리하여 아예 사림파로 단정하고 논의를 하는 경우도 없지 않다.[22] 그 이유를 사림파의 대표적인 인물인 김종직에게서 배웠다고 하는 사실을 들고 있다. 그러나 김종직과는 어디까지나 종유(從遊)하는 처지였지, 사제 관계는 아니었다. 그것보다 앞에서 살펴보았듯이 왕성한 활동을 벌였던 성종 시기에 채수는 예문관의 응교(應敎)를 지내는 등 엘리트 코스를 밟고 있었다. 그는 양촌(陽村) 권근(權近)의 재종외증손이며, 역시 권근

---

20) 조현설, 「조선전기 귀신이야기에 나타난 神異인식의 의미」, 『고전문학연구』 23집, 한국고전문학회, 2003.

21) 기사모토 미오·미야지마 히로시, 김현영 외역, 『조선과 중국 근세 오백년을 가다』, 역사비평사, 2003, 102면.

22) 신병주·노대환, 『고전소설속 역사여행』, 돌베개, 2002.

의 외손이 되는 사가(四佳) 서거정(徐居正) 등과는 같은 집안으로, 당대 문단을 책임진 집안의 일원이었다. 물론 채수는 문형을 지내지는 않았지만, 권근부터 최항(崔恒)―서거정에 이르는 당대 관각문학의 중심에 있었던 것은 분명하다.23) 더구나 이 시기에는 아직 사림이다 훈구다 하는 구분이 따로 서지도 않았다.24) 그러다가 연산군과 중종 시기에 오면 채수는 이미 원로 취급을 받고 있었다. 중종반정 때 박원종(朴元宗)이 채수를 억지로 끌고 나오게 하여 대궐 앞에 세운 의도도 그런 맥락이었으리라. 결국 「설공찬전」 파동 시기에 오면 그는 집안의 문한적 전통으로 볼 때 어쩔 수 없이 훈구 계열로 정리될 수밖에 없었다. 그런데 그렇다고 하더라도 이미 정치 내외적 힘은 거의 상실한 상태였다.

또 한 가지는 앞에서 언급한 이른바 '필기창작군'이란 점도 지적하지 않을 수 없겠다. 필기 및 소설을 즐겨 읽고 직접 창작에 가담한 자신과 그 주변은 결국 훈구 계열의 모습이지 그것이 사림 계열의 모습으로는 결코 읽혀지지 않는다. 이 점과 관련해서는 특히 앞의 인용문에서 '설공찬전을 지어 사림이 이를 헐뜯었다'는 대목을 주목할 필요가 있겠다. 이 때의 사림은 일반적인 용어로써 재야 세력 정도로 볼 수도 있겠으나, 당시 훈구와 노선을 달리했던 사림 세력으로 보아야 할 것이다.

---

23) 이런 사정은 서거정의 『四佳詩集』(권31) 「贈蔡應教壽」의 내용을 통해서 알 수 있으며, 이에 대한 소개는 진재교, 「『歷代世年歌』 연구」(『이조 후기 한시의 사회사』, 소명출판, 2001, 98~9면) 참조.

24) 여기서 정경주 교수의 지적은 참고할 만하다. 성종·연산군 때의 新進士流와 중종 이후의 사림파와는 엄연히 구별할 필요가 있다는 것이다. 즉 김종직을 중심으로 한 15세기 후반의 신진 계열과 16세기에 접어들어 조광조를 중심으로 형성된 집단은 훈구관료 세력과의 대립적 시각을 견지했다는 점에서는 통하지만, 그들의 문학풍토나 사상 경향이 적잖은 차이가 있다고 보았다(「成宗朝 新進士流 집단의 문학 流派的 성격」, 『부산한문학연구』5집, 1990, 167~169면). 그런데 이 시기의 채수는 신진사류 쪽에 포함되어 있는 것으로 보인다. 훈구벌열계인 任士洪 등을 공박하는 데 참여하였기 때문이다. 그러나 연산군시절에 터진 무오사화 때 김종직의 문도들을 일거에 숙청하는데 채수는 포함되어 있지 않았다. 정치 신인으로서 신진사류적인 면이 없지 않았겠지만, 딱히 새로운 세력으로서의 신진사류는 아니었던 셈이다.

그런데 그가 훈구파로서 사림파의 공격을 받았다는 말은 수정될 필요가 있다. 결과적으로 훈구 계열에 속하지만, 공격을 위한 공격 대상은 분명 아니었다. 이미 세력도 잃었을뿐더러 노경에 접어든 채수로서는 사화를 바람직한 정치적 사건으로 바라보고 있지도 않았으며, 오히려 그런 점에서는 사림 쪽의 성향이 강하기까지 하였으니 말이다.

여기서 다시 거슬러 올라가 1511년 9월 2일 사헌부에서 공식적으로 「설공찬전」을 수거, 불태울 것을 요청하게 되기까지 일련의 과정을 되짚어보면, 일종의 '여론몰이'가 적지 않았던 것으로 짐작이 간다. 이미 중종도 "「설공찬전」은 내용이 요망하고 허탄하니 금지하여 거둬들이는 것이 옳다"며 이 작품을 보았거나 최소한의 정보를 접수한 상태였다. 역사적 사실로도 사림파는 중종반정을 계기로 정계진출이 재개되었으며, 이 시점에 오면 사림파의 목소리가 보다 가다듬어지고 있었다.[25]

또 한 가지 흥미로운 사실은 작자 채수는, 교수시키라는 여론의 거센 항의에도 불구하고 결과적으로 인천군에서 파직되었을 뿐 함창에서의 생활은 별다른 변화가 없었다는 것이다. 금방이라도 죽임을 당할 것 같았지만 63세의 늙은이는 조정에서 치열하게 벌어지고 있었던 이 사건에서 정작 벗어나 있었다.[26]

그렇다면 과연 이 여론몰이의 주체는 누구였을까? 당시 여론을 수렴하여 임금에게 이를 헌의하는 언관은 대부분 사림 세력이 장악하고 있었다. 이 파동이 일어났을 때 사헌부를 비롯한 대부분의 의논은 징치해야 한다는 분위기임은 이미 확인한 바다. 그런데 이와는 반대편에서 『전등신화』·『태평광기』 등을 거론하며 채수를 옹호하려드는 경우도 있었다. 대표적인 인물이 김수동(金壽童)·성희안(成希顔) 등이다. 이들은 대표적인 훈구파로 역사에 알려져 있다.

앞서 언급했듯이 채수는 이런 상황을 야기시키기 위해서 「설공찬전」

---

25) 이태진, 『한국사회사연구』, 지식산업사, 1986, 257면.
26) 「연보」에는 의도적이겠지만, 이 63세의 일은 통째로 빠져 있다.

을 지은 것으로 판단되지 않는다. 이 파동이 일단락되고 나서 "지금 채수는 우연히 그렇게 한 것이고(창작한 것이고), 세상에 전해 민중을 현혹시키려는 것은 아니었다"27)라고 귀결된 점이 보다 실상과 부합될 듯하다. 1506년 중종반정이 일어나자 그는 3등 공신에 오르고 인천군에 제수되는 영광을 누리지만, 그로 인해 정치에 환멸을 느끼고 낙향을 해버렸다. 말하자면 사림 쪽에 큰 원한을 살 이유도 없었다. 그런데도 이토록 사림 쪽의 공격을 받아야 했던가?

이 점은 이 파동이 채수 일개인의 문제가 아니라는 사실을 반증한다. 「설공찬전」과 채수에 대한 공격은 「설공찬전」과 채수에 있었다기보다는 당대 이단에 대한 비판과 함께 성리학적 이념 체계를 보다 공고히 하면서 자신들의 정계진출의 정당성을 확보하려는 사림파를 중심으로 한 세력의 이념무장의 과정에서 불거져 나온, 고도의 정치적 메커니즘 속에서 발생한 사건이었다.

그런데 이 점은 이렇게 정치적인 공세로만 끝난 것이 아니고, 이후 소설 분야에 상당한 영향을 미쳤다는 점에서 「설공찬전」 파동은 또 다른 의미로 다가온다.

3. 소설 인식의 변화와 그 향방

1) 소설 인식의 맞섬―기양(技癢)과 좌도난정(左道亂正)

영사 金壽童이 아뢰기를 (…중략…) 채수가 만약 스스로 요망한 말을 만들어 인심을 선동했다면 사형으로 단죄함이 가할 것입니다. 다만 재주를 부리고 싶은

---

27)『중종실록』권14, 6년 12월 15일(신묘)조 "(…중략…) 今壽偶爾爲之, 非欲傳世惑衆也."

욕구[技癢]에 따라 보고들은 대로 함부로 지었던 것입니다. (…중략…) 이에 南袞이 아뢰기를, "左道亂正律에 있어서 법을 집행하는 관리라면 참으로 이와같이 단죄함이 옳을 것입니다."(『중종실록』 6년 9월 20일조)

채수를 파직시킨 후의 「설공찬전」에 대한 논의이다. 채수를 두둔한 김수동의 경우는 표현 욕구에 따른 결과, 즉 '기양(技癢)'이라는 차원으로 이해하고 있는 반면에, 남곤은 좌도난정(左道亂政)의 패덕한 산물이라고 본다. 「설공찬전」에 대한 인식이 이처럼 정반대이다. 「설공찬전」 파동이 정치적인 갈등 구도 속에서 빚어진 일이지만, 그에 대한 구체적인 갈등의 국면은 그것이 '기양'의 소치로 이루어진 것이냐, 아니면 '정도를 어지럽히는 대상'이냐는 쪽으로 귀결되어 있었다. 이 상반된 견해 사이에는 좀처럼 합치될 수 없는 긴 평행선이 놓여 있는 것 같다.

그런데 이들 용어는 물론 정치적 색깔에 따른 서로 다른 입각점이지만, 엄밀하게 말해 서로 다른 차원에 걸려 있다. 기양은 일종의 문학적 표현 욕구를 말하는 것으로, 어쩔 수 없이 지을 수밖에 없는 문학행위이다. 그런 반면 좌도난정은 정사를 어지럽히는 패덕한 행위이다. 그러므로 문학적인 '표현 욕구'와 정치적인 '좌도(左道)'의 맞섬은 어딘지 모르게 그 맞섬 자체가 성립되지 않을 성싶다.

「설공찬전」 파동이 일단락되고 나자 공식 기록에는 언제 그랬냐는 듯이 소설을 기양의 차원이냐, 좌도난정의 차원이냐를 문제삼은 예는 보이지 않는다. 다만 공식석상의 언급에는 항상 소설은 좌도난정의 상징인양 취급되게 된다.

(…중략…) 신이 뒤에 그 책(『삼국지연의』—인용자)을 보니 단연코 이는 무뢰한 자가 잡된 말을 모아 古談처럼 만들어 놓은 것입니다. 잡스럽고 무익할 뿐만 아니라 의리를 크게 해치기까지 합니다. 전하께서 우연히 그것을 한 번 보시게 된 것은 매우 편치 못한 일입니다.[28]

기대승(奇大升)의 이 언급은 조정에서의 정론에 다름 아니다. 의론을 개진한 개인이나 그 주변에서 과연 이런 정도로 소설류를 거부했을까 적이 의심스럽지만, 어쨌든 이것이 공론이 되어 있었던 사실만큼은 분명하다. 그런 이유 때문인지 하다 못해 개인의 골계담을 간행하는데도, '그 글은 우의이며 부탄(浮誕)하지 않다'는 변명을 끊임없이 되풀이하면서 이마에 땀이 삐질삐질 난다[29]는 경계를 늦추지 못하곤 하였다.

그러나 이런 공식적인 상황에서 조금만 자유로워지면 기양의 차원은 전혀 별개의 개인적인 창작 욕구로 남는다. 문제는 어떤 작품이나 그 내용이 정치적인 문제와 여하한 관련을 맺느냐에 달려 있었다. 기대승은 선조가 『삼국지연의』를 통독한 사실이 교화에 편치 못한 행위라며 우려를 나타낸 것이다. 아마도 국왕 선조가 이 작품을 통독하고 어떤 언급이 있었기 때문에 이렇게 발벗고 나선 것일 게다. 그런데 여기 상주한 기대승 자신도 물론 『삼국지연의』를 통독한 상태였다. 분명히 그 대상이 문제가 있다면, 어디에 문제가 있는가 하는 점을 꼼꼼히 따져 봐야 하는 것은 당연하다. 그러므로 기대승은 이 작품을 읽고 '무뢰한 자의 잡된 말'로 '잡스럽고 무익할 뿐만 아니라 의리를 크게 해치는' 것으로 단정하였던 것이다. 따라서 이 시기에 문제가 되는—즉 좌도난정에 해당하는—소설일수록 비상한 관심 속에서 읽혀지고 나서 '난정'이라는 꼬리표를 달게 되었다. 그러나 그렇지 않은 경우의 작품은 대개 기양의 차원에서 지어졌고, 또 그렇게 이해되었다. 말하자면, 좌도난정의 차원에서 말이 나오면 그것은 혹독한 비판의 대상이 되지만, 단순히 기양의 차원으로 치부해 버리고 말면 언제라도 존재하는, 그런 묘한 지점의 산물이

---

28) 『선조실록』 권3, 2년(1568) 6월 20일(임진)조 "(…중략…) 臣後見其冊, 定是無賴者裒集雜言, 如成古談. 非但雜駁無益, 甚害義理. 自上偶爾一見, 甚爲未安."

29) 宋世珩, 「禦眠楯序」. "功訖披閱, 不覺泚顙." 참고로 이 시기 소설 관련 서발 자료들은 무악고소설자료연구회 편, 『한국고소설관련자료집』 I(태학사, 2001)에 모아져 있다. 여기 인용문들도 상당 부분 이 책의 정리에 힘입었으며, 번역 또한 이를 참조하되 필요에 따라 약간의 가감을 하였다.

소설이었던 셈이다.

이 점은 당연히 소설 전반에 대한 인식으로 이해해도 무방할 터다. 사실 소설류에 대한 인식이 이렇게 변별되면서 애매하게 자리하는 사정은 그 역사가 깊은 것이 실상이기도 하다. 그런데 여기 하나의 문제작, 「설공찬전」을 처리하고 나서 정리된 이런 대립적 논의는 좀더 다른 의미로 느껴진다. 특히 이것이 사림파의 이념의 무장 문제와 연동되어 있다면 더욱 새로운 국면으로 다가온다. 더구나 이 같은 소설에 대한 인식은 16세기 이후에도 그 차원과 경향을 달리할 뿐, 조금도 바뀌지 않고 이어지게 된다. 이처럼 이 시기를 기점으로 소설은 항상 감시를 받으면서도 안으로는 더욱 더 흥미로운 읽을 거리로 세인에게 다가오고 있었다.

2) 16세기 소설사 향방—향유와 비판

우리는 여기서 이 시기에 왜 소설을 좌도난정의 상징물로까지 규정, 이를 구체적으로 비판하게 되었을까 하는 점을 물어보아야 한다. 그리고 그 답을 우리는 번거롭지만 다시 「설공찬전」 파동이 터지게 된 이유를 또 다른 차원에서 되짚어 이를 확인해보아야 한다. 그것은 「설공찬전」이 항간에 나돌던 시기에, 벌써 중국으로부터 들어온 소설류가 불특정 다수에게 읽혀지고 있었다는 추측을 통해서다. 이미 잘 알려진 대로 이 파동이 일어나기 5년 전인 1506년에 연산군은 사은사에게 직접 명하여 『전등신화』와 「교홍기(嬌紅記)」 등을 구입해 오게 하여 이 중 일부를 인출(印出)하게 하였다. 또한 연산군은 『전등신화』를 신하들에게 내려주며 "어찌 성색이나 가무로 인하여 나라가 꼭 망하겠는가?"[30]라고 하며, 소설이 가지는 '교화'의 혐의를 오히려 두둔하고 나서기까지 한다. 그동안

---

30) 『연산군일기』 권62, 12년 4월 12일(신유)조. "下剪燈新話曰 : '(…중략…) 豈因聲色歌舞, 而國必亡乎?'"

공공연하게 금기시되어 온 소설을 교화의 책임을 지고 있던 국정의 최고 책임자가 내놓고 두둔하고 나섰으니, 이는 실로 중대한 문제가 아닐 수 없었다. 더욱이 국왕이 허락한 것이니 그 파급 효과는 두말할 필요가 있겠는가? 그렇다면 연산군대에 촉발된 이 같은 소설 향유는 상당하였을 것으로 짐작이 간다.

그런 연산군이 폐주(廢主)가 되고 새로 중종이 들어섰다. 그리고 아울러 사림도 다시 정계에 복귀하고 있었다. 말하자면 「설공찬전」 파동은 이러한 소설류가 궁궐 안팎에서 향유되고 있는 것에 대한 경계의 한 제스처로 이해된다. 결국 이 파동은 당대 소설이 일반적으로 향유되고 있던 것에 대한 부정의 한 행위가 아닐 수 없겠다. 「설공찬전」을 두둔하는 이들의 한 목소리가 '그럼 「전등신화」 등도 똑같이 없애야 된다는 말인가'였으니, 이 언급은 오히려 이 시기 분위기를 잘 짐작케 한다.

흥미롭게도 사림파가 정전으로 들고 나왔던 『소학』은 이 시점부터 지속적으로 선양되어 언해(諺解) 사업과 대중을 위한 실천 사업이 강력하게 추진되고 있었다. 그런데 1519년 기묘사화를 기점으로 『소학』에 대한 비판이 거세어진다. 이를테면, "여염(閭閻)에서 『소학』을 힘써 행하게 된 것은 다 저들이 주창하였기 때문이므로, 저들이 귀양간 뒤로는 무지한 백성들이 '죄받은 것은 『소학』을 행하기 때문이다'고 하니, 듣기에 편치 못하옵니다. 조광조 등이 죄받은 일은 『소학』을 행하기 때문은 아니나 사세가 이렇게 되었으니 죄가 되지 않을 수 없습니다"[31]라는 식이었다. 사림에 대한 공격이 『소학』 자체에 있었던 것이 아니라, 그 『소학』을 이용하는 이들에게 향하고 있었다. 이 논리는 사림 쪽에서 「설공찬전」을 공격했던 양상과 짝을 이룰 만큼 흡사하다.

앞에서 언급했듯이 16세기 소설의 향유는 주로 중국으로부터 유입된

---

31) 『중종실록』 권37, 14년 12월 16일(병자)조. "衰曰 : 閭閻間, 務行小學, 皆由彼類唱之, 而彼類見竄之後, 無知細民, 皆謂被罪, 由於行小學之故, 聞之心甚未安. 光祖等被罪, 非行小學之所致, 事勢至此, 亦不得不爲之罪也."

중국 소설에 한정된 것이었다. 물론『금오신화』 등도 읽히고 있었음은
『패관잡기』의 "나는 이 책을 어루만지며 세 번이나 감탄을 하였다"[32]는
대목이나, 김인후(金麟厚)의 「차금오신화어윤예원(借金鰲新話於尹禮元)」[33]
에서 이미 짐작이 가지만, 그래도 주류는 중국 소설이었던 것만큼은 분
명하다. 그런데 16세기 초 소설의 향유 중심은 아이러니컬하게도 이들
소설책을 직접 열람할 수 있었던 조정과 그 주변, 즉 사대부층에 한정되
어 있었다. 16세기 초반의 인물 유계린(柳桂麟)은『전등신화』의 맥락을
이미 환하게 꿰뚫고 있었다고 그의 아들 유희춘(柳希春)은 전하고 있으
며,[34] 임기(林芑)의『전등신화구해(剪燈新話句解)』는 비록 학관들의 한어
교육용으로 기획된 것이라는 미명으로 간행되었지만, 소설에 대한 흥미
가 중요한 취택의 대상이 되었음은 이론의 여지가 없다. 그 결과 상세한
주석이 달림으로써 난해처가 풀리며 그 유통을 오히려 활발하게 하는
역할을 하였다.

　이 시점에서 「설공찬전」이 조야에 쫙 퍼지고 언문으로 읽혀졌다는 언
급을 다시 주목할 필요가 있다. 여기서 '야(野)'가 어디까지를 포함하고
있는지는 확실치는 않으나, 아마도 서울과 그 주변일 것이다. 그리고 일
반 시정에까지 퍼지기 위해서는 국문으로 번역돼야 하는 과정이 불가피
하였다. 그러므로 「설공찬전」의 경우는 상당히 드문 예에 속하며, 이때
까지는 일반적으로 그 구득이 가능했던 사대부에 한정된 독서가 당시
소설 향유의 일반적인 환경으로 보는 것이 더 타당하리라. 그러다가 이
후의 이런 자료, 즉 "내가 항간의 무지한 사람들을 살펴보니 언문을 익
히고 전하며, 노인들이 서로 전하는 말을 베껴 밤낮으로 이야기하고 있
는데, 이석단(李石端)과 취취(翠翠) 이야기 같은 것은 음란하고 허탄하여

---

32) 魚叔權,『패관잡기』권4. "余讀之, 未嘗不撫卷三歎 (…하략…)."
33)『河西全集』권7.
34) 柳希春, 「文學第十」(『眉巖集』권4). "(…중략…) 文章軌範・古文眞寶・東萊博議・
　　剪燈新話, 莫不洞究脈絡 (…하략…)."

참으로 취해볼 것이 없었다"35)는 언급을 보면, 소설류가 이미 여항에 상당 정도 퍼져 있었다는 사실을 확인시켜 준다.

이처럼 16세기 소설 향유층은 상층에서 하층으로 그 범위가 확대됨으로써 더 이상 제도적으로 금지시킬 수 없을 만큼 '소설 읽기'는 만연한 상태였다. 이제는 「설공찬전」처럼 해당되는 소설을 모두 회수하여 불태운다고 해결될 수 있는 상황이 아니었다. 따라서 새로운 대안이 모색되어야 할 판이다.

그런데 이 새로운 대안은 공교롭게도 또 다른 측면에서 소설이 제한적으로나마 존립하게 되는 근거를 마련해 주었다는 점에서 주목을 요한다. 소설에 대한 '향유'와 '비판'이 이 시기의 새로운 대세로 자리할 때, 그 향유는 소리 없이 조야로 퍼져나간 반면, 그에 대한 비판은 항상 공식적인 네트워크를 통해서 이루어지고 있었다. 그런데 16세기 중반에 이르면 이 향유와 비판 사이의 묘한 조정 국면이 조성되게 되는데, 그것은 이른바 '교훈성'이란 화두에서다.

상공께서 일찍이 장난삼아 쓴 것으로 기이하게 할 의도가 없었는데 저절로 기이하게 되었다. 그것이 지극하게 되어서는 사람을 기쁘게도 하고 놀라게도 하며, 세상에 모범이 될 만한 것도 있고 경계삼을 만한 것도 있다. 그리하여 백성의 도리를 세워 名敎에 보탬이 되는 것이 하나 둘이 아니다. 저 평범한 소설들과는 같이 말할 수 없으니 세상에 널리 보급된 것이 당연한 것이다.36)

세상에 『전등신화』·『전등여화』 같은 책들이 많은 사람들에게 즐겨 읽히며 전해진다. 비록 볼 만한 글로 펼쳐졌지만 대개 滑稽戲談에 불과할 따름이니, 이 책(「五倫全傳」—인용자)이 세상의 교화에 보탬이 되고 일용에 긴요한 것만

---

35) 洛西居士, 「五倫全傳序」(1531). "余觀閭巷無識之人, 習傳諺字, 謄書古老相傳之語, 日夜談論. 如李石端翠翠之說, 淫藝妄誕, 固不足取觀."
36) 申濩, 「企齋記異跋」(1553). "嘗游戲翰墨, 無意於奇, 而自不能不奇. 及其至也, 使人喜使人愕, 有可以範世, 有可以驚世, 其所以扶樹民彝, 有功於名教者, 不一再. 彼尋常小說, 不同年以語, 則盛行於世, 固也."

같겠는가?[37)

    이 서발문은 16세기 중반에 쓰여졌다. 잘 알려진『기재기이(企齋記異)』의 발문은 작품의 '기이성'을 거론하면서 명교에 보탬이 될 만한 자료로 세상에 알려졌다는 존재 의의를 밝히고 있다. 그러면서 일반적인 소설류와의 차별성을 시도한다. 그런데 이 기이성과 세교는 어떻게 조합이 되는가? 퍽 설득력이 있어 보이지는 않는다. 그러나 어쨌든 이『기재기이』도 항간에 많이 읽히고 있었다. 분명히 그것은 교훈성보다는 홍미에 의해 널리 읽혀졌을 것이다.[38) 따라서 여기 명교에 보탬이 된다는 언급은 명분일 뿐이다. 그럼에도 이런 언급은 비록 구실로나마 그 존립 근거를 밝혀주고 있다.

    한편「오륜전전」의 서문의 경우, 더욱 더 구체적으로『전등신화』등과 차별화시키면서 교훈성을 강조한다. 그러면서 "부모 자식과 형제 사이에서는 그 윤리를 다했고, 군신과 사우(師友) 간에 그 의리를 다했으며, 부부 사이에 있어서도 그 지극함을 다하지 않은 바가 없다. 그러니 그것을 읽는 사람이 오랫동안 사모하는 정을 일으키고 선한 본심을 불러내는 것이 곧 이 책이다"[39)고까지 치켜세운다. 언문을 익히고 전하며 노인들이 서로 전하는 말을 베껴 밤낮으로 이야기하는 무지한 백성들에게 이와 같이 오륜을 실천한 인물의 기록은 가장 모범적인 이야기라면서 그 기능성을 강조하기까지 한다. 바야흐로 하층민들에게 교훈이 되는 자료로, 소설의 존립근거가 서고 있는 상황이다. 이 시기에 중국에서 들어온『화영집(花影集)』은 바로 이 교훈성이 중요한 매개가 되었던 바, 확실

---

37) 沈守慶,「五倫全傳跋」(1550). "世有剪燈新話·剪燈餘話等書, 人多傳玩, 雖鋪張文詞之可觀, 皆不過滑稽戲談耳. 夫孰若是書之慕世教而切於日用者乎?"

38) 16~17세기 고전소설의 문학사회학적 지평을 '홍미'와 '교화'의 모순적인 관계로 접근한 예로는 정출헌,「표기문자의 전환에 따른 고전소설 미학의 변이 양상 연구」,『민족문학사연구』23호, 민족문학사학회, 2003 참조.

39) 柳仲郢,「五倫全傳跋」(忠州本). "處母子兄弟而盡其倫, 遇君臣師友而極其義, 以至夫婦之間, 亦無所不用其極. 使讀之者, 起慕於千載之下, 而發其本心之善, 則是篇也."

히 이때 이르면 이미 세간에 퍼져 있었던 다양한 소설들에 대한 금서조
처는 도저히 불가능한 현실이 되고 있었다. 그러므로 차선책으로 들고
나온 것이 바로 이 차별화 전략이었다. 그만큼 이 시기에 오면 소설 향
유가 일반화되었으며, 이것을 원천 봉쇄할 수 없는 상황에 봉착하자 이
를 선별화시켰던 것인데, 이 경우 교훈성을 담보한 작품은 정당한 비평
속에 읽혀질 수 있었다. 동시에 이 교훈성이란 미명 아래 그렇지 않은
이런저런 소설류들도 호된 비판의 매를 맞으며 나름대로 꾸준히 읽히고
있었다.

4. 새로운 이해가 요구되는 16세기 소설사

　16세기 소설사는 비록 창작적인 면에서 전대의 『금오신화』나 17세기
의 왕성한 작품들에 비해 부진한 것으로 비춰진다. 그러나 전기·몽유
록·심성소설·불교계 작품 등 다양한 종의 작품들이 새로운 시도 속에
서 자리하고 있었다. 이 점 또한 새롭게 주목될 필요가 있겠다. 그러나
무엇보다 소설사적 측면에서 중요한 사실은 창작 쪽보다는 향유와 비판
이 지속적으로 이루어지면서 소설의 저변화가 이루어진 시점이란 점이
다. 비판이 구체화되고 거세어졌다는 사실은 그만큼 사회적 문제가 될
만큼 소설 향유가 저변화됐음을 반증한다. 이런 향유와 비판은 중반에
들어 '교훈성'의 잣대가 들이대어지면서 새로운 돌파구로서의 어떤 합
의점이 찾아지기도 하였다. 그 결과 소설은 제한적으로나마 존립 근거가
마련되게 되었다. 16세기 소설 인식의 이러한 궤적은 17세기에 접어들어
분출하기 시작한 소설 창작의 내적 요건을 착실히 마련하고 있었던 과
정으로도 이해된다.

  따라서 「설공찬전」 파동은 정치적 역학 관계 속에서 필요 이상으로 확대된 사건이지만, 소설사의 흐름에서 볼 때는 중요한 전환의 계기가 되었던 바, 소설이 점점 저변을 확대하는 과정에서의 '경계경보'가 되었다. 이후 소설은 지속적인 비판의 눈초리를 받으면서도 상층은 물론 하층까지도 향유하는 중요한 시발점이 되었다. 아울러 '한번 터짐으로써 촉발되는 하나의 사회적 현상', 즉 소설의 향유가 이제 엄연한 현실이며, 이는 거스를 수 없는 대세로 가게 되었다는 징표로써도 이해될 수 있겠다. 16세기 소설사는 이를 기점으로 점점 대중에게 접근하는 장르로 이해되었고, 이런 경향은 17세기 활발한 소설 창작과 향유에 중요한 계기로 작용하기도 하였다. 그러나 소설이 언제나 비판의 시선에서 자유롭지 못한, 전통사회의 뒤틀린 자화상으로 자리 매겨지고 있던 시기이기도 했다.

보론―『전등신화구해』의 간행의 의미

  16세기 소설사에서 결코 빠질 수 없는 작품이 『전등신화구해(剪燈新話句解)』이다. 이왕 16세기 소설 인식과 소설사의 문제를 논급했기에 그 개략적인 상황을 붙여두고자 한다.

  『전등신화구해』는 잘 알려져 있듯이 1549년, 1559년, 그리고 1564년 이렇게 세 번에 걸쳐 수정, 보완이 이루어진 끝에 완전한 간본이 되었다. 지금 우리가 흔히 접할 수 있는 "산양구우종길저 창주정정 수호자집석(山陽瞿佑宗吉著 滄洲訂正 垂胡子集釋)"이 붙은 간본은 송분(宋棻)·윤계연(尹繼延)·임기(林芑)·윤춘년 등이 10여 년 동안 주변의 비판을 감내하며 이룬 결실이다. 그 결실은 중세 동아시아에서는 그 유례를 찾아볼 수 없는 '소설주해서(小說註解書)'로 남겨져 있다. 물론 구해의 공은 이문학관으로 있었던 임기에게 돌려져야 한다. 그러나 교서관제조(校書館提調)로 있으면서 학관들의 든든한 후원이 되었던 매월당 추숭자 윤춘년(尹春年, 1514~1567)이 없었다면 이 보기 드문 공간(公刊)은 어려웠을 것이다. 윤춘년은 비록 정치적으로는 지탄의 대상이 되기는 했지만, 문학사적으로는 16세기에 가장 중요한 인물이라고 해도 과언이 아닐 게다. 특히 소설분야는 더 그렇다. 최근에 소개된 대련도서관 소장의 조선간본『금오신화』가 그에 의해서 간행되었을뿐더러, 기대승 등에게 호된 비판을 받아가면서까지 국가 공식 간행소인 교서관에서 '음란하고 불경한 이야기'를 활자로 간행하였던 것이다.40) 뿐만 아니라, 윤춘년은 1551년 서적포(書籍舖)의 설치를 강력히 주장하기도 하였다. 책방을 설치하여 책을 사고 팔게 하여 문풍을 진흥시키자는 주장이었다. 비록 이 제안은 받아들여지지 않아 실패로 끝났지만,41) 소설류를 포함한 서적의 보급과 유통에 있어서 남다른 인식과 실천을 했던 인물이다.『전등신화구해』는 16세기 중반의 이런 제반 여건 속에서 산생된 독특한 산물임에 틀림없다.

이렇게 간행된『전등신화구해』는 그 이후로도 숱하게 재간(再刊)이 이루어졌다. 이 점 소설사에서 그냥 지나칠 수 있는 문제가 아니다.『구해』의 지속적인 재간은 어느 다른 소설에서도 찾아볼 수 없는 16세기 중반 이후 지속된 현상이었다. 특히 대부분의 소설들이 필사에 의해 명맥이 유지되었던 상황에 비추어 볼 때, 그리고 18세기 이후에나 방각본(坊刻本)이 출현한다는 사실을 염두에 둘 때, 이것은 대단히 이례적인 현상이 아닐 수 없다.

---

40) 윤춘년의『전등신화구해』간행의 과정에 대해서는 안대회,「윤춘년 간행 시화문화의 비교문학적 분석」,『尹春年과 詩話文話』, 소명출판, 2001, 18~27면 참조.
41) 이때 書肆의 설치가 허락되었다는 주장도 있으나(기시모토 미오·미야지마 히로시, 앞의 책, 125면), 이는 사실과 다르며, 다만 중종 시기부터 서사 개설에 대한 논의는 계속되어 왔다고 한다. 대신『眉岩日記』등에 보면 책중개업자, 이른바 '冊儈'는 등장하는 바, 당시 책 유통의 분위기를 짐작케 한다.

지금까지 알려진 간본 이본만 하더라도 목판본, 목활자본은 물론 금속활자본[42]까지 다양하다. 목판본과 목활자본의 경우도 판행이 11행 20자, 12행 18자, 10행 18자, 9행 20자 등 다양하고, 제주목각본(濟州牧刻本), 호남방각본(湖南坊刻本), 북한산 태고사각본(太古寺刻本) 등 지역과 시기를 가리지 않고 다종다양하다. 필사본은 그 양을 헤아리기 어려운 실정이다. 『선책명제(鮮冊名題)』에 소개된 5종의 판본은 실제 간행된 판본의 일부에 지나지 않은 것이다. 이른 시기의 판본만 하더라도 현재 초간본으로 지목된 규장각 소장본[43]과 지금까지 가장 선본(先本)으로 알려졌던 대각문고본, 그리고 1614년 간본,[44] 1633년 간본[45] 등이 실물로 남아 있다.

결과적으로 이런 빈번한 간행은 그만큼 수요가 있었다는 것이고, 많은 사람들에게 읽혔다는 증거 이 외에 뭐이겠는가? 『전등신화』는 이런 적잖은 간본으로 조선시대 소설사에서 다른 어느 작품보다도 사대부가의 서안을 많이 차지한 소설이 되었다. 물론 이 판본이 일본에까지 전해져 그곳에 『전등신화』의 존재를 알려주었고, 전기소설집 『가비자(伽婢子)』의 창작을 이끌어 냈던 사실은 우리가 이미 비상하게 주목했던 터다.

지금 16세기 소설 인식의 추이를 살펴보면서 이렇게 많은 간본 사업이 이루어진 것 자체가 하나의 의문이 아닐 수 없다. 따지고 보면 『전등신화』는 다른 어느 작품보다도 '음란하고 불경한 소설'이 아닌가? 그런데 그런 소설이 호된 비판의 한복판에서 버젓이 유행하고 있었다. 이런 아이러니는 16세기 이후 소설 인식과 유통, 그리고 전반적인 소설사의 추이와 긴밀하게 접합되어 있다. 이 점 앞으로 더 천착해볼 문제인데, 여기서는 『구해』가 이렇게 간행, 유통될 수 있었던 이유를 따져 보는데

---

42) 국립중앙도서관본으로 下卷만 남아 있다. 이 본은 1776년 徐命膺이 평양에서 주조한 동활자인 丁酉字로 간행된 것이다.

43) 이에 대해서는 정용수, 「규장각 소장 古本 『剪燈新話句解』의 板本 연구」, 『고소설연구』 14집, 한국고소설학회, 2002 참조.

44) 연세대 소장본.

45) 충남대 소장본.

그치기로 한다.

우선 중국 소설이라는 점이다. 이미 15세기부터 유입된 『전등신화』는 비록 불경하다는 혐의를 받으면서도 우리 쪽의 창작이 아니라 중국 작품이라는 이유로 「설공찬전」 같은 취급은 당하지 않았다. 거기에는 ‘우리 쪽의 것은 아니니깐, 거기다가 상당히 흥미로운 내용이니까’ 하는 암묵적인 동의가 이루어졌고, 이는 중국 소설의 꾸준한 유통을 가능하게 했다. 거기다가 연산군 같은 군왕이 직접 지시하여 구입, 인출하게 하기도 하였다. 그러다가 급기야 16세기 중엽에 와서 이를 교서관에서 주석을 달아 간행해 버렸다. 경적(經籍)이나 국가의 공식적인 도서를 출판하던 곳에서 벌어진 일이다. 그래서 이 간행을 두고 ‘어떻게 교서관에서 이런 서적을 버젓이 간행할 수 있느냐’며 격앙된 목소리로 비판을 했던 것은 당연한 상황이었다.

그런데 임기(林芑)는 이 주해서의 간행 목적을 ‘한어교육용’이라고 표방하였다. 이는 면피용으로 적잖이 작용했던 것으로 짐작이 간다. 왜냐하면 이 책을 구득한 이들에게도 한어를 더 잘 읽히기 위해서라는 둘러댈 이유가 생기게 되었으니 말이다. 그러나 이 『구해』가 정말 한어를 익히기 위해서 유통이 되었겠는가? 당연히 소설적 흥미가 유통의 주된 이유임은 췌언이 필요치 않다. 어쨌든 저간의 비판 속에서도 무려 세 번에 걸친 과정을 통해서 완정한 주해서까지, 그것도 국가 공식 인쇄소에서 간행을 보게 된 것이다. 말하자면 『전등신화』로서는 그간의 비판도 있었지만 어쨌든 소설로서 공식적인 통과의례를 거친 셈이다. 따라서 그 후로도 지속적인 간행과 유통이 이루어질 수 있었다.

16세기 중엽에는 이처럼 소설의 주해 사업과 ‘책주름[冊儈]’의 등장 등으로 소설의 보급과 유통이 새로운 전기를 맞이하고 있었다. 이런 점에서 『전등신화구해』의 간행은 소설사에서 대단히 중요한 의의를 갖고 있다.

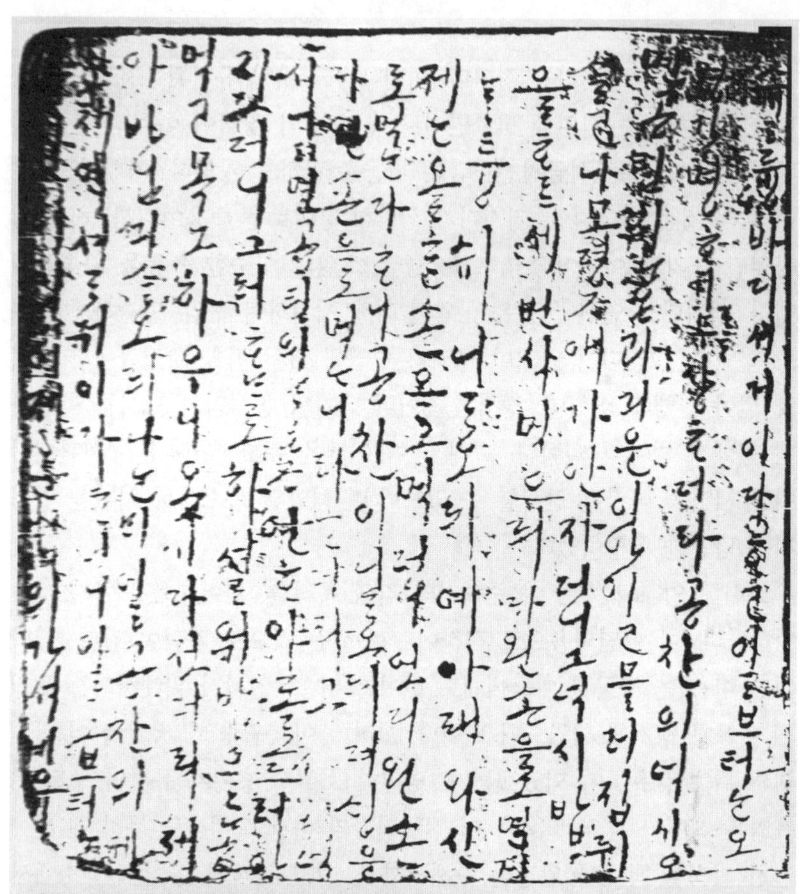

▲ 「薛公瓚傳」 국문본 앞부분.
李楗의 『默齋日記』의 이면에 쓰여진 국문본으로 후반부가 결락된 불완전한 상태이나, 현재 유일하게 남아 있는 이본인 셈이다. 한문본이 먼저 창작되었을 것으로 판단되나 현전하지 않는다.

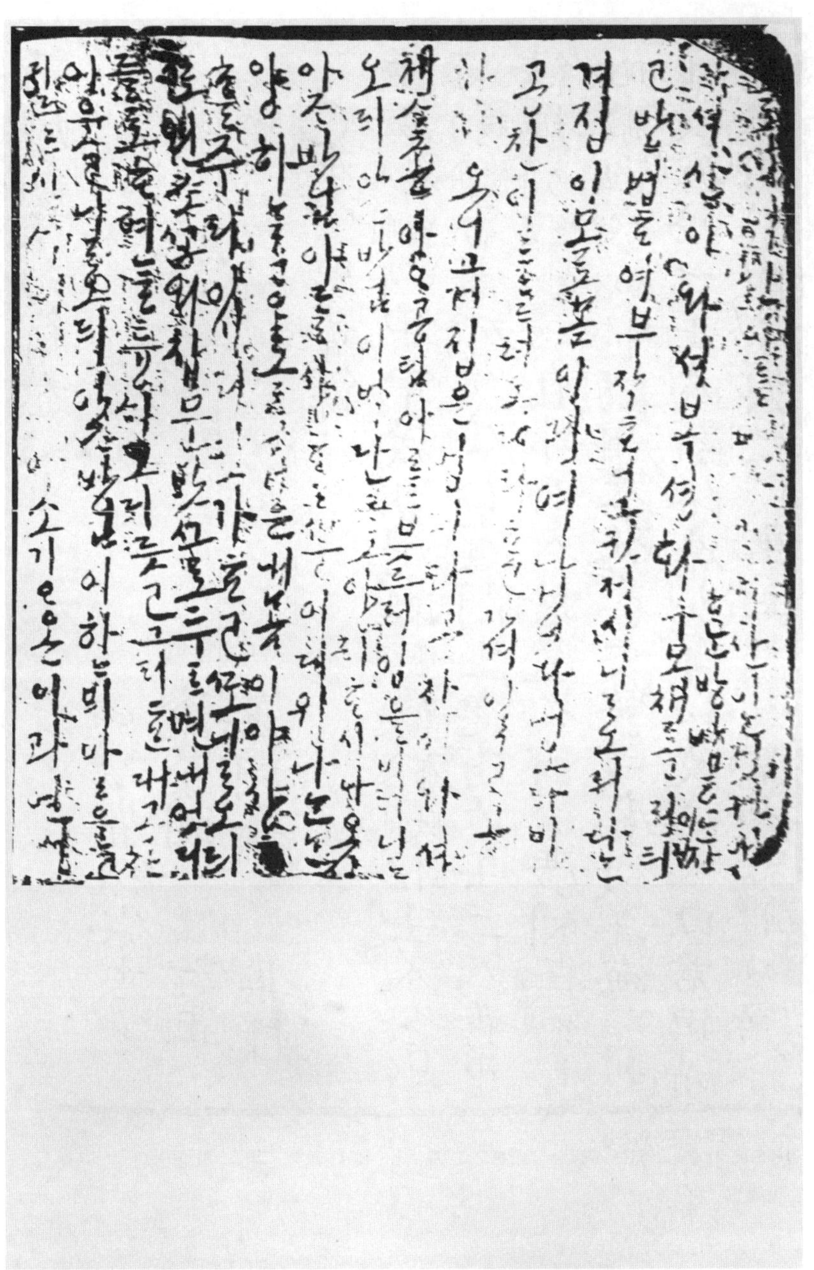

剪燈新話句解卷之上

　　　　山陽瞿祐宗吉著
　　　　滄洲　　訂正
　　　　垂胡子　集釋

○水宮慶會錄

至正（元順帝年號）甲申歲，潮州（古閩越之地。今隸廣東布政司。）士人余善文，於所居白晝開坐，忽有力士二人，黃巾繡襖（襖音奧。為袍也。），自外而入，致敬於前，曰：廣利王（唐天寶十載正月。詔以南海神祝融。封為廣利王。）奉邀善文。善文驚曰：廣利洋海之神，善文塵世之士，幽顯路殊，安得相及？二人曰：君但請行，毋用辭阻。遂與之偕出南門外，見大紅船（如今河所……）

▲『剪燈新話句解』의 이본들.
초간본으로 지목되고 있는 규장각 소장본으로, 瞿佑의 서문과 跋文, 그리고 引 등이 실려 있다.

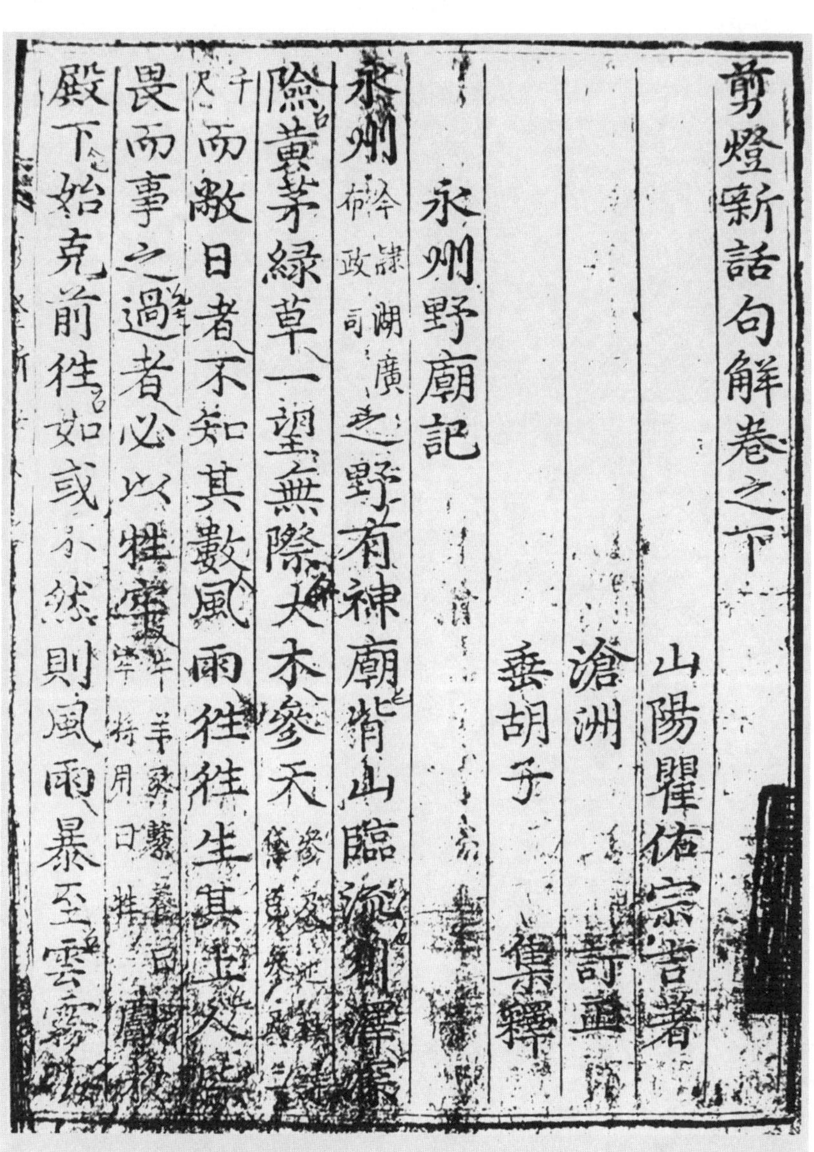

국립중앙도서관 소장 동활자본으로, 1776년 주조한 丁酉字로 간행한 것이다. 현재 하권만 남아 있는데, 『전등신화구해』의 간행의 폭이 어느 정도였는지 가늠케 한다.

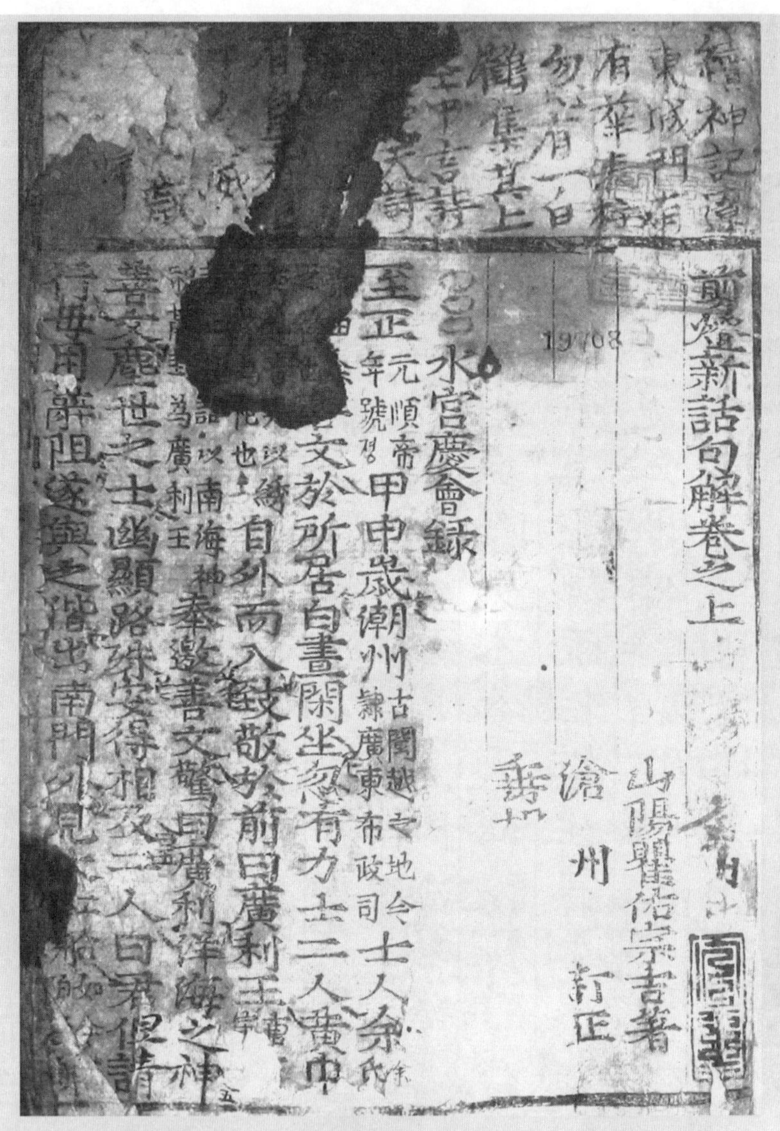

충남대 도서관 소장본으로 초기 간본 중에 하나이다. 끝부분에 "崇禎六年癸酉六月日開刊"이라는 간기가 보인다. 숭정 6년 계유년은 1633년이다. 그리고 간기 아래 부분에 "山陽幼說"이라는 필기는 『전등신화』의 부록인 「秋香亭記」가 작자 구우 자신의 젊은 시절의 이야기로 전해지고 있기 때문에 이렇게 적은 것이다.

香斗上雙挂老瓮荽飄飄相思偏遍他方香史
情緣為債東坡詩傷心一念賜斷可憐香
償前債彈指三生斷後繇
忉記其始宗以附校古今傳奇之後使多情見矚說
則章臺柳折佳人之恨無官仗義者聞之則茅山茱
成其父翁為昏後因姚令言之[illegible]劉震長偽官處
王山客之皃劉震有女因巫一雙皆約推戲弄相柳
枉刊無雙報書云之[illegible]客適遇劉家蒼君頭塞求之仙客信
於血雙報書云之富平縣客押筍有心家人科求之仙客信
造謁呀願必改之古生仙日容君之意將有日求其老父
世感謁君之忍紛身報殺仙容以寶貢告占使自盡古生
士有藥術其藥服之者立死三[illegible]告占生日孝求山道
尢令血雙鷙使婢採義作中使[illegible]人求得一
託為親故贖其屍乃至心頭微賤彼[illegible]其意心有在又
雙瀉乃魅隰故鄉為夫
安知其終如此而已也終說

崇禎六年癸酉六月日謹列

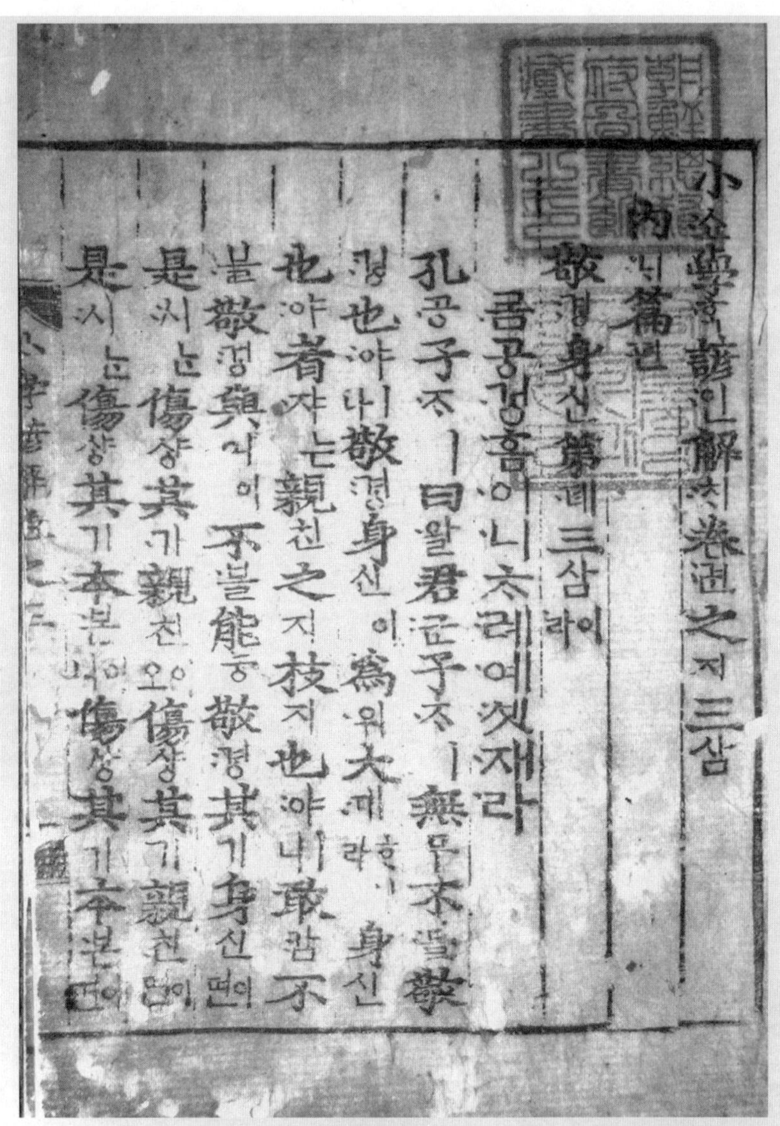

▲ 『小學諺解』 중종조(1506~1541) 간본 권3의 첫 장(국립중앙도서관 소장).
崔淑生이 언해한 것으로 나와 있다. 사림파의 등장과 함께 고취된 이른바 '소학장려'는 소설류
비판과 직결된 문제였으며, 그 한 구체적인 예가 『소학』의 諺解 사업이었다. 이 언해사업은 이
때 처음 이루어져 이후 선조, 영조 시기에 지속된 바 있다.

전란 소재 애정전기소설의 성립과 발전에 대한 시론

「취취전(翠翠傳)」과 「이생규장전(李生窺墙傳)」을 중심으로

1. 서사화의 길, '전란'

　'전란'과 '애정'은 동서고금을 막론하고 가장 빈번하게 출현하는 소설의 소재일 성싶다. 이 두 재료는 '인간의 역사' 그 자체로, 언뜻 보기에도 서사화(敍事化)가 가장 용이해 보인다. 우리 소설사를 훑어보아도 전란과 애정은 최근까지 가장 친숙한 소재였음은 췌언이 필요치 않다.

　필자는 최근 우리 소설의 발생과 그 전변 과정에 주목하게 되었다. 이는 근래 중국 쪽에서 서사학이 활발하게 논의된 데 촉발된 것이기도 한데, 무엇보다 우리고전소설의 서사의 전변 문제가 아직 뚜렷이 구획되지 않은 사실을 파악하게 되었기 때문이다. 이에 한 작품을 논의의 선상으로 올려보았다. 바로 「이생규장전(李生窺墙傳)」이다. 「이생규장전」은 전기(傳奇)의 장르 관습을 적절히 운용하면서 거기에 전란이라는 요소를 집어넣어 새로운 서사화의 길을 열어놓았다. 우리의 경우, 확실한 것은

초기 소설의 중심은 애정전기소설이었고, 그것이 17세기 중반까지는 이어진다는 사실이다. 따지고 보면 이 과정은 크게 보아 '한국소설의 성립과 발전'의 시기였다. 그 흐름 속에서 「이생규장전」은 전후를 연결하는 고리 역할을 하는 작품으로 판단된다. 그래서 '전란 소재'라는 점에 특별히 주목하여 그 구조적 특성을 밝혀보고자 한다. 아울러 전후 소설과의 관련성을 타진해봄으로써, 결과적으로 초기 소설의 서사의 전변 과정을 추적해보련다.

그런데 전란 소재 소설이라고 했을 때 우리의 경우는 「이생규장전」과 「만복사저포기(萬福寺樗蒲記)」가 처음이다. 중국 쪽과 비교하면 전란 소재 애정전기의 출발은 꽤나 늦은 편이다. 한편 나말여초에서 『금오신화』에 이르기까지 초기 소설은 자의든 타의든 중국 소설의 전변의 과정과 연관을 맺고 있다. 때문에 「이생규장전」의 서사적 원리에 접근하는 통로는 내적인 흐름이 아니라, 오히려 저쪽의 흐름을 파악하여 연결해볼 때 보다 객관적 지평을 확보할 수 있다. 특히 전란 소재에 유의했을 때 이는 불가피한 실정이다. 그래서 「이생규장전」과의 근친성이 확인된 『전등신화(剪燈新話)』의 「취취전(翠翠傳)」과 관련 문제를 탐토해볼 것인데, 그에 앞서 저쪽의 전란 소재 애정전기소설의 형성 과정을 살펴볼 필요가 있다. 그래야 전란 소재 소설의 소이연(所以然)을 알 수 있기 때문이다. 그리고 나서 두 작품을 비교 분석, 「이생규장전」의 서사적 특성을 객관화시켜 보겠다. 그리고 마지막으로 16~17세기 전란 관련 애정전기소설의 서사구조의 특징을 끄집어냄으로써, 이쪽의 흐름을 구획해볼 것이다. 이 과정은 기본적으로 우리 소설의 서사화의 전변 문제를 밝히는 하나의 방법적 틀이 될 것으로 기대된다.

그러나 다시 전제해두어야 할 점은, 이 연구는 작은 관심에서 출발한 것이지만 사실은 상당한 시간과 재주가 필요한 작업이다. 때문에 여기서는 대체로 시론적인 차원에 머물게 될 것이고, 전체적이고 체계적인 연구는 후속작업으로 미뤄둔다.

2. 전란 소재 애정전기소설의 성립—「유씨전」에서 「취취전」으로

당대(唐代)의 전기(傳奇) 「유씨전(柳氏傳)」과 『전등신화』의 「취취전(翠翠傳)」은 각 시기 전란 소재 소설로 대표적이며, 상호 밀접한 관련이 있는 작품이다. 「취취전」의 문면에 "장대의 버들은 비록 이미 남에게 꺾었어도[章臺之柳, 雖已折於他人]"라든지, "마침내 사타리에게 내몰림을 당하여[乃致爲沙咤利之驅]"라는 언급이 있듯이, 마치 취취(翠翠)는 자신이 유씨(柳氏)인 양 행세하고 있다. 구성으로 보아서도 전란이 서사 과정의 중요한 분수령으로 작용하고 있으며, 그 통에 여주인공이 모두 정절을 잃게 되는 점 또한 엇비슷하다. 「유씨전」은 당대 애정전기로는 드물게 전란이 개입된 작품인데, 그 배경은 '안록산(安祿山)의 난'이었다. 논의의 편의를 위해서 그 경개를 밝혀둔다.

> 韓翊과 柳氏는 李生의 주선에 의해 결연을 맺지만, 한익이 벼슬자리를 얻어 떠나게 됨으로써 이들은 이별을 하게 된다. 그러던 중 안록산의 난이 일어나고 피난 중이던 유씨는 번장 沙咤利에게 거두워진다. 한편 한익은 서기관으로 종군하여 유씨를 찾게 되는데, 그녀가 사타리의 막사에 갇혀 있음을 알고 낙담한다. 우연히 길거리에서 해후하지만 다시 만날 기약없이 이별하게 된다. 그러던 중 許俊이라는 협사가 이들의 사연을 듣고 사타리의 집으로 잠입, 유씨를 구해 옴으로써 이들은 다시 해후, 해로한다.

결연을 맺었다가 난리 중에 이별을 하게 되고 잠시 해후를 하지만, 다시 기약 없이 헤어지거나 영결(永訣)하는 서사 과정이 「취취전」과 비슷하다. 그리고 무엇보다 두 작품 모두 전란 통에 여주인공이 정절을 지키지 못하게 된다는 사실이다. 그러나 「유씨전」의 경우, 결말 부분에 가서 흐름이 급선회하여 해피엔딩으로 처리됨으로써 「취취전」과는 다른 양상을 보여준다.

양자의 서사 단락을 나누어 보면, 「유씨전」은 크게 전반부와 후반부라는 두 개의 의미망으로 구분할 수 있음에 비해, 「취취전」은 세 단락으로 뚜렷하게 나뉘어 있다. 「유씨전」은 크게 이별과 재회라는 두 축을 좇아 진행된다는 의미이다. 이에 반해 「취취전」은 결연 과정, 이합, 그리고 대단원이라는 세 개의 큰 축을 형성하고 있다. 이 과정을 추적해보면 「유씨전」은 '이별—해후' 과정만이 중심이 됨으로써, '이합'을 반복하는 구조가 불확실한 반면, 「취취전」은 '만남—이별—재회—재이별(죽음)'의 이합구조가 선명한 편이다.

「유씨전」은 분량면으로는 「취취전」에 비해 채 반이 되지 않는데,[1] 편폭은 거의 비슷하며 화소는 오히려 더 많은 편이다. 즉 「취취전」이 어느 한 장면, 아니면 어떤 부분의 묘사에 집중적인 서술을 하고 있음에 비해 「유씨전」은 일정한 사건의 흐름만을 좇고 있다.

> 이때 侯希逸이 平盧에서 淄青의 절도사로 부임해 왔는데, 일찍이 한익의 명성을 듣고 있었던 터라 그를 청하여 서기로 삼았다. 그 후 宣皇帝(玄宗의 아들 肅宗—인용자)가 신령한 무용으로 반란을 진압하게 되자, 한익은 곧 사자를 보내 몰래 유씨를 찾아 비단 자루에 사금을 담아 주면서 함께 시를 적어 건넸다. (…중략…) 유씨는 사금을 받들고 목메어 흐느껴 우니, 주위 사람들도 모두 슬퍼하였다. 이에 답시하기를 (…하략…).[2]

> 장군은 기뻐하며, "내 젊어서 배우지 못한 자로, 난을 틈타 졸지에 입신하여 때에 맞게 쓰임을 받아 추종하는 자들이 많고 빈객이 문에 넘쳐나나 이를 맞아 접대할 사람이 없고, 문서가 서안에 쌓여도 이를 처리할 사람이 없구나. 네가 내 문하에 있으면서 記室을 맡아 주면 좋겠구나"라고 하였다. 김생은 총민한 자로, 성품이 온화한데다 재주 또한 뛰어나 그 문하에 있으면서 더욱 검속하여 윗

---

1) 「유씨전」은 1,000여 자 정도이며, 「취취전」은 2,600여 자이다.
2) 「柳氏傳」(『唐代傳奇』, 新釋漢文大系 44, 明治書院. 당대 전기의 경우 이하 동일함). "是時, 侯希逸自平盧節度淄青, 素藉翊名, 請爲書記. 洎宣皇帝以神武返正, 翊乃遣使, 間行求柳氏, 以練囊盛麩金, 題之曰 (…중략…) 柳氏捧金嗚咽, 左右悽憫. 答之曰 (…하략…)."

사람을 받들고 아랫사람을 우대하여 모두에게 호의를 얻었다. 서간을 대신 쓰고 회답함에도 그 뜻이 곡진하니, 장군은 큰 사람을 얻었다고 하며 그를 매우 후대하였다. 그러나 김생은 본래 아내를 구출하기 위해서 온 것이었다. 한 번 대청 앞에서 만나 본 후 다시 볼 수가 없었고, 규방이 깊어 안팎이 딱 막혔으니 마음을 전달하려고 해도 끝내 기회를 얻지 못하였다. 이럭저럭 몇 개월이 흘러 授衣하는 때가 되어 서풍이 밤이면 불고 백로가 서리로 변하게 되었다. 김생은 홀로 빈 小齋에 있으면서 늦게까지 잠을 이루지 못하였다. 이에 시를 한 편 지었다. (…중략…) 다 짓자 조각 종이에 써서 베 옷의 옷깃을 찢고 그 속에 밀봉하고선 百錢을 들여 內竪에게 주며 말하기를, "날씨가 이미 추워졌는데, 내 옷이 얇지 뭐냐. 이것을 가지고 가서 내 누이에게 줘 씻어서 꿰매 달라고 하렴. 추위를 막을 수 있게"라고 하였다. 내수는 그 말에 따라 가지고 들어갔다. 취취는 그 뜻을 알아듣고 옷을 다시 찢어 시를 보면서 가슴이 더욱 미어졌다. 소리를 삼키고 울면서 따로 한 시를 지어 그 안에 넣고 봉하여 김생에게 건네주었다.[3]

위의 예문은 모두 난리 통에 남녀주인공이 헤어지고 다시 전란이 어느 정도 평정되었을 때, 남주인공이 여주인공을 찾아와서 시를 화답하는 부분이다. 분량면에서 벌써 차이가 난다. 남주인공이 서기관(書記官)으로 발탁되는 과정과 시를 화답하는 부분이 「유씨전」에서는 특별한 장치 없이 나레이션으로 간단하게 처리되면서 곧장 다른 장면으로 넘어가게 된다.

그러나 「취취전」의 경우, 이 장면에 특별히 많은 지면과 장치를 이용하여 '장면제시'를 실현하고 있다. 우선 김생이 신분을 속이고 적진에 들어가 서기관으로 발탁되는 과정을 작자의 직접 서술이 아닌 장군의

---

3) 「翠翠傳」(대각문고본 『剪燈新話句解』. 이하 동일함). "將軍喜曰 : '吾自少失學, 乘亂倔起, 方嚮用於時, 趨從者衆, 賓客盈門, 無人延款, 書啓堆案, 無人裁答. 汝便處吾門下, 足充一記室矣.' 生聰敏者也, 性旣溫和, 才又秀發. 處於其門, 益自檢束, 承上接下, 咸得其歡, 代書回簡, 曲盡其意. 將軍大以爲得人, 待之甚厚. 然生本爲求妻而來, 自廳前一見之後, 不可再得, 閨閤深邃, 內外隔絶. 但欲一達其意, 而終無便可乘. 荏苒數月, 時及授衣, 西風夕起, 白露爲霜, 獨處空齋, 終夜不寐. 乃成一詩 (…중략…) 詩成, 書於片紙, 拆布裘之領而縫之, 以百錢納於小竪, 而告曰 : '天氣已寒, 吾衣甚薄. 乞持入付吾妹, 令浣濯而縫紝之, 將以禦寒爾!' 小竪如言, 持入. 翠翠解其意, 折衣而詩見, 大加傷感, 吞聲而泣, 別爲一詩, 亦縫於內, 以付生 (…하략…)."

입을 통해서 드러냈다. 한편 취취와 연락을 취하려는 김생의 부산한 움직임도 포착되는데, 그러면서도 쉽사리 만날 수 없는 안타까움과 그리움을, "이럭저럭 몇 개월이 흘러 수의(授衣)하는 때(9월을 지칭)가 되어 서풍이 밤이면 불고 백로가 서리로 변해갔다"는 계절의 변화를 통하여 극대화시키고 있다. 그리고 바로 이어서 잠 못 이루는 김생의 모습이 클로즈업된다. 그뿐인가? 편지를 통해 서로의 마음을 확인하기 위한 과정도 종[內竪]을 매수하는 등 트릭의 장치를 이용하여 제법 신경을 쓴 눈치다. 이 과정은 어떻게 보면 전체 구성에 있어서 사소한 부분일 수 있지만, 우리는 이 장면과 분위기를 접하고 나면 직접적인 언술을 통하지 않고도 전란의 폭압성을 실감하게 된다.

이처럼 「취취전」은 길이에 관계없이 어느 한 부분에 대한 집중적 서사와 묘사를 통해 작자의 지향(志向)과 현실의 문제를 도출시키고 있다. 이에 반해 「유씨전」은 대체로 분량과 서사가 일정한 길이와 무게로, 큰 파고 없이 진행되는 편이다.

「유씨전」의 후반부의 특징은 남녀주인공의 해후 과정에 초점이 맞춰져 있다. 유씨와 한익은 전란이란 사회적 장벽으로 인해 도저히 해후할 수 없는 지경인데, 난데없는(또는 너무나 우연인) 조력자가 등장하여 여주인공을 구출해낸다. 그럼으로써 결말이 해피엔딩으로 처리된다. 그런데 「취취전」의 경우, 전란의 폭압 앞에 취취와 김정(金定)은 누구의 도움도 얻지 못한 채 죽어 가고, 서사는 곧바로 비현실 국면으로 전환한다. 「유씨전」은 후반부에 조력자(助力者)를 개입시킴으로써 비현실 국면을 설정하지 않았다. 대신에 '우연성'으로 그곳을 메워놨다.

그런데 무엇보다 큰 차이는, 「유씨전」은 '전(傳)'의 전통에서 엮어졌다는 점이다. 이와 관련해서는 또 다른 전란 소재인 「무쌍전(無雙傳)」을 잠깐 거론해둘 필요가 있겠다. 설조(薛調)가 지은 「무쌍전」은 「유씨전」과 유사하게 전란에 따른 남녀의 이합을 그렸다. 사촌간이었던 왕선객(王仙客)과 무쌍(無雙)은 진작에 혼인하기로 약정되어 있었으나, '주차(朱泚)의 반란'으로 이별하였다가 극적으로 재회한다는 설정이다. 무쌍은 그 난리 통에 아버지가 반란군에 참여했다는 혐의를 받아 궁녀의 신분으로 전락, 궁궐에 갇히게 됨으로써 유씨(柳氏)와는 또 다른 상황에서 고통을 겪는다. 때문에 왕선객과 무쌍이 만나는 과정은 「유씨전」의 경우보다도 훨씬 복잡하게 짜여져 있다. 그런데 여기서도 난데없는 조력자가 등장하여 해피엔딩으로 끌고 간다. 조력자 고생(古生)은 믿기지 않는 계책을 써서 무쌍을 궁궐에서 빼내어 왕선객과 해후시킨다. 「유씨전」의 허준(許俊)과 여기 고생은 조력자로서 그 설정이 같다. 후반부 이런 과정을 따라가다 보면 고개가 갸우뚱해지는데, 끝맺음하는 작자의 평을 보고 나면 더 납득이 가지 않는다.

> 유씨는 防閑(수절한다는 의미-인용자)에 뜻이 있으면서도 지키지 못한 자이며, 허준은 감격할 줄 알면서도 그 뜻을 펴지 못한 자이다. (…중략…) 애석하도다. 답답하게 막혀 때를 만나지 못했으니, 그 의용만 격렬했지 모두 正에 들지는 못하였다. 그렇지만 이 어찌 變가운데에 정이 아니겠는가? 대개 그들이 만난 형편의 소치이다.4)

> 아! 인생의 만나고 헤어짐은 많거니와 이들 같은 경우는 매우 드물어 늘상 고금에 있는 일은 아니다. 무쌍이 난세를 만나 적몰되었으나, 仙客의 뜻은 죽음으로도 빼앗을 수 없어 마침내 古生의 기이한 계책으로 무쌍을 만나게 되었다. 그러나 원통하게 죽은 자도 10여 명이나 되었다. 어렵사리 달아나 숨은 후, 고향으로 돌아가 부부로 50년을 해로하였으니 어찌 기이한 일이 아닌가?5)

「유씨전」의 경우, 유씨에 대해서는 결과적으로 수절하지 못한 책임을 묻고 있거니와, 이어지는 인물평의 대상은 당연히 한익(韓翊)이 되어야

---

4) 「유씨전」. "然即柳氏, 志防閑而不克者, 許俊, 慕感激而不達者也. (…중략…) 惜鬱埋不偶, 義勇徒激, 皆不入於正. 斯豈變之正乎? 蓋所遇然也."
5) 「무쌍전」. "噫! 人生之契闊·會合, 多矣, 罕有若斯之比, 常謂古今所無. 無雙遭亂世籍沒, 而仙客之志, 死而不奪, 卒遇古生之奇法取之, 冤死者十餘人. 艱難走竄後, 得歸故鄉, 爲夫婦五十年, 何其異哉?"

할 터인데 조력자로 등장한 허준이다. 그러면서도 공(功)과 의(義)를 논급하며, 이 이야기를 '변지정(變之正)'이라고 규정한다. 「무쌍전」의 경우, 그 이합의 기이성에 우선 주목을 했고, 결과적으로 이들이 해로할 수 있었던 것은 왕선객의 불굴의 의지와 고생(古生)의 기이한 계책이었음을 말하고자 한다. 그러면서 무쌍을 구출하기 위해 10여 명이 원통하게 죽은 사실을 들먹여, 이 기이한 만남에 혐의를 두었다.

작자의 이런 평은 바로 '사평(史評)'이다. 때문에 이들 인물의 행동에 대한 포폄과 함께 '의'나 '공' 따위를 들먹인다. 이런 사전(史傳)의 평을 들이대다보니, 작자와 주인공 사이에 일정한 괴리가 생기게 되었다. 즉 문면의 주인공들은 전통적인 예교를 벗어나 있거나 거부한 인물들인데, 작자는 외려 예교적으로 고양된 인물을 찾고 있다. 이 같은 괴리 현상은 작자가 이런 이야기를 전의 전통 속에서 창작했기 때문이다.[6] 이러다 보면 전일한 서사 원리를 구현하는데 문제가 있게 마련이다. 이 점은 전체 서사의 방향과도 무관하지 않은데, 작자는 전란 자체보다는 남녀주인공의 기이한 운명에 서사의 초점을 맞추고 있다. 그렇기 때문에 우연한 조력자의 등장도 용인되며, 남녀주인공은 결과적으로 해후해야 했다. 그럼으로써 인간사의 기이성은 완성되었던 것이다.

당대(唐代)의 전란 소재 애정전기소설은 이처럼 기이한 남녀의 이합을 포착하여 그 과정을 기록화한 경향이 짙다. 작자는 이런 기이가 발생하게 된 소이연에 대한 관심보다는 그 자체의 기이성에만 매달린다.

이에 반해 「취취전」은 전란을 통해서 인간으로서 가져야 할 덕목을 송두리째 빼앗김으로 야기되는 문제를 서사의 굴곡을 따라 서술하였다. 여기서 전란의 추이에 따른 충격과 이를 통과하는 인간 개체의 군상이 드러나게 되었던 것이다. 그러면서 결말을 비극적으로 이끌어감으로써 극복할 수 없는 현실에 대한 반향을 심각하게 표현하였다.[7] 전란의 시

---

6) 이미 루샤오펑은 당대 전기에는 傳(역사)의 양식이 들어 있다고 밝힌 바 있다(조미원 외역, 『역사에서 허구로―중국의 서사학』, 길, 2001).

대에 김생과 취취는 조력자가 없이 세상에 내동댕이쳐졌다. 바로 이 점이 전란 소재 애정전기소설의 서사가 새로운 국면을 맞이하는 과정이었고 실험이기도 했던 것이다.

결과적으로 「유씨전」은 전란을 소재로 하고 있으면서도 그것으로 야기되는 인간사의 다면적 문제를 다룬 게 아니라, 그 만남의 기이성을 드러내는 것이었다. 때문에 전란이 소설의 서사 원리에 중요한 형식으로 자리하기에는 아직까지 부족해 보인다.[8] 「취취전」은 바로 이 「유씨전」의 틀을 이용하면서도 전란 소재를 서사의 중요한 원리로 구현하였다.

3. 「취취전」과 「이생규장전」

「유씨전」에서 「취취전(翠翠傳)」으로의 변모 과정은 결과적으로 전란 소재 애정전기소설의 서사 원리가 구현되는 과정이라고 할 수 있다. 그렇다면 「이생규장전」은 어떤가? 이 문제를 「취취전」과 함께 살펴보기로 한다.[9]

---

7) 이에 대해서는 다음 장에서 논급한다.

8) 흥미로운 사실은 唐代의 '애정'전기는 俠義類나 神怪類처럼 비현실적 요소가 거의 드러나지 않고(물론 예외적인 작품도 있지만) 대부분 현실적 서사 원리에 의해 결구화되어 있다. 전기의 장르 관습으로 비현실적 요소(또는 신이성)를 꼽곤 하는데, 최소한 당대 애정전기의 경우는 이에 해당되지 않는 셈이다. 그러면서 「霍小玉傳」·「鶯鶯傳」·「飛煙傳」 같은 대단히 비극적인 작품과 「李娃傳」과 「유씨전」·「무쌍전」 같은 해피엔딩으로 맺어진 작품의 두 계열로 나뉘어 있다. 이에 따른 미의식의 일정한 차이도 감지된다. 그런데 이 중 「유씨전」과 「무쌍전」은 '전란'이라는 큰 문제를 소재화하고 있으면서도 오히려 「곽소옥전」이나 「앵앵전」·「비연전」만큼 절실한 삶의 서사가 이루어지지 못한 것으로 판단된다. 이 문제는 작자의 역량이나 다른 여러 가지 요소가 개입되어 있겠지만, 무엇보다 전란이란 소재가 전기소설에서는 아직 '실험적 소재'였으며, 이를 적절하게 운용할 길이 없었던 데 연유한 것으로 판단된다.

9) 두 작품의 관련성에 대해서는 진작에 제기된 적이 있는데, 주로 『전등신화』와 『금오

「이생규장전」은 확실히 「취취전」을 보고 이를 착안하여 지어진 작품이다. 그 구성과 디테일이 우연이라기엔 너무도 비슷하다. 김시습은 「제전등신화후(題剪燈新話後)」에서 「취취전」을 두고 '김취묘 앞 산수는 곱기도 하지[金翠墓前溪山麗]'라고 읊었다. 대단히 비극적인 작품에 대한 감상평 치고 너무 무미건조하다. 그러나 '계산려(溪山麗)'라는 구절은 취취가 아버지 앞에 혼령으로 나타나, '지금 이 묘지가 안돈처내요'라고 부질없이 내뱉는 말이었다. 김시습은 「취취전」을 읽고 풀 수 없는 비극의 딜레마를 취취의 입을 빌어 반어적으로 표현한 것이다.

「취취전」
① 金定과 취취는 동학으로 만나 진작 부부가 되기로 허여함
② 두 집안의 차이로 혼사 장애를 겪지만 취취의 의지로 결연함
③ 張士誠의 난으로 이들은 이별하고 취취는 李將軍에게 거두어짐
④ 김정은 軍陣을 찾아 오누이로 속여 취취와 해후를 함
⑤ 이장군의 위엄 아래 김정은 죽음을 맞이하고 취취도 따라 죽음
⑥ 죽은 이들은 환생, 옛 하인에게 편지를 전해 부모를 오게 함
⑦ 취취는 아버지 앞에서 冤情을 토로하고 이계로 복귀함

「이생규장전」
① 李生과 최랑은 모두 일찍부터 재자가인으로 알려짐
② 이들은 화답시를 통해 서로를 허여하고 통정을 함
③ 양가의 門戶 차이로 혼사 장애를 겪지만 최랑의 의지로 혼인을 함
④ 홍건적의 난으로 최랑은 죽음을 당함
⑤ 죽은 최랑은 이생에게 나타나 원정을 토로하고 전처럼 함께 삶
⑥ 마침내 최랑은 연분이 다했음을 알리며 떠나감
⑦ 최랑의 장례를 치른 이생도 얼마 후 따라 죽음

신화』의 대비적 고찰에서 부분적으로 언급되었으므로 구체적인 연구성과는 따로 적시하지 않는다.

익히 알려져 있는 두 작품의 경개를 다시 추려 보았다. 이를 참조해볼 때 두 작품의 서사의 차이라면 전란으로 인해 남녀주인공이 이별하게 된 계기가 한쪽은 납치, 한쪽은 죽음으로 초래되었다는 것이고, 때문에 여주인공의 원정토로의 방식과 대상, 그리고 결말 등이 약간 다르게 처리되었다는 점이겠다. 즉 구우(瞿佑)는 현실계의 서사 공간에서 대부분의 문제를 노정시키고 마지막으로 비현실계를 끌어들여 결말을 맺었음에 반해, 김시습은 비현실계를 보다 적극적으로 활용하여 결말로 연결시켰다. 그런데 「취취전」은 비현실 국면에서의 서사가 그 비중에 비해 전체 분량에서 상당히 많은 부분을 차지하며, 반대로 「이생규장전」은 비현실 국면이 비중에 비해서는 매우 짧은 편이다. 그런데 두 작품 모두 비현실 국면의 할애는 여주인공의 원정(寃情)을 토로하기 위해서였다. 말하자면 비현실 국면은 하나의 소통구였던 셈이다.

만남과 결연

도입부에서의 두드러진 유사성은 남녀주인공이 어릴 적부터 이미 부부의 인연이 있었다는 점이다.[10) 때문에 재자(才子)와 가인(佳人)이 되어 예의 시를 화답하고 부부의 인연을 맺고자 하지만, 현실이 여의치 않다. 그 이유는 두 집안이 처지가 다른데 기인한다. 「취취전」은 빈부의 격차였고, 「이생규장전」은 신분에 차이가 있었다. 때문에 그 성사는 전자에 비해 후자가 더 어려워 보인다. 그런 이유에서인지 「이생규장전」의 경우 이 과정을 자세하게 기술하고 있으나, 「취취전」은 비교적 간단하게 처리하였다. 이생과 최랑은 그들 집안의 차이를 의식이나 한 것처럼 먼저 일을 벌이고 만다. 야합을 했던 것이다. 일을 저지르고 수습하려니

---

10) 「취취전」. "諸生戲之曰 : '同歲者當爲夫婦.' 二人亦私以此自許." 「이생규장전」(대련 도서관 소장 윤춘년편 조선간본 『金鰲新話』. 이하 동일함). "世稱, 風流李氏子, 窈窕崔家娘. 才色若可餐, 可以療飢腸."

상당한 우여곡절이 필요했다. 그래서 잠시 동안의 이별과 부모를 납득시키는 과정이 불가피하였고, 따라서 작품은 이를 해명하는 과정에 많은 지면을 할애하고 있다. 그러면서도 두 작품 모두 '여주인공의 견결한 의지'에 초점이 모아져 있다.

> "반드시 西家의 金定이어야 할 것입니다. 저는 이미 그에게 마음속으로 허락했나이다. 만약 이루어질 수 없다면 죽을 따름이요, 맹세코 다른 집으로 가지는 않을 거예요" (…중략…) 두 사람의 서로를 얻은 기쁨은 비록 공작과 비취새가 赤霄에 있고 원앙새가 綠水에서 노는 즐거움이라도 이에 비유할 수 없었다.11)

> "부모님께서 저의 소원을 따라 주신다면 여생을 마칠 수 있겠거니와, 혹시 이 애틋한 마음이 어그러진다면 죽을 뿐입니다. 이생이라면 황천을 거듭 떠돌더라도 맹세코 다른 집으로는 가지 않겠나이다." (…중략…) 부부가 된 이후 이생과 최랑은 서로 공경하며 손님처럼 대접하니 비록 梁鴻·孟光, 鮑宣·桓少君이라도 족히 그 절의를 말하지 못할 지경이었다.12)

예문을 통해서 확인할 수 있듯이 여주인공의 의지와 결연 부분은 자구까지도 엇비슷하다. 남녀주인공의 결연 과정에는 또한 '택서론(擇婿論)'도 개입되어 있어 만만찮은 혼사 장애가 설정되어 있다. 결과적으로 모든 문제의 해결의 실마리는 여주인공에게 달려 있었다. 그 기대대로 취취와 최랑은 불굴의 의지를 보여줌으로써 장차 다가올 전란 속에 '여성'의 질곡을 극대화시키게 된다.

---

11) 「취취전」. "必西家金定, 妾已許之矣. 若不相從, 有死而已, 誓不登他門也. (…중략…) 二人相得之樂, 雖孔翠之在赤霄, 鴛鴦之遊綠水, 未足喩也."

12) 「이생규장전」. "父母如從我願, 終保餘生, 倘違情款, 斃而有已. 當與李生, 重遊黃壤之下, 誓不登他門也. (…중략…) 自同牢之後, 夫婦愛而敬之, 相待如賓, 雖鴻光鮑桓, 不足言其節義也."

이별과 해후

단란한 생활을 하던 이들에게 전란은 순식간에 들이닥쳐 이별을 강요한다. 서사의 흐름상에서도 전란 개입은 뚜렷한 전환국면이다. 주지하듯이 원말(元末) 절강(浙江)에서 일어났던 장사성(張士誠)의 난은 『전등신화』의 창작 조건에 상당한 영향을 미쳤다. 그런데 『전등신화』의 다른 작품은 대체로 이 전란이 배경으로 처리되어 있거나 갈등의 원인을 제공하는데 그치는 반면, 「취취전」에서는 그 양상이 상당히 다르다. 특히 전란의 폭압 앞에 취취가 바로 죽지 않고 적군에게 포로로 붙잡힌다는 사실을 주목할 필요가 있다.

이와 거의 같은 상황에서 「애경전(愛卿傳)」은 전혀 다른 방향으로 치달린다. 즉 애경(愛卿)은 장사성의 반란으로 말미암아 유만호(劉萬戶)의 차지가 되는데, 그녀는 유만호가 수청을 강요하자 곧장 자결하여 정절을 지킨다.13) 이는 「이생규장전」의 최랑의 반응과 비슷한데, 아무튼 「취취전」은 그런 방향이 아니었다.

그래서 이 지점부터 서사는 가파른 곡선을 그어, 괴수의 부장(部將)에게 끌려간 아내를 만나기 위해 김생은 목숨을 걸고 적진에 뛰어든다. 그런데 여기서부터 「취취전」의 비극성이 감지된다. 김생은 길을 떠나면서 아내를 만나지 않으면 돌아오지 않겠다고 한다.14) 김생이 아내를 만나겠다는 의지는 죽음이라도 불사할 지경이나 꼭 만나서 함께 돌아올 수 있느냐에 대해서는 아무래도 절망적이다. 그래서 '만나지 못하면 돌아오지 않겠다'는 말은 '만날 수 있겠지만 함께 살아 돌아 올 수는 없다'는 역설로 들린다.

취취는 명을 받고 나와, 오빠와 누이의 예로써 대청 앞에서 만나게 되었다.

---

13) 「愛卿傳」. "趙子之居, 爲劉萬戶者所據, 見愛卿之姿色, 欲逼納之. 愛卿以甘言詒之, 沐浴入閣, 以羅巾自縊而死. 萬戶奔救之, 已無及矣."
14) 「취취전」. "生於是, 辭別內外父母, 求訪其妻, 誓不見則不復還."

부모의 안부를 묻는 것 외에는 한마디 말도 꺼내지 못하고 다만 마주하여 슬픔
에 목이 멜 뿐이었다.[15]

우여곡절 끝에 오라버니로 가장하여 아내를 만날 수 있었으나, 부장
이 보는 앞이라 전연 내색을 하지도 못한 채 목이 메는 안타까운 상봉
장면이다. 그 후로도 김생이 임종을 맞이할 직전까지 이들은 같은 진(陣)
에 있으면서도 서로를 그리워할 뿐 다시 만나지 못한다. 그렇게 김생은
결국 슬픔을 간직한 채 죽어 간다.[16] 결과적으로 김생이 목숨을 걸고 찾
아온 것은 이들의 재회에 있었던 것이 아니라, 광포한 현실 앞에서의 연
약한 사랑을 확인하고, 또한 서로의 죽음을 지켜보기 위한 과정이었던
셈이다. 서사는 바로 이 지점에 무게를 실어놓고 있다. 그리고 뒤이어
취취가 따라 죽는 것을 강제하고 있다. 현실 문면의 서사는 여기서 끝이
나고 비극성도 이 지점에서 최고조를 이룬다.

반면, 「이생규장전」에서의 전란 앞에서의 반응은 상당히 간결하다. 최
랑은 홍건적의 말발굽에 짓밟혀 곧장 포로가 되지만, 오랑캐를 꾸짖으며
견결하게 죽음을 맞이한다.[17] 취취가 끌려간 것과는 대조적이다. 그리고
이생만 겨우 목숨을 보존한 채 전란은 언제 있었느냐는 듯이 문면에서
사라지고 만다. 이점 역시 전란이 지속된 「취취전」과는 대조적이다. 그
러면서 순식간에 비현실국면으로 전환되어 버린다. 때문에 격정적이지
는 않지만 전란의 파고가 유지되는 「취취전」에 비해, 「이생규장전」에는
살이 발리는 최랑의 처참한 희생 장면이 포착되었어도 그것이 그리 처
참하게 느껴지지 않는다. 오히려 이 지점에서의 비극미는 「취취전」이

---

15) 「취취전」. "翠翠承命而出, 以兄妹之禮, 見於廳前. 動問父母外, 不能措一辭, 但相
　　對悲咽而已."

16) 「취취전」. "生得詩, 知其以死許之, 無復致望, 愈加抑鬱, 遂感沉痼. 翠翠請於將軍,
　　始得一至床前問候, 而生病已極矣. 翠翠, 以臂扶生而起, 生引首側視, 疑淚滿眶, 長
　　吁一聲, 奄然命盡."

17) 「이생규장전」. "女爲賊所虜, 欲迫之, 女大罵曰 : '虎鬼! 殺唅我. 寧死葬於豺狼之腹
　　中, 安能作狗彘之匹乎?' 賊怒殺而剮之."

더 강렬해 보인다.

그러나 다시 유념할 점은 『금오신화』에서의 전란 모티프는 장치적 역할에 그 임무가 부여되어 있다는 사실이다. 비록 「이생규장전」은 「만복사저포기」에 비해 전란의 비중이 더 커 보이지만, 「취취전」에 비교해보면 상황이 다르다. 그럼에도 불구하고 「이생규장전」에서의 전란은 두 가지 측면에서 중요한 계기를 내포하고 있다. 하나는 혼인할 때 보여준 의지, 즉 정절(貞節)을 어떻게 지키는가 하는 시험무대로 설정되었다. 물론 최랑은 죽음으로써 여지없이 이를 실천하였다. 또 한 가지는 죽은 이후에 환혼(還魂)한 최랑과 잔명을 겨우 보존한 이생이 만나는 장면에서 간취할 수 있다. 겨우 목숨을 보존하여 폐허가 된 집에 돌아온 이생에게 나타난 최랑은 '나 이렇게 죽었어요'라고 말이라도 하듯 환혼한 것이다.[18] 그리고는 곧장 자신의 원통한 사연을 늘어놓는다. 말하자면 「이생규장전」에서의 전란은 여주인공의 '원정토로'를 위한 장치로 설정된 것이다. 이처럼 두 가지 면에서 전란 개입은 중요해 보인다. 그렇다면 최랑은 무엇을 원통해하고 있는가? 최랑은 다짜고짜 이생을 붙잡고 하소연한다. 인의를 배운 양가 규수의 몸으로, 저 시랑(豺狼)에게 핍박을 받게 되자 정절을 지켜 죽음으로 대항했다는 것이다.[19] 최랑의 평소 바램은 사랑하는 남편과 해로하는 것이었는데, 시랑이 같은 오랑캐들에게 방해를 받아 결국 죽음을 택할 수밖에 없었다. 때문에 최랑이 원통해 한 대상은 전란 자체가 아니라 전란 뒤에 숨어 있는, 유교적 윤리를 위협하는 '야만'이었다. 결국 이 야만은 자신의 이상추구를 방해했으며, 이생과의 이별을 강요했던 것이다. 그래서 이생 앞에 나타난 최랑은 떳떳할 수 있었고, 산 자와 죽은 자라는 엄연한 구분도 무시한 채 함께 더 살 것을 요구할 수 있었다.

---

18) 「이생규장전」. "將及二更, 月色微吐, 光照屋梁, 漸聞廊下有跫然之音, 自遠而近, 至則崔氏也. 生雖知已死, 愛之甚篤, 不復疑訝 (…하략…)."
19) 「이생규장전」. "終不委身於豺虎, 自取磔肉於泥沙, 固天性之自然, 匪人情之可忍."

그런데 이 과정을 통해서 이들은 세계의 횡포 앞에 자신들의 의지가 결코 정당하게 받아들여지지 않는다는 사실도 확인한다. 때문에 일단 현실에서는 함께 삶을 영위할 방도가 없었다. 그러니 이들이 다시 화합을 이루기 위해서는 현실과의 격리가 불가피하였다. 이생 또한 그 현실을 경험했던 바, 최랑의 제의에 스스럼없이 세상을 등진다. 그래서 이들은 '그럼 세상의 문을 닫고 살아보자'고 선언한다. 그러자 유명(幽冥)의 격절은 문제가 안 되었고, 한시적이나마 이들은 함께 할 수 있었다.[20] 비현실계의 할애는 새로운 삶의 방향 추구로의 욕망으로 설정된 셈이다. 이 같은 현실과의 격리는 작자 김시습의 자화상으로도 비춰진다.

결말 처리

「취취전」은 남녀주인공이 죽고 작품이 완결되는 듯하다가 다시 "홍무초, 장사성이 이미 죽고 난 뒤였다"[21]라고 시작되는 세 번째 단락 전환이 일어난다. 또한 취취네 집의 옛날 노복(奴僕)이 난데없이 등장하여 이들이 묻힌 도장산(道場山) 아래를 지나간다. 매우 낯설은 장면의 전환인데, 아무튼 이 노복에게 나타난 취취는 집안에 편지를 전해 자신의 처지를 알리게 된다. 이 편지는 바로 취취의 원정토로서(寃情吐露書)였다. 그런데 남주인공 면전에서 원정을 토로한 것이 아니라, 자신의 부모에게 하고 있다. 그 내용을 잠시 훑어보면 이렇다.

> 지난 번 화가 蕭墻에 미쳐, 군대가 屬郡에서 일어났으나, 竇氏女의 정절을 본받지 못하여 이내 사타리에게 내몰림을 당했습니다. 부끄러움을 참고 살기를 구걸하여 고향과 나라를 떠나왔으니, 蕙蘭의 약질로 駔儈 같은 하재의 배필이

---

20) 「이생규장전」. "其後, 生亦不求仕官, 與崔氏居焉. 幹僕之逃生者, 亦自來赴. 生自是以後, 懶於人事, 雖親戚賓客賀弔, 杜門不出, 常與崔氏, 或酬或和, 琴瑟偕和, 荏苒數年."
21) 「취취전」. "洪武初, 張氏旣滅 (…하략…)."

됨을 한스러워 하나이다. (…중략…) 그래도 양인께서 옛정을 저버리지 않아 멀리서 고생하며 찾아와 오누이의 이름을 빌어 겨우 한 번 만나게 되었으나, 부부의 정은 끝내 막혀 통할 수 없었나이다.[22]

취취 또한 부창부수(夫唱婦隨)하는 삼종(三從)의 도(道)를 읽힌 몸이나, 전란의 소용돌이에 정절을 지키지 못하고 꺾이고 말았다.[23] 때문에 이에 대한 책임과 회한이 있었던 것이다. 최랑이라면 이런 소릴 할 필요가 전혀 없었는데, 취취는 이런 하소연을 늘어놓고 있다. 여기서 ‘부부의 정은 끝내 막혀 통할 수 없었다’는 한 대목을 주의해보자. 비록 남편인 김생이 옛정을 저버리지 않고 험한 길을 찾아온 것은 그런 처지의 자신을 받아들인 것이지만, 끝내 부부의 인연을 잇지 못하게 되었다. 이는 자신들이 비록 이것을 받아들일 수 있다고 하더라도 사회는 이것을 받아들일 수 없었던 데 기인한다. 최소한 구우(瞿佑)는 그렇게 당시 사회를 받아들였고, 취취를 용납할 수 없었다. 때문에 이런 현실은 비극일 수밖에 없다. 취취는 전란이 자신을 지키지 못하게 강제했으며, 이로 인하여 파국을 맞이한 것이다. 그래서 원정 토로에는 전란에 대한 분노가 깊이 서려 있다. 이는 뒤집어 보면 그만큼 전란의 무게가 서사의 진행에 중요한 역할을 하고 있다는 것이다. 아울러 이 역시 그 방향은 다르지만, 「이생규장전」과 마찬가지로 유교적 윤리 — 즉 취취가 전란으로 인해 정절을 지키지 못함 — 가 어떻게 유린되고 있는가를 여실히 보여준다. 결국 「취취전」은 전란이라는 충격과 유교적 윤리 사이의 괴리, 그 속에서 뒤흔들리는 인간의 모습이 비극적으로 포착된 작품이라고 하겠다.[24]

---

22) 「취취전」. “往者, 禍起蕭墙, 兵興屬郡, 不能效寶氏女之烈, 乃致爲沙咤利之驅. 忍恥偸生, 離鄕去國, 恨以蕙蘭之弱質, 配玆駔儈之下材. (…중략…) 良人不棄舊恩, 特勤遠訪, 托兄妹之名, 而僅獲一見, 隔伉儷之情, 而終遂不通.”

23) 「취취전」. “夫唱婦隨, 夙著三從之義. 在人倫而已定, 何時事之多艱? 曩者, 漢日將頹, 楚氛甚惡, 倒持太阿之柄, 擅弄潢池之兵. 封豕長蛇, 互相呑倂; 雄蜂雌蝶, 各自逃生, 不能玉碎於亂離, 乃至瓦全於倉卒. (…중략…) 章臺之柳, 雖已折於他人; 玄都之花, 尙不改於前度. 將謂瓶沉而簪折, 豈期璧返而珠還?”

다시 「이생규장전」으로 돌아와 보자. 취취가 한참 몸둘 바를 몰라 부모에게 하소연을 하고 있는 반면, 최랑은 이승의 이생과 몇 년을 단란하게 보낸다. 수절한 것에 대한 보상이라도 받는 듯하다. 그러나 애초 이들은 혼령과 인간으로 해후한 것이었다. 이생이 그녀가 혼령인 것을 알면서도 개의치 않은 것을 문면에서는 '너무 그리워했기 때문'으로 처리했는데, 이것은 하나의 장치이다. 이생도 현실을 받아들이지 못해 새로운 세계를 갈구했던 바, 그것이 명계(冥界)로 표상된 것이다. 그러나 현실을 벗어난 이들의 행위는 용납될 성질의 것이 아니다. 「이생규장전」의 비극은 바로 여기서 포착되는데, 전란으로 인한 세계의 폭력이 아니라, 더 이상 발 디딜 곳이 없는 '세상'이었다. 그래서 이제 이별을 해야만 한다. 모든 것을 등지고 그들만의 세계를 건설하려한 것은 애초 계획된 게 아니었다. 다만 '왜 우리가 현세에서 그렇게 단란하게 살수는 없었는가' 하는 점을 다시금 의심한 제스처였을 뿐이다. 그러나 '역시 아니었다'는 결론이 났다. 이생 또한 그런 현실을 이제야 깨닫는다. 결과적으로 최랑의 환생은 이생에게 현실이란 어떤 것이며, 때문에 '그곳은 우리가 살 곳이 못된다'는 사실을 환기시켜 주는 역할을 한다. 그래서 이생은 최랑을 따라 유계(幽界)로 갈 수밖에 없었다.[25] 결국 이생과 최랑의 사랑의 행로를 통해서 남은 것은 하나도 없어 보인다. 기본적으로 이들이 꿈꾼 것은 사회원리로서의 유교적 윤리였다.[26] 그러나 이를 뒷받침해줄 아무런 장치를

---

24) 程國賦는『전등신화』가 당대소설과의 변모된 점 중에 하나를 '유교적 윤리에 기초한 사회교화적 功能'을 강조하였다고 하고, 그 예로 여성의 정절을 강조한 점 등을 들었다(『唐代小說嬗變研究』, 廣東人民出版社, 1997).

25) 「이생규장전」. "生拾骨, 附葬于親墓傍. 旣葬, 生亦以追念之故, 得病數月而卒."

26) 특히 최랑의 면모가 그렇다. 이런 측면에서 「이생규장전」이나 여타 이 시기 애정전기소설이 꼭 유교적 윤리나 그 효용성을 부정한 것이 아니라, 오히려 그런 강상의 윤리가 유린되는 폭압적 현실을 비판하고자 한 경향이 짙다. 그렇다면 '窺墻'은 어떻게 이해해야 할 것인가? 애초 이들에겐 자신들이 갈망하는 바람직한 짝을 만날 환경 자체가 없었다. '담장'은 이 점을 상징하고 있으며, 그러므로 담장은 엿보거나 넘어야 할 대상이 된 것이다. 때문에 '규장'은 이들이 만나기 위한 불가피한 설정이다.

현실에서는 찾을 수 없었다. 전란은 그런 현실을 반영하기 위한 하나의 장치로 기능한다. 「이생규장전」의 결말은 어디에서도 그들의 안돈처를 찾을 수 없는 '인간만'이 달랑 남아 있음을 보여준다.

지금까지 「취취전」과 「이생규장전」의 서사 단락을 몇 가지로 구분하여 그 관련성을 살펴보았다. 그 취지는 사실 얼마나 같은가, 얼마나 다른가가 아니었다. 초기 소설의 서사성 확보와 그 변화, 그리고 이후 소설로의 전화(轉化)의 실상이 어떠한가를 추적하기 위한 단서 찾기의 일환이었다. 양자는 전란 소재를 운용하는 방식에 있어서 서로 차이가 나지만 그 서사는 형식적 특징을 견인해내었으니, 그것은 뚜렷한 '이합구조(離合構造)'다. 여기서 '뚜렷한'이란 말을 쓴 것은 이유가 있다. 기실 당대(唐代) 전기(傳奇)에서부터 이합구조는 성립되었으며, 『전등신화』의 애정전기에서도 대체적인 경향으로 나타나는 구조상의 특징이다. 그리고 이 이합구조는 초기 소설의 장편화 문제와 긴밀하게 관련되어 있기도 하다. 그러나 전란이 개입되는 경우 이 같은 이합이 보다 뚜렷한 계기성을 띄고 등장하게 되었다.

이는 동시에 전기소설이 알레고리적 성격 중심[27]에서 점점 '현실을 반영, 재현하는 방식으로 전화'하고 있다는 점을 확인시켜 준다. 이 같은 양상은 이후로 넘어갈수록 더욱 가속화되는 추세다.

4. 「이생규장전」에서 16~17세기 애정전기소설로

지금까지의 논의에서 전란이 개입된 「만복사저포기」는 제외시켜 왔

---

27) 이에 대해서는 루사오펑, 앞의 책 참조.

다. 주지하듯이 「만복사저포기」는 구체적인 서사 전개 이전에 전란이 개입되어 있다. 말하자면 이생과 최랑의 전란에 따른 죽음이 양생(梁生)과 여인을 통해 이어지는 상황이다. 이 같은 설정은 마치 김시습이 「이생규장전」을 짓고 나서도 뭔가 덜한 이야기가 있어 다시 「만복사저포기」를 지은 것처럼 비춰진다. 그래서인지 「이생규장전」은 현실계가 주무대라면, 「만복사저포기」는 비현실계가 주무대이다. 그러나 전란 소재로서의 성격은 「이생규장전」이 훨씬 강한 편이다. 때문에 서사 원리라는 측면에서 보아 「이생규장전」을 중심으로 다뤘던 것이다. 어쨌든 두 작품은 전후 소설사, 특히 애정전기소설의 흐름에서는 매우 중요한 위치에 있다. 필자는 기본적으로 두 작품이 전후 애정전기소설의 두 흐름에서 다음과 같은 연결선상에 있는 것으로 파악하고 있다.

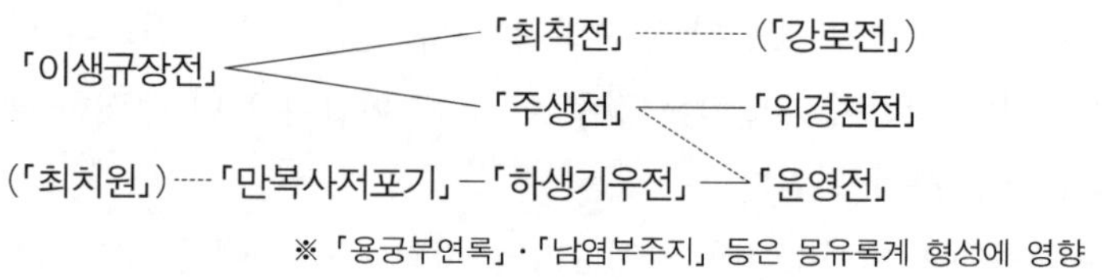

  이 도표를 보면, 「만복사저포기」의 계열은 「최치원」에서부터 시작하여 지속적인 파장을 일으키고 있으며, 「이생규장전」 계열은 대체로 현실적 맥락이 우세한 경향을 보여준다. 이 같은 도식은 애정전기소설, 나아가 한국전기소설의 형성과 발전을 이해하는데 도움이 되리라 믿지만, 이 도식이 보다 구체적이고 실상에 적합해지기 위해서는 더 따져봐야할 부분이 많다. 다만 「이생규장전」의 경우 16~17세기 애정전기소설로 이어지면서 두 계열로 나뉘어지는데, 여기서는 이 점에서 대해서 좀더 따져 보고자 한다.

1

「주생전(周生傳)」과 「위경천전(韋敬天傳)」은 전란 개입이 작품의 결말 또는 종반부에 나타난다는 점에서 구조적인 특징이 잡혀진다. 「이생규장전」에서 보여주는 후반부 비현실계의 직조를 생략한 대신 유예 없이 남녀주인공의 비극적 결말을 맞이하게 했다. 말하자면 전반부의 남녀주인공의 결합 과정은 비슷한데, 종결부를 다르게 처리한 것이다. 「이생규장전」과 16~17세기 애정전기소설과의 거리를 파악하기 위해서는 이 결말 부분을 어떻게 이해하느냐에 달려 있다고 해도 과언은 아니다.

「주생전」의 구조를 잘 살펴보면, 두 개의 형태를 발견할 수 있는데, 주생(周生)과 배도(俳桃)의 결연, 주생과 선화(仙花)와의 결연이 각각 분리되어 있다. 이 두 개의 구조는 둘이면서 하나이고 하나이면서 둘인 독특한 형식을 구현하고 있다. 권필(權韠)은 두 개의 이야기를 하나의 서사구조 안에 교묘하게 포섭하였다. 그렇다면 어떻게 직조했던가?

배도는 기녀 신분으로, 처음 주생과 인연을 맺고 나자 불안한 미래를 예감이라도 하듯 주생에게 매달리며 변심치 말 것을 조른다.

> 배도는 눈물을 거두고 얼굴빛을 바로 하고 말하기를, "『시경』에도 말하지 않았습니까? '여자는 변함이 없으되, 그대는 두 가지로 행동하는구나' 하고요 낭군께서는 李益과 霍小玉의 일을 보지 못하였습니까? 낭군이 나를 버리지 않으신다면, 원컨대 맹서를 하서이다"라고 하였다.[28]

곽소옥(霍小玉)이 이익(李益)과 결연하고서 자신의 처지를 한탄하고, 버리지 말 것을 매달리며 요구했던 그 장면[29]과 흡사하다. 그리고 죽어 가

---

28) 「周生傳」(임형택 소장본을 저본으로 이본교감을 하였음. 이하도 동일함). "桃收淚改容曰 : '詩不云乎? 女也不爽, 士貳其行. 郎君不見李益 · 霍小玉之事乎? 郎君若不我遐棄, 顧立盟辭.'"

29) 「霍小玉傳」. "中宵之夜, 玉忽流涕觀生曰 : '妾本倡家, 自知非匹. 今以色愛, 托其仁賢. 但慮一旦色衰, 恩移情替, 使女蘿無托, 秋扇見捐, 極歡之際, 不覺悲至.' 生聞之, 不勝感歎, 乃引臂替枕, 徐謂玉曰 : '平生志願, 今日獲從, 粉骨碎身, 誓不相捨, 夫人

는 배도의 모습에서는 다시 곽소옥을 어렵지 않게 떠올리게 된다. 그런데 곽소옥은 죽어 가면서 원망의 시선을 놓지 않은 반면,[30] 배도는 맹서를 저버리고 선화에게 돌아선 주생을 원망치 않음으로써[31] 매개적 역할을 충실히 실행하게 되었다. 때문에 배도는 주인공이면서 중개자 역할을 수행한 독특한 캐릭터로 형상화될 수 있었다.

주생과 선화의 결연도 마찬가지인데, 선화가 주생을 끌어들이는 과정에서 "주랑께서는 놀라지 마세요, 앵앵이 여기 있답니다[周郞無恐, 鶯鶯在此]"라고 하면서 자신이 앵앵임을 자처한다. 또한 혼인하기 직전에 이별하는 것이나, 이별 후 장문의 편지를 주고받는 등 주생과 선화 사이의 서사의 굴곡은 장생과 앵앵의 이합의 과정을 연상시킬 수 있으며, 결말에 가서 작자가 남주인공을 직접 만나게 되는 장면도 같은 궤이다. 권필은 한술 더 떠 원진(元稹)이 장생(張生)의 시에 「회진시(會眞詩)」 30운으로 화답했던 것처럼, 주생의 시에 「진솔시(眞率詩)」 30운으로 화답까지 한다.[32]

이처럼 「주생전」은 「곽소옥전(霍小玉傳)」과 「앵앵전(鶯鶯傳)」을 의도적으로 끌어들였다. 당대(唐代) 애정전기의 수작들을 원용한 셈이다. 그러나 주생의 마음이 배도에서 선화로 옮아가는 과정과 종반부에 전란이 개입하는 과정을 따라가다 보면 이 두 작품을 끌어와 교묘하게 횡단했다는 점을 까맣게 잊게 한다. 이 점이 바로 「주생전」의 구조적인 특장이기도 한데, 주생의 변절과 혼란스러움, 그리고 배도의 불안한 예감, 선화의 원정(冤情)은 모두 이 전란을 위한 준비 과정으로 짜여져 있다.[33] 이 과정 속에 이합의 형태도 좀더 복잡하게 얽히게 되었다.

何發此言? 請以素縑著之盟約.' 玉因收淚."
30) 「곽소옥전」. "'(…중략…) 李君李君, 今當永訣. 我死之後, 必爲厲鬼, 使君妻妾, 終日不安.' 乃引左手握其臂, 擲盂於地, 長慟號哭數聲而絶."
31) 「주생전」. "枕生膝含淚而言曰 : '(…중략…) 但望妾死之後, 郞君娶仙花爲配, 埋我骨於郞君往來之路側, 則雖死之日, 猶生之年也.'"
32) 「주생전」. "生爲余墮淚, 求余詩甚切, 余效元稹眞率詩三十律韻, 題其卷端以贈之."
33) 이 점은 정환국, 「17세기 애정류 한문소설 연구」(성균관대 박사논문, 2000)에서 이미 지적한 바 있다.

그런데 「주생전」의 초점은 주생과 배도·선화의 삼각 관계의 안타까운 실랑이가 아니라, 저 송도(松都)에 낙오되어 있는 한 명군(明軍)의 실의한 모습에 모아져 있다.

　　명년 계사년(1593) 봄에 天兵(명군—인용자)이 왜적을 크게 격파하고 추격해 경상도에 이르렀다. 주생은 선화를 그리워하는 마음을 놓지 못해 마침내 병이 깊어져 뒤따라 남하하지 못하고 松京에 머물러 있었다. 내가 마침 일이 있어 송경에 갔다가 역관에서 주생을 만나게 되었다.[34]

전란 개입 부분은 이처럼 작품 전체에서 극히 짧고 간단하게 처리되어 있다. 그러나 왜적을 격퇴하여 전란도 끝나가는 상황인데, 도리어 주생은 낙오되어 한 여인을 그리워하며 병이 깊어가고 있다. 전란은 끝나가는데, 그 전란이 한 개인에게 덧씌워준 고통은 그대로 남아 있는 것이다. 주생은 바로 그런 모습을 표상한다. 한 개인에게는 더없이 심각한 '사랑'이란 것이 전란이라는 거대한 폭력 앞에는 어떻게 해볼 도리가 없다는 것을 반추라도 하듯이. 결과적으로 주생이 배도를 저버린 것은 용납될 수 있고,[35] 대신 전란 앞에 무기력한 한 남자의 자화상은 그대로 짊어지고 있다. 「주생전」은 바로 이런 문제를 환기하고자 했던 것이다. '애정을 통한 전란의 반추'인 것이다.[36] 이런 점을 유의했던지 작중 주인공들의 심리적 변화가 대단히 굴곡적이다.

주생의 변심과 배도의 초조함에 대해서는 더 이상 언급할 필요가 없겠거니와, 선화의 경우도 감정의 변화가 대단하다. 그녀는 주생과 결연

---

34) 「주생전」. "明年癸巳春, 天兵大破倭賊, 追至慶尙道. 生念仙花不置, 遂成沉痛, 不能從軍南下, 留在松京. 余適以事往于松京, 遇生於館驛之中 (…하략…)."
35) 기존 연구에서 주생의 변절에 대한 해석이 많았다. 전기소설의 주인공의 전일한 모습과는 판이하기 때문이다. 그러나 이 시기 전기소설의 변모로 보았을 때 이는 그리 유별난 것이 아니다. 주생의 이런 모습도 이 시기의 소설의 변모 과정 속에서 이해할 필요가 있다.
36) 이 점에 대해서는 정환국, 앞의 논문 참조.

을 하고 나서 다음 날 다시 찾아온 주생을 골탕먹이고 웃으며 농을 치더니, 금세 "만나지 못할 땐 보고 싶어지고 이미 만나고 나서는 이별을 근심하네요[未相見, 願相見; 旣相見, 恐相離]"라고 하며 울음을 터뜨리고 만다.37) 작자는 이 짧은 만남의 과정 속에서 선화의 심리 변화를 '소(笑) → 루(淚)'로 전이되는 과정을 통해서 잘 묘파해내고 있다.

이처럼 주인공들은 처음에 견지했던 심리 상태가 전일하게 구현되지 못하고 꺾이거나 아예 이에 대한 주의가 기울여 있지 않다. 이 같은 주인공의 형상도 결국 전란시대에 처한 인간들의 굴곡적인 모습으로 이해된다. 「이생규장전」에서 보여준 남녀주인공의 전일한 형상은 최소한 「주생전」에서는 찾아볼 수 없다.

「위경천전」의 경우도 상황은 이와 크게 다르지 않다. 「위경천전」은 사실 다른 어느 작품보다도 「이생규장전」의 구조에 근접해 있다.38) 그러나 위경천(韋敬天)의 충동과 순간적인 야합 등 상당한 파격이 서두를 장식하고 있으며, 전반부의 서사가 하룻밤의 몽환적 결합 과정으로 모두 채워져 있는 점, 그리고 특별한 갈등 국면 없이 바로 혼인에 이르게 된 점 등은 오히려 「이생규장전」보다 간편한 사서구조를 보여준다. 그러면서 위경천이 동정(東征) 길에 오르면서부터 서사가 갑자기 꺾이는 형국이다. 전장터에서 창칼 한 번 휘두르지 못하고 죽어 가는 위경천의 모습에서는 적잖은 전란의 비극성을 추체험할 수 있다. 그리고 소숙방(蘇淑芳)도 곧장 따라 죽음으로써 비극적 형상화의 마침표를 찍었다.

여기서 중요한 점은 「위경천전」의 경우 「이생규장전」과는 다르게 이들의 죽음에 대한 유예 기간을 두지 않았다는 사실이다.39) 바로 여기서 「위경천전」의 중심이 어디에 있는지를 확인할 수 있다. 죽은 위경천이

---

37) 「주생전」. "言訖淚下, 珠恨玉怨, 殆不自堪."
38) 「위경천전」의 「이생규장전」과의 거리에 대해서는 임형택, 「전기소설의 연애주제와 〈위경천전〉」 참조
39) 임형택, 앞의 논문. 이러한 결구는 '傳奇的 神異'를 청산한 것으로 소설적 의미를 부여한 바 있다.

다시 살아나 전란의 참담함을 고발할 수도 있겠지만, 위경천의 죽음은 곧장 소숙방의 죽음을 인도하고 있다. 문제는 그 초점이 전란에 있었기 때문이다. 청춘 남녀의 사랑은 비록 제도적 장벽은 허물 수 있을지라도 전란 앞에선 무기력할 수밖에 없다는 것에 대한 낭만적 반사라고나 할까.40)

「주생전」과 「위경천전」은 「이생규장전」이 보여준 비극성을 적극적으로 수용하여 남녀의 이합을 그렸다. 그러나 「이생규장전」에서 장치로 이용되었던 전란이 두 작품에서는 바로 작자 자신이 처한 현실로 다가와 있었다. 아울러 전란이 서사의 끝 지점에 위치함으로써 이합이 결말 쪽으로 내달려 순식간에 결단나는, 변모된 서사 형태가 직조되었다.

동아시아 전란의 참담함을 드러내고자 했을 때, 작자는 대체로 그 형식을 두 가지로 취하였던 것으로 보이는데, 하나가 애정전기소설이요, 또 하나는 몽유록(夢遊錄)이었다. 애정전기소설의 경우 「이생규장전」이 축조한 형식이 가장 적절했을 것이다. 그런 과정에서 이들 작품은 족출할 수 있었다.

2

「주생전」의 계열이 전란에 대한 '낭만적 반추'라면 「최척전」은 전란에 대한 '생생한 재현'이다. 「최척전」은 그 분량으로 볼 때, 너무 큰 편폭이다. 다양한 공간 이동과 다채로운 인물의 등장 등 전기의 장르 관습으로는 어울리지 않는 분량인 것이다. 때문에 후반부로 갈수록 전기소설의 장르 관습에서 볼 수 없는 요소들이 많이 첨입되어 있다. 다소 장황한 최척(崔陟)과 옥영(玉英)의 결합 과정이 전반부를 장식하고 있고, 이후 전란이 개입되면서 시시각각 장면 전환을 통해, 동아시아 삼국을 총망라하여 임병양란에 따른 인물들의 고단한 여정을 빽빽하게 채웠다. 이것이

「최척전」의 큰 얼개이다. 「이생규장전」과 긴밀하게 연계되는 부분은 바로 전반부 결합 과정인데, 옥영의 의지와 택서(擇壻) 문제의 개입 등은 매우 흡사하다.

그런데 옥영이 적극적 의지를 관철하게 된 원인은 임진왜란이었다. 옥영이 최척에게 「표유매(摽有梅)」 시(詩)를 던지며 접근했던 이유는 자신이 의탁할 사람이 필요해서였다. 왜냐하면 그녀는 지금 왜란으로 인해 서울 청파리(靑坡里)에서 이곳 남원까지 피난 온 몸이기 때문이다.

> 제 나이 15세로 아직 시집을 가지 못한 몸이지요. 항상 하루아침에 병장기가 어지러워지고 도적이 횡행하게 되면 珠玉이 부서지는 것을 보호하기 어렵고, 강포함에 몸을 더럽힐까 걱정을 했나이다. 근래 낭군을 뵈니 辭氣가 조용하고 몸가짐이 단아하여 정성스럽고 믿음직한 모습이 얼굴과 눈에 가득하더이다. 만약 현부를 구한다면 당신을 버리고 그 누구이겠습니까?41)

최랑(崔娘)이 인간 본성에 의해 어쩔 수 없이 이생(李生)에게 적극적으로 접근했던 것과 달리, 옥영은 전란시대에 보신(保身)을 위해 적극적인 인물이 될 수밖에 없었다. 여주인공의 적극성에 어떤 계기가 부여된 셈이다. 「최척전」의 서두는 이처럼 전란의 어두운 그림자가 드리워진 상태에서 출발하고 있다. 때문에 전반부 옥영과 최척의 결연은 다가올 보다 야만적인 전란의 소용돌이를 혼자가 아닌 둘이서 함께 돌파하기 위한 준비 과정으로 이해된다. 그리고도 「최척전」은 얼마간 뜸을 들인다. 「이생규장전」이 이 지점에서 곧장 전란이 개입되는 데 반해, 한참 단란하던 때를 보내던 옥영은 갑자기 이합난상(離合難常)할 미래를 예감하며 눈물을 흘린다.42) 이 부분은 「최척전」 전체에서 복선 역할을 하는데, 이

---

41) 「주생전」. "年垂及笄, 尙未移天, 常恐一朝兵戈搶攘, 盜賊橫行, 則難保珠玉之沈碎, 不無强暴之所汚. (…중략…) 近觀郎君, 辭氣雍容, 擧止閒雅, 誠信之色, 藹然於面目, 若求賢夫, 捨子伊誰?"
42) 「주생전」. "玉英歡意未央, 興盡悲來, 握手涕泣, 悄然而謂曰 : '人間自古, 好事多魔, 百年之內, 離合無常, 以此忽忽不能無感.'"

는 「주생전」·「위경천전」도 마찬가지다. 이 시기 애정전기소설은 여주인공의 원정토로가 작품의 전반부에 위치한다. 원정토로를 앞에 배치함으로써 이후 전개될 갈등이나 고난을 예고케 하는 것이다. 때문에 이후 서사는 이 예감을 현실 국면에 내세워 주인공들이 이를 하나하나 경험하는 방향으로 진행된다. 결국 옥영의 예감대로 이들은 동아시아 삼국을 표랑하며 간난한 피로, 재회, 탈출 등 숱한 전란의 파고를 치른다.

「최척전」의 서사구조에 대해서는 이미 밝혀졌으므로[43] 더 이상 언급하지 않기로 하고, 여기서는 이들의 이합 과정이 '너무나 기이하다'는 점에 초점을 맞춰보기로 한다. 최척 일가의 이합의 과정은 실상 현실에서 전혀 있을 수 없는 일은 아니다. 그러나 현실이라고 하기엔 너무나 기적적이다. 있을 수는 있으나 그러기엔 너무나 기이한 최척 일가의 이합은 그렇기 때문에 소설의 재료로는 적격이다. 그런데 이들의 움직임은 전적으로 여주인공 옥영의 논리에 의해 풀어져 나가며 극적인 상황에 봉착할 때마다 장육불(丈六佛)이 현신함으로써 풀어져 간다. 이 장육불의 현신은 단순히 몇 군데의 불가능해 보인 부분을 풀어가는데 기능하는 것이 아니라, 작품 전체를 통괄하는 중요한 열쇠를 쥐고 있다.[44] 일면 이들은 이 장육불의 현시에 따라 움직이는 것으로도 보인다. 최척과 옥영이 재회하여 일상성으로 복귀했을 때, 작자는 다음과 같은 멘트를 남기고 작품을 끝맺는다.

> 아! 부자, 부부, 시부모, 형제가 이산하여 네 나라로 흩어져 30여 년을 한스러이 바라보며 賊地를 떠돌고 北地를 전전하다가 마침내 다시 모여 뜻한 바대로 되었으니, 이것이 어찌 인력으로 이룰 수 있는 일인가? 皇天后土가 필시 지성에 감격하여 이 같은 기이한 일이 있게 된 것이다. 필부의 정성에 하늘도 또한

---

43) 박희병, 「최척전」, 『한국고전작품론』, 집문당, 1990.
44) 「최척전」에서 '장육불'의 존재가 구성에 흠이거나 낭만적 경향을 標識한다는 연구가 있는데, 그런 쪽보다는 이것을 하나의 장치로 이해하면 훨씬 구성이 자연스러워 보인다. 이에 대해서는 제2부 「17세기 실기류와 소설의 거리」에서 더 자세히 다루었다.

저버리지 않았으니, 정성을 가릴 수 없음이 이와 같도다!45)

작자는 먼저 이 같은 가족들의 이산과 재회는 인력으로 가능한 일이 아니라는 점을 언급하였다. 필시 황천후토의 감응이 있어야 했으니, 장육불의 현신이었다. 그리고 작자는 다시 옥영의 지성에 찬사를 보내고 있다. 이들의 재회는 옥영이라는 한 인간의 지극정성과 장육불의 도움으로 가능하게 되었다는 논리이다. 그러면 이것이 얼마나 현실적이냐 비현실적이냐 하는 점은 최소한 작자에게는 문제가 되지 않는다. 작자는 전란 속에 부침한 한 가족의 기이한 이합을 하나의 장치를 이용하여 완결된 서사구조로 작품화한 것이다. 이 점이 전란 소재 애정전기소설로서 「최척전」이 보여주는 새로운 면모다.

그러나 앞에서도 언급했듯이 「최척전」은 후반부를 놓고 보았을 때에는 애정전기소설의 장르 관습으로는 귀속성이 의심된다. 등장하는 인물도 엄청나게 늘어난 데다 남녀주인공의 집중적인 관계가 많은 부분 흐트러져 있다. 무엇보다 너무 다양한 전란의 현장이 취재되어 있다. 때문에 심하게 표현하면 전반부 결연까지의 과정만 전기소설이고 후반부는 새로운 형태가 첨입되었다고 해도 과언은 아니다. 이 점을 어떻게 이해해야 할 것인가? 필자는 이 시기 소설과 실기류(實記類)의 관련성을 지적한 바 있다.46) 「최척전」은 임병 양란 시기 전란 관련 실기류와의 친밀성이 강한 작품이다. 말하자면 「최척전」은 「이생규장전」의 전통에 당대의 실기류가 녹아들어 형성된 작품이다. 그에 따라서 자연히 기존 전기소설의 장르적 속성이 변화하거나 변질될 수밖에 없었다. 「최척전」은 소설사의 이런 흐름을 반영하고 있기도 하거니와, 결과적으로 전란이라는 대

---

45) 「주생전」. "噫! 父子夫妻舅姑兄弟, 分離四國, 恨望三紀, 經營賊所, 出入死地, 畢竟團圓, 無不如意, 此豈人力之所致哉? 皇天后土, 必感於至誠, 而能致此奇異之事也. 匹婦有誠, 天且不違, 誠之不可掩如是夫!"
46) 제2부 「17세기 실기류와 소설의 거리」와 「16~17세기 동아시아 전란과 애정전기소설」 참조.

충격이 애정전기소설의 형태까지도 다양화시키거나 변질시키고 있었던 셈이다. 이 같은 사실은 이 시기 소설이 기존의 애정전기소설 위주에서 바야흐로 다양한 소설로의 지향성을 갖게 되었다는 사실을 반증하고 있기도 하다.

5. 마무리

지금까지 우리 쪽과 중국 쪽을 넘나들며 전란 소재 애정전기소설의 성립과 그 변화 양상을 살펴보았다. 주로 서사구조의 특징과 변모를 추적하면서 그 변화의 흐름이 자연스럽게 구획되기를 기대한 것이다. 지금 전기소설의 연구는 통시적 공유성이 어느 정도 밝혀진 만큼,[47] 이제 각 시기마다 특유한 층차성을 이해하는 데로 주의를 돌려야 할 때다. 바로 이에 대한 실마리로도 이용되길 바란다. 이제 각 단락에서 언급했던 요지들을 정리하면서 끝맺고자 한다.

먼저 「유씨전」에서 「취취전」으로 이어지는 전란 소재 애정전기소설의 성립 과정을 추적했다. 「유씨전」의 경우 전란을 통한 남녀의 이합을 그렸으되, '재회의 기이성'에만 머물렀고, 전의 양식이 끼어 들어 있어, 아직 소설적으로 직조할 틀이 구현되지 못하였다. 그러나 이 같은 형식은 이후 「취취전」에 발전적으로 계승되어 남녀 이합에 따른 전란의 참담함이 전폭에 걸쳐 구현될 수 있었다. 「이생규장전」의 경우, 「취취전」의 영향을 받아 전란을 소재화했으되, 그 풀어 가는 방식이 달라졌다. 곧 전란 자체가 문제가 아니라, 이를 통해 사회 문제를 부각시키는데 전

---

47) 박희병, 『한국전기소설의 미학』(앞의 책); 윤재민, 「전기소설의 성격」(『한국한문학연구』 창립20주년 특집호, 1996)의 연구가 대표적이다.

란을 중요한 요소로 이용하였다. 동시에 우리 소설사에서 뚜렷한 '이합구조'를 직조하여 향후 전란 관련 소설에 직접적인 영향을 미쳤다.

이후 16~17세기 한반도를 중심으로 한 동아시아에 새롭게 소설적 환경이 마련됨으로써 「이생규장전」의 서사구조를 이은 작품들이 족출하였다. 결과적으로 「이생규장전」과 16~17세기 애정전기소설과의 차이는 비현실적 요소를 현실의 논리로 풀어낸 데 있다. 전란이란 소재를 이용하여 이를 현실 논리 속에서 풀어내게 했으되, 비현실적 요소 대신 '계기성과 우연성의 횡단'을 통해서 이합구조의 새로운 국면을 창출해냈다. 이렇게 된 데에는 전란이 만들어낸 인간 경험의 다양한 스펙트럼을 취재한 데 기인하고 있다.

淮綺縠巴蜀錦繡。後宮玩好而已。河州燉煌道。歲屯田實邊。食餘粟轉輸靈州。漕下黃河入太原倉。備關中凶年。關中粟米藏於百姓。天子幸五嶽。從官千乘萬騎。不食於民。老人歲時伏臘得歸休。行都市閒。見有賣白彩白氎布。行隣比鄽閒。有人禳病。法用皂布一匹。持重價不克致。竟以幀頭羅代之。近者老人扶杖出門。閴街衢中。東西南北視之。見白衫者不滿百。宣天下之人皆執兵乎。開元十二年。詔三省侍郎有缺。先求曾任刺史者。郎官缺。先求曾任縣令者。及老人見四十三省。郎吏有理刑才名大者出刺郡。小者鎮縣。自老人居大道旁。往往有郡太守休馬於此。皆慘然不樂。朝廷沙汰使治郡。開元取士。孝弟理人而已。不聞進士宏詞拔萃之為。其得人也。大略如此。因泣下復言曰。上皇北臣窊。東臣雜林。南臣滇池。西臣昆夷。三歲一來會朝。觀之禮容。臨照之恩。濼衣之。錦絮飼之酒食。使展事而去。都中無留外國賓。今北胡與京師雜處。聚妻生子。長安中少年有胡心矣。吾子視首飾鞾服之制。不與向同。得非物妖乎。鴻祖默不敢應而去。

柳氏傳　許堯佐譔

天寶中。昌黎韓翃有詩名。性頗落托。羈滯貧甚。有李生者。與翃友善。家累千金。負氣愛才。其幸姬曰柳氏。豔絶一時。喜談謔。善謳詠。李生居之別第。與翃為宴歌之地。而館翃於其側。翃素知名。其所候問。皆當時之彥。柳氏自門窺之。謂其侍者曰。韓夫子豈長貧

▲「柳氏傳」앞부분.
『태평광기』(권485) 雜傳記類에 소재하며, 許堯佐가 찬한 것으로 나와 있다.

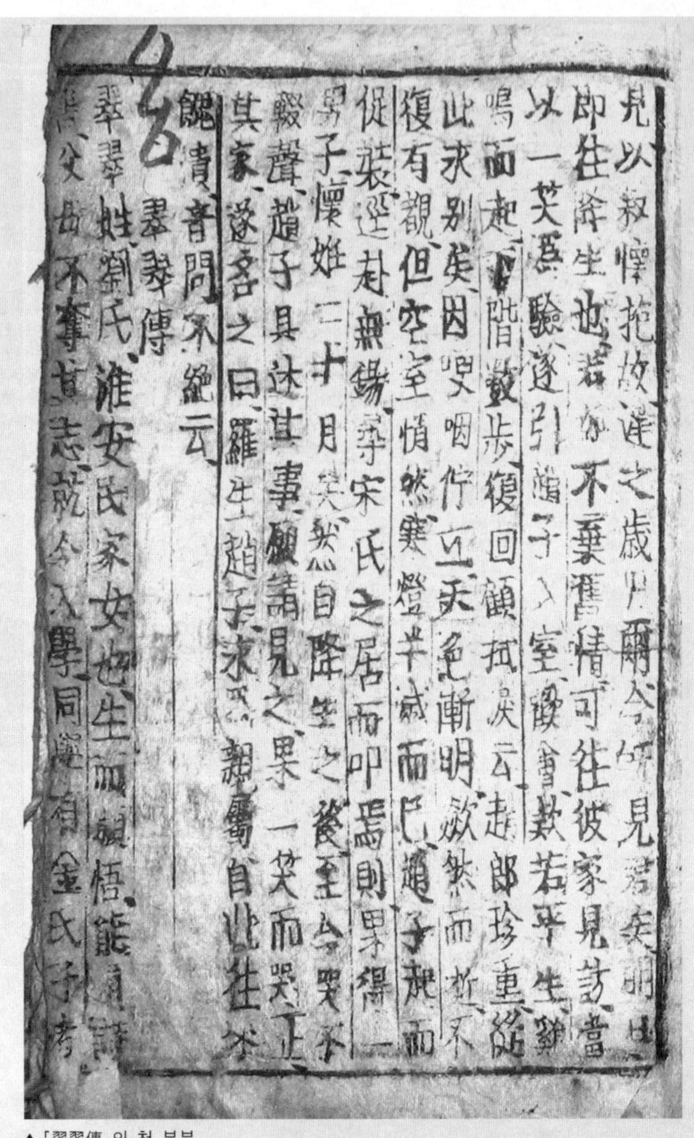

兒以叔懌抱故遲之歲巳爾今⋯見若矣即往斧生也若不棄舊情可往彼家見之當以一笑為驗遂引諧子入室敘會數若平生對鳴而起階數步復回顧拭淚云走郎珍重從此求別矣因哭咽竹立天色斷明欲然而析家復有觀但空室惝然寒燈半減而巳趙子親而促裝迤赴無錫尋宋氏之居而叩焉則果得轂聲趙子具述其事願簫見之果一笑而哭上男子懷姓二十月笑然自降笙之養至三十哭不其家遂客之曰羅生趙子求戒親屬自此生焉饒責音問不絕云

翠翠傳

翠翠姓劉氏淮安民家女也生而穎悟能⋯父母不奪其志甫八入學同⋯有金氏子⋯

▲ 「翠翠傳」의 첫 부분.
충남대 도서관 소장 조선간본 제3권에 수록되어 있다.

名定與之同歲亦聰明俊雅諸生最之曰

若當爲夫婦二人亦裁以出自許金生贈翠一年

詩曰十二闌干七寶臺春風到處豔陽開東風

桃樹西園柳何不發教一顧栽翠翠和日羅衫

每恨祝英臺處把有處不肯開我願東裝動用

意早發花樹向陽栽□□翠翠年長不復至臺

年及十六父母爲其議親輒悲迫不食以情間

之切不肯言父乃曰必兩家金定妾已許之在

若不相從有死而已誓不登他門也父母不得

已聽焉然而劉富而金貧其子雖聰後門戶其

不敢及媒氏羞其家眾以貧辭慚思不敢當媒

氏曰劉家小娘子必欲得金生父母亦許之

若以貧辭是貪其誠志而失此一好因緣也今

當以貧辭之曰寒家有子相知豈豐貴宅早求敢不

唱曰蒙君薦拔已於他國爲男子矣雖隔幽真
寔深感佩君當復修淨業同脫輪迴生後不復
婚嫁入智異山採藥不知所終

　李生窺墻傳

松都有李生者居駱駝橋之側年十八風韻清
邁天資英秀常詣國學讀詩路傍善竹里有巨
室處子崔氏年可十五六態度艶麗工於刺繡
而長於詩賦世稱風流李氏子窈窕崔家娘才
色者可餐可以療飢膓李生嘗挾冊詣學常過
崔氏之家北墻外垂楊裊裊數十株環列李生

▲ 대련도서관 소장 조선간본 『금오신화』 소재 「李生窺墻傳」 첫 장.

전기소설 삽입시의 미감

초기 소설의 양식화와 그 서사적 맥락에 대한 지표로써

1. 산문·시가의 결합체 전기소설

전기소설을 읽다 보면 의외의 빈번한 서사의 단절로 당혹스러울 때가 있다. 왠지 서사문학의 범주에서 보면 낯설기까지 하다. 여기서 서사의 단절이란 바로 서사 맥락 사이에 끼워져 있는 시가(詩歌)를 두고 한 말이다. 그렇다고 이들 시가를 모두 빼버리고 서사 단락만 연결시켜 읽으면 무언가 허전한 뒷맛이 난다. 이쯤이면 전기소설에 삽입된 시가는 가히 계륵이라 할 만하다.

그런데 이런 삽입 한시의 빈번한 개입은 전기소설의 골격을 이루는 서사 문법이며, 또한 전기소설의 미감을 좌우하는 척도가 된다는 점에서 계륵이 될 수 없을뿐더러, 전기소설의 장르적 특성을 독파하기 위해서는 오히려 관건에 해당되는 사항이다. 사실, 전기(傳奇)라는 양식은 문(文)과 시(詩)가 적절히 교합된 한문학의 장르로서도 비상히 주목해볼

대상이다.[1)

　이러한 산문과 시가가 적절히 교합된 실체로서 전기소설의 형성은 대체로 당(唐)나라 때로 잡혀진다. 육조 시기 지괴류와 변별되는, 교합된 장르로서 전기소설이 탄생한 데에는 당대 문풍의 변화와 창작 주체의 성향에 기인한 것으로 보고 있다. 즉 당대(唐代)는 시가가 크게 발흥한 시대로써 우리나라에서 이른바 '당시풍(唐詩風)'하면 으레 새로운 시풍의 전범으로 이해되곤 하였다. 이처럼 당대는 시가의 시대를 맞이하여 '이시취사(以詩取士)'의 분위기가 진작되었던 바, 그에 따라 신진 재사(才士)들은 '시필(詩筆)'로 무장하여 사회적 진출을 노렸다. 바로 이런 신진 재사들이 전기소설을 창작한 주체였다. 따라서 이들은 다분히 문학적 역량을 이 전기소설을 통해 표출하게 되었다. 그런 때문인지 예의 전기소설에는 당대 재사들의 생활 정경이나 심리 지향이 낭만적으로 그려지기 일쑤였다.[2)

　그런데 이 같은 초기 전기소설의 형성 과정만 두고 볼 때, 기존 지괴류와는 확연히 구분되는 장르적 변모가 일어났다. 서사 장르로서의 질적 변화가 일어났던 것인데, 서정과 서사가 혼효된, 지금의 관점에서 볼 때 갈래적 혼돈, 또는 이중성이 야기된 것이다. 그러나 당시 재사들은 한문학의 고유한 시와 산문을 절묘하게 결합시킨 새로운 형태를 창출했던 셈이다.

　바로 이런 형태로서 두드러진 경향을 보여주는 대상은 전기소설 중에서도 애정을 주제로 한 '애정전기'였다. 「최치원(崔致遠)」은 이 전통을 그대로 받아들인 예일 터다. 한문학 양식으로 볼 때 이 같은 운문과 산문의 결합체는 매우 독특한 산물임이 틀림없는데, 초기 전기소설의 면모는 확실히 시가의 역할과 비중이 산문 부분에 비해 오히려 컸다. 그것은 전

---

1) '傳奇'가 한문학의 한 영역으로 분류, 명시된 예는 없다. 그러나 비교적 이른 시기에 하나의 양식으로 탄생한 것은 분명하다. 굳이 지금 한문학의 범주에서 운운하는 것은 산문과 시가가 결합된 형태로써 독특한 미감을 발산한다는 취지에서이다.
2) 이에 대한 구체적 정황은 崔際銀, 『詩與唐人小說』, 天津古籍出版社, 2004 참조

체 분량에서 시가가 차지하는 양이 많았다는 의미가 아니라, 서사의 흐름에서 시가의 역할이 더 결정적 역할을 한다는 점에서 그렇다. 결과적으로 초창기 전기소설은 대체로 시가에서 촉발된 감정이나 예정에 따라 산문의 서사가 발걸음을 띄고, 달리고, 멈추는 형태를 취하고 있었다.

한문학에서 이와 같은 양태로는 산수기(山水記)가 있다. 유람자가 탐승을 하다가 승경과 마주하거나 흥취를 느꼈을 때 이를 시로 표현하면서, 산문과 운문이 결합된 하나의 형태로써 산수기가 성립되었다.3) 전기소설과 산수기는 이런 지점에서 상당히 유사한 장르라 하겠다.4) 그러나 시가의 역할과 비중은 양자 사이에 상당한 거리가 있다. 산수기의 삽입시는 그때 그때의 물경과 흥취를 표출하는 역할이어서 그 부분에만 한정하여 미감을 발산한다. 그러므로 삽입시는 저마다 독립적, 단절적으로 작품 안에서 기능한다. 그런 반면에 전기소설의 삽입시는 작품의 서사체계를 통괄하며 상호 유기적 기능을 수행한다는 점에서 질적으로 분리된다. 말하자면 전기소설의 삽입시는 작품 전체를 유기체적으로 조직하면서 그 과정에서 작품의 미감을 살리는 대상이다. 결과적으로 전기소설의 미적 특질을 언급할 때 이 산문과 삽입시의 교직(交織) 문제를 빼놓을 수 없다는 것이다.

그런데 지금까지 전기소설의 서사 문법을 이야기할 때 삽입시5)가 빈번하다는 한 특징을 지적하는데 머물렀을 뿐이고, 서사 장르로서는 별종으로 치부하는 경향이 있어왔다. 심지어 근대적 서사물의 기준에 비추어 서사적 긴장을 반감시킨다는, 부정적 시각까지 깔려 있지 않은가 싶다.

---

3) 물론 모든 산수기가 다 그렇다는 것은 아니다. 그러나 대체로 이런 경향이 우세하며, 그것이 또한 산수기의 미적 특질을 담보하고 있기도 하다.
4) 전기소설 창작의 연원으로서 이 산수기가 주목된 예도 있었다(박희병, 「『금오신화』 창작의 연원과 배경」, 『한국전기소설의 미학』, 돌베개, 1997).
5) 엄밀히 말해서 초기 전기소설의 형성 과정으로 볼 때 전기소설에 들어 있는 시가를 '삽입'시라고 표현하는 것은 어울리지 않는다. 다만 전기소설이 서사 갈래로서 차후 산문 중심으로 정착되는 과정에 유의하여 이런 용어를 붙여 본 것이다.

무엇보다 큰 문제는 전기소설의 이런 형태를 존재 그 자체로 주목하지 않고 있다는 사실이다. 지금까지 은근히 논외로 제쳐두었던 것이다.[6]

초기 소설의 형태로서 전기소설은 그 장르적 속성만큼 적잖은 변화 과정을 겪으면서 형성되어 왔다. 전기소설의 삽입시도 작품의 형성 시기에 따라, 그리고 성격에 따라 그 존재와 기능의 층차성이 엄연히 존재한다. 이 점 또한 초기 소설사의 궤적으로 주목해볼 만하다. 따라서 본고에서는 전기소설의 삽입시의 문제를 전기소설 미감의 측면과 초기 소설사의 흐름을 동시에 예의주시하면서 구체적 실상에 접근해보고자 한다. 이에 대한 분석의 대상으로 「최치원」과 『금오신화(金鰲新話)』, 그리고 「주생전(周生傳)」·「운영전(雲英傳)」을 잡았다. 이들 작품은 나말여초부터 16~17세기에 걸친 초기 소설사의 중요한 지점을 점할뿐더러 전기소설 중 어느 작품들보다도 빈번한 한시의 개입에 의해 미감을 살리고 있기 때문이다. 그러므로 이 문제에 접근하는데 요긴한 실마리를 제공해 줄 것이다.

2. 절제와 내면화의 비감 — 「최치원」 → 『금오신화』

⬜1

「최치원(崔致遠)」은 으레 당대의 전기소설인 「유선굴(遊仙窟)」과 비교

---

6) 그렇다고 이에 대한 언급이 전혀 없었던 것은 아니다. 전기소설을 포함한 한문소설 일반에 도저한 삽입한시의 양상과 『금오신화』의 삽입시의 면모를 고찰한 예가 있기 때문이다(민병수, 「漢文小說의 揷入詩에 대하여」, 『한국고전산문연구』, 동화문화사, 1981; 정병호, 「금오신화에 나타난 삽입시가의 양상과 기능」, 『한국의 철학』 19집, 경북대 퇴계연구소, 1991). 그러나 이 경우도 삽입시의 역할에 대해서 간단히 소개한 정도다. 그것이 전기소설의 독특한 미의식으로서 규명된 예는 없는 셈이다.

되곤 한다. 그런 이유 중에 하나로 남주인공과 두 여주인공 사이 교감을 위한 시가의 개입이 다른 어느 작품보다도 많다는 점을 들 수 있다. 두 작품 모두 전체 분량의 반 정도가 시가로 채워져 있으니 유별난 경우가 아닐 수 없다. 그런데 두 작품 사이의 거리가 이 삽입 한시의 경향에 따라 판가름난다는 사실은 그동안 주의하지 못한 지점이다.

두 작품 모두 환상적인 필치를 구사하고 있다는 점은 분명하다. 그런데「유선굴」은 남녀주인공의 결연 과정을 화려하게 그려내면서 시종 환상적인 분위기를 잃지 않는 반면,「최치원」은 환상적인 필치 속에 남녀주인공의 비극적 정한을 회한의 정서로 풀어낸다.7)

하관(下官, 즉 張鷟)과 십랑(十娘)은 그 복잡하고 미묘한 교감 과정을 통해 결국 하룻밤의 결연을 이뤘지만, 하관이 공무집행에 매인 몸이라 이들은 헤어질 수밖에 없는 처지에 봉착한다. 그런 그들은 그 이별을 못내 아쉬워하며 안타까운 심정을 토로해낸다. 그렇지만 십낭은 운명 앞에 좌절하지 않으려는 듯, 남국으로 떠나는 장작을 보고 서로의 사랑이 변치 않기를 확인해두고자 한다.8) 예기치 못했던 이별을 받아들이기엔 준비가 되어 있지 않았던지 끝내 미련을 버리지 못한 셈이다. 그 심정이 '은정이 다하지 말기를 바란다[勿使恩情歇]'는 시어에 집약되고 있다.

「최치원」의 이녀(二女)도 달이 떨어지고 닭이 울자, 갑작스런 이별에 절망한다. 그런데 그녀들은 이 이별을 예지하고 있었다. 그럼에도 불구하고 막상 영별의 순간이 오자 절망하는 것이다.9) 똑같은 이별의 비감

---

7) 물론,「유선굴」의 경우도 이별에 대한 정한이 없는 것은 아니다. 그러나 애초 비극성을 잉태하면서 출발한「최치원」과는 상당한 거리가 있다.「유선굴」은 오언시가,「최치원」은 칠언시가 이를 감당하고 있다는 사실도 흥미롭다.

8)「遊仙窟」(汪國桓校錄『唐人小說』, 遠東圖書公司, 1957. 이하 동일함). "合歡遊壁水, 同心待華闕. 颯颯如朝風, 團團如夜月. 鸞姿侵霧起, 鶴影排空發. 希君掌中握, 勿使恩情歇."

9)「최치원」(박희병표점·교석,『韓國漢文小說 校合句解』, 소명출판, 2005. 이하 한국 전기소설의 경우 마찬가지임). "星斗初回更漏闌, 欲言離緖淚闌干. 從玆便結千年恨, 無計重尋五夜歡."

을 읊었지만, 예견과 예견치 못한 상황에서의 반응이 다르다. 그래 한쪽
은 재회에 대한 일말의 기대를 놓지 않고 있으나, 다른 한쪽은 영별을
받아들인다. 따라서 한쪽은 '영별'이 비감을 극대화시키고 있다면, 다른
한쪽은 '일말의 기대'가 비감을 현재진행형으로 묶어두고 있다. 바로 여
기에서 두 작품은 심리적 거리를 확보한다.

그렇다면 이런 여성의 태도에 대한 남성의 반응이 궁금하다. 십낭의
일말의 기대에도 불구하고 이 유선굴을 떠나는 장랑(張郎)은 이별의 현
실 앞에 절망한다.10)

望神仙兮不可見,	신선을 기다리나 만나볼 수 없으니
普天地兮知余心.	천지만이 내 마음 알려나.
思神仙兮不可得,	신선을 그리워하나 찾을 수 없고
覓十娘兮斷知聞.	십낭을 찾아보지만 소식이 끊어졌네.
欲聞此兮腸亦亂,	그 소식 접하려니 내 마음 어지럽고
更見此兮惱余心.	다시 보려니 내 마음만 수심겨울 뿐.

그래서 그 아픔을 노래할 뿐이다. 신선이라도 만나 의지하고 싶지만
아무래도 길이 안 보인다. 끝내 애가 끊어지고 번민만 깊어간다. 그의 절
망은 향후 또 어떻게 진행될지 예기할 순 없으나, 서사는 이 한편의 노래
로 종결된다. 그러나 여기에선 초극의 열망은 전혀 찾아지지 않는다.

그런 반면, 최치원은 원혼을 떠나보내고 무덤 가를 배회하다가 장가
(長歌)로 자위한다.11) 자위란 표현이 재미있는데, 이 장편의 노래는 최치
원이 두 여인과의 인연을 끊어내는 과정의 산물이기 때문이다. 두 여인
에게 이끌려 결연을 맺었던 최치원은 그녀들이 돌아간 후 다시 처음 위

---

10) 「유선굴」. "(…중략…) 夜耿耿而不寐, 心榮榮而靡託, 旣悵恨於啼猿, 又悽傷於別鵠.
飮氣呑聲, 天道人情, 有別必怨, 有怨必盈. 去日一何短, 來宵一何長? 比目絶對, 雙鳧
失伴, 日日寬衣, 朝朝帶緩, 口上脣裂, 胸間氣滿, 淚臉千行, 愁腸寸斷, 端坐橫琴, 涕
血流襟, 千思競起, 百慮交侵, 獨噸眉而永結, 空抱膝而長吟."
11) 「최치원」. "明旦, 致遠歸塚邊, 彷徨嘯咏, 感嘆尤甚, 作長歌自慰曰 (…하략…)."

치였던 쌍녀분 옆에 있다. 다시 현실로 돌아온 순간이다. 쌍녀에 대한 연민이 다사로워지는 순간 최치원은 자기 성찰에 들어간다. 여기 자기 성찰의 모습은 예의 최치원이 아니다. 뭔가 들떠 있던 모습은 오간 데 없고 비정할 만큼 단호하다. 이 자기 성찰은 바로 장가에 집약되어 있다. 이 장가는 쌍녀분에서의 두 여인과의 만남과 결연, 그리고 이별의 과정, 즉 지금까지의 서사 과정을 재정리하는 동시에 자기 성찰의 진지한 과정을 담고 있다.

하룻밤 사이의 결연과 이별을 통해서 한참 패기가 넘치고 전도양양하던 최치원은 인간사의 무상함을 비로소 깨닫고 머뭇거린다. "우리네 인간사 얼마나 사람을 근심에 젖게 하는지, 처음 달로를 들었다 싶더니 또다시 길을 잃었네[人間事愁殺人, 始聞達路又迷津]"라는 언급에선 벼슬길로 접어든 이로서 다시 '문진(問津)'을 하는 존재로 바뀌어 있다. 그러나 결국 "대장부, 대장부여! 젊은 기백으로 아녀자의 한을 없애주어야 할지니, 마음속으로 요호(妖狐)를 그리워해선 안 되리"12)라는 다짐으로 장가는 끝이 난다. 명색 사내 대장부라면 아녀자들의 한을 풀어주어야지 헛된 요정에 미혹되어선 안 된다는 것이다. 여기 '요호'는 결과적으로 두 여인을 지칭하는 바, 환몽적인 미혹에서 깨어나고 있음을 환기시켜 준다.13)

---

12) 「최치원」. "大丈夫大丈夫! 壯氣須除兒女恨, 莫將心事戀妖狐."

13) 논의의 선상은 아니지만, 초기 전기소설에 도저한 환상적 필치는 어디에 근간하고 있으며, 그것으로 확보되는 비일상적 요소는 무엇인가 하는 점을 잠시 언급해두고자 한다.

　전기소설의 환상적 필치는 全觀的인 면에서 언급이 가능할 터다. 그런데 무엇보다 가장 구체적인 지점은 일상성과 비일상성의 교차와 그것의 무분간한 상황이다. 그런데 이런 지점은 일반 서사에서는 명료하게 드러나지 않는다. 기껏해야 "이경이 될 즈음 달빛은 흐릿하니 빛을 토해내 그 빛이 집안을 비추고 있었다. 사랑채 밖에서 발걸음 소리가 조금씩 들리더니 가까워졌다. 다가와 보니 최씨였다. 이생은 비록 그녀가 이미 죽은 줄 알았지만 너무 사랑한 나머지 놀라지 않고 급히 물었다[將及二更, 月色微吐, 光照屋梁, 漸聞廊下, 有跫然之音, 自遠而近, 至則崔氏也. 生雖知已死, 愛之甚篤, 不復疑訝, 遽問曰 (…하략…)]"(「이생규장전」) 따위이다. 그런데 외려 삽입시에선 이런 환상적 필치가 자연스럽게 구사된다. 즉 시에서는 이미 원혼이거나 저승의 인물이라는 것을 언급함으로써 실상 그들 자신이 '인간'이 아니라는 의미를 확보하고 있으

그리고 이어지는 시 두 구에서는 완전히 초극한 인간 최치원을 만나게 된다.

浮世榮華夢中夢,　　뜬세상의 영화 꿈속의 꿈일 뿐,
白雲深處好安身.　　흰 구름 깊은 곳이 안식처라네.

우리가 「최치원」을 두고 흔히 ‘초월의식’(또는 초세의식)이 농후하다고 보는 근거도 사실 이 두 구에서 확인한 바다. 그렇다면 「최치원」의 결말은 이것으로 끝이고 또 그렇게 이해하고 말 것인가? 그렇게 단정할 수 있는 게 아니다. 이후 그의 ‘장왕(長往)’은 세상과의 단절을 의미한다. 패기에 차 있던 최치원은 벼슬살이를 내던지고 세상에 나가지 않았던 것이다. 그 단절은 세계에 대한 회피가 아니라 오히려 팽팽한 대립의 연장으로 이해된다. 따라서 「최치원」의 초월의식은 결코 현실을 떠난, 문제의식이 약화된 것으로 볼 수 없다.

결과적으로 장작과 최치원의 이런 각양의 대응은 두 작품의 비감의 경향성을 갈라놓는 지점이거니와, 여기 장가(長歌)는 이런 최치원의 심리적 기제를 선명하게 부각시키는 역할을 담당한다.

2

나말여초의 대표적인 전기 작품인 「최치원」에서 보여주는 이와 같은 삽입시의 양상과 그 미감은 『금오신화』의 개별 작품에서 다시 재현된다. 특히 「만복사저포기(萬福寺樗蒲記)」는 그 구조마저도 닮아 있다. 양생(梁生)이 누군가를 그리워하는 내용의 도입시, 서로의 사랑을 확인하는 교감시, 귀녀(鬼女)가 돌아갈 즈음에 읊는 이별시, 그리고 이를 슬퍼하는 종결부 남주인공의 장가가 「최치원」의 양상과 거의 차이가 없다. 다만 이

___

나, 그것이 시라는 이유로, 또는 시로 읊었다는 이유로 인간(최치원)에게 인간과 비인간의 경계를 허물어 버리게 하는, 아니 그렇게 강요하는 역할을 수행한다. 바로 이 지점에서 환상성은 자기 지평을 확보하기도 한다.

별에 임하여 회포를 읊는 주체가 당해있는 하씨녀(何氏女)가 아니고 이웃의 네 여인이라는 점은 빼야 할 것 같다. 그러나 이 여인들의 저마다의 목소리마저도 기실 하씨녀의 여인으로서의 욕망과 정한이 다성성(多聲性)으로 응어리져 있는 것이다. 그렇긴 하지만 그 기회를 통해서 하씨녀는 양생에게서 굳은 신뢰를 받아내고자 한다.

> 好是同心雙縮結,　　이제 한마음으로 칭칭 실을 맺었나니
> 莫將紈扇怨淸秋.14)　비단부채처럼 가을을 원망 말게 하여주오

그러자 양생의 반응은 당연히 결연하다.

> 娘子何爲出輕言,　　낭자는 어찌 경솔한 말을 하여
> 道我掩棄秋風紈.　　가을바람에 부채 버리듯 하리라 하는가.
> 世世生生爲配耦,　　대대로 다시 태어나 배필 되어서
> 花前月下相盤桓.　　달 아래 꽃 앞에서 함께 노닐기를.

이미 죽은 여인이라는 사실을 알면서도 접근했고, 그런 여인이 다시 이계로 돌아가야 하는 운명임을 감회시를 통해서 표출했음에도 불구하고 '시는 시일 뿐'이라는 둥 이를 인정하려 들지 않는다. 그런데 이러한 양생의 미련은 사실 양생이 인정하려 하지 않았다기보다는 하씨녀가 미련을 버리지 못했기 때문이다. 결국 그녀는 양생을 본가로 초대하여 집안 식구들에게 자신의 존재를 알리고서야 비로소 양생과 영별한다. 양생도 그제야 이를 받아들인다. 그것은 제문(祭文)을 통해서였다. 이 제문에서도 「최치원」에서의 장가와 마찬가지로 그들의 만남－결연－이별의 과정을 되새기며 감회에 젖게 한다. 그리고 미녀를 얻기 위해 안달하던 양생은 역시 최치원과 마찬가지로 현세의 욕망을 모두 끊어내고 종적을

---

14) 번역은 심경호, 『매월당김시습 금오신화』(홍익출판사, 2000)을 따랐으되, 필요한 경우 윤문을 하였다. 이하도 마찬가지이다.

감추어 버린다.15)

　이처럼 「최치원」과 「만복사저포기」는 주인공의 심리 상태와 그것을 삽입시로 표출하는 양식과 형태에 있어서 상호 공통적인 미감을 발산한다. 요컨대 도입과 전개, 반전과 결말의 전이 부분을 삽입시가 대신하는 이러한 흐름은 전기소설의 전형적인 구조로 보아도 무방할 것 같다.16) 여기에는 일종의 절제와 내면화의 미감이 존재한다. 여기서 삽입시는 1인칭의 전지적 시점을 확보한다. 그런데 전기소설하면 일반적으로 3인칭 관찰자 시점을 취하고 있다.17) 말하자면 3인칭 관찰자 시점을 보여주는 전기소설 속에 1인칭 전지적 시점이 자리하고 있는 셈이다. 독특한 형식이 아닐 수 없다.

　그런데 『금오신화』의 두 번째 작품 「이생규장전(李生窺墻傳)」에 오면 상황은 좀 달라진다. 우선 도입부의 시가를 읊는 주체부터 다르다. 수를 놓고 있던 최랑(崔娘)이 길가에 쉬고 있던 이생(李生)을 어떻게 발견했는지, 갑자기 바늘을 놓고 턱을 괸 채 시를 읊조린다.

<blockquote>

路上誰家白面郞,　　　길 가는 저 이는 어느 댁 서생이신지

靑衿大帶映垂楊.　　　푸른 깃에 너른 띠 버들 사이에 어른거리네.

何方可化堂中燕,　　　어떡하면 대청 안 제비가 되어

低掠珠簾斜度墻.　　　나지막히 주렴을 스치곤 담장 위로 비껴 넘으랴.

</blockquote>

　무단히 봄바람에 아픔이 맺혀 말없이 바늘 놓고 생각하는18) 최랑의 발칙한 상상은 이미 준비된 것이기도 하였다. 최치원이나 양생처럼 최랑은 이성을 진작부터 기대하고 있던 참이다. 다만 여성이기 때문에 직접 찾아

---

15) 「만복사저포기」. "生後不復婚嫁, 入智異山採藥, 不知所終."

16) 물론 이 경우 애정전기에만 한정시켜야 될 것이다. 다만 초기 소설은 이와 같은 애정전기가 주류였음을 다시 상기시켜 둔다.

17) 「雲英傳」의 경우, 양상이 좀 다른데 여기서 논란할 상황은 아니다.

18) 「이생규장전」. "無端暗結東風怨, 不語停針有所思."

나서지 못하고 있을 뿐이었다. 그러나 이생이라는 수재가 나타나자 그녀는 속내를 여지없이 드러낸다. 그녀는 이생을 자기 집으로 끌어들였을 뿐만 아니라, 두려워하는 이생더러 "훗날 이 봄소식이 들통나면, 무정한 비바람에 가련해지리"[19]라며 모든 책임은 자신이 떠맡겠다고 하면서[20] 안심까지 시켜둔다. 더구나 인연을 들먹이며 결연을 이뤄야 할 당위성을 스스럼없이 주장하는[21] 그녀의 모습에선 도발적인 분위기마저 감지된다. 한편 여주인공의 이런 능동성은 서사의 새로운 활로를 찾아준다.

　이쯤이면 더 이상 미묘한 긴장과 교감을 통한 결연의 과정이 아니다. 그리고 더 이상 이런 내면의 과정을 삽입시를 통해 표출하지도 않는다. 이 대목에서 삽입시는 잠시 다른 역할을 수행하게 된다. 「이생규장전」의 중반부는 난데없이 제화시(題畵詩)와 사시경(四時景) 4수가 상당한 지면을 차지하게 된다. 예의 주인공 사이의 교감을 표출하는 것이 아니라, 그림을 설명하고 사계절을 노래하고 있는 것이다. 전기소설의 짧은 편폭에 적지 않은 시가, 더구나 서사의 맥락에 그리 도움을 주지 않은 듯이 나열되고 있는 상황이다. 그야말로 수사적이라고 밖에 설명이 되지 않을 듯하다.[22] 그러나 실상은 최랑 거처의 단아함을 수식하는 수사적인 면모에만 머물러 있지 않다는 점이다. 대수롭지 않게 써진 이들 시에서도 최랑과 이생의 운명을 예상하는 분위기가 서려 있기 때문이다.

剪剪霜風掠北林,　　부스스 서릿바람은 북쪽 숲을 할퀴고
寒鳥啼月正關心.　　달빛에 까마귀 울음, 정녕 마음에 걸리누나.
燈前爲有思人淚,　　등잔불을 앞에 두고 임 생각에 흘린 눈물
滴在穿絲小挫針.　　실뜸에 떨어지매 바늘 잠시 멈춘다오

---

19) 「이생규장전」. "他時漏洩春消息, 風雨無情亦可憐."
20) 「이생규장전」. "他日閨中事洩, 親庭譴責, 妾以身當之."
21) 「이생규장전」. "女謂生曰 : '今日之事, 必非少緣, 郎須尾我, 以邃情款.'"
22) 물론 한문학의 한 장르로서, 더구나 문인 취향이 다분한 전기는 당연히 수사적인 장르이다. 바로 이런 점에서 전기는 문학적인 역량을 마음껏 뽐낼 수 있는 분야이기도 하다. 어쨌든 이 점이 분명하고 또 이것을 형식으로서 살피는 작업이 꼭 필요하다.

사시의 경치를 노래한 시 제4폭의 마지막 시구이다. 당연히 때는 겨울이다. 살을 에는 듯한 칼바람이 북으로 몰아치는데 등불 앞에 앉은 여인은 임을 그리워하며 눈물을 흘리고 있다. 그 눈물이 실뜸에 떨어지자 더 이상 바느질을 할 수가 없다. 요컨대 이별한 부부 사이의 정한이 여실하게 녹아들어 있다.

흥미로운 사실은 이 사시경시(四時景詩)가 단순히 사계절의 경치를 읊은 것이 아니라, 사시의 변화에 따른 여인의 정한을 읊고 있다는 점이다.23) 더구나 전장터로 떠난 임을 그리워하는 여인의 기다림과 회한을 읊고 있다는 점에서 무창석(武昌石)을 연상시키기도 한다. 이생이 처음으로 찾아온 그녀의 거처 안 벽에 붙은 이 사시경시는 최랑의 앞날을 예기하고 있었다. 이와 같이 이런저런 이유로 이들 시는 그저 단순한 수사로 머물러 있지 않는다. 그렇지만 작자는 그저 '시는 시일 뿐이다'는 식으로 넘어가고 만다. 당해 있는 주인공 이생도 그냥 지나친다.

그런데 이후 이 시의 내용처럼 이들은 곡절 끝에 부부의 인연을 맺고, 뒤미처 홍건적(紅巾賊)의 침입으로 이산, 최랑은 오랑캐에게 무참히 죽음을 당한다. 그렇지만 이들이 이별을 하긴 했는데, 한쪽이 죽게됨으로써 영별이 되어 버렸다. 따라서 앞 시의 예언은 조금 빗나간 셈이다. 남편을 기다리며 눈물을 흘리는 존재가 아니라 원귀가 되었고, 오히려 기다리는 존재는 남편이었으니 말이다.

어쨌든 이들은 이승에서의 부부의 인연을 맺음으로써 운명을 함께 해야 할 처지다. 최랑은 애초 이별의 정한은 생각했었지만 자신이 졸지에 황천의 객이 되리라고는 전혀 예상치 못했던 것이다. 그런 최랑이 이젠 원귀가 되어 이생에게 나타나 하소연을 해대며24) 못다 이룬 인연을 이

---

23) 「이생규장전」. "其三幅曰 : (…중략…) 床下百虫鳴唧唧, 床上佳人珠淚滴. 良人萬里事征戰, 今夜玉門關月白."

24) 「이생규장전」. "(…중략…) 將謂偕老而歸居, 豈意橫折而顚溝? 終不委身於豺虎, 自取磔肉於泥沙, 固天性之自然, 匪人情之可忍. 却恨一別於窮崖, 竟作分飛之匹鳥."

어가고자 한다. 그렇게 해서 유명이 다른 이들 부부는 일체 세상사와 인연을 끊고 은거에 들어간다. 그리고 함께 이승을 떠난다.[25] 그리하여 이 세상에 남은 자는 아무도 없다.

후반부의 이러한 서사의 과정엔 시가가 개입할 여지는 별로 없다. 물론 최랑이 명수(命數)가 다한 것을 직감하고 천상으로 복귀하는 시점에선 다시 예의 삽입시가 등장한다. 그러나 더 이상 결말의 비극성을 담보해 내지는 못한다. 영별의 비극적 정감은 외려 그들의 대화로 대체된다.

요컨대 향후 서사 진행이 예측 불가능한 상태에 놓이게 됨으로써 삽입시는 더 이상 작품 전체를 통관하는 역할로서의 자기 임무(?)를 수행하지 못할 처지이다. 그것은 어쩌면 남녀주인공의 만남 설정 자체의 변화에 기인한 사안인지도 모르겠다. 인간 삶이 현실에서의 예측 불가능한 방향으로 서사가 진행되기 시작하면서 삽입시의 미감도 그에 따라 변화하거나 본연의 자기 정체성이 퇴색될 수밖에 없을 운명이었다. 그렇다면 『금오신화』보다 한참 뒤에 창작된 「주생전」에서는 또 어떻게 자기 영역을 확보하고 있을까?

3. 현실의 불예측성에 따른 인물의 성격 창조 - 『금오신화』 → 「주생전」·「운영전」

「주생전(周生傳)」은 분명 16세기 말의 작품이지만, 우리는 통상 17세기 소설사에서 논의하곤 한다. 그것은 그동안 16세기 소설사가 따로 설정되지 못한 데에 기인하기도 하지만, 소설사의 분기점을 17세기로 잡고 그 경향성의 유별을 따지는 바, 「주생전」은 확실히 전대 소설과의 차이가

---

25) 「이생규장전」. "旣葬, 生亦以追念之故, 得病數月而卒."

분명한 관계로 후자 쪽으로 편입된 실정이다. 어쨌든 '상당히 다른' 차원의 소설의 징표가 바로 이「주생전」으로부터 시작되고 있는 점은 분명하다. 실상이 그렇지만 형식면에서 볼 때 전대소설, 특히『금오신화』(「만복사저포기」·「이생규장전」)와의 변별성은 그리 유난하진 않다. 그 중에 예의 삽입시가 빈번하다는 사실도 공통분모를 차지한다. 비슷한 시기「운영전(雲英傳)」·「최척전(崔陟傳)」·「상사동기(相思洞記)」·「위경천전(韋敬天傳)」 등과 비교해 봐도「주생전」의 삽입시의 빈도는 비교 우위를 점한다. 더욱이 전기소설은 서사성의 강화로 삽입시의 빈도수가 점차 줄어드는 경향이 17세기에 들어와 분명해지는데, 이런 측면에서 보자면 예외적일 만큼「주생전」의 삽입시는 많은 편이다. 특히「옥루춘(玉樓春)」 등의 사(詞)가 자주 동원된다.

한편,「주생전」은 이른바 남녀주인공의 삼각 구도라는 점 때문에 일찍부터 주목되어 왔다. 그러나 엄밀한 의미에서 삼각 구도는 아니다. 배도(徘桃)는 매개자적 역할이 강하다.[26] 문제는 주생이 전당(錢塘)에 도착했을 때의 배도의 태도였다. 그녀는 좋은 상대를 만나 기적(妓籍)에 올라 있는 자신의 신분적 굴레를 벗어나고자 하는 그런 의지적 여인이었다.[27] 그런 그녀가 주생이라는 호남아를 발견하고 적극적으로 접근한 것이다. 그녀와의 만남에서 화답한 시도 이를 증명하듯 이른바 '지우'를 만났을 때의 그런 교감은 아니다. 배도의 성의가 간절하다면 주생은 그저 우연히 들렀다가 좋은 임을 만난 정도다. 그 느낌이 바로 화답시에 잘 드러나 있다.

誤入蓬萊十二島,　　봉래 열 두 섬을 잘못 들어가
誰識樊川,　　　　　누가 알았으랴 번천에서
却得尋芳草?　　　　외려 방초를 찾을 줄!

---

26) 제2부「17세기 초 소설에 미친 원명전기소설의 영향에 대하여」에서 구체적으로 논의하였다.

27)「주생전」. "(…중략…) 望郎君他日立身, 早登要路, 拔妾於妓籍之中, 使不忝先人之名, 則賤妾之願畢矣."

睡起忽聞枝上鳥,　　잠을 깨니 가지 위 새들 지저귀고
翠簾無影朱欄曉.　　주렴 안 그림자 사라지고 붉은 난간에 새벽빛 서렸어라.

그 모양이 꼭 기방에서의 하룻밤 인연인 것처럼 보여 씁쓸하기까지 하다. 그러나 선화(仙花)의 집 앞의 무지개 다리에서 머뭇거리는 주생의 마음은 배도를 처음 만났을 때와는 전혀 다르다. 자신도 모르게 저 담 너머의 사정이 궁금해진 것이다.

柳外平湖湖上樓,　　버드나무 뒤 편편한 호숫가에 솟은 누각
朱甍碧瓦照靑春.　　붉은 용마루 푸른 기와는 봄빛에 비추누나.
香風吹送笑語聲,　　향기로운 바람 웃음소리를 실어오는데,
隔花不見樓中人.　　꽃이 가려 안의 사람 보이질 않네.
却羨花間雙燕子,　　외려 꽃 사이 쌍을 지어
任情飛入珠簾裏.　　마음껏 주렴 속으로 날아드는 제비가 부러울 뿐.
徘徊不忍踏歸路,　　주저하며 차마 발길 돌리지 못하고
落照纖波添客思.　　비낀 해 잔물결에 객수만 더할 뿐.

바람 따라 웃음소리가 들려오는데, 꽃 심어진 넘어 안의 사람들은 보이지 않는다. 그래서 점점 그 안이 궁금하다. 마음대로 그 집 안 주렴으로 날아드는 제비가 부러울 뿐이다. 사실, 주생이 두리번거리고 있는 까닭은 그 집에 들어간 배도를 기다리는 것처럼 처리되어 있다. 그러나 시 내용은 전혀 그렇지 않다. '저 안에 과연 누가 있길래' 하는 궁금증에 조바심을 내더니 뒤미처 생각하지 못한 시름까지 찾아든다. 이젠 안을 보지 않으면 견디지 못할 참이다. 여기 주생의 반응은 앞서 전당에 도착했을 때의 자유로움과는 판이하다. 「주생전」에서는 바로 이 시를 시작으로 본격적인 전기적 만남이 펼쳐진다. '전기적 만남의 지연'은 앞선 전기소설과 변별되는 「주생전」의 직조상의 특징인 동시에 서사의 새로운 국면을 열어놓고 있다.

주생은 결국 참지 못하고 어둠을 틈타 집안으로의 돌입을 감행한다. 이 같은 주생의 충동적인 행위는 배도에 의해 인도된 셈이다. 그 인도된 자리에 자신이 꿈에 그리던 여인이 있었던 것이다. 여기서 선화를 처음 목격한 주생이 흥분을 감추지 못하는 모습을 새삼 눈여겨볼 필요가 있다.

> 나이 열 대여섯 되어 보이는 한 소녀가 부인 곁에 앉아 있었다. 구름 같은 머리채에 약간 상기된 얼굴로 샛별 같은 눈동자를 돌리며 흘겨보는 양은 흐르는 물결 위에 가을달이 비치는 듯, 얌전한 웃음에 볼우물이 지는 모습은 아름다운 꽃이 새벽 이슬을 머금은 듯하였다. 그 가운데 배도가 앉아 있는데 그녀에 비하면 마치 봉황 속에 섞인 수리개요, 구슬알에 섞인 모래와 같았다. 주생은 정신이 황홀하고 마음이 들떠서 거의 미친 사람처럼 되어 소리라도 치고 뛰어 들어 갈 뻔한 적이 몇 번이었다.[28]

선화의 모습과 그를 본 느낌을 지나치다 싶을 정도로 화려한 수사를 동원하여 표현하고 있다. 더구나 배도와 대비시키면서 발광을 할 지경에 봉착한 이런 정황은 너무 직설적이란 느낌을 갖게 한다. 그동안 전개된 전기소설에서의 분위기와는 사뭇 다르다. 그리고 더 이상 은근한 교감은 없어 보인다.

그런데 여기서 무엇보다 주목을 끄는 것은 이 이후에도 삽입시는 적잖이 개입되나, 더 이상 서로의 교감이나 이별의 정한을 표출하는 내용을 담지 않는다는 사실이다. 주생과 선화가 결연을 위한 서로의 감정을 확인하는 과정은 사(詞)의 화답을 통해서 이루어진다. 그리고 그뿐이다. 이들은 화답시를 통해서 교감을 갖는 게 아니라, 주생의 계략과 돌입에 의해서 이루어졌다고 해도 과언이 아니다.

이때부터 삽입시는 예의 과정을 거치지 않고 딴 길을 간다.

---

28) 「주생전」. "(…중략…) 有少女, 年可十四五, 坐于夫人之側, 雲鬟綠鬢, 醉臉微紅, 明眸斜眄, 若流波之映秋月, 巧笑生渦, 若春花之含曉露. 桃坐於其間, 不啻若鴟梟之於鳳凰, 沙礫之於珠璣也. 生魂飛雲外, 心在空中, 幾欲狂叫突入者數次."

① 此時蕩子無消息,　　　지금껏 탕자는 소식이 없으니
　何處作閑遊?　　　　　어느 곳에서 한가롭게 노닌단 말인가?
　也應不念,　　　　　　임이여 잊었는가,
　離情脉脉,　　　　　　이별의 애달픔을 진정할 길 없이
　坐數更籌.　　　　　　우두커니 앉아 시간을 재볼 뿐.

② 花滿烟,　　　　　　　꽃가지 버들잎에
　柳滿烟.　　　　　　　안개 자욱하길래
　暗信初憑春色傳,　　　봄소식 전해줄 줄 은근히 믿어
　綠窓深處眠.　　　　　비단 사창 깊은 곳에서 잠이 드네.

　好因緣,　　　　　　　좋은 인연인 줄 알았더니
　惡因緣.　　　　　　　나쁜 인연이었구나.
　曉院銀缸已惘然,　　　새벽 뜨락의 은촛불은 이미 쓸쓸하니
　歸帆雲水邊.　　　　　돛배는 구름 낀 물가로 뱃길 돌리네.

　①은 주생이 배도에게 의심을 사지 않기 위해 잠시 배도의 집으로 간 사이, 선화가 이전에 주생과 배도가 화답한 시를 보고 질투를 느껴 그 시를 먹물로 지우고 대신 쓴 시이다. 배도에게 간 주생이 돌아오지 않는다며 투정 아닌 투정을 부리고 있다. 비록 잠시지만 주생은 '탕자(蕩子)'로 이해되고 있는 것이다. 그리고 ②는 배도가 죽자 영결을 하고 부득이 전당을 떠나는 대목에서 읊은 시이다. 선화가 자신의 짝인 줄 알았는데 지금 현실은 그렇지 못하다는 것이다. 그야말로 좋은 인연[好緣]인 줄 알았더니 도리어 나쁜 인연[惡緣]이 되고 말았다 한다. 그래서 무참히 뱃길을 돌리고 있다.

　이처럼 삽입시가 마땅히 상호 결연의 기쁨을 노래하는 기능을 수행해야 할 부분에서 선화의 질투를 드러낸다거나, 잠시 이별하는 즈음에서 가벼운 원망을 표출하는 방향으로 틀어져 버렸다. 확실히 「주생전」은 앞 시기 애정전기류와는 다른 양태를 보여준다.29) 그런 지점이 많은데 그 중에

서도 한 가지 특징적인 국면은 주인공들의 움직임에서 간취할 수 있다.

즉 주생은 예상치 못한 순차를 밟아가며 사랑의 열병을 앓게 된다. 「최치원」이나 「이생규장전」 등의 주인공은 스스로 어떤 정해진 운명의 수순을 밟아간다. 따라서 그들은 이미 다가올 비극적 운명을 '운명적'으로 직감하는 존재들이다. 그런데 주생은 우연히 옛 고향인 전당에 들렀다가 어린 시절 정답게 지냈던 배도를 만났다. 그리고 다시 만난 배도와 잠깐 동안 결연을 했고, 이를 매개로 다시 선화라는 운명적인 여인을 만난다. 이 과정에서 주생은 대단히 '충동적인 인물'로 그려지고 있다.30) 그 자신 과거에 연이어 낙방하고선 세태에 얽매이지 않기로 작정한 터라, 발길 닿는 대로 떠돌아다니던 상황이다. 거기에 장사치로 행세까지 하였으니 자급력도 일정 정도 갖추고 있었다. 그런 성향에 따라 그의 '애정 행각'은 어느 정도 예상이 될 법하다.

이에 따라 삽입시의 기능도 변모되었던 것인데, 주생의 재기발랄한 성격을 드러내는 데 동원되기도 하고, 선화의 질투나 배도의 원망을 부각하는데 동원되기도 한다. 요컨대 **주인공들의 성격 창조**에 일조하고 있었다.

그런데 삽입시의 이런 방향틀기는 기본적으로 작품 전체에서 삽입시가 차지하는 비중을 약화시키는 방향 쪽으로 가닥이 잡혀간다. 이런 예는 「운영전」에서도 확인해볼 수 있다. 「운영전」은 작품 전체에서 삽입시의 빈도와 비중은 그리 큰 편은 아니다. 그러나 분량이 워낙 확대된 편이라 전체 삽입시의 양은 결코 적지 않다.

특히 도입부에 시가가 빈번하게 개입되는데, 안평대군이 궁녀 10명을

---

29) 이에 대한 최근의 논의는 다음 논문들이 참조된다.

강상순, 「전기소설의 해체와 17세기 소설사적 전환의 성격」, 『어문논집』 36집, 민족어문학회, 1997; 정환국, 「17세기 애정류 한문소설 연구」, 성균관대 박사논문, 2000; 윤채근, 「〈周生傳〉과 〈折花奇談〉의 사랑의 방식」, 『한국문학연구』 4호, 고려대 민족문화연구원, 2003.

30) 이런 점에서 「韋敬天傳」의 韋敬天이란 인물도 함께 주목해볼 만하다.

발탁, 훈육을 하면서 한번은 일종의 테스트를 하게 된다. 이때 운영을 포함한 10명의 궁녀들은 제각기 시재(詩才)를 뽐낸다. 이 열 편의 시들은 이들의 시재를 확인하는 실물인 셈인데, 이 과정에서 유독 운영의 시가 혐의를 받게 된다. 안평대군은 그녀의 시에 '사인(思人)'의 뜻이 서려 있음을 지적하고[31] 앞으로 주시할 것임을 천명한다. 이 부분은 작품의 주요한 실마리가 되고 있기도 하다. 「운영전」은 시간의 역전을 반복하는 구조상의 특장이 있는데, 바로 이 시를 짓기 전에 '어떤 과거'가 있었다는 점을 환기시켜 준다.

이어지는 삽입시는 김진사의 출현과 함께 다시 등장한다. 여기서도 역시 김진사의 시재를 가늠하는 역할을 수행한다. 더욱이 안평대군과 김진사가 역대 시인들을 평하는 부분까지 이어짐으로써 이 부분의 삽입시는 다분히 자기 과시적 경향을 강하게 드러낸다. 그리고 운영과 김진사가 서로 그리워하며 애절한 정을 편지와 함께 시로 드러내기도 한다. 이점은 앞 시기 전기소설의 전통과 그리 어긋나 보이지 않는다. 그러나 그 이후 이들이 해후하는 과정과 사랑을 재확인하는 과정에서 삽입시는 더이상 활용되지 않는다. 마침 이 지점부터 작품의 서사적 긴장도가 팽팽해지고 인물들의 움직임은 활기를 띠고 있다. 서사적 긴장도를 유지하고 인물들의 움직임은 그들의 대화나 독백, 그리고 행동이나 심리의 표출을 통해서 해결되지 이제 삽입시는 그 효용성을 발휘하지 못한다.

이 점 시사하는 바가 크다. 확실히 「운영전」은 전 시기 전기소설에 비해 갈등의 증폭 과정이나 서사적 긴장도가 배가된 작품이다. 안평대군이라는 그늘 안에서 은밀하게 키워지던 사랑이 결국 발각되는 과정은 극적 긴장을 높여준다. 그런데 이 과정에선 삽입시가 나름의 기능을 전혀할 수 없었다. 이제 서사적 긴장을 증폭하거나 유지하기 위해서는 기존의 산문과 시가가 결합된 형태로서는 어려워진 것이다. 바로 이 부분이

---

31) 「雲英傳」. "餘詩亦皆淸好, 而獨雲英之詩, 顯有惆悵思人之意, 未知所思者何人. 似當訊問, 而其才可惜, 故姑置之."

전기소설의 새로운 지평이 열리는 지점이기도 했다. 바야흐로 전기소설의 양식적 관습은 이제 용도폐기 되지 않으면 획기적 전환을 맞이해야 시점에 와 있었던 것이다.

그럼에도 불구하고 아직까지 이 관습은 유지된 면이 없지 않았다. 「주생전」과 「운영전」의 결말 부분으로 되돌아 가 보자.

① 隻影無憑,　　　　짝 잃고 의지할 곳 없는 신세
離懷難吐,　　　　이별의 애달픔을 어이 다 말하리오
歸鴻暗暗連江樹.　　어둑어둑할 제 기러기는 강가 나무로 돌아오고
旅窓殘燭已驚心,　　객창의 외론 등불 앞에 놀라는 마음
可堪更聽黃昏雨.　　구슬픈 밤비 소리 차마 어이 들을소냐.

閬苑雲迷,　　　　낭원의 구름은 아득하고
瀛洲海阻,　　　　영주의 바다 막혔으니
玉樓珠箔今何許?　　옥다락 구슬발은 지금 어떠한고?
孤蹤願作水上萍,　　이 몸 부평초 될 수 있다면
一夜流向吳江去.　　하룻밤에 吳江으로 흘러 갈 것을.

—「주생전」

② 故宮花柳帶新春,　　옛 궁궐엔 꽃 버들 봄빛을 머금었는데
千載豪華入夢頻.　　천년의 화려함 꿈속에 자주 보이네.
今夕來遊尋舊跡,　　오늘 밤 이렇게 찾아 옛 자취 찾다보니
不禁珠淚自沾巾.　　구슬 눈물 주체 못해 옷깃을 적시네.

—「운영전」

①은 주생이 작자 권필(權韠)에게 남긴 시이고, ②는 운영이 유영(柳泳)과 헤어지면서 남긴 시이다. 모두 당해있는 지금의 심정을 풀어내는 부분이다. 지금 조선원정에 종군했다가 송도(松都)에 낙오되어 있는 주생은 선화와 해후할 수 없는 현실 앞에서 절망하고 있다. 그리고 운영 역시 지난날의 회한을 폐허가 된 궁궐에서 찾고 보니 주체할 수 없는 눈물만

이 앞을 가릴 뿐이다. 두 주인공 모두 이제 어쩔 수 없는 현실 앞에서 주저앉아 있는 것이다.

「주생전」과 「운영전」은 서사 전개 과정에서 여러 가지 가능성을 열어 두었음에도 불구하고 결론은 비극적이다. 바로 이 두 편의 종결시는 개별 작품의 비극적 성격을 다시 환기시켜 준다. 이 같은 끝 부분의 삽입시는 결말의 무한한 여운을 담보하고 있으면서 비극적 정조 또한 확보하고 있다. 이것이 바로 전기소설의 삽입시의 미감을 마지막으로 발휘하는 예이기도 하다.

4. 이후의 구도―초기 소설 양식 변화의 예로써

이미 확인했듯이 17세기 전기소설에 오면 삽입시는 주인공의 내면 심리를 묘파하거나 서사 전개의 중요한 매개항으로서의 역할은 보여주지 못한다. 또한 「주생전」과 「운영전」처럼 더 이상 종결시에서의 미감을 발산하는 경우도 없다. 그것은 삽입시의 기능의 변모로 이해될 법하다. 그런데 이는 삽입시의 개입 빈도와 비례한 결과이기도 하다. 「주생전」의 경우 비슷한 시기에 창작되었을 것으로 간주되는 전기소설들에 비하면 삽입시의 빈도가 아주 높다. 그리고 이 작품을 정점으로 해서 이후 작품들에선 시가의 삽입 양상이 현저하게 줄어드는 편이다.32) 초기 소설에서

---

32) 물론, 이후 국문소설류나 19세기 중·장편 한문소설에서 시가의 개입은 거의 형식화가 되어 있다. 그러나 이들 작품의 삽입시는 그야말로 '삽입시'일 뿐이다. 작품의 성격과 서사 진행의 키를 쥐지 않는다는 점에서 그렇다. 그러나 형식적으로 이러한 경향은 고전소설의 일반적인 경향으로 보아도 무방할 것이다. 다만, 그 역할이 앞 시기 작품들과 비교할 수 있을 정도의 무게가 아니라는 사실이다. 따라서 삽입시의 미감에 대한 논의는 아무래도 17세기 전기소설까지 한정해야 할 것이다.

의 '삽입시의 감소'는 단순히 운문 형태의 소거 과정으로만 치부할 문제가 아니다. 이 과정은 17세기 이후 소설의 문체 변화의 과정을 보여주는 가장 특징적인 지표이기도 하거니와, 결과적으로 전기소설의 고유의 생명력이 탈색되어 가는 과정이기도 했다.33) 이 현상은 마땅히 초기 소설의 양식상의 변전의 한 지표로써 주목되어야 한다.

분명히 「운영전」 이후 전기소설의 삽입시의 개입 빈도는 현저하게 떨어진다. 「상사동기」·「최척전」·「동선기」 등이 모두 그렇다. 「상사동기」의 경우, 「운영전」과의 유사성은 진작에 주목을 받았었다. 그러나 디테일은 상당히 다르다. 특히 전체 분량의 2/3 이상을 차지하는 김생(金生)과 영영(英英)의 결연 과정은 세부묘사의 신경지를 개척했다고 할 만큼 이채롭다. 여기에는 두 주인공 사이의 적절한 긴장 관계가 유지되는 속에, 소화적(笑話的) 화소까지 끌어들여 흥미를 제고시켜 준다. 거기에 예상치 못한 결말의 해피엔딩은 확실히 「운영전」의 비극적인 형식을 뒤틀어 버린, 종래 전기소설의 미의식을 배반한 '창신(創新)'이 아닐 수 없다. 그런데도 삽입시는 요소 요소에 배치되어 외형상 종래 전기소설의 틀을 따르고 있어서 곤혹스럽다. 더구나 두 주인공이 간신히 결연을 하고 다시 헤어지는 장면에서의 삽입시는 여전히 일정 정도 비감의 끈을 놓지 않으려 하고 있으니 말이다.

그런데 여기서 한 가지 다시 짚어봐야 할 점이 있다. 이는 「상사동기」의 작품성의 잣대와도 밀접한 연관이 있는 문제인데, 작품 전체의 흐름과 이 삽입시의 배치와 분위기는 왠지 잘 들어맞지 않는 인상이다. 즉 삽입시가 확보하고 있는 감정의 유로와 작품의 서사 전개 사이에는 어떤 메울 수 없는 거리가 존재하고 있다는 것이다. 전체적으로 발랄한 흐름과 결말의 구도와는 삽입시의 면모가 서로 어울리지 않는다. 이런 상황은 왜 초래되었을까? 인물과 배경으로 보아 매우 비극적임을 예감할

---

33) 그렇다고 전기소설의 생명력이 완전히 끝났다는 소리는 아니다. 전기소설 고유의 비극미가 전변되었다는 의미이다.

수 있는 설정임에도 불구하고 그 전개와 결말의 구도가 전혀 그렇지 않은 방향으로 끌고 간 데 그 원인이 있었다. 엄밀하게 말해 이런 구도는 삽입시가 필요 없거나, 다른 미감을 발산하는 쪽으로 바뀌어야 했다. 어쨌든 이런 부조화를 우리는 「상사동기」에서 실감하게 된다.

「최척전」은 「상사동기」의 이런 면모와는 또 다른 지점에서 언급될 필요가 있다. 우선 삽입시 자체를 구경하기가 힘든데, 서두의 두 주인공이 만나는 과정에도 삽입시 대신 편지글이 등장한다. 그러다가 딱 한 곳에서 삽입시가 보인다. 최척과 옥영이 우여곡절 끝에 결혼을 하여 잠시 단란한 때를 보내다 막 전란의 파고에 휩쓸려 들어가기 직전에 나눈 화답시 부분이다.

王子吹簫月欲低,	王子僑 퉁소 불적 달은 떨어지고
碧天如海露淒淒.	벽천은 바다 같고 이슬 방울 차우네.
會須共御靑鸞去,	만나면 모름지기 함께 靑鸞 몰고 가야
蓬島烟霞路不迷.	노을 비낀 蓬島 길 헤매지 않으리.

옥영이 읊은 이 시는 이상향(즉 蓬島)에 당도하기 위해서 부부가 어떠한 고난도 함께 극복해 가야 하리라는 다짐으로 읽혀진다. 이 시는 이들 부부가 전란으로 이별했다가 안남(安南)의 해안에서 극적으로 해후할 때 옥영의 입을 통해 다시 등장함으로써 그 다짐이 보다 고양되는 효과를 얻어내고 있기도 하다. 그러나 어쨌든 「최척전」에서의 삽입시의 개입은 여기뿐이며, 그 역할도 이에 한정된다. 그 대신 '현몽' 모티프를 이용, 최척 일가의 이합집산의 과정을 생생한 서사적 맥락으로 연결시킨다. 말하자면 삽입시 대신 다른 형태와 수법을 동원하여 서사적 긴장도를 유지하고 있는 셈이다.

이런 변화 과정은 초기 소설사의 변모 과정에서 대단히 주목되는 지점이다. 그리고 이 문제는 단순히 전기소설에 한정해서 이해할 것이 아니라, 소설사 전반에서 검토되어야 한 사인이기도 하다.[34] 이전의 소설이 시가의 삽입을 통해 분위기 전환이나 감정의 고조를 끌어냈다면, 이제는 이것을 대체하여 서사적 수법과 장치를 통해 갈등을 일으키고 장면을 전환하는, 그런 형식으로 바뀌어 가고 있었다. 더 이상 전기류가 인물의 내면 심리를 곡진하게 그려내는 양식이 아니라, 인물의 움직임과 다른 인물과의 관계 속에서 서사적 편폭의 확장을 통해 구체적인 갈등을 부각시키는 장르로 변전하고 있었다.

좀더 「최척전」을 주목해보자. 이번에는 결말 부분이다. 간난신고 끝에 최척의 가족은 다시 상봉하여 부모를 봉양하고 자식을 훈육하며 예전의 생활로 되돌아간다.35) 인물들의 끊임없는 부침 때문에 그 성격을 단언해서 말하기는 어렵지만, 그러나 이와 같은 결말은 지금까지 결코 없었던 변화이다.36) 이제 결말에서의 비극적 정감은 찾아볼 수 없다.

「동선기(洞仙記)」도 이런 형태로서는 마찬가지이다. 여기에도 삽입시는 단 한 군데 들어가 있다. 그것도 도입부에 서문생(西門生)이 장생(張生)·최생(崔生) 두 벗과 유람을 하고 나서 공명에 뜻을 두지 않겠다는 다짐의 표현을 드러내는 데 한정된다. 동선(洞仙)과의 이합 과정 등은 「최척전」과 마찬가지 양상으로 진행된다. 결과적으로 여기서의 삽입시도 작품의 전개와 분위기에 특별한 계기를 부여하거나 통제를 하지 못하고 있다. 역시 결말 부분도 두 주인공이 해후하여 이상향을 찾아가는 것으로 처리되었으며, 거기에 삽입시는 등장하지 않는다.

지금 논의에서 전기소설의 전통에서 삽입시가 그 기능과 존재가 자취를 감춰가는 정황을 우리는 목격하고 있다. 이 과정을 서사문학사 흐름

---

34) 물론 이 논의는 제한적으로 받아들여질 필요가 있다. 서사문학사 전반이 그렇다는 말은 아니다. 더 구체적으로는 애정전기의 전통에서 적용될 수 있을 것이다. 그러나 이런 변화는 다른 형식의 변화와 긴밀하게 연결되어 있는 바, 시사하는 점이 크다.

35) 「최척전」. "陟與玉英, 上奉父母, 下育子婦, 居于府西舊家."

36) 애정전기로서는 이에 앞서 「何生奇遇傳」이 헤피엔딩의 구조를 갖췄다고 할 수 있겠다. 그러나 이런 결말을 도출한 과정은 상당한 불합리성이 작용하고 있었다. 일종의 봉합이었던 셈이다. 따라서 이를 같은 선상에서 논의하기는 어려울 것이다.

의 관점에서 정리하자면, 서사 장르로서 '전기'가 운문과 산문이 혼합된 독특한 양식으로 출발했다가 다른 방식을 통해 점점 운문 부분의 의미를 약화시키는 방향으로 나아갔다고 볼 수 있다. 이 점 전기소설의 변모의 문제와 일정한 관련을 맺고 있다.

초기 소설, 즉 전기소설의 면모와 변전은 여러 가지 점에서 언급될 수 있겠고, 또 그런 지점들이 논의되어 온 것도 사실이다. 외형적으로만 볼 때도 작품 길이의 확대, 등장인물들의 면모 등 금방 잡혀지는 부분들이 적지 않기 때문이다. 그러나 이런 지점들을 서사의 확대에 따른 불가피성의 문제로 귀결시켜 버리면 이 같은 변모의 대강은 편협성을 면할 수 없다. 따라서 그와 다른 지표들이 보충될 필요가 있을 터다. 지금 그 한 가지 점을 전기소설 고유의 양식적 특징인 삽입시의 전변을 통해 추찰해본 것이다.

전기소설에서 삽입시는 작품의 미감을 확보하는 하나의 중요한 지표였음은 앞에서 이미 살펴보았다. 이렇게 초기의 소설은 시가의 운용을 통해서 그 미감을 발산하는 독특한 장르가 아닐 수 없었다. 그러나 앞의 논의에서도 언급되었고, 또 기왕의 선행 연구에서도 함께 주목하고 있듯이 전기소설은 변화되어 왔으며, 그것은 개별시대의 요구에 따른 것이기도 하였다. 따라서 17세기 이후의 전기소설 계통은 변화된 시기에 새롭게 조정되어 탄생한 '새로운' 전기소설이다.

그것은 서사적 편폭을 늘이면서 인물들의 감정 유로나 분위기 조성보다는 그들의 움직임과 그 움직임 속에서 충돌하는 갈등을 전개의 축으로 전회시키는 방향이었다. 그 지점에서 초기 소설은 일대 전환이 이루어졌고, 서사 장르로서의 '소설'이 본격적인 틀을 갖추는 과정이 아닐 수 없었다. 따라서 초기 소설의 삽입시의 양상과 변모는 동아시아 소설의 특징적인 국면을 포지함과 동시에 소설사 전환의 한 지점을 보여주는 좋은 예라 할 것이다.

明年癸巳天兵大敗倭寇追至慶尚道而生念仙花不置遂成沉痾而不能遂軍

而留松京余適以事住松京遇生指驛鍾中語音不同以書相通情生以余解文持之

頗厚余詢其致疾之由生悄然不答是日也因兩遂與生張燈夜話生作流落步

一闋其詞曰

隻影無憑離恨難收鴻點連江水漾寒殘燭已驚心何堪更聽黃昏雨閣

花雲迷瀛洲海阻玉樓珠泊今何許孤踪頓作水上萍一夜流向吳江去

余異其詞意懇惻不已陞乃自叙其首尾如此又自囊中出示卷一書曰花間景生

與仙花俳徊相和百餘首諸輩詠其詞者又十餘篇生為余墮淚求余詩甚切歠

元韻三十韻律題其卷端而贈之也而慰言曰大丈夫所憂在功名未範耳天下豈

無美婦人乎況今三韓已安六師將還東風已興間即偏美莫悲為兒女鎖作他人

之門也明早揖謝生再三謝曰可笑之事不必傳也生時年二十七眉宇姆姌望之如

畫

癸巳仲春無言子傳

▲「周生傳」의 첫부분과 끝부분(임형택 소장본).
이 책에는 「相思洞餞客記」·「王慶龍傳」·「南忠義老驢傳」 등이 합철되어 있다. 이본 중 선본이며,
끝부분에 "癸巳仲春 無言子傳"이란 필사기가 보인다. 계사년은 1593년이다.

周生傳

周生名檜字直卿號梅川世居錢塘父爲蜀州別駕因家于蜀生幼持聰銳能持
年十八爲諸輩所推仰生命自負不淺在太學數年連薦不第乃喟然嘆曰人生
世間如輕塵栖弱草年胡乃爲名繮所係汩沒塵土中以送吾年乎自是絕意科業
之業倒匧中有錢百千以其半買舟泝來江湖間以其半市雜貨時取贏餘以自給朝
吳暮越惟意所適一日繫舟岳陽城外步入城中訪所善羅生羅生故舟中流倚憚困
喜買酒相慰生不覺沉醉比及還舟日已瞳里微而月上東谷生敂舟中流倚憚困
朦舟自爲颿功而送其性如蕭及覺刷鍾鳴娲寺而月在西矣俚見兩岸綠樹蓊籠
曉色蒼花樹陰中時有絲籠銀燭隱映於朱欄翠箔之間竊而問之乃錢塘也已而一
絕曰

岳陽城外倚蘭槳　　　　桂宇一聲春月曉
一夜風吹入醉鄉　　　　忽驚身已在錢塘

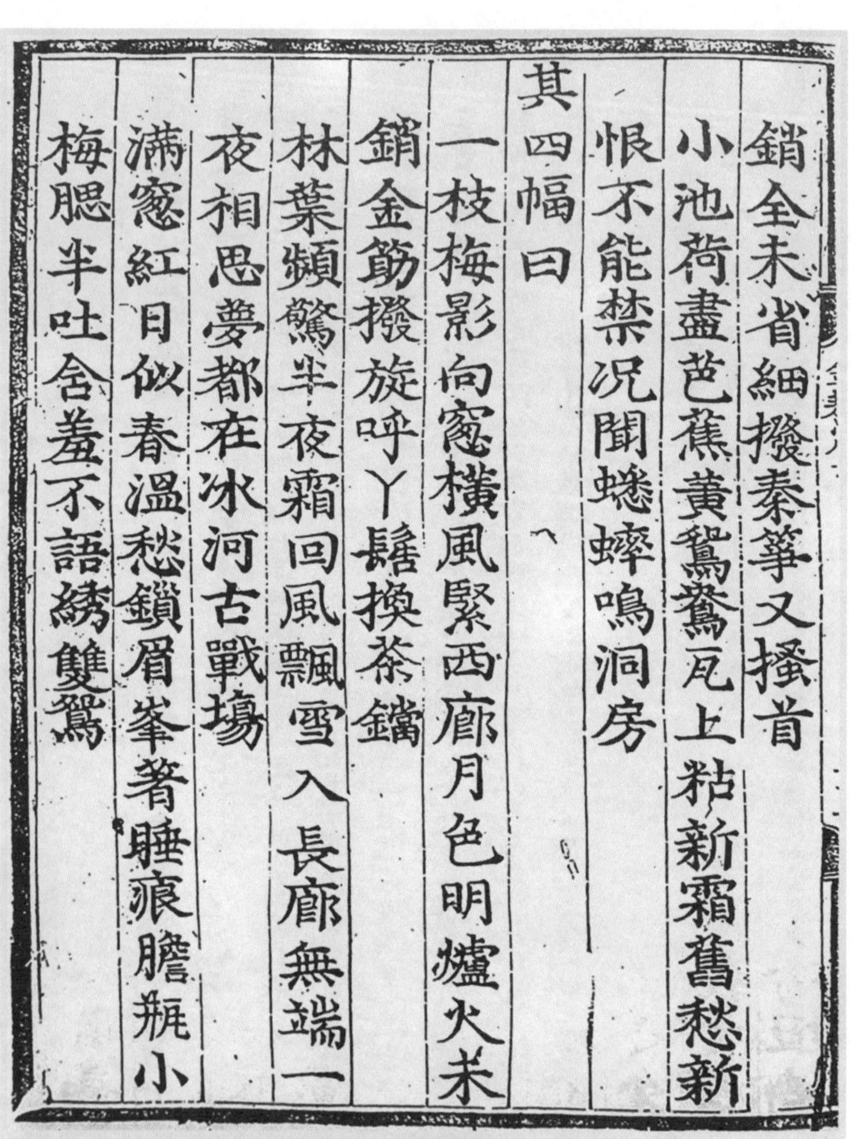

鎖金未省細撥秦箏又搔首
小池荷盡芭蕉黃鶯鶯瓦上粘新霜舊愁新
恨不能禁況聞蟋蟀鳴洞房

其四幅曰

一枝梅影向窗橫風緊西廊月色明爐火未
鎖金篽撥旋呼丫鬟換茶鐺
林葉頻驚半夜霜回風飄雪入長廊無端一
夜相思夢都在冰河古戰場
滿窓紅日似春溫愁鎖眉峯著睡痕膽瓶小
梅腮半吐含羞不語繡雙鴛

▲ 『金鰲新話』 중 「李生窺墻傳」의 삽입시 부분. '四時景詩' 4폭 중 제3,4폭의 내용이다.

17세기 초 소설에 미친 원명전기소설의 영향에 대하여

1. 비교 연구의 현실

한국 고전소설 연구에 있어서 중국 소설의 영향 문제를 제기한 예는 고전문학 연구가 시작된 시기와 상응하여 비교적 오래되었다. 현재는 이에 대한 연구성과가 다면적으로 이루어졌고, 그런 과정을 통해서 한중소설(韓中小說)의 비교문학적 접근이 어느 정도 가시화되었다. 뿐만 아니라 그 속에서 우리 소설만의 독자성도 확보된 것이 사실이다.[1] 한편 90년대에 들어와 중국 쪽에서도 우리 소설에 관심을 가지기 시작하면서 자국 소설과의 영향 관계를 대비해보는 작업이 진행중이기도 하다. 이제 한쪽만의 연구를 극복하고 보다 총체적이면서 객관적인 시각에서 양국 소설의 양상을 규명해볼 수 있는 좋은 전기를 맞이하고 있는 셈이다.

---

1) 대표적인 연구는 박성의·정규복·이상익·김현룡·이경선·이혜순 등에 의해 이루어졌다.

그럼에도 불구하고 지금까지 연구에서 드러난 문제점도 없지 않았던
바, 그 몇 가지를 추려 본다. 첫째, 한중소설의 영향 관계를 살펴보는 데
있어서『태평광기(太平廣記)』·『전등신화(剪燈新話)』와 명대 사대기서(四大
奇書) 등에만 한정, 편중된 편이다. 따라서 다루는 폭이 몹시 좁을 수밖
에 없었다. 물론 이들 작품이 중국 소설사에서도 각 시기의 중요한 흐름
의 중심에 있었던 것은 사실이지만, 우리 소설이 이들 작품들에만 한정
되어 관련을 맺고 있다고 볼 수는 없기 때문에 그 자체가 왜소성을 면
치 못했다. 둘째, 작품을 대비하는 데 있어서 중국 소설과 우리 소설의
시대성이 무시되어 왔다는 점이다. 무엇보다 텍스트적 유사성이 살펴지
는 경우라도 각각의 작품이 가지고 있는 당대의 시대성에 따라 그 의미
와 지향이 편차를 보이는 법이다. 때문에 시대성이 고려되지 않은 연구
는 균형잡힌 감각에서 양자의 영향 관계를 분별해낼 수 없게 만든다. 셋
째, 평면적 유사 관계에 한정되어 보다 구체적인 의미망을 살피는데 주
의가 환기되지 못했다. 분위기나 모티프 등의 유사성에만 주목한 나머지
작품 전체의 구조 등에까지는 연구의 시선이 미치지 못한 감이 있다.

이 같은 연구 과정상에 노정된 문제점은 기본적으로 양국의 교류가
빈약했던 과거 역사적 조건에서 초래된 면도 없지 않다. 이제 보다 자유
로운 교류가 활성화되는 시점인 만큼 한중소설의 비교연구는 위의 문제
점을 극복하고 새로운 국면으로 고양될 때다.

본고는 지금까지 진행되어 온 한중소설의 영향 문제의 한 일면으로,
원명(元明)시대 전기소설과 17세기 초 한국 전기소설과의 영향 관계를
주로 구조적인 측면에서 밝혀보려 한다. 이 연구 대상은 아직까지 본격
적으로 논의된 예가 있지 않았다. 때문에 위에서 적시한 지금까지의 연
구의 문제점을 유의하며 출발하지만, 또다시 그 속에 파묻힐 위험이 있
는 것도 사실이다. 한중소설의 관련성 문제에 있어서 아직도 그 대상의
폭을 더 넓혀야 하는 현재의 시점에서 본 연구도 그 큰 흐름의 한 부분
에 해당되기 때문이다.

17세기 전반까지 왕성한 생명력을 자랑했던 애정전기소설은 동아시아 전란이라는 특수한 사회적 조건에 부응하여 우리 소설의 큰 흐름으로 이어졌던 것은 주지의 사실이다. 분명 이 시기 소설은 저 나말여초에 형성되어 『금오신화』·『기재기이(企齋記異)』에서 찬란한 빛을 발했던 전기소설의 값진 적자(嫡子)이다. 그런데 17세기 전기소설의 특성들이 하나하나 밝혀져 오는 과정에서도 아직껏 중국 소설과의 관련성 문제는 특별히 제기되지 않았었다. 그러나 중국 소설과의 관련성을 따지는 작업은 이 시기 전기소설이 발달하게 된 요인을 규명하는 작업에 긴밀하게 연결되어 있다. 따라서 그 영향 문제를 추적해보지 않을 수 없게 되었다.

『금오신화』가 당송(唐宋) 전기소설부터 『전등신화』에 이르기까지의 전기적 전통을 발전적으로 흡수한 예로 지적하는데 우리는 주저하지 않는다. 그렇다면 『금오신화』의 우수한 전통을 이은 17세기 전기소설의 출처는 어디서 찾을 수 있을까?

이런 점에 유의하여 아직껏 부면(浮面)에 드러나지 않았던 17세기 초 애정전기소설의 중국 소설과의 연관성 문제를 끌어내는 작업의 일환으로, 원명시대 전기소설 — 주로 중편전기소설(中篇傳奇小說) — 이 17세기 우리 전기소설과 어떤 친연성을 가지고 있는지를 구체적으로 따져 보고자 한다. 최근 17세기 전기소설의 중국 소설과의 영향 관계를 언급한 연구가 없었던 것은 아니다.[2] 그러나 이들 연구에서는 그 원류를 당송의 전기소설이나 『전등신화』 등의 몇 작품에 한정하여 부분 부분의 모티프나 분위기 등 한정된 관계만을 따져, 그것을 영향 관계로 간주해 버렸다.[3]

---

2) 주로 「周生傳」과 「韋敬天傳」에 한정되어 논의되었다.

　왕숙의, 「周生傳의 비교문학적 연구」, 한양대 석사논문, 1986; 정민, 「주생전의 창작 기층과 문학적 성격」, 『한양어문연구』 9집, 한양대 한양어문연구회, 1991; 정민, 「韋敬天傳의 낭만적 비극성」, 『한국학론집』 24집, 한양대 한국학연구소, 1994.

3) 또 한편 비록 설득력 있는 영향 관계를 규명한 경우라도 한 작품의 영향을 따지는데 머물러 있어, 그 총체적 수수의 양상을 살피는 데는 부족하였다.

2. 원명전기소설의 조선 유입

1) 원명중편전기소설(元明中篇傳奇小說)

　원명전기소설(元明傳奇小說)이라 할 때 명대 구우(瞿佑)의 『전등신화』,
이정(李禎)의 『전등여화(剪燈餘話)』를 제외하고는 별로 낯익은 작품이 떠
오르지 않는다. 물론 위의 두 작품은 이 시기를 대표하는 전기집이다.
그러나 이 두 전기집은 저 당송대의 일정한 흐름 속에서 변화를 거듭하
며 편폭을 확대해 온 결과물이었다. 바로 중편전기소설로,4) 진익원(陳益
源)은 이 시기 중편전기소설의 개념과 범주에 주목하여 '형식과 내용은
당송 전기의 체제를 따르되, 시재(詩才)·의론(議論) 등이 첨가되며, 무엇
보다 낭만적 애정고사가 중요제재로 등장한다'고 규정하고 있다.5) 아울
러 작품의 길이가 대폭 확대되는 점도 당송의 전기와 구별되는 특징으
로 꼽고 있다. 이처럼 낭만적 애정고사를 주요 제재로 하는 작품군은 우
리 소설의 애정전기와 부합되기도 하는 바, 그 대표적인 작품만 들어보
아도 원대의 「교홍기(嬌紅記)」6)와 명대의 『전등여화』의 부록으로 실려
있는 「가운화환혼기(賈雲華還魂記)」,7) 그리고 「종정려집(鍾情麗集)」8)·「회

---

4) 여기서 '중편'이라 한 것은 어쩌면 편의적인 구분에 지나지 않을지도 모르겠다. 중국
　및 일본에서는 고전소설에 대해 대체로 1만 자 이내의 작품을 단편, 1만 자에서 4만
　자 이내의 작품을 중편, 4만 자 이상의 것을 장편으로 보고 있다. 고전소설의 중단편
　구분에 대해서는 좀더 논의가 필요하겠으나, 위의 구분에 대체로 공감하고 있다. 그렇
　다고 해서 唐宋元明까지 이어지는 정형화된 전기소설을 단편전기소설이라고 하느냐
　하면 그렇지는 않다. 여기서 중편전기소설이라 하면 기존의 전기소설과 변별하는 차
　원에서 구분하는 것일 뿐이다.
5) 陳益源, 「元明中篇傳奇小說在中國文學發展史上的價値」, 『從「嬌紅記」到「紅樓夢」』,
　遼寧古籍出版社, 1996. 진익원 교수는 최근 원명전기소설 연구에 대해 의욕적인 작업
　을 펼치고 있다. 필자도 원명대 전기소설을 이해하는데, 많은 도움을 받았음을 밝혀둔다.
6) 元나라 宋梅洞의 작품으로, 申純과 嬌娘의 사랑을 그렸다. 여주인공 嬌娘과 이 작
　품의 매개인물로 등장하는 飛紅의 이름자를 따서 「嬌紅記」라 한 것이다.
7) 『전등여화』는 모두 20편으로, 李昌祺(李禎)가 永樂 19년(1419) 전후에 완성한 것인

춘아집(懷春雅集)」9)·「심방아집(尋芳雅集)」10)·「천연기우(天緣奇遇)」11) 등의 문언소설(文言小說)을 비롯해, 『경본통속소설(京本通俗小說)』·『국색천향(國色天香)』·『청평산당화본(淸平山堂話本)』·『만금정림(萬錦情林)』·『연거필기(燕居筆記)』12) 등 화본소설집(話本小說集)과 거기에 실려 있는 「유생멱련기(劉生覓蓮記)」13)·「상사기(相思記)」 등의 애정류이다.14) 이들 작품의 전반적인 내용은 재자(才子)와 가인(佳人)이 만나 사랑을 나누나, 여러

데, 이창기는 이에 앞서 지었던 「賈雲華還魂記」를 부록으로 실어 모두 21편이 된 것이다. 그런데 「가운화환혼기」는 작품의 길이로 보거나 전기적 색채로 볼 때 『전등여화』 원집에 수록된 20편과는 이질적인 성격이다. 「가운화환혼기」는 재자가인 魏鵬과 賈雲華의 사랑을 그린 작품으로, 원나라 延祐 연간(1314~1320)을 시대적 배경으로 하고 있다.

8) 瓊州 서생 辜輅과 그의 表妹 黎瑜의 사랑을 곡진하게 표현한 작품으로, 저자는 玉峰主人이다.

9) 蘇道春과 潘玉貞 간의 사랑을 그린 작품이다. 「金谷懷春」이라고도 부른다.

10) 「三奇合傳」이라고도 하며, 湖州의 유생 吳廷璋이 嬌鸞과 嬌鳳 자매와 결연하는 과정을 그린 작품이다.

11) 杰士 祁羽狄의 사랑과 공명을 그리고 있다.

12) 이들 話本小說集은 대체로 원나라 때부터 명나라 초기에 성립된 화본소설을 선집한 것으로, 15세기에 이루어졌다. 화본소설 자체가 여기 저기에 유행되고 있었던 만큼 이들 선집들에는 같은 작품이 실린 경우가 많다.

13) 「覓蓮記傳」·「覓蓮雅集」이라고도 하며, 劉一春과 孫碧蓮 사이의 사랑을 다루고 있다. 특히 작품 후반부에는 손벽련과 함께 유일춘의 아내가 되는 苗靈秀라는 기녀가 등장하여 흥미를 끈다.

14) 대체로 명대 중기 이전까지 — 즉 〈三言〉·〈二拍〉 같은 본격적이고 종합적인 話本小說集이 나오기 전 시기 — 의 소설의 흐름에서 文言小說과 話本小說 사이의 넘나듦은 매우 유연했던 것으로 보인다. 그 한 예로 「가운화환혼기」는 원래 화본소설이었는데, 李禎이 각색하여 『전등여화』에 부록으로 실어놓았는가 하면, 위의 열거한 화본소설집 속엔 문언소설인데도 선집된 경우도 적지 않다. 또한 그 구분이 애매한 작품도 있는 것으로 볼 때, 특히 애정류의 경우는 문언·화본이라는 특정한 성립 형태에 구애되지 않고 비슷한 구조를 상호 발전시켜 왔음을 알 수 있다. 이 같은 상황은 또 한편 '원극'의 전통과도 밀접한 관련 속에서 형성된 것임은 주지의 사실이기도 하다(원명대 소설과 戲劇과의 관련성에 대해서는 蔣伯潛·蔣祖怡, 『小說與戲劇』, 上海書店出版社, 1997 참조). 또 한 가지 여기서 언급해둘 것은 위의 애정류 소설은 다음 시기의 〈삼언〉·〈이박〉이 성립되는데 결정적인 기여를 했고, 그 과정에서 전기소설은 소멸되어 갔다는 점이다. 그러나 본고에서 논의되는 대상 작품은 아직까지는 전기적 구성 원리가 작품 성립에 중요한 관건이 되고 있는 것들이다.

가지 혼사 장애 요소에 의해 이별과 재회의 우여곡절을 겪는다는 것으로 꾸며져 있다.15) 그 가장 전형적인 예에 드는 작품이 「교홍기」이며, 「교홍기」의 전통을 그대로 이은 것으로 판단되는 작품이 「가운화환혼기」이다. 실제 「가운화환혼기」는 남녀주인공의 결연과 그 후에 이어지는 연속된 이야기구조가 「교홍기」의 서사구조와 흡사하다.16) 그런데 이 두 작품에서는 남녀주인공이 결국에는 완전한 사랑을 성취하지 못하는 비극으로 끝맺고 있다. 이는 바로 당송 전기소설의 결말구조에 기대어 있다는 증거이기도 하겠거니와, 뒤이어 쏟아지는 애정류는 급기야 온갖 우여곡절을 극복하고 화락한 결연을 이루는 형태로 변화한다. 그 대표적인 작품이 「종정려집」이다. 이 작품도 사실은 「교홍기」의 서사구조에 절대적으로 기대고 있는데, 중간의 과정이나 결말구조에서 일정 부분 변화를 꾀했다. 이 외에도 「유생멱련기」·「회춘아집」·「심방아집」 등도 위에서 약술한 구조와 그 맥락을 같이하고 있다. 이처럼 원명전기소설은 「교홍기」라는 빼어난 작품을 축으로 하나의 또렷한 선과 방향을 가지고, 점점 지괴성을 제거하고 현실적 논리 속에서 그 편폭을 확대해가고 있었다.17)

---

15) 현재 중국에서는 이런 류의 소설을 '才子佳人小說'이라는 용어로 쓰고 있기도 하다. 엄밀한 의미에서 재자가인소설은 明末淸初에 활발하게 창작되었던 일군의 재자와 가인의 애정담을 지칭하는 용어이지만, 논자에 따라서 그 대상을 앞 시기까지 끌어올려 소설사적 용어로 쓰고 있다. 중요한 점은 이 같은 재자가인소설도 명나라 초기에 그 틀이 조성되고 있었다는 점과 애정전기류 소설의 발달에서 그 시원을 찾을 수 있다는 것이다. 재자가인소설의 개념과 범위에 대해 다룬 논문은 다음과 같다.

　潘知常, 「明末淸初才子佳人小說的美學風貌」, 『社會科學輯刊』(沈陽), 1986; 盧興基, 「淸初的才子佳人小說」, 『陰山學刊』(社科版), 1988; 寧宗一, 『中國小說學通論』, 安徽敎育出版社, 1995; 崔奉源, 「才子佳人小說의 흥성과 天花藏主人」, 『대동문화연구』 31집, 성균관대 대동문화연구원, 1996.

16) 두 작품의 영향 관계에 대해서는 陳益源, 『元明中篇傳奇小說硏究』(學峰文化, 1995)가 자세하다.

17) 실제 「가운화환혼기」부터 「심방아집」에 이르기까지 대부분 그 내용 속에 「교홍기」에 관계된 기사가 실려 있다. 그 한두 가지 예만 지적한다. "一日, 偶與朋友遊西湖. 娉伺生不在, 携侍姬蘭茗, 潛至其室, 遍閱簡牘, 見有「嬌紅記」一冊. 笑謂茗曰 : '郎君觀此書, 得無壞心術否乎?'"(「가운화환혼기」). "越夕, 生囑愛童守門, 徑訪妓家. 文仙出「嬌紅記」, 生與觀之, 曰 : '有是哉! 有始無終, 非美談也.'"(「劉生覓蓮記」)

그리고 그 양식은 명말청초(明末淸初)의 본격적인 '재자가인소설(才子佳人小說)'에 발전적으로 흡수되었던 것이다.[18]

이러한 사정에도 불구하고 지금까지 원명중편전기소설에 대한 주의가 기울여지지 않았던 것은 명대소설 연구가 사대기서나 〈삼언(三言)〉·〈이박(二拍)〉 등에 편중되었고, 전기소설은 『전등신화』를 끝으로 그 생명력을 잃은 것으로 간주해 왔던 데 그 이유가 있었다.[19]

2) 원명전기소설의 조선에의 유입

주지하듯이 『금오신화』는 『전등신화』와의 관련성 속에서 그 영향의 측면과 독자성이 언급되어 왔다.[20] 『전등신화』는 매월당의 「제전등신화후(題剪燈新話後)」를 통해서 알 수 있듯이 이미 15세기 중반에 우리나라에 전래되었다. 또한 『전등여화』도 이 시기면 이미 유입되어 있었다고 한다.[21] 그런데 『전등신화』를 비롯한 원명대의 소설이 우리나라에 공식적이며 본격적으로 유입된 사실은 16세기 벽두에나 확인된다.

전교하기를 『전등신화』·『전등여화』·『效顰集』[22]·「교홍기」·「西廂記」 등

---

18) 侯忠義·劉世林, 『中國文言小說史稿』 下冊(北京大學出版社, 1993, 112면). "現存明代單篇傳奇小說, 除『嬌紅記』外, 尚有『鍾情麗集』·『荔枝奇逢』·『劉生覓蓮記』等. 他們對明末淸初才子佳人小說和艶情淫穢小說産生了强烈的影響."

19) 원명전기소설이 그동안 주목을 끌지 못했던 이유에 대해서는 진익원의 『원명중편전기소설연구』(앞의 책)에서 거론했다.

20) 박성의, 「금오신화와 전등신화의 비교연구」, 『고전소설연구』, 정음사, 1979; 이석래, 「금오신화는 전등신화의 모방인가」, 『韓國文學史의 爭點』(城山張德順先生停年退任紀念論叢), 집문당, 1986.

21) 유탁일, 「전등신화 및 전등여화의 전래와 수용」, 『韓國文獻學硏究』, 아세아문화사, 1989.

22) 宣德 연간(1426~1435)에 趙弼이 편집한 文言小說集으로 모두 25편의 작품이 수록되어 있다. 그 내용은 대부분 역사인물을 허구화시켜 놓은 것인데, 애정류가 몇 편 보이는 바, 「鍾離曳嫗傳」·「續東窓事犯傳」·「木綿庵記」 등인데, 이들 작품은 『警世通言』의

의 책을 사은사에게 구입해 오도록 하였다. (…중략…) 『전등신화』·『전등여화』
등을 印出하여 올리라 하였다.23)

1506년 사은사를 통해서 직접 중국에서 구입한 소설집이 대부분 전기
류이며, 이 중 『전등신화』와 『전등여화』, 그리고 「교홍기」는 뒤에 간행
까지 이루어졌다. 위의 열거된 작품의 성립 시기를 살펴보면, 「교홍기」
가 원나라 때, 『전등신화』가 1378년 경(『전등신화』 自序에 의거함)이며, 『전
등여화』가 1419년 전후이다. 이로 미루어보면 이들 작품이 성립되고 나
서 일정한 시간이 지난 후, 조선에 유입되었음을 알 수 있다. 그런데 실
록에는 같은 해에 이보다 좀더 흥미 있는 기사가 보인다.

　　『聯芳集』 및 기타 눈여겨볼 만한 책을 연경에 가는 사람을 시켜 구입해 오
　도록 하였다. 승정원에서 『香臺集』·『游藝錄』·『麗情集』을 적어 올리자, 전
　교하기를, '이들 책은 어떻게 알아 서계하는가?'라고 하였다. 승지 등은 '『향대
　집』·『유예록』은 『전등신화』에 실려 있는 것이며, 『여정집』은 姜渾이 들은 것
　을 적어서 아뢰었습니다'고 서계하였다. 전교하기를, '『여정집』을 널리 찾아서
　구입해 오라'고 하였다. 일찍이 『重增剪燈新話』를 보셨는데, 蘭英과 蕙英이
　서로 화답한 시 백 수가 있어 이를 「연방집」이라고 하고, 당시 호걸들이 많이
　전하여 암송하였다는 것을 보시고, 이에 구입해 오라고 한 것이다. 또 '魏生이
　일찍이 방을 비운 사이에 娉娉이 시비 蘭茗를 데리고 들어와 「교홍기」 한 책
　을 보았다' 하였는데, 지금 내린 책이 바로 이 책이다. 앞서 하교에 '으슥한 집
　죽창이 아직도 예와 같네[竹窓幽戶尙如初]'란 시구도 또한 여기에 실려 있는
　데, 다만 사이에 漢語가 있어 해석할 수 없는 데가 많으므로, 문자로 주해를 달
　아 간행하였었다.24)

　　「拗相公飮恨半山堂」과 『古今小說』의 「游酆都胡母迪吟詩」·「木綿庵鄭虎臣報冤」의
　母本으로 알려져 있다.
23) 『연산군일기』, 12년 4월조. "傳曰 : 剪燈新話·剪燈餘話·效顰集·嬌紅記·西廂記
　等, 使謝恩使貿來. (…중략…) 剪燈新話·餘話等書印進."
24) 『연산군일기』, 12년 8월조. "聯芳集餘他可見書, 令赴京人貿來. 承政院以香臺集·
　游藝錄·麗情集書啓, 傳曰 : '何所據而書啓耶?' 承旨等啓, '香臺集·游藝錄, 則載在
　剪燈新話, 麗情集, 則江渾以所聞書啓.' 傳曰 : '麗情集廣索以入.' 嘗覽重刊剪燈新話,

「교홍기」·『전등신화』등 원명전기소설뿐만 아니라, 이들 소설 속에 언급된 시가집(詩歌集) 또한 함께 구득, 애독되었다는 점이 주목된다. 『연방집(聯芳集)』을 지었다고 하는 난영(蘭英)과 혜영(蕙英) 자매는 다름 아닌 『전등신화』의 「연방루기(聯芳樓記)」의 여주인공들이다. 그리고 이들이 수창한 시가 『연방집』으로 남았다고 하는 것은 「연방루기」에 기록된 사실이다.25) 이 같은 남녀주인공들의 화답시가 시집화(詩集化)된 예는 「종정려집」에서도 거듭 확인된다.26) 이는 소설의 효용성을 떠나서 염정시가 소설에 인입됨으로써 전기류 소설이 읽히는데 중요한 몫을 차지하고 있었다는 증거이며, 「교홍기」 등 일련의 원명전기소설이, 삽입된 시가의 효용성과 함께 16세기 초에 대량으로 조선에 유입되고 있었다는 사실을 확인시켜 준다. 또한 빙빙(娉娉)이 위생(魏生)의 방에 들어와 「교홍기」를 보았다는 내용도 역시 『전등여화』의 「가운화환혼기」에 그대로 나오는 부분이다.27) 정사에서 이와 같은 구체적인 대목이 언급되고 있다는 사실은 그만큼 이런 유의 소설들이 회자되고 있었던 저간의 사정을 명확히 알려준다. 또 강혼(姜渾, 1464~1519)이 서계하여 어명으로 널리 구해 들여왔다는 「여정집(麗情集)」은 다름 아닌 송나라 장군방(張君房)이 편찬한 전기소설집이다.28)

有蘭英·蕙英, 相與唱和, 有詩百首, 號聯芳集. 當時豪士, 多傳誦之, 故令貿來耳. 且魏生嘗出(원문에는 '嘗出'이 '常在'로 되어 있으나, 이는 오기이다)室, 娉携侍姬蘭茗, 見嬌紅記一冊云云. 今下冊乃此集也. 前敎'竹窓幽戶尙如初'之句, 亦在于此. 但間有漢語多不可解, 其以文字注解開刊."

25) 「聯芳樓記」(古本小說集成 『剪燈新話』). "二女, 日夕於間, 吟詠不輟, 有詩百首, 號 「聯芳集」. 好事者, 往往傳誦."

26) 「鍾情麗集」(中國古代孤本小說集1, 『萬錦情林』). "瑜娘重歸之後, 孝敬其姑, 恭順其夫, 得姊妹以和友爲先, 遇僕婢以恩惠爲本. 一家內外, 無不敬之. 機杼之精, 剪制之巧, 爲一時之冠, 時譽翕然. 暇日, 則與生吟咏, 玩繹詩書, 吟咏情性, 一唱一和, 所作詩詞, 集爲一稿, 名曰和鳴集."

27) 「가운화환혼기」(古本小說集成 『剪燈餘話』). "生一日, 偶與朋友遊西湖, 娉伺生不在, 携侍姬蘭茗, 潛至其室, 遍閱簡牘, 見有「嬌紅記」一冊, 笑謂茗曰 : '郎君觀此書, 得無壞心術否乎!'"

28) 현재 이 책은 이미 산실되어 남아 있지 않다. 다만 『文苑英華』·『綠窓新話』 등에

　　그런데 이 시기 원명전기소설이 다량으로 유입되는 데에는 연산군의 개인적 흥미와도 무관하지 않았으니, 다음의 기사는 이를 뒷받침하고 있다.

　　　『전등신화』를 내리며 이르기를, 서문에, '정대하지 못한 임금은 오직 성색이나 가무만 좋아하여 위아래가 서로 속이므로 정사가 해이해지고, 국세가 떨치지 못한다'고 하였는데, 어찌 성색이나 가무로 인하여 나라가 꼭 망하겠는가? 위아래가 서로 속임으로써 그렇게 되는 것이다. 전조의 임금 중에도 이런 사람이 있었는가?29)

　　연산군은 실제『전등신화』를 비롯한 소설류를 탐독했거니와,『전등신화』서문에서 성색(聲色)이나 가무(歌舞)가 나라 정치를 어지럽힌다고 경계한 말을 반박하고 있다. 내심 자신의 향락적 생활에 정당성을 부여하려 한 혐의마저 느껴진다. 유독 연산군 시기에 전기소설이 우리나라에 많이 유입되고 있다는 사실은 이처럼 연산군 일개인의 개인적인 향락 생활과도 관련성을 지닌 것으로 보인다. 공교롭게도 위의 인용문 바로 앞 단락에 연산군이 하룻밤 사이에 만냥의 비용을 들여 흥청대던 기사30)가 나오고 있기도 하다.

　　그렇다면 위의 원명대 전기소설이 조선에 유입된 이후의 사정은 어떠했던가? 이에 대한 자세한 자료는 찾아지지 않는다. 다만「오륜전전(五倫全傳)」31)의 발문에 참고할 만한 기록이 보인다.

　　이 책에 선집되었던 작품이 단편적으로 실려 전한다.

29)『연산군일기』, 12년 4월조. "下剪燈新話曰 : '序云, 不正之君, 所好者, 唯聲色歌舞, 而上下相蒙, 政治廢弛, 國勢不振. 豈因聲色歌舞, 而國必亡乎? 由上下相蒙而然耳. 前朝之君, 亦有如此者乎?"

30)『연산군일기』, 12년 4월조. "王微行至景福宮, 御慶會樓, 設萬歲山觀燈. 宴罷, 命承政院入觀, 夜二鼓矣. 王命司鑰黃小老·公孝連, 分左右部作燈青鸞·紫鳳·蓮花·牧丹·姑蘇臺·蓬萊山·金烏·玉兎·銀鯽·黃龍, 千態萬象, 窮極奇巧, 皆以金銀·珠翠. 飾之所費萬計, 懸于萬歲山下. 王乘黃龍舟觀之. 炷芙蓉香數百束, 列蠟炬千柄, 夜明如晝. 興清數百, 列坐奏樂."

(…중략…) 세간에『전등신화』·『전등여화』등의 책이 있어 사람들이 돌려보고 즐기는데, 그 서술 문체는 볼 만해도 모두 滑稽劇談에 불과하다. 어찌 이 책(「오륜전전」-인용자)의 세교에 뜻을 두고 일용의 절실함과 같을 수 있겠는가?[32]

「오륜전전」에는 세 편의 발문이 있는데, 위의 인용문은 그 중 보암산인(保庵散人) 심수경(沈守慶, 1516~1599)의 발문이다. 이 앞에 유언우(柳彦遇)가 1550년에 지은 발문이 있다. 그런데 유언우가 다시 심수경에게 발문을 청하였다고 하였으니, 위의 글은 그 요청에 의해 이루어진 것인 바, 1550년이나 이후 어느 시기에 지은 것임을 알 수 있다. 여하간 16세기 중반 즈음에는 이미『전등여화』등이 세간에서 많이 읽혀지고 있었다는 사실을 확인할 수 있다. 비록 심수경은 이들 소설류를 '골계극담' 정도로 폄하해서 「오륜전전」과 상배되는 것으로 취급했지만, 이미 세간 속으로 깊숙이 파고 들어와 있었던 원명전기소설의 인기를 부인하지 못하는 상황이었음을 보여주는 대목인 셈이다.

16세기 벽두 이 같은 원명전기소설의 유입은 이후 우리 소설사에서 일정 정도 영향을 끼치지 않을 수 없었다.

3. 17세기 초 소설의 구조와 원명전기소설의 영향

17세기가 열리면서 조선조 문학사 흐름의 한 특징을 메운 전기소설은

---

31) 정신문화연구원에서 간행한『고문서집성』(의성김씨편)에 실려 있는 작품으로, 명나라 丘濬의 南戲『五倫全備記』를 축약, 윤색한 것으로 알려져 있다. 이에 대해서 일찍이 심경호, 「五倫全傳에 대한 고찰」(『애산학보』8집, 연세대, 1990)에서 처음으로 소개되었다.

32) 「五倫全傳跋」. "(…중략…) 世有剪燈新話·餘話等書, 人多傳玩. 雖舖張文詞之可視, 皆不過滑稽劇談耳. 夫孰若是書之慕世敎, 而切於日用者乎?"

주지하듯이 몇 가지 중요한 특징이 있다. 그 중 하나로 전대 전기소설에
서는 찾을 수 없는 '서사성'을 들 수 있다. 즉 극중 줄거리가 다양한 서
사적 장치를 활용하여 긴밀하게 짜여져 있다. 그 결과는 당연히 편폭의
확대를 가져왔던 바, 우리 소설이 전화하는 한 과정이었다.33) 또 한편
이 시기 전기소설은 전대 전기소설의 낭만성을, 당대의 현실적 거리 속
에서 적절하게 배합해냄으로써 또 하나의 미학적 성과를 일구어 냈던
것이다. 당대의 '현실적 거리'라는 것은 '동아시아 전란'으로 귀결될 수
있겠다. 그런데 여기에 낭만성과 사실성, 이 두 상반된 속성이 잘 녹아
들어갈 수 있었던 요인은 무엇인가? 결론부터 말하자면, 이는 당송의 전
기소설을 원명 당대에 맞게 변태시켰던 원명전기소설의 구조적 수법을
일정 정도 수용한 데서 가능할 수 있었다.34)

이 시기 소설은 남녀주인공의 결합과 이합(離合)을 반복하는 구조 속
에서 그 가치를 드높였다. 즉 전대 전기소설의 '만남-이별'이라는 단순
구도에서 벗어나 갈등 요소나 매개 인물들이 개입되면서 사건이 복잡하
게 진행하게 된다. 이전의 소설적 구조에서는 도저히 직조해낼 수 없는
새로운 소설적 환경인 셈이다.35)

---

33) 17세기 소설의 장편화 문제에 대해서는 김대현, 「17세기 소설사의 한 연구」(성균관
　　대 박사논문, 1992)에서 논의되었다.
34) 본고에서 의도하고 있는 것 중에 하나는 17세기 초 전기소설이 변모, 발달 과정에
　　있었던 그 요인을 규명하는 데 있다. 무엇보다 이 시기 소설이 변모하는 데에는 어떤
　　한 가지의 영향으로 초래된 것이 아니라, 다양한 요소가 첨예하게 뒤섞인 속에서 가능
　　하였다. 때문에 본고에서 밝혀보려는 원명전기소설의 영향은 이 시기 소설 흥성의 한
　　요인에 불과한 것이지 절대적인 게 아님은 물론이다.
35) 본고에서 다루어지는 대상작품은 17세기 초 전기소설인 「周生傳」·「雲英傳」·「韋
　　敬天傳」·「崔陟傳」·「相思洞記」·「洞仙記」 등이다. 이들 개별 작품들의 논의는 제3
　　부 17세기 전기소설의 면모와 저변 부분 참조

1) 만남과 결연

일반적으로 전기소설에서 남녀주인공의 결합방식은 일정한 패턴을 가지고 있다. 단 한번의 만남이 그들에게는 '절대적인 교감'이 되어 운명적인 사랑에 빠진다. 그리고 순간 육체적 결합을 통해 죽어도 변치 않을 것을 맹서하는 데까지 이른다.36) 이 같은 결합방식 — 요즈음 시대에서도 '환상적이다' '비현실적이다'는 청춘 남녀의 엇갈리는 반응을 받을 테지만 — 은 이들의 사랑이 보장받기 위해서는 그만큼 많은 위험 요소를 떠 안게 하였다. 그럼에도 불구하고 이들의 절대적 교감이 가능할 수 있었던 것은 작품 속의 남녀주인공 모두가 재자가인이었기 때문이다. 이들은 상대방의 의중과 서로에게 놓인 벽을 화답시로 순식간에 허물 수 있는 능력을 지니고 있었으니, 주생(周生)이 배도(徘桃)·선화(仙花)와 인연을 맺을 때에도, 위경천(韋敬天)이 소숙방(蘇淑芳)에게 접근할 때에도, 최척(崔陟)이 옥영(玉英)에게 청혼할 때에도 변함 없이 시가 중요한 매개가 되고 있음을 우리는 본다. 때문에 남녀주인공의 첫 만남에는 으레 수창한 시가 삽입된다. 이처럼 애정전기소설에서 자신의 뜻을 드러내는 방식은 따지고 보면, 저 원진(元稹)의 「앵앵전(鶯鶯傳)」에서 시작되었고, 『전등신화』·『금오신화』 등에서도 일반적인 경향으로 나타나는 현상이기도 하다.

그런데 17세기 전기소설은 이전의 전기소설의 결합방식보다는 그 과정이 비교적 길고 상세하다. 「운영전」·「상사동기」·「동선기」 등에서 보이는 결합방식은 「교홍기」를 위시한 원명중편전기소설의 결합방식에 기대고 있는데, 「교홍기」의 신순(申純)과 교랑(嬌娘)의 결연 과정을 보면 어느 정도 확인된다.

---

36) 전기소설에서 주인공의 결합 방식에 대해서는 박희병, 「傳奇的 人間의 美的 특질」(『민족문학사연구』 제7호, 1995)에서 논의하였다.

얼마 후, 嬌娘이 왼켠에서 나와 절을 하는데, 양 갈래로 땋은 머리에 그 아름다움은 그림 속의 미인을 압도하였고 분을 바르지 않았는데도 그 천연스런 자태가 영롱하기 그지없었다. 申純은 일어나 그녀를 보고는 자신이 어떻게 하고 있는 줄도 모를 정도였다. 교랑이 인사를 마친 후 어머니 뒤에 가서 서 있었는데, 신순은 그녀를 보면 볼수록 더욱 절색인지라 눈에 아른거리고 마음이 쿵쿵거려 도저히 걷잡을 수 없었다.37)

신순이 외삼촌 왕통판(王通判)의 집을 찾아갔을 때, 교랑(嬌娘)을 보자마자 보인 반응이다. 자기 사촌 누이를 보고서 한 눈에 반해 버린다. 전기적 만남이다. 예의 전기소설은 여기서 곧바로 육체적 결합이나 언약, 성혼(成婚)에 이르게 된다. 그런데 신순과 교랑은 이후 결연에 이르기까지 많은 시간과 노력이 투자해야 했다. 신순은 교랑에게 반한 이후, 외삼촌 집에 머물러 있으면서 교랑에게 접근하기 위해 부단한 노력을 경주한다. 시를 주고받거나, 주위의 눈을 피해 몇 번의 만남을 거듭한 끝에야 비로소 결연을 이룰 수 있었다.38) '만남-결연'의 방식은 마찬가지이지만 그 과정이 조금 더 현실적 논리 속에서 진행되고 있음을 알 수 있다. 즉 남녀주인공이 처음 만나 서로에게 미혹되지만, 곧바로 모든 교감이 이루어지는 게 아니라 육체적 결합 내지 완전한 결연에 이르기까지는 상당한 시간과 거리를 두고서 점점 서로에게 놓인 장벽들을 허물어내고 있다는 사실이다. 이와 같은 형식은 뒤이은 「가운화환혼기」·「종정려집」 등 대부분의 중편전기소설에서 거의 패턴화되어 나타난다.

17세기 전기소설도 이와 같은 설정 방식을 살필 수 있는데, 이는 『금오신화』에서 보이는 남녀의 결합방식에서 어느 정도 변화된 형태다. 다만 「위경천전」의 위경천과 소숙방의 결연만큼은 좀 예외적이다. 위경천

---

37) 「嬌紅記」(『才子佳人小說集成』1, 遼寧古籍出版社, 1997. 이하 동일함). "頃刻, 嬌自左掖出拜, 雙鬟縮綠, 色奪圖畵中人, 朱粉未施, 而天然殊瑩. 生起見之, 不覺自失. 敍禮竟, 嬌因立孃後, 生熟視之, 愈覺絶色. 目搖心蕩, 不能禁制."
38) 「교홍기」. "生曰 : '不待多言, 一嚮歡娛, 而嬌娘千金之身, 自此失矣.' 歡會之際, 不覺血漬生衣袖. 嬌乃剪其袖而收之, 曰 : '留此爲他日之驗.'"

이 춘정(春情)의 시 한 수를 읊다가[39] 소숙방을 범하는 지경에 이르는데, 정신적 교감이 채 이루어지지 않은 상황에서 순식간에 육체적 결합이 이뤄진다. 이런 결합방식은 이 시기 전기소설의 미학적 특성에 걸맞지 못하다는[40] 평가를 받기도 하였거니와, 이 작품과 친연성이 살펴지는 「주생전」에 비하면 하수의 필치라는데[41] 일정 정도 상응하고 있기도 하다. 그런데 작자는 이 같은 위경천의 유장찬혈(踰墻鑽穴)한 행동을 어느 정도 합리화시키기 위해 소숙방을 만나기 이전의 분위기를 잔뜩 띄워놨다. 처음 위경천이 친구 장생(張生)과 술에 흠뻑 취해 있다가 소숙방의 거처까지 찾아가는 과정이 매우 환상적으로 그려지고 있기 때문이다. 위경천은 이미 그 주위의 화려함에 도취되어 있는 데다, 그 환상적인 분위기 속에서 소숙방이라는 미인을 만나게 되었으니, 춘정을 어찌 못하고 바로 방으로 뛰어 들었던 것이다.[42] 이 같은 결합방식은 기실 『전등신화』의 「위당기우기(渭塘奇遇記)」의 분위기를 더욱 분식한 예 중에 하나인데, 그 표현에 있어서는 감각적인 면을 면치 못한 것은 「위경천전」이 갖는 특징이자 일정한 한계라 하겠다.

또 한 가지 여기서 짚고 넘어가야 할 것이 「주생전」의 인물 설정이다. 흔히 주생이 배도와 선화 사이에서 애정 갈등을 겪는 것으로 이해되고 있는데, 필자는 좀 시각을 달리하고 있다. 정작 배도는 주생이 선화를 만나는 과정에 있어서 부수적 기능에 머물러 있다 하겠다. 선화와 결연하는 데 있어서 배도가 상대적으로 부각된 것이 다른 작품에서 볼 수 없는 인물 구성의 특징이기는 하지만, 분명 배도의 인물 설정은 주생이

---

39) 「韋敬天傳」(임형택 교주본). “下有一美人, 年可十七八, 綽約仙姿, 非世上人也. 手折一枝花萼, 依樓支頭而吟曰 : ‘影了長憐月, 身輕不似花. 隨風香萬點, 飛去落誰家.’”

40) 박희병, 「전기소설의 문제」, 『한국전기소설의 미학』, 돌베개, 1997, 30면.

41) 임형택, 「전기소설의 연애주제와 韋敬天傳」, 『東洋學』 22집, 단국대 동양학연구소, 1992, 36면.

42) 「위경천전」. “遂信步而行, 及至房外, 暗窺窓隙, 則是乃女之寢室也. 捲琉蘇帳, 圍翡翠屏, 床上綵鴨一群, 銜沈香一炷, 香煙裊裊如縷. 女臥於其中, 羅衾半堆, 玉腕微露; 綠雲依枕, 香汗凝頤, 春眠惱重, 絳綃不動. 生褰衣而入.”

선화를 만나는데 필요한 연결자의 역할에 머물러 있다.

> 14·15세쯤 되어 보이는 한 소녀가 부인 곁에 앉아 있는데, 구름 머리채에 홍조를 띤 얼굴로 샛별 같은 눈동자를 돌리며 흘겨보는 모습은 흐르는 물결 위에 가을달이 비추는 듯, 얌전한 웃음에 보조개가 지는 모습은 아름다운 꽃이 새벽이슬을 머금은 듯하였다. 그 가운데 배도가 앉아 있는데, 선화에 비하면 마치 봉황 속에 섞인 까마귀, 구슬 속에 섞인 모래에 지나지 않았다.[43]

위경천은 비로소 전기적 만남을 경험한다. 그런데 배도를 처음 만났을 때는 어떤가?

> 기생 배도는 주생과 어렸을 적부터 함께 장난놀던 동무였다. 그녀는 재주와 용모가 전당 땅에서 독보적이었는지라, 사람들은 '배랑'이라고 불렀다. 배도는 주생을 만나 그를 자기 집으로 데리고 가서 서로 매우 기뻐하며 즐겼다 (…하략…).[44]

주생과 배도는 이미 어렸을 적부터 소꿉놀이했던 동무였고, 배도가 기생의 신분이 된 지금 자연스럽게 가까워졌을 뿐, 이들 사이의 전기적 만남은 전혀 느껴지지 않는다. 배도 같은 인물은 「교홍기」의 정령령(丁怜怜), 「가운화환혼기」의 수매(秀梅), 「종정려집」의 소복(小馥, 즉 微香), 「유생멱련기」의 묘령수(苗靈秀) 등에서 충분히 연상된다. 이들은 모두 기생

---

43) 「주생전」(임형택 소장본을 저본으로 이본교감을 하였음. 이하도 동일함). "有少女, 年可十四五, 坐于夫人之側, 雲鬢結綠, 翠臉凝紅, 明眸斜眄, 若流波之映秋月; 巧笑生倩, 若春花之含曉露. 桃坐于其間, 不啻若鴉鶻之於鳳凰, 砂礫之於珠璣也."(「주생전」 이본은 지금까지 문선규 역주본, 정경주 소장본, 북한의 권필작품집 소재본 등 몇 가지가 알려져 있다. 『신독재수택본전기집』에도 「주생전」이 실려 있으나, 한 장 정도 필사를 하다가 그만둔 것이므로 이본의 가치를 가지지 못한다. 그런데 이들 이본간에는 어떤 한 본을 택하여 정본으로 삼기가 용이하지 못하다. 때문에 이들 이본들을 적절히 교감하여 원문을 싣는다. 이하도 마찬가지이다.)

44) 「주생전」. "有妓俳桃者, 生少時所與同戱嬉者也. 以才色獨步於錢塘, 人號之爲俳娘. 引生歸家, 相對甚歡 (…하략…)."

으로, 남주인공과의 인연을 맺으며 여주인공과의 결합에 일정 정도 관여하고 있다. 특히 「유생멱련기」에서 묘령수는 여주인공 손벽련(孫碧蓮)과 함께 남주인공 유일춘(劉一春)의 배필이 되는 인물이기도 한다. 다만 배도는 작품 속에서 위의 인물들에 비해 갈등의 폭이 크게 설정되어 있고, 주생을 그리워하다 죽는 점 때문에 그 잔상을 좀더 크게 남겨 놓고 있는 게 다를 뿐이다. 결과적으로 배도는 매개적 인물로 보는 것이 정당하며, 「주생전」이 보다 탄탄한 구성력을 갖는데 중요하게 기능하고 있다.

2) 이별과 재회

결연 이후의 이별과 재회를 거듭하는 구조는 그 원인과 방향면에서 단순하지가 않고 조금 복잡하다. 「교홍기」·「가운화환혼기」·「유생멱련기」 등에서는 이별하게 된 요인이 남녀주인공의 만남 자체가 사촌간이라는 데에 있었다. 우리 쪽에서는 엄두도 못 낼 일이지만, 설정 그 자체가 이렇고 보니 그들의 완전한 결합은 애당초 용이해 보이지 않는다.[45] 이에 따라 이들 주인공에게는 부모의 눈을 항상 주시하고 염려하는 속에서 잠시 동안의 이별과 재회를 되풀이하게 된다. 그 이별의 요인, 즉 혼사 장애의 요소를 구체적으로 지적해보면,

---

45) 남녀주인공이 사촌간으로 설정된 예는 사실 「앵앵전」의 張生과 崔娘과의 사이에서 확인되며, 그 역사성이 깊다. 그런데 장생과 최랑의 비극은 이들이 사촌간이었다는 데 있지 않았다. 그럼 왜 이 시기에 와서 인척간의 연애가 혼사 장애의 중요한 요소가 되었을까? 이에 대해서는 당대사회와 밀접한 연관성 속에서 살펴야 할 문제이지만, 필자는 아직 여기까지 접근해보지 못하였다. 다만 '인척 관계'라는 것 자체가 하나의 중요한 갈등 요소가 된다는 점을 지적해두고자 한다. 우리 소설의 경우 「紅白花傳」의 주인공 桂一枝와 荀織素가 사촌간이다. 그런데 이들에게도 혼사 장애는 사촌간이란 데 있지 않았다. 「홍백화전」도 17세기 애정전기소설의 흐름 속에서 살펴지는 작품이다. 그러면서도 이전의 애정 행각과는 사뭇 다른 구도로 진행된다.

① 부모의 還家 명령:『교홍기』·「가운화환혼기」·「종정려집」·「유생멱련기」
② 부모의 죽음:『교홍기』·「가운화환혼기」
③ 일시적인 피신:『교홍기』·「유생멱련기」
④ 科業:「가운화환혼기」·「종정려집」
⑤ 從軍:「유생멱련기」·「相思記」[46]

등으로 대별해볼 수 있다. 이 같은 다양한 혼사 장애의 요소가 있지만, 그 가장 중심은 '집안(부모)'이라는 핵심적 사안이 자리하고 있다. 따지고 보면 충분히 극복할 수 있을 법한 혼사 장애인데도 독자가 생각하는 것 이상으로 이들 주인공은 망설이고 두려워하며 눈물을 뿌리며 안타까워 한다. 다만 「상사기(相思記)」는 성격이 조금 다른데, 「위경천전」과의 친 연성이 주목되는 작품이다. 처음 남녀주인공의 결합 과정은 「위경천전」 과 조금 다르지만, 이별과 재회를 반복하는 구도가 매우 흡사하다. 또한 혼사 장애의 요소가 앞 소설들에서 등장하지 않던 '전란'이 부각되고 있 다는 점도 눈여겨볼 만하다. 이해를 위해 두 작품의 경개를 적시해본다.

「위경천전」
① 합환 후 만나지 못하는 韋生과 蘇淑芳은 相思의 병을 앓게 됨
② 부모가 이 사실을 알고 혼례를 치러 줌
③ 임진왜란으로 위경천이 출정하게 되어 이들은 다시 이별하게 됨
④ 戰地에서 위경천이 죽었다는 소식을 들은 소숙방도 이내 따라 죽음

「상사기」
① 함께 성장했던 馮伯玉과 雲娘은 헤어진 후, 서로 상사의 병을 앓게 됨
② 부모는 이 사실을 알고 혼례를 치러 줌
③ 이윽고 침입한 倭夷를 진무하기 위해 풍백옥이 출정하여 재이별을 함
④ 왜이를 평정하고 난 후 단란한 때를 보내던 이들은 거의 같은 시기에 죽음.

---

46) 話本小說集『國色天香』에 실려 있는 작품으로, 역시 화본소설집『淸平山堂話本』
에는 「風月相思」로 나와 있다.

이 같은 전체적 구도로 보아도 두 작품 사이에 보이는 유사성은 유별나다.[47)

17세기 우리 전기소설에서 보여주는 패러다임도 기실 이 같은 이별과 재회의 단계를 밟으며 진행된다. 다만 이별을 할 수밖에 없는 상황이 원명전기소설에서 드러나는 '부모'가 아니라 '전란' 같은 보다 절박한 상황이 주도하고 있다는 점이다. 이 점은 좀더 따져질 필요가 있다. 「운영전」과 「상사동기」는 '궁궐'이라는 격절, 폐쇄된 공간이 초래하고 있지만, 당해 있는 주인공의 상황에서는 이것도 전란이라는 대사회적 충격과 충분히 버금가는 장애 요소이다. 이렇게 볼 때 원명전기소설의 주요 갈등 요소가 '가족'이라는 사회의 밑그림에서 야기되고 있다면, 17세기 초 전기소설은 이 같은 갈등 요소를 '전란', '궁궐'이라는 대사회적인 것으로 이치시켜 놓았다고 볼 수 있다. 17세기 전기소설은 이 같은 원명전기소설의 구조적 틀에 일정 정도 영향을 받아 당대 우리 현실의 가장 중요한 문제를 예리하게 포섭해 놓았던 것이다.

3) 결말의 문제

최척과 서문적(西門勣), 그리고 주생과 위경천이 처한 전란은 분명 어떤 것보다 우선한 운명에 관계된, 한 인간으로서는 도저히 극복할 수 없는 절대적 상황이다. 그 절대적 상황 앞에 섰을 때, 인간이 갈망하게 되는 것은 도리어 실존을 넘어선 그 무엇이 아닐까? 그 하나를 꼽아보자면 바로 사랑일 것이다. 이들 주인공들은 그 사랑을 더욱 갈망하면서도 결

---

47) 일찍이 「위경천전」의 구성과 연원을 비교적 소상히 밝힌 연구가 있었다(정민, 「韋敬天傳의 낭만적 비극성」(『한국학론집』 24집, 한양대 한국학연구소, 1994). 전반부—중반부—후반부로 세분하여 이와 유사한 해당 작품을 비교해 놓아 참고가 된다. 그러나 「상사기」와의 친연성이 우선적으로 고려되어야 할 것이다.

국은 어쩌지도 못하는 운명 앞에 무기력할 뿐이다. 사실 이런 측면에서 본다면 최척과 옥영의 이별과 재회의 부침은 너무도 우연적이다. 오히려 이역 만리 땅에서 선화를 그리며 어쩌지도 못하고 있는 주생[48]이나, 전장에서 쇠잔하여 쓰러져 가는 위경천의 모습[49] 속에서 더 현실적 아픔을 느낀다. 그러면서도 일면 전란만이 최척과 옥영 같은 기이한 인연도 만들어 낼 수 있었고, 서문적처럼 전란 속에서 기적적으로 살아나 동선(洞仙)과 해후하는 일도 생길 수 있었던 것이 아니겠는가? 이 같은 17세기 초 전기소설의 결말은 동아시아 전란 속에서 남녀주인공들의 행방을 다양하게 그려냈다는 점에서 그 미의식의 일단을 확보하기도 하였다.

「운영전」만큼 비극적 정조로 직조된 전기소설도 드물다. 때문에 지금까지 「운영전」에 대한 연구의 중심도 그 비극적 정조를 규명하는데 초점이 맞추어져 있었다.[50] 분명 「운영전」은 그 서두부터 결말까지 '비극적 정조'를 한시도 놓치지 않고 성공적으로 직조한 작품이다. 그런데 앞부분에서 지적했듯이 '궁궐'이라는 엄청난 장벽을 통해서 그 비극은 유로된 것인데, 이 속에도 전란 후의 흔적이 엿보인다.

柳泳은 멋쩍고 무료한 나머지 후원으로 들어가 높다란 곳에서 사방을 돌아보니, 병화를 입은 끝이라 서울 안 궁궐과 도성에 즐비했던 가옥은 모두 휩쓸려 남은 것이 없었다. 담은 무너져 내리고 기왓장은 부서졌으며, 우물은 버려지

---

48) 「주생전」. "明年癸巳春, 天兵大破倭賊, 追至慶尙道. 生念仙花不置, 遂成沈痛, 不能從軍南下, 留在松京."

49) 「위경천전」. "生聞言擡首, 哀淚汎瀾, 遂握將軍之手, 哽咽而告之曰 : '小子殘命, 未遺殃禍, 兵塵戌幕, 殘疾深篤. 扁鵲無術, 命也奈何? 只念新入孤塞, 戟鋒未交, 哭子郵亭, 忍支心力. 丁年才薄, 未致榮養, 壯而成歡, 不終侍奉. 人間地下, 兒罪難容, 重泉有冤, 豈敢瞑目? 無異於荒山孤魂, 願取殘骨, 歸葬故山.' 言訖, 奄然而逝."

50) 주요 연구로는 다음과 같다.
    소재영, 「운영전 연구―雲英의 비극을 중심으로」, 『아세아연구』 41집, 고려대 아세아문화연구소, 1971; 정해주, 「운영전의 비극적 구조 고찰」, 성신여대 석사논문, 1976; 박일용, 「雲英傳과 相思洞記의 비극적 성격과 그 사회적 의미」, 『국어국문학』 98, 국어국문학회, 1987; 정출헌, 「운영전의 애정갈등과 그 비극적 성격」, 『한국 고소설사의 시각』, 국학자료원, 1996.

고 섬돌은 무너져 내려 초목만이 무성하더라.[51]

병란 이후의 폐허가 된 도성 안의 그 막막하고 쓸쓸한 분위기를 묘사하고 있다. 병화를 상투적으로 작품 속에 끌어드린 경우와는 분명 다른 느낌이다. 위의 병화는 분명 임진왜란의 참화를 말하는 것인 바,[52] 그 폐허가 된 공간에서 운영과 김진사(金進士)의 슬픈 사랑이 과연 어떤 방향으로 흘러가게 될 것인지를 잘 예견케 한다. 운영은 궁녀라는 신분으로 감히 바깥 남자를 사랑하게 되었고, 그 대가는 목을 매 자살하는 것이었다. 신분제사회의 엄연한 현실을 거부한 대가였다. 전란의 참화를 겪고 난 후 서울 안이 온통 폐허가 된 속에서 술에 취해 있던 유영(柳泳)에게는 운영과 김진사의 사랑이 더욱 아프게 다가왔던 것이며, 이것이 독자를 끌어들일 수 있었던 게 아닐까? 「상사동기」에서는 「운영전」의 불가능을 가능으로 바꾸어 놨지만, 우리는 더 이상 감동하지 않는다.

이처럼 17세기 전기소설은 결말 부분에 거의 공통적으로 절망감과 무상함을 담지하고 있다. 주생의 마지막 모습에서나 서문적과 동선이 가산(家産)을 정리하여 도죽산(桃竹山)으로 들어가는 모습[53]에서 우리는 이를 쉽게 갈취해낼 수 있다. 또한 무사 귀환하여 부모를 봉양하고 자식을 키우며 살고 있는 최척과 옥영의 마지막 모습[54]에서까지도 왠지 모를 쓸쓸함을 맛본다. 이 시기 전기소설의 결말구조는 보다 생생한 삶의 비극적 구조를 잘 살펴냈다는데 그 큰 의의가 있다는 말이다.

---

51) 「운영전」(三芳錄本). "生憨而無聊, 仍入後園, 登高四望, 則新經兵火之餘, 長安宮闕, 滿城華屋, 蕩然無遺, 壞垣破瓦, 廢井頹砌, 草樹茂密."

52) 「운영전」 서두에 "萬曆辛丑春三月"이라고 했으니, 만력 신축년은 1601년이다. 이로써 볼 때 병화가 임진왜란을 뜻하는 것은 의심할 여지가 없다.

53) 「동선기」(국립도서관본). "俄有, 小舫千艘, 蔽流而下, 其舟甚窄, 可乘一人矣. 洞仙領一行, 各乘其舟, 其餘從來者, 着足旋沒, 不可濟也. 其舟隨風自行, 不日旣濟, 則乃是非船, 而皆爲竹葉也. 含之陸, 始入其山, 山高揷天, 其圍萬里. 上有千歲桃, 紅實堆積, 餐之有餘; 下有翠竹塡密, 成屋居之, 極佳."

54) 「최척전」(박희병 교주, 『한국한문소설』. 이하도 동일함). "陟與玉英, 上奉父母, 下育子婦, 居于府西舊家."

그러면 여기서 다시 원명전기소설의 결말구조로 돌아가 보자.

「교홍기」의 결말 부분은 자못 비극적이다. 신순과 교랑은 몇 번의 이별 끝에 다시 해후하지 못할 줄 예감한다. 교랑은 결국 병이 들어 영영 다시 일어나지 못한 채 영별의 시를 남긴 채 죽고, 교랑의 죽음을 전해 들은 신순도 그 아픔으로 견디지 못하고 따라 죽는다.55) 이들의 죽음을 안타까워한 양가에서는 둘을 합장시켜 준다. 그 무덤이 '원앙총(鴛鴦冢)'이었다. 이 같은 남녀주인공의 죽음과 합장은 「위경천전」의 결말 부분에서 다시 재현된다. 즉 위경천이 죽은 뒤 소숙방도 따라 죽고, 곧이어 합장된다.56) 「가운화환혼기」에서 가운화(賈雲華)는 위붕(魏鵬)과 마지막 결별을 하고는 끝내 숨지는데, 뒤에 혼령이 다른 여인으로 환생하여 이생에서 못다 한 위붕과의 사랑을 나누는 것으로 종결된다. 「가운화환혼기」는 내용이나 분량면에서 전대 전기소설의 비현실적 요소를 많이 극복하였음에도 불구하고 결말은 터무니없게도 신이한 요소가 개입하고 있는 것이다. 그런데 이 같은 결말구조는 조금 뒷시기의 「종정려집」·「회춘아집」·「유생멱련기」 등에 와서는 변모하게 되는데, 남녀의 불행한 죽음이 점점 사라지고 행복한 결말구조로 변모하는 양상을 보인다. 이 점은 17세기 전기소설에서도 「주생전」·「운영전」의 비극적 결말구조가 조금 늦은 시기의 「상사동기」·「동선기」·「왕경룡전」 등에 이르러서는 행복한 결말구조로 바뀌어가고 있는 맥락과도 긴밀하게 조응한다.

---

55) 「교홍기」. "嬌竟以憂死, 生接寄來詩章, 方曉而嬌之訃音隨至. (…중략…) 自是神思昏迷, 不思飮食, 日漸尫羸, 竟奄奄不起."

56) 「위경천전」. "蘇女聞其奇, 卽以羅巾, 縊其頸而死. 相國痛之, 同葬于九疑山下. 東西兩丘, 宛然路左."

4. 새로운 과제

　지금까지 원명대의 중편전기소설과 17세기 초 한국전기소설의 관련 양상을 주로 구조적인 면을 중심으로, 이 시기 소설 발달의 요인에 주목하여 살펴보았다. 대체로 남녀주인공의 결연과 결연 후의 이별과 재회의 과정은 그 관련성이 매우 직접적인 것임을 살필 수 있었다. 그런 반면 결말의 구조는 비슷한 가운데 각기 다른 양상이 펼쳐지고 있음도 알 수 있었다.

　17세기 초 한국 전기소설은 원명전기소설의 어느 한 작품에 절대적으로 의존하여 영향을 받은 것이 아니라 원명중편전기소설의 전체적 메커니즘을 일정 정도 흡수한 이른바 '문체모방(Stylization)'[57]으로 규정해볼 수도 있겠다.

　사실 17세기 전기소설들이 가지고 있는 구조만 하더라도 일률적으로 논의할 수 있는 성질의 것이 아니다. 그리고 그것을 가지고 원명전기소설과 대입적으로 그 친연성을 밝힌다는 것은 애초 놓여진 애로가 없지 않다. 무엇보다 14~15세기에 발달했던 중국 쪽의 소설을 가지고 17세기 초의 우리 소설과 비교한다는 것 자체가 그 관련성을 떠나서 문제의 소지가 있지 않겠는가. 또 하나의 난제는 이렇게 하나하나 중국 소설과의 관련성 속에서 살피고 나면 과연 우리 소설의 독자성은 무엇이며, 어떤 것을 우리의 논리로 설명할 수 있는 것인가 하는 자괴감에 빠질 수도 있다. 우리의 주체적인 것까지 싸잡아 종속시켜 버리려는 우를 범하는 것이 아닌가 조심스럽기도 하다.

　그러나 이미 서두에서도 밝혔다시피 17세기 전기소설은 이 시기만의 독특한 사회적 조건에서 발전했던 것은 누구도 부인할 수 없는 사실이

---

57) 울리히 바이스슈타인, 이유영 역, 『비교문학론(원제 : *Comparative Literature and Literary Theory*)』, 기린원, 1989, 48면.

다. 다만 본고에서는 원명대의 저 전기소설의 외형을 좀 뒤집어쓰고 있
다는 사실을 천착해보고자 한 것에 지나지 않는다. 문제는 이런 외피가
어느 정도 밝혀진 만큼, 이제야 본격적으로 그 속에 우리 소설만의 알맹
이가 어떤 양상으로 투사되어 있는가를 좀더 총체적인 관점에서 파악,
규명해볼 여지가 생긴 셈이다. 본고는 그 양상을 제대로 살피는 데 있어
이 시기 소설이 성립된 원인을 먼저 규명할 필요가 있었던 데에서 시작
하였다.

그 하나로 전통적으로 전기소설 자체가 중국에서 발생했던 양태였던
만큼 중국 쪽과의 관련성을 살피지 않을 수 없었다. 그런데 지금까지의
연구는 흔히 그 비교 대상을 당송시대의 전기류나 『금오신화』에 영향을
끼쳤다고 하는 『전등신화』 같은 정형화된 전기류 작품들에 한정하여 비
교해 온 것에 대해 나름대로 불만이 있었다. 이미 변모된 것을 가지고
변모하기 이전의 대상에서 그 관련성을 찾으려 하는 것은 기본적으로
연구 방법론상의 문제가 있다고 보기 때문이다. 이런 이유로 해서 원명
전기소설 중 분량과 내용면에서 17세기 우리 전기소설에 일정 정도 변
모를 가져오게 하였던 대상 작품을 가지고 그 연관성을 추적해본 것이
다. 물론 이 영향 관계가 제대로 규명되기 위해서는 구조적인 틀뿐만 아
니라, 인물·주제, 그리고 사유 체계 등 보다 폭넓은 범위에서 그 영향
과 차이점을 찾아내고 그 의미를 밝힐 필요가 있겠다.

17세기 전기소설 작품으로 본고에서 다루지 못한 것으로 「왕경룡전(王
慶龍傳)」과 「홍백화전(紅白花傳)」이 있다. 이 두 작품을 다루지 않은 것은,
「왕경룡전」은 원명중편전기소설 이후에 성립된 〈삼언〉·〈이박〉의 영향
을 직접적으로 입고 있으며, 「홍백화전」은 이 시기 전기소설 중에서 그
성격이 매우 달라진 경우이기 때문이었다. 곧 인물 설정이나 서두의 구
도는 원명전기소설의 형태를 취하고 있으나, 사건의 행방에 있어서는 재
자가인소설 중 『옥교리(玉嬌梨)』·『평산냉연(平山冷燕)』 등과 유사함을 보
여준다.58) 때문에 이 두 작품은 본고에서 함께 다룰 수 없었다. 이는 바

로 17세기 애정전기소설의 성격 및 특성을 제대로 규명하기 위해서는
아직 구체적 검토 작업이 남아 있다는 실례가 될 것이다. 본고는 우선
그 아웃라인에 불과할 뿐이다.

17세기 전기소설의 면모가 보다 부각되기 위해서는 이뿐만 아니다.
나말여초에 성립된 전기소설이 『금오신화』·『기재기이』를 거치면서 어
떻게 자체적 변모를 하고, 그것이 다시 17세기에 들어와 어떠한 양태로
또 한번의 옷을 갈아입었는가 하는 것을 밝히는 작업은 본고에서 다룬
작업보다도 더 중요한 과제로 남아 있다.

---

58) 특히 『옥교리』와 친연성이 깊다.

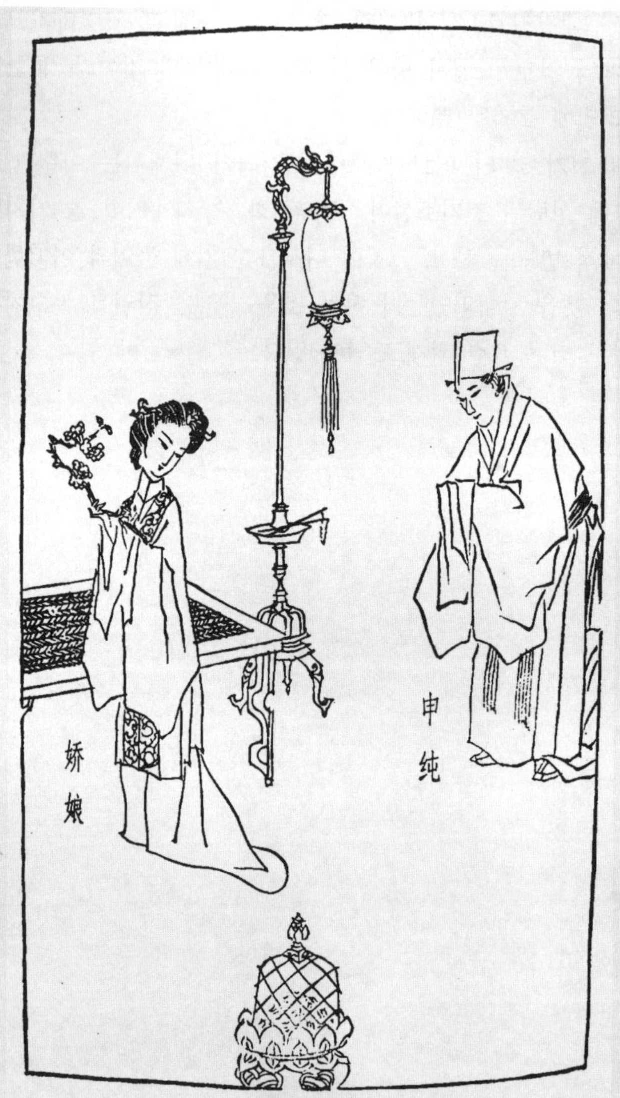

▲「嬌紅記」의 주인공 申純과 嬌娘 삽화와 첫 장.
「교홍기」는 원말에 형성되어 명대에 들어와 소설과 희곡 등으로 재탄생하여 다양하게 회자되었던 바, 이 자료는 명대에 孟稱舜이 편한 희곡 전기 작품이다. 제목이 내표제가 '節義鴛鴦冢嬌紅記'로 나와 있다.

孟称舜自题云："天下义夫节妇，所为至死而不悔者，岂以是为理所当然而为之耶？笃于其性，发于其情，而莫知其所以然，非以是为理所当然而为之也。又笑世之称者，非以理称而以情称。"云："性情"。女子之情，莫深于男女之情；女子之文，更无藉于诗。书生讽谕之文，不以诗……其义之所至，而理之所至，情亦至焉。故爱情之所以必然如此，深于男女恋情。汤显祖剧的主题，全是借男女恋情来表现反理学的深情，及《牡丹亭》题词里所说的"情不知所起，一往而深"，跟汤显祖……理学……是同样的反理学的表现倾向。

节义鸳鸯冢娇红记

第一出　正名

【西江月】醉看花前妙舞，闲听座上新歈。繁华泠落尽消除，片晌顿成今古。〔满庭芳〕王女娇娘，厚卿申子，
幽魂渺渺，两行红泪疏疏。贞夫烈女世间无，总为情多难负。
天生才貌无双。心期密订，彼此系衷肠。笑把梨花掷处，拥炉语，生死情长。姻缘好，分袂断袖，风月两相将，
为求亲间阻，天愁地恨，无计成双。更飞红暗妒，屡致参商。帅子豪华慕色，挟家势、强结鸾凰。男和女，情
同铁石，并冢配鸳鸯。

第二出　辞亲

烈娇娘心择多情种，　俏飞红妒阻真欢宠。
豪公子强入燕莺群，　义申郎情合鸳鸯冢。

【满江红】〔生上〕天赋多才，逞年少、凌云胜气。可正是潘安宋玉，为伤秋，情无已。〔鹧鸪天〕十二甘罗已相
萍长自吼，脚跟红线何年系？怎能够九天奋迹，一身荣贵。　腰下青
真薄命，叹飘零，于今婚宦两无成。有时月内
秦，我今二十尚逡巡。龙头未属身犹贱，鸦鬓虽勤志早星。

节义鸳鸯冢娇红记

三五一

韋敬天傳　　　　　　權石洲 製

大明萬曆間 有韋生者 金陵人 名岳字敬天 古唐兵韋應物之後
也 性質聰明才華英秀 年至十五而成文章詩韻效嫩州清逸
之檀名當世人 無依迹 壬辰 與張生偶共過長沙之北 時正食春景物
芳華張生忽起彈冠曰踏清佳辰 三月一日也 吾儕今在迷旅中
不及蘭亭之會而佳麗江南地勝人和青帝紅杏滿家春風
狀頭金錢可買一日歡也況名山引與天假良辰今不可見兵山
州形勝乎韋生曰知我者子也即與張生直抵岳陽城下曰

▲「韋敬天傳」의 첫 장과 이 작품이 실린 『古談要覽』(임형택 소장)의 표지. 현재 「위경천전」은 이 본과 국문 필사본 한 종이 전하고 있을 뿐이다. 이 『고담요람』에는 「위경천전」 외에도 「雲英傳」·「英英傳」·「許生傳」 등이 합철되어 있는데, 여기 「허생전」은 朴趾源의 「許生傳」과는 다른 별개의 작품이다.

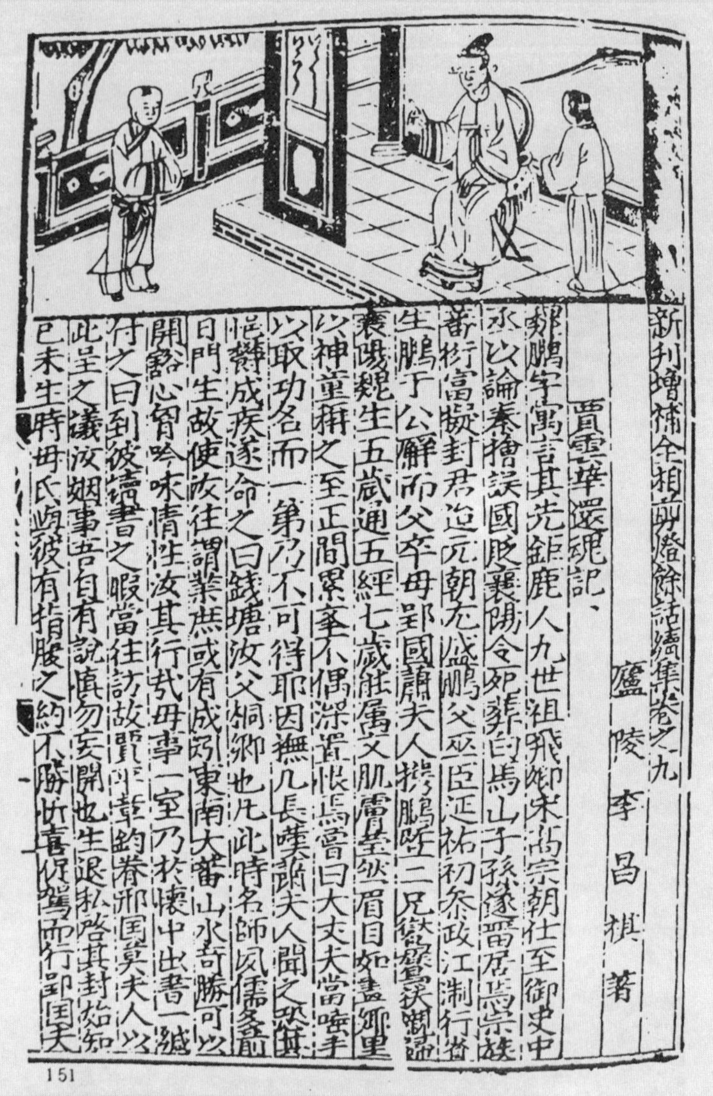

新刊增補全相剪燈餘話續集卷之九

賈雲華還魂記、

廬陵　李昌祺　著

魏鵬宇彥言其先鉅鹿人九世祖飛卿宋高宗朝社至御史中
丞比論秦檜誤國胶襄陽令卿輩曰馬山子孫遂居崇族
審衙富擬封君迫元朝尤盛鵬父卒臣延祐初叅政江淛行省
生鵬于公解而父卒母鄖國蕭夫人撫鵬旣二兄鐵鵬鳌
襄哦魏生五歲通五經七歲粧屬文肌膚瑩然眉目如畫鄉里
少神童稱之至正間累舉不偶深自恨焉嘗曰大丈夫當嚦手
以取功名而一第乃不可得耶因撫几長嘆謂夫人聞之然
贊成疾遂命之曰錢塘汝父桐鄉也尤此時名師凤儒優甚
日問生故使汝往謂業焉或有成別東南大雷山水奇勝可以
開豁心胷吟咏情性汝其行矣母寧一室乃於懷中出書一
付之曰到彼讀書之暇當往訪故賢巨乾釣眷邪國莫夫人之
此呈之議汝姻事吾自有說真易妄開也生退私啟其封始知
巳未生時毋氏與彼有指腹之約不勝忻喜促駕而行卽國夫

151

▲『剪燈餘話』 소재 「賈雲華還魂記」의 첫 장.
「가운화환혼기」는 『전등신화』와 함께 우리나라에 널리 알려졌는데, 이 자료는 일본 天理大 소장의 明代 판본이다. 이 판본은 상단에 삽화를 넣고 하단에 내용을 싣는 독특한 형태를 취하고 있는데, 명대 화본소설본 중에 이런 형태가 더러 있다.

17세기 실기류와 소설의 거리

1. 허구성의 재론 가능성

중국은 물론이거니와 한국에서 소설은 최소한 '서구적 근대'가 이루어지기 전까지는 언제나 불손한 대상으로 요주의의 장르였다. 그것은 유교적 이념이 자리하기 시작한 시점에서부터 그 이념이 자타에 의해 현실 생활에서 최소한 생명력을 잃은 시점에까지 층차성은 있었지만 여전히 지속된 현상이었다. 한자문화권에서의 소설은 유교적 이념이 전도된 현실을 회의하거나 거부했던 일군의 사인(士人)들이 일종의 문학적 무기로 삼아 유교 질서에 대한 반성을 촉구하고자 했던 연유에서 탄생했기 때문에 이는 불가피한 면이 없지 않았다. 따라서 이들 사인들은 도(道)·불(佛)을 통한 대안, 또는 해소를 시도했던 바, 엄연한 유교사회에서 이것들에 대한 한두 가지 포장은 불가피했던 것이다. 즉 정작 창작을 해놓고도 세상에 발표를 하지 않거나, 발표를 할 경우에도 그것이 허황한 것이 아니라는 사실을 밝힘으로서 '불온한 작품'이라는 혐의를 벗고자 한다. 이 혐의를 소거하는 방편으로 삼은 것이 '실제 있었던 사실'인양 꾸미는 것이었다. 우리는 이런 예를 초기 소설의 대표적인 양식인 당대(唐代) 전기(傳奇)에서부터 접해볼 수 있다.[1]

한자문화권에서 소설의 이 같은 태생적 특징은 고소설이 줄곧 '실사(實事)'와 '허구(虛構)'의 갈림길에서 방황하게 만든 요인이 되었다. 그러므로 여기에서 말하는 허구는 서구 근대소설의 잣대로써 말하는 개념과는 분명 정합(整合)되지 않는다.

그러나 실상이 그러함에도 우리의 경우, 최소한 16세기에 이르도록 이 같은 현상에 대한 뚜렷한 자료적 실체를 보여주지 못하고 있다. 오히려 『금오신화』에 이르기까지는 대단히 '허구적 산물'인 것처럼 보인다. 그러다가 1511년 「설공찬전(薛公瓚傳)」이 조야(朝野)에 적지 않은 파문을 일으키면서 이 문제가 현안으로 등장한다.

> 채수가 만약 스스로 요망한 말을 만들어 인심을 선동했다면 사형으로 단죄함이 가할 것입니다. 다만 재주를 부리고 싶은 욕구[技癢]에 따라 보고들은 대로 함부로 지었던 것입니다. (…중략…) 채수의 「설공찬전」은 지극히 잘못된 것이나 설공찬은 채수의 族人이므로 채수가 필시 믿고 의혹되어 저술했을 것입니다. 이는 세교에도 관계되고 치도에도 방해가 되옵니다.
>
> —『중종실록』 권13, 9월 20일 정묘

9월 2일에 터져 몇 달 동안 지속된 이 사건은 정치적으로 미묘한 기류 속에서 폭발한 것인데, 채수(蔡壽)를 공격하는 쪽과 옹호하는 편이 나뉘어 「설공찬전」의 처리 문제를 두고 국왕 앞에서 설전을 벌인 내용의 일부분이다. 여기서는 「설공찬전」의 창작 내력을 기양(技癢)의 욕구와 실제 족인(族人)의 일로 이해하고 있다. 요컨대 이 두 언급 모두 「설공찬전」

---

1) 이에 대해서는 루샤오펑, 『역사에서 허구로』(길, 2001) 참조.

이 전혀 허구적 산물이 아니라는 점을 강조한다. 주인공 설공찬의 아버지 설충란(薛忠蘭)이 채수의 족질생(族姪甥)이므로 이 가능성은 높아 보인다.2) 그렇다고 여기에 허구적 요소가 전혀 없다고는 볼 수 없다. 문제는 이런 류—지금 우리가 부르는 소설류—가 당시 완전한 허구의 산물인 것에 대한 인식론적 거부감이 적지 않았다는 사실이다.

이후 사화(士禍)의 시기를 거치면서 이와 관련하여 따로 실기적 양식이 탄생한다. 실기류(實記類)의 탄생은 소설의 '허구성'에 관한 이제까지와는 다른 이해의 여지를 마련해주었다. 사실을 기록한 서사류가 성립되면서, '사실을 가장(假裝)하거나 장식(粧飾)한' 소설과 구체적으로 구별되는 양식이 출현한 것이다. 그러나 16세기 실기류는 아직 소설류와 견주어 이해될 만한 것은 아니었고, 흥미롭게도 양자는 임병양란이라는 역사적 충격과 맞물려 문학사의 전면에 부상하였다. 이 실기류는 16~17세기 사회 환경에 따른 독특한 산물임에 틀림없는데,3) 이들과 소설과의 관련 양상을 밝히는 작업은 소설사의 전변의 과정을 이해하는데 관건이 될 뿐만 아니라, 17세기 이후 소설이 실사와 허구의 사이를 어떻게 교묘하게 뚫고 나가는가 하는 점을 보다 구체적으로 살피는데 요긴한 기회를 제공한다.

이런 양상을 천착하는데 관련된 자료는 사실 매우 많은 편이다. 특히 실기류에 해당하는 자료는 범위와 성격 여하에 따라 그 양은 실로 만만치 않다. 따라서 이것들을 모두 아울러 논의의 장으로 끌어들이려면 적지 않은 지면을 필요로 한다. 그래서 본고에서는 이 중 보다 흥미로운 몇 가지 자료만을 한정하여 집중적으로 따져 보기로 하겠다.

---

2) 최근 이 점이 확인된 바 있다(이복규, 「〈설공찬전〉이 實話에서 유래한 소설일 가능성」, 『국제어문』 28집, 국제어문학회, 2003).

3) 사화와 전란은 역사상 유례가 없는 실기류를 양산하였다. 실기적 양식은 전후 문학사에서 지속적으로 나타나는 현상이지만, 이렇게 뚜렷하고 집중적인 현상은 없었다.

2. 17세기 실기류와 소설의 관련 양상

임병양란이 소재가 되어 탄생한 실기류와 소설은 서로 밀접한 관련이 있는데,4) 여기서는 그 관련 작품들을 일일이 거론하지 않고 그 속에서 간취되는 몇 가지 특징적인 국면들만 추려보기로 한다.

첫째, 관련 작품들의 창작이 거의 동시에 이루어졌다. 일반적으로 어떤 사건을 취재 기술할 경우 '실기의 형성 → 소설의 창작'이 상정될 법하다. 그런데 따지고 보면 이런 발상은 근본적으로 잘못된 것인지 모른다. 누군가에 의해 촉목(觸目)된 '현실'이 실기로 기술되든 소설로 창작되든 분명한 것은 모두 지면에 올리는 과정을 거쳐야 한다는 사실이다. 지면으로 오르기 전까지 이 촉목된 현실은 사람들의 입에 오르내리는 이야기에 불과할 뿐이다. 그러므로 비록 한 개인이 직접 체험한 일이 곧장 글로 상재(上梓)된 경우도 있지만, 수십 년 뒤에 이 사실을 기록한 경우도 있으며, 심지어 체험자가 죽은 뒤에 누군가에 의해 비로소 기술되기도 한다. 그런데 실체험자가 죽은 이후에 기술되는 실기류는 어느 정도 '사실에 대한 윤색'이 가해질 소지가 있다. 말하자면, 실체험의 시점과 채록의 시점이 길어질수록 실체험에 대한 윤색의 가능성은 더 있게 마련이다.5)

이 사실에 대하여 소설적 가공을 취할 경우, 일반적으로는 그 사실이 취재된 기록을 가지고 엮을 가능성이 물론 높지만,6) 사실이 발생한 직

---

4) 이에 대해서는 제2부 「16~17세기 동아시아 전란과 애정전기소설」 참조.

5) 이런 경우는 대부분 실기적 요소와 허구적 요소가 혼효되어 소설적 경향을 띄는 경우가 많다. 그런데 이런 류는 그것이 소설적으로 잘 윤색된 경우도 있지만, 분명한 실기도 아니고 그렇다고 어엿한 소설도 아닌 '얼치기'로 남아 있는 경우도 적지 않다. 그런 예가 적지 않은데, 여기서는 이런 류는 논의에서 제외하기로 한다. 전란 직후 양산된 실기류와 소설을 분석함으로써 동시다발적으로 양산된 두 계열의 작품들을 집중적으로 분석하기 위해서이다.

6) 이 경우 우리가 바로 떠올려 볼 수 있는 작품이 「임진록」과 「박씨전」이다. 이 두 작

후 직접적인 목격이나 다른 이의 전언을 통해서도 이것을 사실적인 기술보다는 이 사건에 대한 의미를 구현하기 위해서 곧바로 가공이 이루어질 수 있다. 따라서 하나의 사건에 대해서 이 두 계열이 동시에 성립될 가능성은 충분한 셈이다.

그 예를 이미 알려진 자료 몇 가지를 통해서 확인해보아도, 『어우야담(於于野談)』의 「홍도(紅桃)」와 「최척전」이 1620년 무렵 거의 같은 시기에 성립되었고, 「강도록(江都錄)」과 「강로전(姜虜傳)」 등도 1630년대 후반에 함께 나왔다. 이렇게 두 계열이 동시에 성립되었다는 사실은 이 시기 전란 관련 작품들의 탄생 양상을 새롭게 이해시켜 준다.

둘째, 이들 작품 중에는 실기류와 소설로서의 구분이 애매하거나 거의 불가능한 것들이 적지 않다. 이 점은 본 연구와 관련하여 가장 주목되는 대목인데, 그만큼 이 시기 소설이 현실에 기반하여 성립되었다는 반증이기도 하다. 그 하나의 예로 최근에 발견된 자료 하나를 소개해볼까 한다. 『현봉초(玄峯艸)』라는 것인데,7) 정기룡(鄭起龍)·연풍(年豊)·권대남(權大南)·남곤(南袞)·조대립(趙大立)·강홍립(姜弘立)·임꺽정(林巨正)·정여립(鄭汝立) 등 모두 7명의 인물의 행적을 기술한 작품이다. 남곤을 제외하곤 모두 임병 양란 시기, 특히 전란과 관련된 인물들이다. 사료에서 비판적인 대상으로 각인되어 있는 남곤·강홍립·임꺽정·정여립 등과 역사에서 그 자취가 미미한 연풍·권대남·조대립 등을 함께 수록함으로써, 인물을 통한 전란의 추이를 살피게 한다는 점에서 주목된다. 이를 기록한 시기는 대체로 호란이 끝난 이후 어느 시점으로 짐작이 가며, 기존 기록을 참조하여 모음집을 기획한 것으로 보인다. 따라서 기존 기

품에 대한 창작 시기에 대해선 논란이 있지만, 분명 임란을 겪고 한참 후 창작된 것으로 보인다. 최소한 18세기 이후의 산물로 단정이 된다. 무엇보다 이들 작품은 결코 전란 그 자체에 주안점이 두어져 있지 않다. 오히려 '민중적 힘'에 많은 무게가 실려 있다. 요컨대 민중적 힘에 대한 각성을 전란을 소재로 하여 엮어진 면이 강하다.

7) 박철상 씨 소장으로 1책의 필사본인데, 玄峯이란 호를 가진 이가 기록한 작품이다. 玄峯은 누구인지 미상이다.

록과 큰 차이를 발견할 수 없다.[8] 특히 「홍립전」은 『현봉초』 전체 중 거의 반을 차지할 정도로 상당한 분량을 자랑하고 있는데, 원문 중엔 "어재경서전(語在景瑞傳)"·"어재응하전(語在應河傳)"·"어재남이홍전(語在南以興傳)"이란 원주를 붙여 이들 자료에 의거했음을 밝히고 있다. '경서전'·'응하전'·'남이홍전' 등이 구체적으로 무엇을 지칭하는지 알 수 없으나, 흥미로운 사실은 한 두 군데를 빼곤 권칙(權侙)의 「강로전」과 거의 일치한다는 점이다. 따라서 다른 작품들은 실기적 성격이 강한 반면, 「홍립전」은 적잖은 기교의 체취가 난다.

우리가 「강로전」을 소설로 간주한다면, 여기 「홍립전」은 소설을 가장한 실기로 볼 수 있다. 왜냐하면 『현봉초』는 분명 실기류로 분류되기 때문이다. 이처럼 이 시기 실기적 성향이 강한 작품의 소설과의 교섭한 양상은 매우 흔하다.

셋째, 대부분 비극적 현실을 목도하고 이를 기술하거나 재현하는 방향이었다. 전란으로 초래된 참화는 기실 전란 관련 작품들의 가장 핵심적인 사안일 터다. 관변(官邊)의 기록을 제외하면, 실기류는 대부분 이런 점에 초점이 맞추어져 있다. 특히 작자의 실체험을 기술한 경우도 적지 않은데, 유진(柳袗)의 「임진녹」, 강항(姜沆)의 「간양록(看羊錄)」, 정양(鄭瀁)의 「강도피화기사(江都被禍記事)」 등에 이 같은 양상이 보다 구체적이고 뚜렷하게 기술되어 있다. 여기 작자들은 그들 자신이 직접 체험자로서, 면전에서 목도한 참화나 자신이 겪은 고통 등을 일반 백성들의 피란, 참화, 이산 등으로 인한 안타까운 몸부림과 교차시킴으로써 민족적 수난의 현장을 정면으로 돌파한다.

이런 양상은 당연히 전란 관련 소설에도 그대로 재현되었으니, 기존

---

8) 참고로 「정기룡」은 『梅軒實記』와 내용이 비슷하며, 「年豊傳」은 『芝峯集』 권24에 따로 「年豊傳」이 보이며, 「南袞」은 『기묘록』의 내용 및 기묘사화의 과정을 토대로 서술된 것이다. 또한 임꺽정과 정여립의 경우도 일반 사료의 기록과 별반 차이가 없다. 다만 權大南과 趙大立은 아직 다른 기록에서는 접해보지 못한 인물인데, 이들이 겪은 사적은 상당히 흥미롭다.

의 허구적 전통을 완전히 잊은 듯 실체험적 요소가 강하다. 이보다 불과 몇 십 년 전 창작된 「최고운전(崔孤雲傳)」 같은 작품은 이제 와선 도저히 다시 생산되지 않을 성싶다. 우리는 「최척전」·「강로전」·「김영철전(金英哲傳)」 등에서 이런 사정을 어렵지 않게 간취할 수 있다. 이 경우, 사실의 재현에만 머무르지 않고 한걸음 더 나아가 이 같은 전란의 비극이 어디로부터 초래되었으며, 그 책임은 과연 누구에게 있는가 하는 점에 대한 심각한 회의도 보여주고 있어서 문제적이다.

넷째, 실기류에 목도된 상황이 이 시기 소설의 모티프로 활용되는 경우가 적지 않다. 이 점은 특히 피로실기(被虜實記)와 「최척전」의 관계에서 뚜렷하게 나타난다. 「최척전」의 경우, 실제 인물 최척과 옥영이 겪은 것은 물론 아니다. 아니 한참 양보하여 최척과 옥영이 실재한 인물이었다 하더라도 「최척전」에 그려진 내용은 사실이 아닌 것이다. 그 밑그림은 분명 당대 누군가의 피체험이 문학적 장치로 만들어져 구성되었음이 분명하다. 여기에 작자의 태도를 문제 삼아볼 필요가 있다. 조위한은 당시 피로자였던 조완벽(趙完璧)·강항·노인(魯認) 등이 실제 겪었던 사실을 최척과 옥영의 피로 과정에 서로 갈마들며 파편적으로 구현하고 있다. 조위한은 분명 허구적 인물—그러나 이것도 충분히 있을 법한—을 통해서 당대 동아시아 전란의 소용돌이를 추체험화시킨 셈이다.

3. 실기(實記)의 기술(記述)과 소설의 형상(形像)

실기류와 소설을 구별할 특정한 장르적 귀속이 따로 없는 만큼, 이를 두부 자르듯 구분한다는 것은 실로 난감한 일이 아닐 수 없다. 앞에서 지적했듯이 양자는 서로 착잡하게 얽혀져 있는 터라, 이 점을 더욱 어렵게 하는 것이 사실이다. 따라서 이를 보다 국소화시켜 양란에 관련된 실기적 소설이라고 판단되는 「최척전」과 「강로전」을 중심에 놓고 이들과 밀접한 관련이 있는 실기류와 비교하여 그 양상을 살펴보기로 한다. 그 방향은 작품의 결구의 양상과 인물의 형상화를 집중적으로 논의하고, 아울러 양자가 지닌 문학적 감동의 차이도 함께 지적해보는 식이다.

① 임란 관련 피로실기의 주인공들은 각각 「최척전」의 최척과 옥영으로 대체되어 일본은 물론 중국, 안남, 요동 등 동북아 각국을 표랑한 것처럼 비춰진다. 아니 이것은 뒤집어야 말이 성립될 것 같다. 즉 당시 포로로 끌려갔다가 극적으로 귀환한 조완벽·강항·노인·정희득(鄭希得) 등의 체험을, 혹은 최척이 혹은 옥영이 그 자리를 대신하였던 것이다. 따라서 「최척전」은 피로자들의 지난한 여정을 솜씨 있게 구현한 과정의 산물이다. 이 점을 다시 확인하기 위해서 위의 실기 중 강항(姜沆, 1567~1618)의 「간양록」 안의 「섭난사적(涉亂事迹)」과 대비해본다.

「섭난사적」은 주지하듯이 남원(南原)에서 포로가 되어 적국에 끌려갔다가 생환한 일을 기술한 강항의 실기이다. 여기에는 특히 처음의 피체과정이 곡절하다.

> 바다 안개가 자욱한 속에 문득 荒唐船 한 척이 돌진하여 날 듯이 나오자, 뱃사공이 '왜선이다!'고 외쳤다. 나는 스스로 죽음을 면할 수 없다고 판단하여 옷을 풀고 물 속으로 뛰어들었다. 온 집안 처자형제와 배 안의 남녀들이 태반은 함께 뛰어 들었다. 그런데 배가 해안에 정박 중인지라 물이 얕아 적들이 모두 臥船의 장대로 끌어내어 포박하여 세웠다. (…중략…) 어린아이 龍과 첩의 소생 딸 愛生을 모래밭에 남겨두었는데, 조수가 밀려와 떠내려가느라 우는 소리가 귀에 가득하더니 이윽고 끊어지고 말았다.9)

---

9) 「涉亂事迹」(『睡隱集』 권4, 「看羊錄」). "海霧中忽見荒唐船一隻, 突出飛來, 篙卒呼曰 : '倭船也!' 余自度不能免, 解衣墮水中, 一家妻子兄弟, 一舡男女, 太半同溺. 艤岸水淺, 賊盡勾出臥船槳, 齊縛立之. (…중략…) 稚子龍及妾女愛生, 遺置沙際, 潮回浮

피난하기 위해 배를 탄 것인데, 오히려 해안의 짙은 안개 속에서 황당
선이 출몰하고 꼼짝없이 붙잡혀 포로의 신세가 되고 말았다. 자결할 겨
를도 없이 순식간에 터진 사건이었다. 그래서 대부분 포로가 되고 말았
는데, 더욱 안타까운 일은 해안 가 모래사장에 남겨두었던 막내아들 용
(龍)이 조수에 떠내려가 죽은 사실이다. 울먹이는 소리가 오랫동안 귓전
에 남아 작자의 절망감을 한없이 부추긴다.

이렇게 시작된 피로 생활은 호송 도중 한밤중에 들은 한 여인의 애달
픈 노래 소리, 일본 땅에서 만난 동정심 많은 노파, 그곳에서 탈출을 시
도하다 죽은 조선인, 그리고 여러 문인들과의 교유, 자신의 생환 등이
슬라이드 사진처럼 한 컷 한 컷 찍혀 있는 듯하다. 요컨대 시간의 경과
에 따른 각각의 독립된 이야기들이 특별한 연계 없이 경험적 사실로 기
술되어 있는 것이다.

「최척전」도 이 「섭난사적」에 포착된 것들과 유사한 장면이 많다. 최
척은 피체 과정에서 처자식과 생이별을 하였으며, 피로생활과 극적인 해
후, 재이별과 생환 등 실로 한 인간이 전란으로 인해 겪을 수 있는 최대
치를 경험한다. 사실 17세기 소설로서 「최척전」은 적지 않은 편폭인데,
워낙 배경이 광활하고 사건이 복잡하다 보니 이 편폭마저도 매우 짧아
보인다. 요즘 같아선 '해리포터'나 '반지의 제왕'처럼 몇 부작으로 만들
어져야 할 판인데, 굵직한 한편으로 정리하려다보니 너무 벅찬감 마저
든다. 따라서 그곳에서 유영하는 인물들은 전혀 쉴 틈이 없다. 숱한 피
로자들이 겪었을 법한 내용이 이 한편에 직조된 만큼 그 구성에 있어서
상당한 무리가 따라 보인다. 그럼에도 이를 솜씨 있게 엮어낸 것은 전적
으로 작자 조위한(趙緯韓, 1567~1649)의 필력에 의존하고 있다.

그렇다면 「최척전」의 이 같은 구조를 받치고 있는 버팀목, 다시 말해
이 작품의 벼리는 무엇일까? 물론 최척 일가의 극적인 재회와 생환은 전

出, 呱呱滿耳, 良久而絶."

란 속에서 꺾이지 않는 최척과 옥영의 견결한 의지가 작품의 핵심축이라 해야 마땅하다. 그러나 작품은 주인공이 중간 중간 현실의 벽에 부딪쳐 쓰러지려 할 때면 만복사(萬福寺)의 장육불(丈六佛)을 현시시켜 순간의 난관을 버티도록 한다.

만복사 장육불은 작품에 모두 다섯 번 등장한다. 첫 번째는 장남 몽석(夢釋)을 태임할 때이고,[10] 두 번째는 옥영이 피로(被虜)되어 선상에서 몸을 던져 자결하려는 시점이며,[11] 세 번째는 절강(浙江)에서 부부가 재회하여 둘째 아들 몽선(夢仙)을 낳을 때이고,[12] 네 번째는 옥영이 명군(明軍)으로 출정했던 남편이 죽었을 것이라는 소식을 접한 후 희망을 잃고 곡기를 끊어 죽으려 할 때이다.[13] 그리고 마지막으로 바다를 통해 생환하던 일행이 해랑적(海浪賊)을 만나 무인도에 표류, 절망적인 순간 옥영이 절벽에서 떨어져 목숨을 버리려 할 때이다.[14] 흥미로운 점은 다섯 번의 현몽이 옥영에게만 나타나며, 이 중 두 번은 자식을 낳을 때 현시된 일종의 태몽이었으며, 나머지 세 번은 옥영 자신이 극한 상황에서 목숨을 버리려는 시점에서이다. 이것은 두 가지 점에서 생각해볼 수 있다.

두 아들 몽석과 몽선은 부모인 최척과 옥영 사이의 연결고리로 작품에 등장, 각각 부모와 자식이 짝을 이뤄 생환한다. 최척 부부에게 있어

---

10) 「崔陟傳」(박희병 교주, 『한국한문소설』. 이하도 동일함). "其夜, 丈六金身見於玉英之夢曰 : '我萬福寺之佛也. 嘉爾誠敬, 錫以奇男子, 生必有異相.' 是月有娠, 遂生男子, 背上有赤痣如小兒掌, 遂名之曰'夢釋'."

11) 「최척전」. "玉英欲投水溺死, 再三出船, 輒有所覺而止. 一夕, 丈六金佛夢玉英而告曰 : '我萬福寺佛也. 愼無死! 後必有喜.' 玉英覺而諗其夢, 不能無萬一之冀, 遂强食不死."

12) 「최척전」. "産兒之前夕, 丈六佛又見于夢, 兒生, 亦有背痣. 夫妻咸以爲夢釋再來, 遂名之曰'夢仙'.

13) 「최척전」. "當是時, 玉英在杭州, 聞官軍陷沒, 以爲陟橫死戰場無疑也, 晝夜哭不絶聲, 期於必死, 水漿不入於口. 忽於一夕, 夢見丈六佛, 撫頂而言曰 : '愼無死, 後必有喜.'"

14) 「최척전」. "玉英登臨絶崖, 將欲投身, 而子婦共挽, 不得自投. (…중략…) 遂扶下來, 夜伏于巖穴. 天且曉矣, 玉英謂子婦曰 : '我氣困神疲彷彿之間, 丈六佛又見, 其言云云, 極可異也.'"

서 두 아들은 단순히 자식이라는 인연에서만 중요한 것이 아니라, 그 인
연의 끈을 지속적으로 유지케 하는 강한 견인력을 갖게 한다는 점에서
이 작품의 중요한 매듭임에 틀림없다. 따라서 두 자식의 탄생과 장육불
의 현시는 불가분의 관계가 있어야 했다. 그리고 옥영이 두 번 목숨을
버리고자 했을 때 장육불이 이를 만류하며 "죽지 말지어다. 뒤엔 반드시
좋은 일이 있을 것이다"고 힘을 북돋아 준 것은 옥영에게 절망적인 현
실을 행복한 미래에 대한 희망으로 대체시켰을 뿐만 아니라, 감내할 수
없는 현실에서도 존재해야 할 삶의 불가피성을 말해주는 것이다.
　이 네 번째 현몽으로 옥영의 마음속에 예상하지 못했던 희망의 불씨
가 지펴졌고, 비로소 어떤 거역할 수 없는 힘에 이끌리고 있음을 의식하
기 시작한다.

　　꿈에서 깬 옥영은 몽선에게 말하기를, "내가 붙잡히던 날 물에 몸을 던져 죽
　으려 하자 남원의 만복사 丈六金佛이 꿈에서 나에게 말하기를 '신중하게 생각
　하여 죽지 말지어다. 후에 반드시 기쁜 일이 있을 것이다'고 하더니, 4년 뒤에
　너의 아버지를 安南 바다에서 만났었지. 그리고 지금 죽으려 하자, 또다시 꿈
　이 이와 같구나. 너의 아버지도 혹 적의 칼날을 면할 수 있을 지도 모를 일이
　아니겠니!"라고 하였다.15)

　남편이 요동 땅에서 죽었을 것으로 판단이 섰던 옥영으로서는 바닷길
을 이용하여 조선 땅으로 생환한다는 것은 도저히 생각할 수 없는 노릇
이었다. 그러나 이 장육불의 현시로 옥영은 지금까지 일어났던 감당하기
어려웠던 사실들이 자신의 의지 너머에서 작동되고 있었음을 깨닫게 되
었다. 그에 따라서 남편이 꼭 살아서 고향으로 귀환했을 것이란 새로운
희망이 서게 되었고, 이 희망은 험한 바닷길을 해치고 생환하는 기폭제

---

15) 「최척전」, "覺而語夢仙曰 : '吾於被擄之日, 投水欲死, 南原萬福寺丈六金佛, 夢余
　　而言曰 : '愼無死! 後必有喜.' 後四年, 得見爾父於安南海中, 今吾欲死, 而又夢如是,
　　汝父豈或免於鋒鏑歟?'"

로 작용한다. 그 후 바다 가운데에서 수질(水疾)로 고통을 받을 때에도,[16] 해적을 만나 표류할 때에도[17] 옥영 일행은 오직 장육불의 자비스런 힘에 의지하고자 한다. 그리고 마침내 이들은 생환하게 되는 바, 남원에서 최척과 다시 해후한 옥영의 말이 이렇다.

> 우리가 이렇게 다시 만나게 된 것은 진실로 장육불의 음우에 힘입었지요. 이제 듣자 하니 그 금불 또한 모두 무너져 없어져 기도드릴 데가 없지만, 신령이 하늘에 계셔 묻혀 사라지지 않는 자를 용납하셨으니 우리가 어찌 보답할 바를 알지 못한단 말입니까?[18]

가족이 전란 속에서도 재결합할 수 있었던 데는 전적으로 장육불의 힘이었다는 것이다. 그리고 그 은덕의 보답으로 폐사(廢寺)에서 크게 공양하고 재계하면서 작품은 끝난다.

이렇게 볼 때 장육불의 현시는 이 작품의 중요한 진행의 축임에 틀림없다.[19] 작품 내적인 문제를 떠나서 실제 인간이 절박한 상황에 봉착하여 돌파구를 찾으려 할 때 그것이 꿈에 나타나는 것은 정신현상학적으로 자연스러운 일이다. 그러면서 「최척전」은 남주인공이 아닌 여주인공에게 작품을 풀어나가는 키를 주었다. 전란의 소용돌이를 연약한 한 여성이 돌파한다는 설정이다. 우선 이 인물 설정에 있어서 「최척전」은 특별한 의도성이 있다. 옥영의 경우 나약한 여자의 몸으로서 감내할 수 없는 행로를 장육불의 힘에 의탁하여 버텨온 것은 어쩌면 불가피한 상황이었으

---

16) 「최척전」. "是夕, 南風甚惡, 波濤接天, 雲霧四塞, 咫尺不辨, 檣摧帆裂, 不知所屆. 夢仙與紅桃, 惶怖匍伏, 困於水疾, 玉英獨坐祝天念佛而已."

17) 「최척전」. "三人相對念佛而祝曰 : '世尊世尊! 其念我哉, 其念我哉!' 過三日, 忽見風帆自杳茫中出來 (…하략…)."

18) 「최척전」. "吾等之得有今日, 寔賴丈六佛之陰隲, 而今聞金像, 亦皆毀滅, 無所憑禱, 而神靈之在天, 容有不泯者存, 吾等豈不知所以報乎?"

19) 이 경우와는 약간 다르지만, 「임진록」의 경우도 이 같은 점이 있는데, 그것은 조선 후기 민중적 염원의 한 산물인 關雲長의 등장이다. 관운장은 우리 쪽 장수들의 절체 절명의 위기 때마다 등장하여 분위기를 반전시켜 준다.

리라. 임진란 때 사츠마(薩摩州)로 끌려갔다가 극적으로 생환한 노인(魯認)도 탈출하기 위해 계획을 꾸미던 중 밤마다 불안한 꿈에 시달리게 된다. 그런데 한번은 아버지가 꿈에 나타나 "너는 모름지기 걱정하지 말거라. 어렵지 않게 바다를 건널 것이다"라는 말을 듣고 적잖이 위로가 되었던 사실은,[20] 옥영의 이 모습과 심리적으로 완벽하게 일치한다. 문제는 「최척전」이 이런 심리적 기저를 하나의 장치로 풀어냈다는 점에 있다.

　최척 일가의 이합의 과정은 실상 현실에서 전혀 없을 수 있는 일은 아니다. 그러나 현실이라고 하기엔 너무나 기적적이다. 있을 수는 있으나 그러기엔 너무나 기이한 최척 일가의 이합은 그러기에 소설의 재료로는 적격이다. 그런데 이를 하나의 소설로 직조하기 위해서는, 즉 사건을 하나의 완결된 서사태(敍事態)로 끌고 가기 위해서는 이를 뒷받침할 '장치'가 필요했던 것이다. 그것은 여주인공 옥영의 심리적 자세와 금불(金佛)의 현몽을 결합시킨, 완결된 서사구조였다. 이때 현몽 계시가 우연이나 필연이냐를 따지는 것은 최소한 작품 내에서는 무의미하다. 바로 이 점은 전기소설이 기존의 비현실적 요소를 소거하면서 '계기성과 우연성의 횡단'을 통해서 이합구조의 새로운 국면을 창출해내는 순간이기도 하다.[21]

　② 호란 관련 작품으로, 「강도록」과 「강로전」에는 모두 한 인물에 대한 집중적인 조명이 이루어져 눈길을 끈다. 그런데 그 인물은 공교롭게도 이른바 '부정적 인물'이다. 「강도록」의 김경징(金慶徵)이 그렇고, 「강로전」의 강홍립(姜弘立)이 또 그렇다. 둘 다 호란 때 국가의 중요한 책임을 맡은 존재들인데, 그 임무를 제대로 완수하지 못한 게 역사적인 사실이기도 하다. 물론 강홍립의 역사적 부침에 대해서는 다시 따져 보아야 할 것이나 최소한 작자 권칙(權侙, 1599~1667)은 부정 일색으로 그리고 있

---

20) 『錦溪日記』. "夜夢中, 父親戒我曰 : '汝不須愁悶, 不難渡海.' 夢覺少有自慰."
21) 제1부 「전란 소재 애정전기소설의 성립과 발전에 대한 시론」 참조.

다. 요컨대 두 작품은 이들의 망동에 대한 비판적 시선이 전일하게 기술, 또는 형상화되어 있다. 그리고 저들의 악행을 보다 선명하게 부각시키기 위해 그 반대편에 김상용(金尙容)·김응하(金應河) 등 순절한 인물을 대치시킨 것도 양자의 공통적 특징이다. 그런데 그 인물의 '부정적 인상'을 드러내는 방식은 좀 다르다.

「강도록」은 강도로의 피신과 강도성의 함락, 그리고 충신열사 및 인민들의 참화를 하나하나 기술하는데, 그 과정에 검찰사 김경징(金慶徵)의 실책과 망동을 지속적으로 삽입하였다. 따라서 강도의 참화는 결국 김경징 등 방어의 책임을 맡았던 자들의 실책으로 말미암았음을 잘 드러내준다. 김경징의 모습은 다음에서 극명하게 드러난다.

> 임금은 몸소 시석을 무릅쓰고 풍설을 겪는데, 경징은 두터운 털옷과 따뜻한 집에 추위를 막는 술이 있으며, 임금은 날마다 거친 밥에 단맛을 모르고 있는데, 경징은 진수성찬으로 날마다 배불리 먹고 있다. 강개한 지사가 선유책을 올려도 귀를 막고 듣지 않고 먼 애기로 간주해 버리더라.[22]

몇 가지 구체적인 사실을 적시하면서 남한산성으로 피신해 있는 임금의 모습과 대조시켜 김경징의 지금 행태를 총체적으로 고발하고 있는 것이다. 따라서 김경징의 모습은 당연히 부정적이며, 다른 여지는 찾아볼 수 없다.

그러나 「강로전」의 강홍립이 부정적 인물로 형상화되는 데는 다양한 요소들이 등장한다. 처음 국가의 간성인 그의 집안을 열거하며 일약 출병의 중임을 맡게 된 사정을 기술하는 대목에서는 어엿한 영웅의 형상이 기대된다. 그런데 막 떠나는 홍립 앞에 어머니 정씨(鄭氏)가 나타나 불안한 미래를 염려하며, 홍립더러 나라를 저버리고 집안을 망치는 일을

---

22) 「江都錄」(규장각 소장 『소대수언』 소재본. 이하도 동일함). "至尊則親犯矢石, 觸冒風雪, 而慶徵則重裘煖屋, 有辟寒之酒. 至尊則並日饘飯, 食不甘味, 而慶徵則飽鮮珍膏, 有終日之飽. 慷慨忠憤之士, 陳嘉猷善策, 而塡耳不聽, 謂之迂言."

하지 말 것을 신신 당부한다.23) 이 정씨의 언급은 결과적으로 강홍립이 임무를 완수하지 못한 것에 대한 예비적 불안감에 대한 소치였다. 그런 그는 국경을 넘어서자마자 엉뚱한 행동을 하기 시작한다. 전혀 오랑캐를 칠 생각이 없는 것이다. 그런 그의 행동에 휘하의 장수들이 갸우뚱해·하는데, 그는 그럴 때마다 "밀지가 내게 있으니, 제군은 걱정하지 말라[密旨在吾, 諸君勿憂!]"라는 말로 넘어가곤 한다. 따라서 좀체 그의 부정적 인물로서의 면모는 뚜렷하게 나타나지 않는다. 그런 그의 애매한 행동은 종사관 이민환(李民寏), 부장(副將) 김경서(金景瑞)의 의혹 제기에도 전혀 흔들릴 기세가 없다. 그러다가 서서히 그의 마각이 드러나는 시점은, 선천군수(宣川郡守) 김응하의 출현으로부터다. 필전의 의지가 없는 원수를 보고 선봉으로 나서 장렬한 최후를 맞이하는 김응하의 모습은 이러하다.

김응하는 형세가 이미 기운 걸 보고, 버드나무 아래에 기대어 서서 화살을 뽑아 저들을 향해 쏘니, 쏘는 족족 적들은 쓰러졌다. 盈哥(누루하치의 아들―인용자)의 동생도 그 화살에 맞아 쓰러졌다. 적들은 온통 기운을 뺏겨 감히 나와 싸우려하지 못하였다. 이렇게 대낮부터 싸워서 해가 기울 무렵이 되자 김응하는 화살 300여 발이 모두 떨어지게 되었다. 이제는 맨몸으로 주먹을 불끈 쥐고 벼락같이 소리를 지르는데, 적의 화살이 비오듯 쏟아졌다. 하늘이 꺾이고 땅이 찢어지듯 열사가 쓰러지는데, 아직도 왼손에는 창을 들고 오른손에는 칼을 쥔 채 산 사람처럼 눈을 부릅뜨고 있어 한참동안 적이 감히 접근하지 못하였다.24)

이 장면을 기점으로 강홍립은 바로 적에게 투항하며 "굴슬사배(屈膝四拜)"하는 비열하기 짝이 없는 인간으로 각인되기 시작한다. 그리고 이때

---

23) 「姜虜傳」(국편본을 저본으로 이본 교감을 하였음. 이하도 동일함). "鄭氏時年八十餘, 揮泣出門, 齧臂以別曰 : '(…중략…) 今者受莫重之任, 當可效之地, 卽有不稱, 非但負國, 便頹家聲.'"

24) 「강로전」. "應河見勢已去, 依立柳樹下, 抽矢射之, 應弦輒倒. 盈哥之弟, 中箭倒斃, 賊皆奪氣, 不敢衝犯. 自日中至日昃, 應河三百餘矢已盡, 奮拳疾呼, 矢如雨集, 天摧地裂, 烈士隕絶, 猶左手持戟, 右手握劍, 瞋目如生, 移時賊不敢近."

부터 2만의 정예병을 이끌고 전도양양하게 출병했던 강홍립의 모습은 온데간데없다. 동시에 부정적 인물로서의 진면모를 보여준다. 이 같은 강홍립의 변질은 사실 충분히 예견되었음에도 불구하고 최소한 문면에서는 상당한 뜸을 들임으로써 심리적 거리를 갖게 하였던 것이다.

투항한 이후 강홍립은 저쪽의 대우에 흡족하여 다른 궁리를 하지 않고 안락에 빠져든다.[25] 그렇게 그의 존재는 끝나는가 싶다. 그런데 작자는 그의 모습을 이 정도로 고정시켜 두지 않았다. 마치 그가 조선과 명나라를 저버린 대가를 철저하게 치르게 하려는 듯하다. 강홍립이 모든 것을 버리고 그곳에서 안주하려 할 즈음, 두 인물이 그의 앞에 나타난다. 한 인물은 만주(滿住)가 내려준 한족 포로 소랑(蘇娘)이며, 또 한 인물은 후금에 망명하여 조선을 노리고 있던 반역자 한윤(韓潤)이었다. 이들은 강홍립의 안과 밖을 흔들어 놓는다. 홍립에게 접근한 한윤은 '조선에서 장차 그대의 구족(九族)을 멸하려 한다'는 소식을 알려, 조선 정벌을 부추기며 그를 복수심에 불타게 만든다. 그러나 홍립의 총애를 입은 소랑은 보다 신중하게 처신할 것을 요청함으로써 한동안 동요케 한다. 그래서 그는 "일족(一族)의 원통함을 생각하면 보복을 안할 수 없고, 춘규(春閨)의 사모하는 정 또한 어길 수 없어 가슴속이 혼란스러운 채 몇 개월을 보내야 했다."[26] 그럼에도 한윤의 요구는 집요하여 마침내 홍립더러 기어코 조선 정벌에 나서게 하고야 만다.

이 두 인물에 의해 추인된 강홍립의 최후 모습은 그야말로 처참하다. 어느새 자신의 행동에 괴로워하며 유약하기 짝이 없는 인간형으로 떨어져 있다.[27] 급기야 '눈물을 줄줄 흘리며 괴로워하는' 마지막 모습에서는 전란으로 인해 굴절된 한 인간을 만나게 된다.

---

25) 「강로전」. "弘立與女, 日夕對酒, 酣歌暢吟曰 : '旣結滿住之歡, 又得佳婦之配, 世所難兼者, 吾一朝有之, 人生行樂耳, 何必故國爲哉?' 自是東歸之念頓釋矣."

26) 「강로전」. "仍自念赤族之怨, 不可不報, 春閨之思, 亦不可恝, 胸中戰魒, 經過數月."

27) 「강로전」. "讀未終篇, 搔首自責曰 : '人言至此, 吾其愧死矣.' 遂屛居鄕閭, 閉戶不出, 咄咄書空, 盈淚自滴, 如狂如癡, 口自語曰 (…하략…)."

당시 동북아 정세와 광해군의 대외정책이 새롭게 조명되고 있는 지금
의 관점에서 강홍립에 대한 역사적 평가는 분명 다시 이루어져야 할 것
이다. 그런데 강홍립을 바라보는 작자 권칙의 시선은 따갑기만 하다. 그
는 작품 내에서 광해군을 '폐조(廢朝)'라고 표현하고 있듯이, 그의 대청의
식은 분명한 것으로 보인다. 따라서 강홍립을 그야말로 '강로(姜虜)'로서
선명하게 부각시키고자 하였다. 그런데 이를 부각시키기 위해서 다양한
방편을 모색했던 것이다. 이 결과 부정적 인물의 전형성을 획득할 수 있
었다.

③ 그렇다면 이렇게 드러난 실기류와 소설의 차이를 어떻게 실감할
수 있을까? 우리는 여기서 이들 작품의 독자가 될 필요가 있다.

사실 이 시기 전란 관련물로 실기만큼 전쟁의 체험이 뚜렷하게 느껴
지는 대상도 없다. 피화의 구체적인 현장을 직접 목도할 수 있고, 전쟁
의 추이 등도 실감할 수 있다. 더구나 그 속에 출몰하는 인간들의 각이
한 면모와 또 그런 과정 속에서 피어난 인간애(또는 가족애)는 지금 우리
가 보기에도 매우 감동적이다. 그러나 가장 극적인 부분은 아무래도 전
란의 참화를 당하는 순간일 것이다.

①이때 비가 많이 내려 강물이 불어나 있었다. 아직 여러 의견들이 합치되지
않아 옥신각신하고 있던 차에 적의 기병과 보병이 이미 들에 가득 차게 되었다.
왜병들이 일제히 크게 소리지르자 사람들이 모두 혼비백산하여 각기 짐승 숨
듯이 숨었다. 낭떠러지 어귀의 깊고 험한 곳을 마련해 노친이 편안히 쉬게 하
고, 우리 형제는 그 옆에 숨고 형수와 누님도 또한 엎드려 숨을 곳을 찾았다.
(…중략…) 조금 뒤 한 적병이 산 위에서 소리를 지르며 아래로 내려오자, 형수
가 이를 보고는 바위 위에서 아래로 몸을 던지니 누님도 그 뒤를 따랐다. 바위
아래는 물이 맴도는 연못이라 두 사람은 물 속에 빠져 죽고 말았다. 어머니는
이를 못 보았으나 우리는 이를 보았지만 어찌 할 수 없었다.28)

28) 鄭榮邦, 「壬辰遭變事蹟」(『石門集』 권4－『東萊鄭氏文集』 第二輯). "時雨多江水漸

②적이 쳐들어왔을 때 달아나 바다에 빠져 죽을 수 없을 것으로 판단한 제수와 아내는 목을 찔러 자결을 시도했다. 그 흐르는 피가 목을 덮고 얼굴을 가려 마치 희생에 쓸 소를 잡는 곳 같았다. 나도 그 칼로 세 번이나 찔렀으나 죽지 못했다. 적이 배에 올라와서는 내가 아직 죽지 않은 것을 보고 다섯 발의 화살을 쏘아 가해를 하였다. 첫발은 왼쪽 겨드랑이 밑에 맞았고 두번째 화살이 왼편 귀의 윗부분 두뇌에 맞은 것까지는 그 아픔이 대강 기억이 나지만, 왼쪽 눈을 맞고 왼쪽손가락이 맞아 부러진 것은 모두 기억나지 않는다. 그 후에 들으니 처음 화살을 맞았을 때 죽는소리를 한 번 지르고는 그 후로 소리를 내지 않아서 이 때문에 적이 마침내 거듭 화살을 쏘고 그쳤다고 한다. 눈에 화살이 적중했는데, 맞고 나서 곧 눈덩이가 부풀어올라 얼굴을 덮었다. 화살을 맞고는 눈을 감은 채 의식을 잃고 말았다.[29]

③3일이 지나 적이 물러간 후 다시 燕谷에 돌아와 보니, 보이는 것은 길에 쌓인 시체뿐으로 흐르는 피가 내를 이루고 있었다. 수풀 속에서 끊어질 듯 부르짖는 소리가 들리기에 그곳으로 가 보니, 노인과 어린아이들이 온몸에 창상을 입은 채 최척을 보고 통곡하였다. (…중략…) 최척은 하늘을 향해 통곡하고 땅을 치며 피를 토하였다. 곧장 蟾江(섬진강―인용자)으로 달려가는 도중 채 몇 리를 가지 않아, 어지럽게 널린 시체더미 속에서 누군지 알 수 없으나 신음소리가 간단간단하고 흐르는 피가 얼굴을 덮은 이가 있었다. 그 차림새를 보니 春生의 복장과 흡사했다. 최척은 큰 소리를 불렀다. "너는 춘생이 아니더냐?" 그러자 춘생이 눈을 크게 뜨고 숨이 넘어가는 소리로, "낭군님 낭군님! 주인님 식구들은 모두 적병에게 붙들려 가고 말았어요 저는 어린 몽석을 업고 있느라

<hr>

生. 又群議不合, 依違之間, 賊騎步已遍野, 砲聲一起, 衆倭齊聲大呼, 人皆褫魄, 各鳥獸匿. 乃占得崖嶔深險處, 爲老親安泊之所. 吾兄弟伏在其傍, 嫂氏與姊氏, 亦各有竄伏處. (…중략…) 俄而, 一賊自山上作聲下來, 嫂氏見之, 從巖上投下, 姊氏隨之. 巖壓水而隉下, 下則相繼入水死. 老親未之見, 吾輩見之, 而無如之何."

29) 鄭瀁, 「江都被禍記事」(『抱翁集』 권5). "賊來之初, 自度不及走溺於海, 與嫂妻皆自刎以絶, 則流血被體滿面, 其坐若宰牛之地也. 瀁則凡三刎而不能死也. 賊登舟而見不死, 連發五矢而害之也. 其初中於左脇下, 再中於左耳上頭腦之時, 則粗可記其爲痛, 而其爲中左眼中左指而折之, 皆不可記也. 其後聞, 其初被箭也, 爲叫死之聲, 而其後則不能也. 故賊終發嚆矢再中而止云. 眼則嚆矢中也, 中卽眼胞浮起掩面也. 其被箭闔眼而死也,"

내달려 도망가지 못하고 있었는데, 적이 저를 끌어다가 칼로 내리치고 가버렸지요. 저는 땅에 엎어져 곧장 숨이 끊어졌다가 한나절이 지나 소생하였답니다. 그런데 등에 업혀 있던 아이는 어떻게 되었는지 모르겠어요"라고 하더니 기진맥진하여 다시 살지 못하였다. 최척도 가슴을 치며 발을 구르다가 기절하여 쓰러지고 말았다.[30)]

위에 인용한 ①·②는 실기의 기술이며, ③은 「최척전」의 한 부분이다. 그리고 ①과 ②는 기술자 자신과 가족이 화를 당하는 장면이며, ③은 최척이 시비(侍婢) 춘생(春生)의 죽음을 통해서 가족과의 이산을 확인하는 장면이다. 분명히 이 세 장면은 전란 와중에 직접 화를 당하는, 매우 긴박한 시정을 기술한 것이다. 그런데 ①·②와 ③의 사이에는 적지 않은 심리적 거리를 느낄 수 있다. ①·②에서는 자신의 가족이 그가 보는 앞에서 지금 죽어 가고 있다. ②의 경우는 그의 아내가 죽어 가는 모습을 보며 안타까워하던 중에 그 자신도 적의 무차별 공격을 당하게 된 것인데, 다섯 발의 화살을 맞는 과정이 너무 생생하다. 기술자는 이 참화의 장면을 생생하게 그려내는데 집착하기 때문에 결과적으로 이런 참화의 처참한 상황이 여과 없이 기술될 수 있었다. 따라서 이를 읽는 이라면 머리털이 쭈뼛쭈뼛 솟아 억제할 수 없는 감정의 파고를 경험할 것이다. 그때의 그 현장이 그대로 머리에 그려지기 때문이다.

그러나 ③의 경우, 직접 화를 당하는 장면은 문면에 드러나지 않은 대신, 참화 후의 어지럽게 널린 시체더미와 흐르는 피를 통해서 참화의 과정이 얼마나 참혹했던가 하는 점을 짐작케 한다. 관찰자 최척은 정영방

---

30) 「최척전」. "過三日賊退後, 還入燕谷, 則但見積屍橫路, 流血成川. 林莽間, 隱隱有號呪之聲. 陟就訪之, 老弱數輩, 瘡痍遍身, 見陟而哭曰 (…중략…) 陟號天痛哭, 擗地嘔血, 卽走蟾江. 行未數里許, 得見於亂屍中, 呻吟斷續, 若存若無, 而流血被面, 不知其爲何人也. 察其衣裳, 甚似春生之所着, 大聲呼之曰 : "爾無是春生乎?" 春生張目視之, 喉中作語曰 : '郎君! 郎君! 主家皆爲賊兵所掠而去, 吾負阿釋, 不能趨走, 賊引兵斫殺而去. 吾僵地卽死, 半日而甦, 不知背上之兒生死去留.' 言訖而氣盡, 不復生矣. 陟搥胸頓足, 憫絶而仆."

(鄭榮邦, 1577~1650)이나 정양(鄭瀁, 1600~1668)처럼 형수와 누이가 강물에 투신하는 모습이나, 제수와 아내가 목을 찔러 자결하는 모습은 직접 대면하지 않는다. 대신 인민의 참화가 있었던 곳에서 울부짖는 노약자들과 적의 칼에 맞아 죽어 가는 춘생을 만난다. 여기서 독자는 최척의 시선과 심경을 통해서 참화 당시의 참상을 추체험할 수 있을 뿐이다. 직접 참화를 당하는 장면은 슬쩍 피하면서 이 이후의 과정을 그려냄으로써 비극의 현장을 잔잔하게 되살려 놓은 셈이다.

그런데 더 따져 보아야 할 것은 「최척전」에서 이 장면은 사실 전란의 참상을 고발하려는 의도에서 그려진 부분이 아니라는 점이다. 최척이 가족과 이산하게 되는 과정을 극적으로 재현하기 위해서 전장터가 취택된 것뿐이다. 더욱이 여기 처참하게 그려진 춘생의 모습은 그가 전란의 참화를 입어 죽어 가는, 그래서 전란은 이렇게 참혹한 결과를 초래한다는 쪽에 초점이 맞춰져 있는 것이 아니라, 옥영은 물론이거니와 춘생의 등에 업혀 있던 어린 아들 몽석(夢釋)마저 이미 죽었을 것이라는 절망감을 심어줌으로써, 순식간에 가족과 이산한 최척의 절박함을 배가시키기 위한 쪽에 맞춰져 있다. 따라서 우리가 이 부분을 읽었을 땐 칼을 맞아 신음하고 있는 춘생의 처참한 형상보다는 이를 목격하고 가슴을 치며 발을 구르다 기진하여 쓰러지는 최척의 모습에서 더 큰 아픔을 느끼게 된다.

이렇게 보면 똑같이 참화의 현장을 보고한 것이지만, 실기류는 그 자체에 대한 고발이 목적인 반면, 소설은 참화의 현장을 통해서 사건의 전환, 인물들의 움직임을 포착하는데 목적을 두고 있다. 따라서 실기류는 인물이 처한 현실을 보다 직접적으로 바라보게 함으로써 독자로 하여금 전란의 실제 순간을 강렬하게 느끼게 한다. 그에 비해 소설은 현장을 순간적으로 포착하는 것이 아니라, 주인공의 움직임과 심리 상태, 사건의 전개와 전환을 통해서 전란으로 초래된 인간의 좌절과 고통을 반추시킨다.

4. 새로운 가능성과 또 다른 문제

실기류는 '자명한 현재의 사건을 기술'하는 것이다. 이를 소설과 대비하여 살펴보려고 하면 그것은 너무도 자명한 것으로 치부될 수밖에 없다. 본고도 이 자명한 실기류를 기준으로 놓고 당시 소설들에 보이는 이와 구별되는 현상을 뽑아보는 방향에서 분석을 시도하였다. 그래서 상대적으로 실기류에 대한 분석은 미흡하였다. 그러나 이 논의의 취지가 실기류에 있지 않고 이 시기 소설들의 존재 형태에 있었기 때문에 이는 불가피하였다.

여기서 거론한 「최척전」과 「강로전」은 17세기 전반 소설사에서 이른바 애정전기소설에서 한 발짝씩 벗어난 작품이다. 물론 「최척전」은 여전히 전기소설의 전통 속에서 이해되는 작품이다. 하지만 중반 이후의 양상은 매우 이질적인 요소가 틈입되어 있다. 반대로 「강로전」은 전기소설과 전혀 별개의 모습 같지만 후반 강홍립과 소랑과의 결연 부분은 문투까지 전기소설의 분위기가 물씬 풍긴다. 그러나 이 시기 「주생전」·「위경천전」·「운영전」·「상사동기」 등과 전기소설의 전통을 생각해볼 때 확실히 많은 차이를 느끼게 됨은 분명하다. 그럼 왜 이렇게 느껴지는가?

이 점은 소설의 '실기성(實記性)'과 함께 따져 보아야 할 사안이다. 「최척전」과 「강로전」 등의 이러한 모습은 '있는 대로의 현실(또는 사실)'을 직조하는 소설사의 새로운 형식의 등장을 알려준다. 또한 기왕에 제기되었던 소설의 허구 문제를 전혀 다른 각도에서 이해하도록 강요한다.

16세기까지 우리의 소설들은 '설정된 세계'를 유영하는 체계를 보여준다. 따라서 당연히 거기에는 일상과 비일상의 시공간이 혼재하는 경우가 대부분이며, 동시에 현실 공간보다는 비현실 공간에서 벌어지는 일이 보다 중요해 보인다. 곧 현실계는 사건이 벌어진 공간으로만 기능하며, 현실계에서 발생한 문제는 비현실계를 통해서 따져지게 되는 것이다. 따라서 그것이 향해있는 것은 다시 현실계의 문제이지만, 사건을 풀어 가는 것은 순전히 비현실계의 몫이다.

그러나 위에서 다루어진 작품의 주인공은 처음부터 끝까지 '있는 세계'를 유영한다. 그렇다고 비일상적 세계의 움직임이 전혀 간취되지 않은 것은 아니다. 그렇지만 현실에서 문제가 발생하였고, 그 문제를 끝까지 현실세계에서 조직화시킨다. 요컨대 이원적 세계를 소거(消去)시키게 되었다. 앞 시기 소설들처럼 따로 별계(別界)를 조직할 필요가 없었던 것이다. 작자가 견문한 현실에서 어떤 사건이 발생하였기 때문이다. 그리고 그 사건은 다시 그 현실 속에서 하나의 방향으로 정립되고 있었다. 그 해당 사항은 대체로 전란의 추이에 따른 인간의 생사고락이었다. 따라서 작자는 따로 하나의 세계를 설정할 필요가 없게 되었다. 「최척전」과 「강로전」은 그런 과정의 산물이다. 문제는 이런 현실을 어떻게 재구(再構)해내느냐이다.

거기에 예컨대 장육불 현시나 대척적인 인물을 배치시키는 과정이 필요하였다. 중요한 것은 「최척전」이나 「강로전」이 '전란의 폭압' 그 자체만을 반영하려고 한 것은 결코 아니라는 사실이다. 오히려 그 전란으로 인해 부침을 거듭하는 '인간의 삶'인 것이다. 그러므로 전란의 생생한 장면은 필요에 따라서 원용될 수도 있지만, 되도록 인간들의 움직임을 강하게 제어하는 뒷 배경으로 남아 있어야 한다. 「강로전」의 몇 군데에 보이는 전투씬은 강홍립의 형상을 위한 뒷 배경일 뿐이다. 그러므로 김응하의 장렬한 최후의 장면도 전혀 독자적인 모티프로 성립되지 않는다. 대신 강홍립이 취한 자세와 결부시켜 볼 때, 비로소 이 부분은 한 영웅의 장렬한 모습으로 다가올 수 있다. 결국 이들 작품은 당시 실기류의 '인물'과 '현장'을 그대로 빌려왔지만, 그것과 변별되는 문학적 효과를 얽어내었던 셈이다.

이 같은 변화 양상은 소설사 전변에서 또 한 가지 흥미로운 점을 시사하고 있다. 허구란 게 없는 것을 만들어 냈다는 의미가 아니라, 작자가 작품을 구현해 가는 방법, 즉 현실을 어떻게 다듬어 가는가 하는 과정의 산물로 이해할 때, '만든 세계'에서 직조된 허구와 '있는 세계'에서 직조된 허구는 분명 다를 수밖에 없다. 「최척전」에서의 허구는 역사 현실에서 일어났던 세계를 가공해 가는 과정에서 형성된 것이다. 이때의 비일상적 요소—이를테면 장육불의 부단한 출현—의 개입은 작품을 끌고 가는 요소 정도로 머무를 뿐, 즉 작품 통제의 수단일 뿐 그 자체가 지향점이거나 목적은 아니다. 이제 소설에서의 허구는 없는 세계와 인물을 창조하는 것이 아니라, 있는 세계와 인물을 유기적으로 조직하는 과정으로 이해되는 것이다. 이미 주어진 사실을 가지고 어떻게 유의미한 지향을 펼 것인가, 곧 작자가 그 세계와 그곳에서 유영하는 인물을 어떻게 직조함으로써 삶의 총체성을 그려내는가에 달린 문제로 사안을 전환시켜 주었다는 것이다. 이 점에서 「최척전」과 「강로전」은 하나의 좋은 실례가 된다.

그런데 ·이 같은 가능성이 제기됨에도 불구하고 우리가 여전히 의문을 가질 수밖에 없는 것은 임병양란이라는 특정한 시기에 이런 류가 형성되었지만, 소설사의 지속적인 현상이 아니었다는 사실이다. 오히려 특정 시기의 유별난 사례로 보여지는 것이다. 앞에서도 언급했지만 「최척전」이 창작되던 그때도 「운영전」이 창작되었으며, 전후 같은 전란을 소재로 하고 있지만 「주생전」과 「위경천전」 등은 기존의 전통을 그대로 유지하고 있었다. 뿐만 아니라, 이후 전란을 배경으로 하는 성립된 작품들—이를테면 「임진록」·「박씨전」·「남윤전」 등—은 다시 비일상적인 공간이 작품 안으로 들어오면서 전혀 다른 허구의 산물로 되돌아와 있다. 거기다가 17세기 이후 소설사의 주류로 등장하는 국문장편소설의 가공의 세계는 또 어떤가? 이후 펼쳐진 소설사의 향방을 보면 17세기 전반에 형성된 실기적 소설들이 구축한 '실제적 배경'의 양상은 거의 흔적을 찾아볼 수 없다.

그렇다고 이 '실기적인' 시기를 거치면서 소설사의 변화는 전혀 없었던가? 즉『금오신화』와 17세기 후반 소설과의 거리는 없는가? 그것은 결코 아니다. 17세기 중반 이후 소설들의 특징은 비일상적 세계로 점철된 작품이라 하더라도 기본적으로는 '현실'에서 일단 출발한다는 사실이다. 후기 소설은 애초부터 초월적 공간, 또는 비일상적 공간을 상정해두지는 않는다. 따라서 비일상적 시공간은 현실을 극복하고자 하는 욕망에 의해서 이를 빌리게 될 뿐이다.

특히 국문소설의 경우, 주인공의 삶은 기본적으로 '영웅의 일생'이다. 그런데 이 영웅은 보이지 않은 세계 — 이른바 초월적 세계 — 의 강제를 당함으로써 비로소 가정과 사회에 얽질러진 문제들을 해결할 수 있게 된다. 그리고 그것이 결말의 해피엔딩을 담보하고 있기도 하다. 따라서 이때의 주인공들은 결코 세계 속에서 자유롭지 못하다. 즉 초월적 세계의 조종을 받는 영웅들이 인간사의 '애노(哀怒)'를 '희락(喜樂)'으로 바꾸는 역할을 수행했던 셈이다. 여기에 이원적 세계가 구축된 후기 소설의 한 특징이 있다.

그러나 초기 소설의 주인공은 전혀 그렇지 않다. 초기 전기(傳奇)에서는 오히려 세계에 내던져진 주인공은 특별한 음우를 입지 못하고 자신의 몸 하나만이 세계와 부딪쳐 갈등을 일으키다가 결국 좌절하고 마는 형국이다. 이때 펼쳐지는 이원적 세계는 현실에서 부딪쳐 꺾여지는 도달점에 당도한 결과의 세계이다. 따라서 비극성을 담보한다. 소설사에서 이른바 비극 → 해피엔딩으로 전환은 이처럼 이원적 세계를 어떻게 이용, 변용했는가에 따라서 결정된 소지도 적지 않았다.

이 같은 전환의 교량 지점은 당연히 17세기이며, 그 안에서도 위에 논의된 실기성이 강한 소설들을 통과하면서 이루어진 점 없지 않다. 이 시안적 결론은 앞으로 보다 구체적으로 입증을 기다려야 됨은 물론이려니와, 지금까지 17세기 소설의 전환적 인식에 대한 새로운 가능성으로 이해되길 기대해본다.

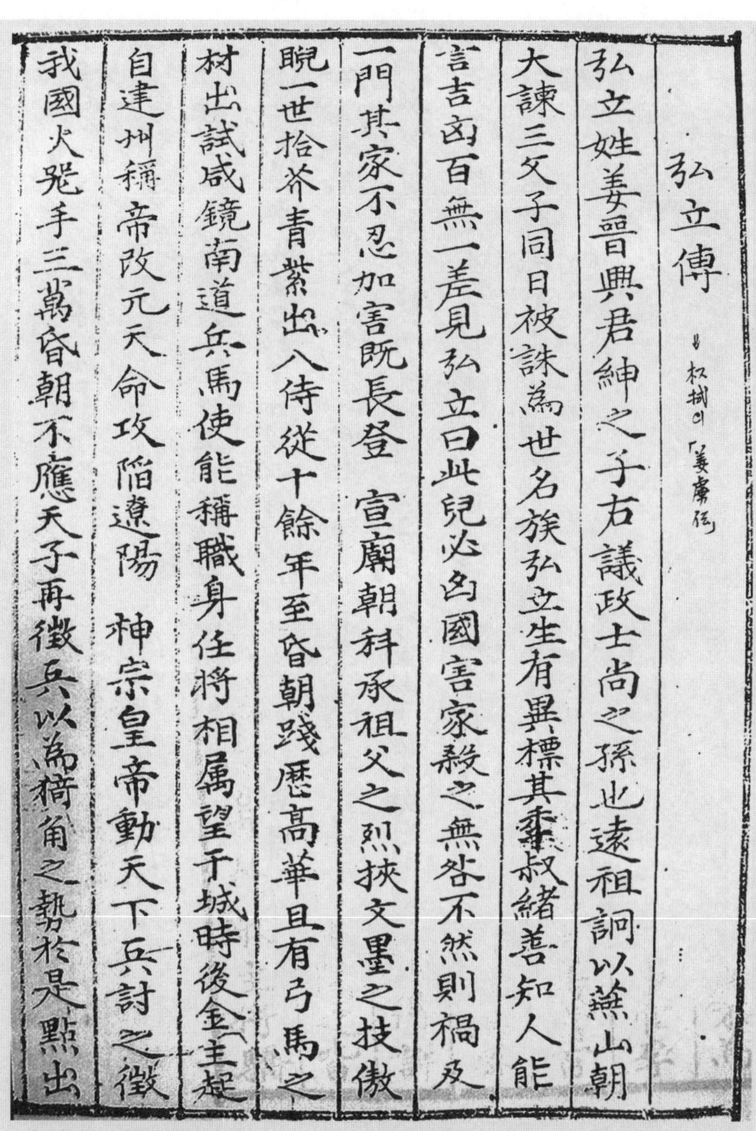

弘立傳

弘立姓姜晉興君紳之子右議政士尚之孫也遠祖詗以蘂山朝
大諫三父子同日被誅爲世名族弘立生有異標其稟叔緒善知人能
言吉凶百無一差見弘立曰此兒必凶國害家殺之無咎不然則禍及
一門其家不忍加害既長登 宣廟朝科承祖父之烈挾文墨之技傲
睨一世拾芥青紫出入侍從十餘年至昏朝踐歷高華且有弓馬之
材出試咸鏡南道兵馬使能稱職身任將相屬望于城時後金主起
自建州稱帝改元天命攻陷遼陽 神宗皇帝動天下兵討之徵
我國火砲手三萬昏朝不應天子再徵兵以爲犄角之勢於是點出

▲『玄峯艸』의 「弘立傳」 첫 장.
『현봉초』(박철상 소장)는 玄峯이란 호를 쓰는 분이 초한 것일 텐데, 누구인지 미상이다. 이 책에는 이외에도 「鄭起龍」, 「林巨正」 등의 작품이 수록되어 있다. 여기 「홍립전」은 「강로전」과 거의 동일한 내용으로 후반에 약간의 가감이 있을 뿐이다.

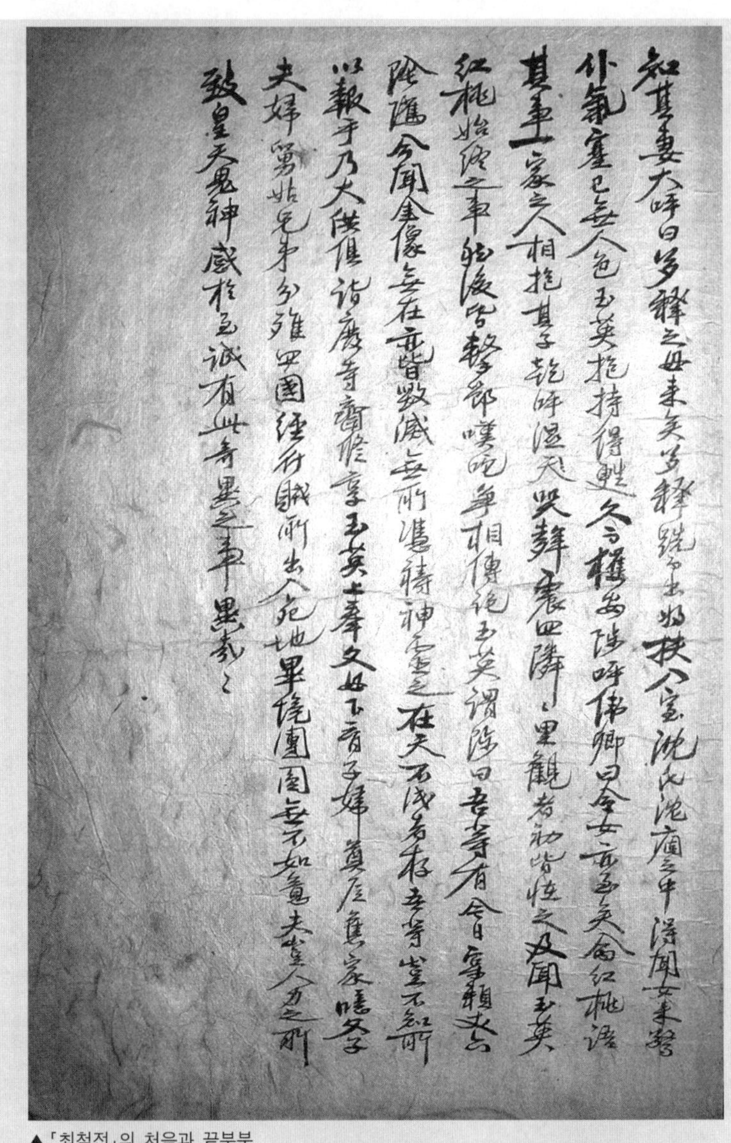

▲ 「최척전」의 처음과 끝부분.
이 본은 김영복 소장본으로, 「蓮娘傳」·「天倪錄」과 합철되어 있다. 유려한 글씨로 필사되어 있으며 선본에 해당한다.

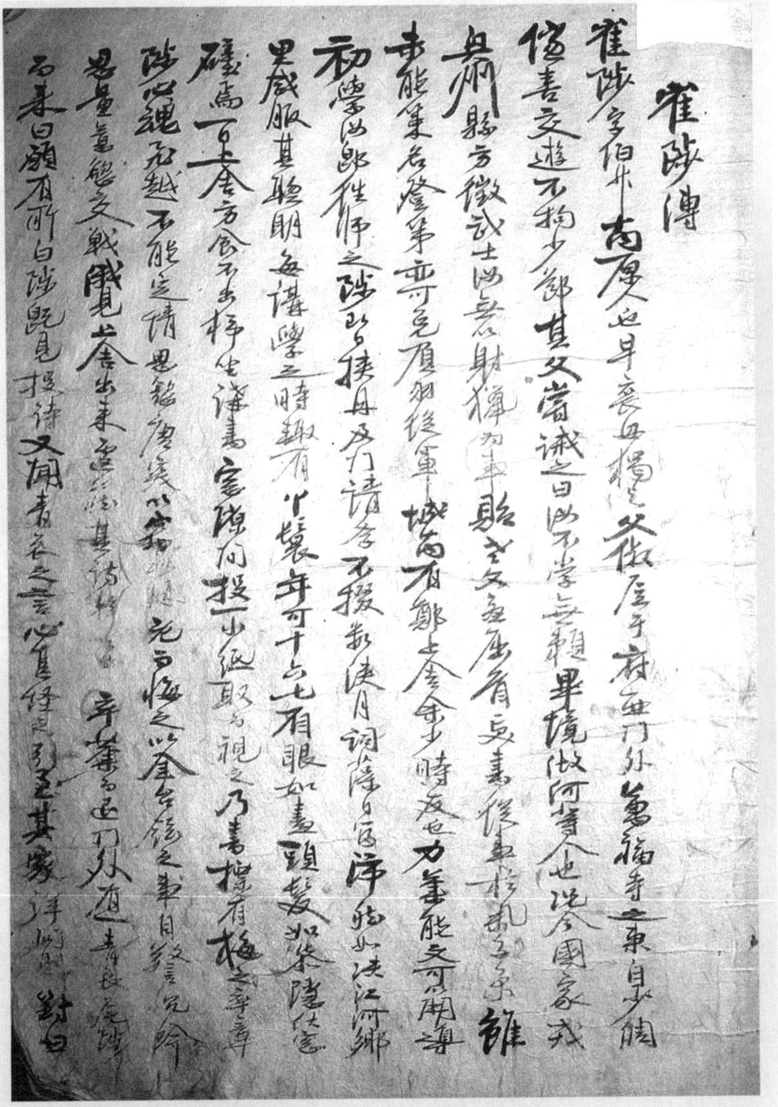

崔陟傳

崔陟字伯升 …（手寫草書本）

16~17세기 동아시아 전란과 애정전기소설

1. 새로운 소설적 환경

17세기를 문학사에서 소설시대의 서막을 여는 때라고 한다면, 이를 가능하게 했던 요인은 무엇인가? 가장 중요한 원인은 『금오신화』 이후 16세기를 거치면서 사회·문화적인 계기들과 맞물려 소설의 내외적 형식들이 변화한 점을 들 수 있겠다. 일반적으로 이해하는 수준 이상으로 16세기 조선사회는 역동적 상황들이 펼쳐지고 있었다. 이 같은 중요한 계기 외에 구체적으로 드러나는 원인을 꼽아보자면 '중국 소설의 영향'과 16~17세기 동아시아 전란(戰亂)으로 인해 한반도에 새로운 '소설적 환경이 조성'되었다는 점도 빼놓을 수 없다. 이 두 가지 요인은 이 시기 소설의 형식과 내용에 복잡하게 뒤얽혀 있는 것으로 보인다. 이 가운데 중국 소설의 영향 문제는 통시적 조망과 구체적 실증 작업이 필요한 것으로 아직 고스란히 우리의 연구를 기다리고 있다.[1]

본고에서는 16~17세기 동아시아 전란이라는 소설적 환경이 17세기 애정전기소설의 변모, 발달에 어떤 함수 관계를 지니고 있는가 하는 점을 밝히는 데에 목적이 있다. 이를 밝히는 과정은 바로 고전소설사의 변화 과정을 규견하는 데 직접적으로 연결된다고 판단된다.

'애정'과 '전란'의 교섭이 소설사에서 주목되기 시작한 것은 이미 「이생규장전(李生窺墻傳)」·「만복사저포기(萬福寺樗蒲記)」 등에서 찾아볼 수 있다. 이 중 가장 주목되는 작품이 「이생규장전」이다. 매월당은 『금오신화』 안의 다른 작품과는 달리 1361년의 홍건적의 고려 침입이라는 '역사적 사실'을 「이생규장전」에서 취재, 이용하고 있다.

> 신축(1361)년, 홍건적이 경성을 점령하자 임금은 福州(안동―인용자)로 피난 길을 떠나게 되었다. 적들은 집을 불지르고 사람들을 도륙하니, 부부나 친척들은 서로를 돌보지도 못한 채 동서로 흩어져 달아나야 했다. 이생도 식구들을 데리고 절벽으로 달아나 숨었는데, 적 한 놈이 칼을 뽑아 들고 쫓아오자, 이생은 간신히 자기 몸만 도망쳐 죽음을 면하게 되었다. 그러나 崔娘은 그만 적의 포로가 되고 말았다. 그들이 최랑을 겁박하려고 하자, 최랑은 "이놈들아 나를 죽여라. 내 차라리 승냥이 이리에게 먹힐지언정 어찌 개 돼지의 짝이 되겠는가?"라고 하며 크게 꾸짖었다. 이에 화난 적들은 최랑을 처참하게 죽이고 말았다.[2]

단란하던 이생(李生) 부부가 이별을 강요당하고, 최랑(崔娘)이 처참하게 목숨을 잃는 과정을 서술한 대목이다. 여기서 홍건적의 난은 이생 부부가 결과적으로 헤어질 수밖에 없는 현실을 말해주고 있을 뿐만 아니라, 인귀교환(人鬼交歡)이 일어나는 출발점이기도 하였다. 「이생규장전」의 인

---

1) 최근 이에 관련한 자료들이 많이 소개되고 있고, 그에 따른 관심도 커진 편이나 아직 구체적인 접근에는 이르지 못하고 있다. 이에 대한 한 예는 제2부 「17세기 초 소설에 미친 元明傳奇小說의 영향에 대하여」 참조.

2) 「이생규장전」(대련도서관 소장 조선간본 『금오신화』. 이하도 동일함). "辛丑年, 紅賊據京城, 王移福州. 賊焚蕩室廬, 爓炙人畜. 夫婦親戚, 不能相保, 東奔西竄, 各自逃生. 生挈家隱匿窮崖, 有一賊, 拔劍而逐, 生奔走得脫, 女爲賊所虜, 欲逼之, 女大罵曰 : '虎鬼! 殺啗我. 寧死葬於豺狼之腹中, 安能作狗彘之匹乎?' 賊怒殺而剮之."

물은 남주인공 이생보다는 여주인공 최랑에게 초점이 맞추어져 있다. 매월당은 최랑을 통해서 인습적, 제도적 장벽을 허물어내고 진정한 청춘 남녀의 사랑을 꿈꾸게 했던 바, 최랑은 봉건 세상에서 나름대로의 뚜렷한 의지를 가지고 있었다. 그녀는 "훗날 들키게 되면 집안의 견책은 내가 몸으로 감당하겠다"[3]는 당돌하리만치 견결한 의지와 빛나는 열정으로 이생과의 결연을 일구어낸다. 그런데 이런 의지와 열정은 전란이라는 벽에 부딪혀 단숨에 꺾이고 만다. 그리고 이 과정에서 인간계(人間界)와 명계(冥界)가 선명하게 구분되기에 이른다. 곧 「이생규장전」에서의 전란은 이생 부부가 결과적으로 현실적 장애에 의해 꺾이고 만다는 장치로서의 역할을 한다.[4] 그 과정에서 이생과 최랑은 만남—이별—결연—재이별(전란)이라는 이합(離合) 속에서 비극적 정조를 창출해내었다. 이 만남과 이별이 연속되는 서사구조는 이전의 애정전기소설에서는 전혀 찾아볼 수 없으며, 흥미롭게도 우리 소설사에서는 17세기 이후 애정전기소설을 포함한 애정류 소설에서 본격적으로 구현된 특징이다. 때문에 「이생규장전」은 향후 애정전기소설의 서사적 틀을 제공해주었다는 점에서 중요하다.[5] 특히 전란을 매개로 한 남녀의 이합은 우연일 만큼 17세기 소설적 환경에 중요한 발판을 마련해주고 있었다. 저 원대(元代)에 탄생했던 「교홍기(嬌紅記)」가 명대 애정소설의 한 유형을 창출해냈다면,[6] 우

---

3) 「이생규장전」. "女變色而言曰 : '本欲與君終奉箕箒. (…중략…) 他日閨中事洩, 親庭譴責, 妾以身當之.'"

4) 「萬福寺樗蒲記」도 고려말 왜구의 침입이라는 전란이 개입되어 있다. 그런데 「만복사저포기」에서는 처음부터 전란에 참화를 입은 명혼이 등장하여 사건을 전개하므로, 액면의 '전란'이 서사구조에 어떤 변화를 초래하고 있지 않으며, 「이생규장전」의 후속편으로 보아도 무방할 만큼 시종 환상적 수법으로 처리되어 있다.

5) 후술하겠지만, 「이생규장전」은 특히 「韋敬天傳」의 서사구조와 유사성을 보여준다. 일찍이 이에 주목한 예가 있었다(임형택, 「전기소설의 연애주제와 〈韋敬天傳〉」, 『동양학』 22집, 단국대 동양학연구소, 1992).

6) 「교홍기」는 申純과 嬌娘의 사랑을 그린 작품이다. 이 작품의 명청 애정소설의 영향에 대해서는 陳益源, 「明淸小說裏的〈嬌紅記〉」(『從〈嬌紅記〉到〈紅樓夢〉』, 遼寧古籍出版社, 1996)에서 다루어졌으며, 이 작품 이하 일군의 명대 중편애정전기소설의 우리나라

리의 경우는 「이생규장전」이 그 역할을 담당한 셈이다.

그런데 「이생규장전」에 있어서 전란 소재는 그 자체가 사회적 현실로 취재되었다기보다는 매월당이 주제의식을 도출하기 위한 의도적 설정에 머물러 있다. 즉 인간 해방이라는 슬로건을 내걸어 심각한 사회 문제를 문제삼기 위한 방편으로 전란을 소재화하고 있는 것이다.[7] 전란 소재가 현실이 되고 서사 조건으로 창출되는 소설은 17세기 이후에야 비로소 등장한다.

2. 16~17세기 전란 체험과 소설적 투영 — 실기류와 애정전기소설과의 관련성

『금오신화』 이후 전기소설은 일단 문학사의 부면 아래로 잠복한다. 물론『기재기이(企齋記異)』 등이 창작되었지만 뚜렷한 성과라 보기 어렵다. 문제는『금오신화』에서 완성을 보았던 형식이 시대의 변모와 아울러 보다 발전된 내지는 변모된 양식과 구조로 정립될 필요가 있었는데, 이에 대한 구체적 해결책을 찾지 못하고 있었던 셈이다. 그래서 16세기는 그런 내적 계기들을 하나하나 만들어내는 과정으로 머물러 있어야 했다. 그 하나가 중국 소설의 현저한 유입이었다. 이 시기 중국에서는 저 당송대의 문언전기소설(文言傳奇小說)이 송원(宋元)의 시정문화 속에서 새롭게 변모할 기회를 가지게 됨으로써, 문언소설(文言小說)과 화본소설(話本小說) 간의 상호 침투가 충분하게 이루어지고 있었다. 그 결실은 〈삼언(三言)〉

의 영향에 대해서는 「17세기 초 소설에 미친 원명전기소설의 영향에 대하여」 참조.
7) 애정전기소설 중 16세기 말 17세기 초에 창작된 것으로 추정되는 「周生傳」이나 「韋敬天傳」 등도 「이생규장전」과 유사한 서사구조를 보여준다. 그런데 같은 전란 소재이면서 그 성격은 양자가 상당히 다르다. 「주생전」·「위경천전」에서의 전란은 그 자체가 작품 창작의 동인이 되었고, 또한 그것이 이들 주인공들에게 놓인 생의 조건이었다.

·〈이박(二拍)〉으로 두드러졌던 바, 또 한편으로 애정소설은 재자가인류(才子佳人類)가 양적 길이를 무한히 확대시키며 변태를 거듭하고 있었다. 이 같은 중국 소설의 조선으로의 유입은 특히 애정류가 주류를 점하였다.8) 이들 소설들이 사대부가의 서안(書案)에 들어와 있을 즈음9) 한반도는 유례 없는 대전란의 소용돌이에 휩쓸려 들어갔다.

동아시아 재편 작업이라고 표현되는 임병양란은 여기저기에 파란만장한 현실을 연출해냈다. 국가적인 문제에서부터 한 개인의 운명에 이르기까지 그야말로 모든 것이 실기적 상황이었다. 때문에 전란을 통한 가장 직접적인 기술은 전란 관련 실기류(實記類)였다. 원래 실기류는 중종·연산군 때의 사화를 배경으로 한 기사(記事)의 형태로 그 면모를 드러내었다. 그러던 것이 임병양란을 겪으면서 다채롭게 쏟아져 나오게 된다.10) 이들 실기류 중에는 견문했거나 직접 목도하고 기술한 자체가 소설적인 면모를 보여주는 것도 있었다. 그런 현상으로 가장 제격인 작품이 「최척전(崔陟傳)」과 최근에 소개된 「강로전(姜虜傳)」이다.

「최척전」은 현재까지 크게 두 가지 방향에서 연구가 진행되었다. 연

---

8) 16세기에 유입된 중국 소설류의 주류는 염정류였다. 16세기 초에 이미 『剪燈新話』·『剪燈餘話』·「西廂記」·「嬌紅記」 등이 공식적으로 유입되고 있었다. 특히 최근에 소개된 문언소설집 『花影集』의 경우는 중국에서 개인적으로 구입, 간행되기까지 하였다는 사실로 볼 때, 사적으로도 적잖이 유입되었던 것으로 추정된다(박재연, 「朝鮮刻本 『花影集』에 대하여」, 『화영집』, 선문대 중한번역문헌연구소, 1999. 이 『화영집』에는 崔岦의 발문이 있다).

9) 葵窓 李健(1614~1662)의 『葵窓遺稿』에 실려 있는 '題小說詩'에서 어느 정도 확인된다. 김남기에 의해 소개된(「李健의 생애와 '題小說詩'에 나타난 소설관 고찰」, 『한국한시연구』 4, 태학사, 1997) 이 제소설시에는 우리 소설 「相思洞記」와 「周生傳」, 중국 소설 「교홍기」·「裴航傳」·「賈雲華還魂記」·『西廂記』 등을 읽고 난 감회를 읊은 것이다(김남기는 여기에 소개된 「嬌紅記」와 「雲華傳」이 어떤 작품인지 알 수 없다고 했는데, 이는 바로 원나라 전기소설 「교홍기」와 『전등여화』의 부록으로 실려 있는 「가운화환혼기」이다).

10) 임란 관련 실기류는 황패강, 『壬辰倭亂과 實記文學』(국학연구원, 1980)과 장경남, 『임진왜란의 문학적 형상화』(아세아문화사, 2000)에서 다루어졌으며, 병자호란 관련 실기류에 대해서는 제3부 「병자호란시 강화 관련 실기류 및 「강도몽유록」」에서 그 편린을 살폈다.

구 초기에는 주로 실사계(實事系)소설로서의 면모가 부각되었고,[11] 근래
에는 동아시아 전란 속에서 싹튼 애정과 가족 이산의 아픔이라는 소설
사적 측면에서 그 의의를 규명하기도 하였다.[12] 사실 「최척전」은 실기
류 문학의 전통이라는 측면에서 접근해도 가능하고 애정전기소설의 흐
름에서 접근하는 것도 무리가 없을 만큼 두 요소가 잘 녹아들어 있다.
그러나 굳이 이 작품의 성격을 규정해보자면 애정전기소설이다. 이는 그
서두에 잘 나타나 있다. 척당불기(倜儻不羈)하고 소절(小節)에 얽매임이 없
는 재자(才子) 최척이 가인(佳人) 옥영(玉英)을 만나 첫눈에 사랑에 빠지는,
완벽한 애정전기소설의 서두를 보여주고 있기 때문이다.[13] 그러나 이전
전기소설에서 만나 볼 수 없었던 요소가 이후 치열하게 문구 틈으로 헤
집고 들어와 있다. 우선 전란 자체가 체험 공간으로 변모한 데다,[14] 그
체험 공간은 엄청나게 확대되어 있다.

　「최척전」의 처음 배경은 남원(南原)의 만복사(萬福寺) 동편이다. 그런데
옥영이 임진왜란으로 인해 서울 청파리(靑坡里)에서 남원으로 피난을 오
게 된 데서 이들의 고난의 역정은 시작된다.[15] 이곳 남원에서 옥영은 최
척을 만나 사랑을 키워가게 되었고, 단란한 때를 보내기도 하였다. 그러
나 정유재란으로 이별을 강요당하고 만다. 이 두 번의 전란은 이들의 만
남의 계기가 된 동시에 유례 없는 이별의 고초를 겪는 조건이었다. 이후
옥영은 피난처에서 피로(被虜)의 몸이 되어 일본 땅으로 끌려갔다가 상

---

11) 대표적인 연구로 소재영, 「기우록과 被虜文學」(『임병양란과 문학의식』, 국학연구원,
　　1980)과 민영대, 「최척전연구」(『한남어문학』 13집, 1987)가 있다.
12) 박희병, 「최척전」, 『한국고전소설작품론』, 집문당, 1990. 특히 이 논문에서는 「최척
　　전」과 '紅桃이야기'와의 관련성을 논하면서 「최척전」의 소설적 면모를 드러내는데 치
　　중하였다.
13) 보다 구체적인 논의는 제2부 「17세기 실기류와 소설의 거리」 부분 참조
14) 앞에서 논의한 「이생규장전」의 경우, 전란이 작품 전개의 전환의 시점을 마련해주었
　　지만, 주인공들의 체험 공간으로 완전하게 자리하지는 못하였음을 주시할 필요가 있다.
15) 「최척전」(박희병 교주 『한국한문소설』. 이하도 동일함). "對曰 : '主家本在京城崇禮
　　門外靑坡里. (…중략…) 上年避亂, 自江華乘船, 來泊于羅州會津, 及秋自會津, 轉來
　　于此."

선을 타고 안남(安南) 등지를 표랑하게 된다. 이 같은 옥영의 피로행로는 이 시기 포로로 잡혀갔다가 극적으로 생환한 몇몇 인물들의 사례와 매우 흡사하다. 더욱 흥미로운 사실은 강항(姜沆)이나 노인(魯認)·정호인(鄭好仁) 등의 문사(文士)뿐만 아니라, 「조완벽전(趙完璧傳)」[16]의 조완벽(趙完璧) 등 일본에 피체되었던 인물 대부분이 정유재란 때 포로가 되었으며, 그 중에서도 남원 등지에서 피로되었다는 점이다. 이 사실은 「최척전」에서 옥영이 피로된 경우와 같다. 무엇보다 이들이 탈출 또는 표랑하여 생환(生還)하는 과정과 그 배경이 유사하다는 점이 주목된다.[17]

한편 남주인공 최척은 명군(明軍)에 편입되어 절강 땅에 머물다가 중국 남방지역을 정처 없이 떠돈다.[18] 최척의 이 같은 중국 표랑도 노인이 남만(南蠻)으로 탈출, 중국의 남쪽 지방을 표랑하다가 북경을 거쳐 귀환했던 상황을 떠올리게 한다.[19] 때문에 「최척전」은 그 소재의 실재 사실 여부를 떠나 당시 피체되었던 인물들과 그들이 남긴 체험담이 상호 일정한 영향을 주고받은 가운데 형성되었음을 알 수 있다.

이처럼 「최척전」에는 정유재란 이후 숱한 피로인들이 쏟아낸 실기류의 현실 상황들이 적절하게 포착되어 있다. 작자 조위한(趙緯韓)은 애정 전기소설의 장르 관습 속에서 전란의 실기적 상황을 당시의 여러 전란

---

16) 현재 「趙完璧傳」은 鄭士信(1558~1619)의 『梅窓集』과 이수광의 『芝峯集』(권23)에 각각 실려 있다. 양자 사이에는 약간의 차이가 있다.

17) 姜沆이 정유재란 때 남원에서 포로가 되었다는 사실은 잘 알려져 있는 바이며, 魯認도 역시 남원에서 일본에 잡혀갔다가 柳汝宏 등과 함께 탈출, 중국의 福建·北京 등지를 거쳐 생환, 『錦溪日記』를 남겼다. 또한 鄭好仁도 정유재란 때 18세의 나이로 동생 好禮와 함께 포로가 되었다가 생환하여서는 「丁酉避亂記」를 남겼다. 특히 趙完璧은 옥영과 마찬가지로 정유재란 때 포로로 일본에 끌려갔다가 商販에 발탁되어 안남과 일본을 오가다가 중국을 통해서 귀환한 인물이다.

18) 「최척전」. "其冬, 余公病死, 陟尤無所歸, 落拓江淮, 周遊名勝, 窺龍門, 探禹穴, 窮沅湘, 航洞庭, 上岳陽, 登姑蘇, 嘯詠於湖山之上, 婆娑於雲水之間, 有飄飄遺世之志."

19) 『於于野談』「魯認·柳汝宏」條. "魯認自南蠻渡中原福建地. (…중략…) 由閩入楚, 遊洞庭湖·岳陽樓·瀟湘黃陵廟, 轉而出蘇·杭州, 覽浙江西湖之勝, 航黃河·揚子江, 歷濟·漢之堨, 而達于燕京."

실기류와 결합한, 서로의 넘나듦 속에서 「최척전」을 소설화시킨 셈이다.

호란을 배경으로 하고 있는 「강로전」도 이 같은 전란실기류와 애정전기소설의 상관성 내지 상호 포섭성을 보여주는 작품이다. 작자 권칙(權伏, 1599~1667)은 「주생전(周生傳)」을 지은 권필(權鞸)의 조카이기도 하다. 1618년 명나라의 요청으로 원병을 떠났던 강홍립(姜弘立)이 후금(後金)에 투항한 사건을 다룬 내용으로, 당대 사대부들의 존명배호론(尊明背胡論)을 강홍립을 통해 이념화한 것으로 그 의의가 밝혀지기도 하였다.20) 작자 권칙은 강홍립이 죽은 지 3년 후인 1630년에 그의 처사를 시종일관 비판하는 자세에서 이 작품을 지었다. 이때는 두 번의 왜란은 물론 정묘호란을 갓 치르고 난, 한반도는 그야말로 폐허가 된 상황이었다. 때문에 작자 자신이 목도했던 전란은 이 작품을 창작하는데 절대적인 동기가 되었다. 권칙에게는 집필 상황 자체가 실기적 상황이었던 셈이다.

「강로전」은 대략 이 같은 요인이 결실화한 작품이지만, 소설로 정립되기에는 몇 가지 과정을 거쳤던 것으로 보인다. 우선 거의 같은 배경 속에서 이루어진 작품 중에 「최척전」이 이미 창작되어 있었고,21) 또한 결말 부분을 유의해본다면, 숙부 권필의 「주생전」과도 일정한 관련성을 살필 수 있다.22) 곧 「주생전」－「최척전」－「강로전」이라는 창작 시기로 볼 때, 「강로전」은 「주생전」·「최척전」의 연장선상에서 논의될 수 있는 작품이다. 그러나 다른 작품에 비해 보다 역사적 사실에 충실한 편이다. 그 한 예로 강홍립이 후금에 투항한 이후 명나라 유격(遊擊) 교일기(喬一琦)의 행방을 그린 대목을 주목해보자. 「강로전」에서는 교유격(喬遊擊)이

---

20) 박희병, 「17세기 초의 崇明排胡論과 부정적 소설주인공의 등장」, 『한국고전소설과 서사문학』 상, 집문당, 1998.

21) 강홍립이 後金에 항복한 사건을 다룬 작품으로는 「金英哲傳」도 눈여겨진다. 특히 「최척전」과 「김영철전」은 강홍립의 투항으로 발생한 일반 병사들의 고초 — 崔陟·金英哲·夢釋 등 — 를 형상화하여 「강로전」의 서사 전개의 이면을 들여다보게 해준다는 점에서 이들의 관련성은 흥미롭다.

22) 마지막 처리 과정이 「주생전」과 흡사하다. 더구나 마지막에 "崇禎庚午秋, 無言子記."라 하여 숙부의 별호에 가탁하기도 하였다.

조선군에 몸을 의지했는데, 도리어 강홍립은 후금에 투항하면서 교유격을 묶어다 바치게 된다. 이에 교유격은 이를 분통해 하며 자결하는 것으로 처리하고 있다.23) 이는 역사적 사실에 접근한 서술이기도 하다.24) 이에 비해 「최척전」에서는 교유격이 강홍립에게 의지하자 강홍립은 그를 보호해주는 것으로 나온다.25)

작자 권칙은 강로(姜虜, 강홍립)의 실사를 좇아가며, 당시 유포되어 있었던 전란 관련 기사들을 적절히 조합하여 하나의 '소설'을 썼던 것인데, 부정적 주인공인 강홍립에 대해서 상대적으로 김응하(金應河)를 우국충절의 표상으로 형상하였다. 그래서 이 김응하의 기상과 최후를 서술한 장면은 사뭇 장렬하다.

김응하는 형세가 이미 기운 걸 보고, 버드나무 아래에 기대어 서서 화살을 뽑아 저들을 향해 쏘니, 쏘는 족족 적들은 쓰러졌다. 盈哥(누루하치의 아들―인용자)의 동생도 그 화살에 맞아 쓰러졌다. 적들은 온통 기운을 뺏겨 감히 나와 싸우려하지 못하였다. 이렇게 대낮부터 싸워서 해가 기울 무렵이 되자 김응하는 화살 300여 발이 모두 떨어지게 되었다. 이제는 맨몸으로 주먹을 불끈 쥐고 벼락같이 소리를 지르는데, 적의 화살이 비오듯 쏟아졌다. 하늘이 꺾이고 땅이 찢어지듯 열사가 쓰러지는데, 아직도 왼손에는 창을 들고 오른손에는 칼을 쥔 채 산 사람처럼 눈을 부릅뜨고 있어 한참동안 적이 감히 접근하지 못하였다.26)

그런데 이 부분은 박희현(朴希賢)이 찬한 「김장군전(金將軍傳)」27)을 원

---

23) 「강로전」(국편본. 이하도 동일함). "遊擊仰天長歎曰 : '不料朝鮮禮義之邦, 甘心李陵降虜之辱, 至如縛送王人, 何其甚耶?' 裂帛寫家書, 繫衣帶中, 伏劍而死, 一軍傷嗟."
24) 참고로 역사에는 다음과 같이 기록되어 있다.『明史』247권「劉綎‧喬一琦」. "一琦亦大淸兵所破, 走入朝鮮營. 朝鮮都元帥姜弘立, 副元帥金景瑞懼, 率衆降, 一琦投崖死"
25) 「최척전」. "喬遊擊領敗卒十餘人, 投入鮮營, 乞着鮮衣, 元帥姜弘立, 給其餘衣, 將免死焉."
26) 「강로전」. "應河見勢已去, 依立柳樹下, 抽矢射之, 應弦輒倒. 盈哥之弟, 中箭倒斃, 賊皆奪氣, 不敢衝犯. 自日中至日昃, 應河三百餘矢已盡, 奮拳疾呼, 矢如雨集, 天摧地裂, 烈士隕絶, 猶左手持戟, 右手握劍, 瞋目如生, 移時賊不敢近."
27) 김응하의 우국충절을 기리기 위하여 李廷龜‧李爾瞻 등이 중심이 되어 찬한『忠烈

용한 것으로 보인다. 「김장군전」은 당시 전투에 참전했던 정응정(鄭應井)·이장배(李長培) 등의 전언(傳言)을 바탕으로 지어졌는데,28) 「강로전」에서는 이를 선택적으로 수용, 일관성 있게 서술하였다.29) 「강로전」 후반부에 강홍립이 『충렬록(忠烈錄)』 안에 있는 이재영(李再榮)이 찬한 「김장군후서(金將軍後敍)」를 읽고 나서 "이는 너무하지 않은가?"30)라고 했듯이, 「강로전」은 이들 작품과의 관련성이 매우 긴밀했던 것으로 보인다.

또 한편 「강로전」은 그 서술 체계에 있어서 병자호란 관련 실기류 중 대표적인 「강도록(江都錄)」과 많은 부분에서 유사성을 보여준다. 이는 양자의 서술 시각이 거의 일치한 데서도 거듭 확인할 수 있다. 즉 각 기록자는 강홍립이나 강도 책임자들을 부정적 인물로 형상화하였다. 그 한 예이다.

① 종사관 이민환이 틈을 내어 말하기를, "오랑캐가 재앙을 만들어 사해가 진동하고, 임금은 좌불안석입니다. (…중략…) 어찌 시간을 낭비하며 술만 들이키고 있습니까? 장수들이 이를 보면 누군들 해이해지지 않겠습니까?"라고 말하였으나, 강홍립은 편안히 대답하기를 "그대에겐 항우의 용기가 없고, 나 또한 卿子冠軍(楚나라 義帝의 신하 宋義를 가리킴—인용자)이 아니니, 어찌 帳中에 나아갈 일이 있겠는가? 무릇 일에는 완급이 있고 밀지가 나에게 있는 만큼, 그대는 걱정하지 말게나"라고 하는 것이었다.31)

錄』에 들어 있으며, 「김장군전」만 한 책으로 묶여져 있기도 한데, 고려대와 영남대에 이본이 소장되어 있다. 『충렬록』이나 「김장군전」은 모두 김응하가 전사한 해인 1619년에 편찬되었다.

28) 참고로 鄭應井의 전언은, "左營中, 有一將, 終始力戰, 依於一樹, 手劍擊殺, 不可勝記. 身被重鎧, 矢集如蝟, 猶莫能傷. 有一胡以槍刺之, 手把大刀而仆, 終不舍."(「김장군전」)라는 내용이었으며, 李長培의 전언은, "將軍獨依柳樹下, 射必洞札, 賊皆應弦而倒, 所殪多虜將, 虜甚秘之. 矢且盡, 持長劍, 所擊殺尤多 (…하략…)"(「김장군전」)이었다.

29) 『於于野談』의 '金應河이야기'는 바로 이 「金將軍傳」의 내용을 원용한 것으로 판단된다.

30) 「강로전」. "又有持忠烈錄來示者, 弘立讀金將軍後敍, 至'延年戰死, 李校尉之僅生, 司牧陳亡, 曹景宗之無恙', 掩卷太息曰：'不亦甚乎?'"

31) 「강로전」. "從事官李民寏乘間言曰：'蠻夷作孽, 四海震動, 主上坐不安席. (…중략…) 奈何淹留時月, 謔浪杯酒? 將士見之, 孰不懈體?' 弘立夷然答曰：'君無項伯王

②김상용이 하루는 備局에 앉아서 김경징을 불러놓고, "네 나이가 지금 몇인데 감히 이러는가? 네 아비(金瑬-인용자)는 임금을 모시고 포위된 남한산성에 계셔 위급한 상황인데, 비록 임금의 고통은 헤아리지 못한다 하더라도 늙은 네 아비를 생각하지 않느냐?"라고 하였다. (…중략…) 경징은 물러 나와서는 화를 발끈 내며 印을 땅에 던지면서, "이 일은 내가 알 바 아니다"고 하는 것이었다.[32]

①은 「강로전」의 전반부의 한 단락으로, 출정한 강홍립이 시일을 지체하며 오랑캐 정벌에 도무지 뜻이 없자 종사관 이민환(李民寏)이 질책한 내용이다. 자신은 항우(項羽)에게 진중(陣中)에서 찔려 죽었던 송의(宋義)가 아니며 이민환은 항우의 용기가 없으니, 이민환이 나를 어찌 하겠느냐고 딴청을 부리고 있다. ②는 병자호란 때 강도 수비책임자였던 검찰사 김경징(金慶徵)이 강도 방비에는 전혀 뜻이 없고 술로 흥청망청하자, 원임대신 김상용(金尙容)이 그 망동을 꾸짖는 「강도록」의 한 대목이다. 이 두 인용문에는 당시 책임자들의 처사에 대한 작가의 시선이 매우 비판적으로 나타나 있다. 10년 사이에 오랑캐에게 두 번이나 치욕적인 강화를 맺어야 했던 조선이 체험한 것은 굴욕감 그 자체였다. 이에 대한 책임이 위정자들에게 곧잘 돌려지곤 했는데, 이 두 작품에서도 그런 궤가 살펴진다.

뿐만 아니라 「강로전」과 「강도록」 사이에는 부분 부분에서 표현의 유사성도 적지 않다.[33] 곧 「강로전」과 「강도록」은 당대 전란의 소용돌이

之勇, 吾亦非卿子冠軍, 寧有卽其帳中者乎? 凡有緩急, 密旨在吾, 請君勿憂."

32) 「강도록」(국립중앙도서관본. 이하도 동일함). "金尙容, 一日坐備局, 招慶徵曰 : '汝之年歲, 今幾何? 安敢乃爾? 汝父奉主上, 在圍城中, 朝夕危急, 縱不念主辱, 獨不念老父乎?' (…중략…) 慶徵退而發慍, 投印于地曰 : '此事吾所不知.'"

33) ①「강로전」. "弘立急令胡兵, 八面圍之, 定如風掃葉, 若獵筍魚. (…중략…) 況積水釜, 在在堆滿, 其僵仆道路者, 皆用眞木釘, 椎其背, 貫至地, 殘傷酷烈, 有不忍言. 是日, 城中老少男丁, 靡有孑遺, 婦女財帛, 搶掠無餘."

②「강도록」. "遊兵四搶, 一島魚肉. 其免殺戮者, 又從而繫累之, 騈首連顱, 髑髏山積, 牽前驅後, 脅迫羊群, 幸而偸生者, 百無一二, 而無父之孤, 失儷之鰥, 痛不忍言. (…중략…) 賊出之後, 滿目羶臭腥血. 慘悷灰燼之中, 累累赤子, 或一二歲, 或三四歲, 呱呱者, 匍匐者, 枕屍而死者, 撫尸而啼者, 喚爺呼母; 氣盡而仆者, 東瞻西顧."

속에서 여론의 향배를 체험적 서술을 통해 드러내었다.

　이처럼 「강로전」에는 역사적 사실과 상응하여 구성된 부분이 거의 절
대적이다. 때문에 '사실의 기록화'로 머물러 있지 않은가 싶다. 그러나
「강로전」은 여타 호란 관련 실기류와는 다르게 소설적 결구를 마련해 놓
았다. 작자는 나름의 의식 속에서 강홍립을 부정적 인물로 그렸다. 뿐만
아니라 기회주의적이고 간교하기까지 했던 그의 모습이 후반부에 가서
는 어느새 자신의 행동에 괴로워하며 유약하기 짝이 없는 인간형으로 변
모되어 나타나기도 한다.34) 그러나 무엇보다 「강로전」이 소설적 규모를
보여주는 예는 후반부의 소랑(蘇娘)과 강홍립이 결연하는 부분이다. 강홍
립이 오랑캐에게 투항한 이후 만주(滿主-누르하치)에게 포로로 잡혀 있던
한녀(漢女) 소랑을 소개받는데, 그녀는 절세의 미인인지라 강홍립은 한눈
에 반하게 되고 곧 부부의 인연을 맺는다.35) 그들의 만남은 전기소설의
남녀주인공의 만남에 버금가고 있다. 이후 강홍립이 오랑캐와 함께 조선
을 정벌하러 떠남으로써 이들은 원치 않은 이별을 강요당한다. 이후 오
랑캐 땅에 남아 있던 소랑은 강홍립을 찾아 조선 땅 한성까지 찾아온
다.36) 그러나 끝내 강홍립을 만나지 못하게 되자, 소랑은 편지로나마 애
틋한 정을 토로한다.37) 이 편지를 주고 받는 과정과 그 내용에는 전기소

---

34) 「강로전」. "讀未終篇, 搔首自責曰 : '人言至此, 吾其愧死矣.' 遂屛居鄕閭, 閉戶不
　　出, 咄咄書空, 盈淚自滴, 如狂如癡, 口自語曰 (…하략…)."
35) 「강로전」. "又見蘇女之絶艶, 欣然入贅, 情愛甚篤. (…중략…) 弘立憐悲其意, 喜得
　　賢配, 偎紅倚翠, 靡日靡夜."
36) 「강로전」. "是時, 蘇女在虜中, 聞姜弘立留本國不還, 泣請太時, 奔到本朝."
37) 이 편지의 내용도 전기소설에서 남녀주인공이 서로의 마음을 전달하는 형식과 흡사
　　하다. 참고로 편지 내용을 인용해둔다. 「강로전」. "女手裁一書, 心封血緘, 以百金購傳
　　于弘立. 弘立見之, 粉香淚痕, 哀怨可掬. 書略曰 : '妾養在深閨, 早學婦貞. 薄命險釁,
　　遭亂蒼黃, 行過黃沙, 淚盡靑塚. 不料老爺, 相逢萬死, 離邦去土, 二人懷抱, 誓海盟
　　山, 一約金石. 呑舟巨魚, 敗我深歡, 事不從心, 一別無還, 丁寧好音, 寤寐在耳. 向君
　　之誠, 如水必東. 城西暮雨, 夢結襄王. 奈何弱水渺渺, 更隔三千? 深情縷縷, 難訴九
　　萬. 丈夫心期, 一寸剛鐵; 兒女衷情, 匪石可轉. 鳳媒難合, 蝶夢稀到. 地老天荒, 形單
　　影隻. 唯當魂隨山骨, 血班湘竹, 不及黃泉, 無相見期. 臨緘嗚咽, 書不盡意.'"

설의 수법이 농후하게 배어 있다. 더구나 강홍립이 이후 "눈물이 눈에 가득 맺혔다 떨어지며 미친 듯 멍한 듯[盈淚自滴, 如狂如癡]"하며, "눈물이 비오듯 쏟아지며 거의 미쳐 날뛰는[淚下如雨, 幾欲狂叫躍起]" 초라한 모습으로 변모한 형상에서는 그 문체까지도 전기소설의 수법을 차용한 것으로 보인다. 이처럼 이 작품은 실기류의 전통 못지 않게 전기소설의 결구를 제한적으로 틈입시켜 놓았다.38) 왜 이 부분을 후반부에 끼워 넣었을까 하는 의구심이 들 정도로 흥미로운 점이다.

「최척전」이 전기소설의 장르 관습에서 전란의 소용돌이를 전면적으로 다루고 있다면, 「강로전」은 실기류의 가닥 속에서 소설적 구성을 포착해 놓은 것으로 이해된다. 결과적으로 두 작품은 이 시기 전란 관련 실기류와 거기서 체험된 사실들이 어떻게 소설 쪽으로 투영될 수 있는지에 대한 궁금증을 풀어주는 좋은 예에 해당한다.39) 17세기 우리 소설은 그렇게 변화하고 있었던 것이다.

3. 전란 소재 애정전기소설의 서사구조와 그 특징

1) 체험적 서사 공간과 이합구조

17세기 이후 애정전기 중 전란이 중요한 소재가 되어 이루어진 작품

---

38) 이를 전계소설과 전기소설의 양식적 혼효를 보여주는 현상으로, 전계소설의 틀 속에다 전기소설의 서사 문법을 제한적으로 수용하고자 한 시도로 본 예가 있다(박희병, 앞의 논문).

39) 전란 소재 실기류와 소설의 관련성 문제는 앞으로 더 많은 관련 자료를 통해서 규명되어야 할 과제이다. 우선 여기서는 애정전기소설과의 관련성이 짚어지는 작품만을 탐색해본 것임을 밝혀둔다.

은 「주생전」·「위경천전(韋敬天傳)」·「최척전」·「동선기(洞仙記)」·「빙허자방화록(憑虛子訪花錄)」[40] 등을 꼽을 수 있다. 그 외에 몇몇 작품이 전란의 직간접적인 관련 속에 있지만 작품 전개에 있어서 관건은 되지 않는다.

이들 작품들에서 우선 눈에 띄는 점은 전란으로 인해 초래된 서사 공간이 작품 전체의 서사 방향에 있어서 두드러지게 나타난다는 점이다. 이러한 서사구조로서의 정점에 있는 작품이 「최척전」이다. 앞서 대략 살펴보았듯이 최척은 정유재란으로 인해 남원에서 가족들과 헤어져 중국의 요흥(姚興) 지역으로 갔다가 남쪽의 명승지를 유랑했는가 하면 안남(安南)으로 내려가 옥영을 만나게 되었으며, 다시 교유격(喬遊擊)의 서기관으로 요양(遼陽) 땅을 밟았고, 그곳에서 포로가 되었다가 탈출, 은진(恩津)을 거쳐 남원으로 돌아오게 된다. 한편 옥영은 임진란으로 인해 한양에서 강화를 거쳐 남원으로 흘러 들어와 최척을 만나게 되며, 다시 정유재란으로 구례(求禮)의 연곡(燕谷)에서 피로되어 일본으로 끌려갔다가 상인 돈우(頓于)를 따라 상선으로 안남에 들어가 그곳에서 최척과 상봉하고, 이후 절강 땅에서 살다가 다시 최척과 헤어진 후, 아들 몽현(夢賢), 며느리 홍도(紅桃)와 함께 조선행을 결행, 무인도를 표류하는 등 천신만고 끝에 순천(順天)으로 도착, 남원으로 생환하게 된다.

「최척전」에서 보여주는 서사구조의 묘미는 바로 이 두 사람의 역정의 행로를 좇아 민활한 장면 전환을 통해 솜씨 있게 엮어냈다는 데 있다. 짧은 편폭에 동북아의 곳곳이 빼곡히 들어차 있다. 좀 지나친 말이 허락

---

40) 이 작품은 박노춘 소장본으로, 「相思洞餞客記」·「白雲山翫春結緣錄」 등과 합철되어 있다. 일찍이 박노춘 교수가 「백운산완춘결연록」과 함께 이 작품을 소개하고 원문을 활자화하여 실어놓음으로써 그 존재가 드러나게 되었다(「憑虛子訪花錄·白雲山翫春結緣錄 略考」, 『한메 金永驥先生古稀記念論文集』, 1973). 그러나 이후 이 작품에 대한 연구는 없는 상태다(최근 권도경, 「빙허자방화록 연구」, 『민족문화연구』 36집, 고려대 민족문화연구원, 2002가 제출되었다). 그런데 이 작품은 문학성이 그리 뛰어난 것은 아니지만, 배경이 병자호란인 데다 漢城과 江陵 등을 서사 공간으로 하고 있는 점, 그리고 여주인공의 출신이 중인신분으로 설정되어 있는 등 몇 가지 주목되는 지점이 있다.

된다면, 주인공들이 작자의 붓놀림에 따라 정신 없이 이곳 저곳을 표류하다가 만신창이가 되어 돌아온 격이라고나 할까? 이처럼 조선·중국·일본·후금(後金) 등 동북아 4국을 표랑한 것은 16~17세기 동아시아 재편기에 여러 인민들이 체험했던 그 공간이기도 했다.

이외에도 「빙허자방화록」의 주인공들이 골몰했던 공간도 흥미롭다. 한양에서 호란을 피해 강릉(江陵)으로 도망 왔던 빙허자(憑虛子)는 이곳에서 매영(梅英)을 만나게 되며, 매영은 또한 아버지가 심양(瀋陽)으로 끌려간다는 소식을 접하고 서울로 향한다. 호란을 통한 두 주인공의 피난 행로가 착잡하게 그려진 예이다. 물론 조선원정을 왔다가 개성에 머물러 있으면서 선화(仙花)를 그리워하고 있는 주생이나, 역시 조선원병을 위해 종군하여 요동 지방에 이르러 소숙방(蘇淑芳)을 잊지 못하고 쓰러져 가는 위경천 등도 모두 전란이 만들어낸 체험 공간을 유영(遊泳)한 인물들이기도 하다.

이 시기 전란 소재 애정전기소설에서 드러나는 특징 중에 또 한 가지는 저 「이생규장전」에서 시도되었던 '만남－이별의 부침'이 전기적 서사구조로 굳어지게 되었다는 점이다. 「최척전」은 말할 것도 없거니와 「주생전」·「위경천전」·「동선기」 등은 모두 남녀주인공이 이합을 거듭하는 구조 속에서 그 질량을 동시에 변모시킬 수 있었다.[41]

이 시기 소설의 이 같은 체험적 서사 공간의 확보와 이합구조의 성립은 곧장 서사구조가 사실적 방향으로 나아가는데 기여하게 되었다. 곧 애정전기소설이 수법의 측면에서 비현실적 체계를 극복하고 그 결구가

---

41) 위의 소설들뿐만 아니라 「운영전」 등도 기본적으로 이합구조를 중심으로 하고 있다. 기실 애정소설의 이합구조는 저 元明시대의 애정전기소설의 자기 발전 속에서 성립되었던 바(원명시대 애정전기소설에 대해서는 陳益源, 『元明中篇傳奇小說研究』 참조), 이를 흡수한 우리의 경우도 애정류 소설에서 일정한 보편성을 띄었던 것으로 보인다. 때문에 이는 '전란'이 가져다준 서사구조의 특징만은 아니다. 그런데 이 시기 작품 중 유독 전란 소재 소설들에서 보다 뚜렷한 이합구조를 확인할 수 있으며, 그것이 적극적으로 구현되고 있다는 점은 분명하다.

보다 현실적 논리에 의해 풀어져가게 되었다는 말이다. 17세기 애정전기소설이 전 시기 소설과 다른 가장 현저한 점은 그 양적 변화에만 있는 것이 아니고 명혼(冥魂)이나 인귀교환(人鬼交歡) 등의 전기소설의 생래적 특징이 점점 소거되는 방향으로 나아갔다는 데 있다. 이는 중요한 소설사적 변모로 파악되는 바, 그 첨병에는 전란의 체험이 매우 중요하게 작용했던 것이다. 그렇다고 해서 비현실적인 요소가 완전히 제거되고 온전히 현실적인 논리 속에서 진행되었느냐 하면 그것은 아니다. 이를테면, 옥영(玉英)이 극한 곤란에 봉착할 때마다 만복사의 장육불(丈六佛)이 꿈에 나타나 인도해준 부분이 그렇고, 「동선기」에서 보이는 비논리적인 사건들이 그렇다.

또한 이 시기 애정전기소설이 보여주는 이 같은 사실적 결구가 바로 이 시기 소설의 현실주의의 잣대가 될 수도 없다. 다만 이 같은 특성들이 보다 구체적으로 밝혀진 가운데 17세기 소설의 사실주의(경우에 따라 현실주의) 논의는 비로소 진척될 수 있을 것으로 기대된다.

2) 삶의 복잡성과 인간 형상

애정전기소설의 인물에 대해 따져 보자면 가장 현저한 특징이 여주인공의 적극성과 견결한 의지이다. 이미 「조신전(調信傳)」의 김씨(金氏)의 형상에서 그 가능성이 찾아지며, 「만복사저포기」・「이생규장전」 등에 오면 한층 구체화된다. 17세기 이후의 작품들에서는 급기야 남주인공 이상으로 모든 고난을 헤쳐나가는 불굴의 화신으로 승화되기에 이른다.[42]

---

42) 여주인공의 이 같은 형상은 한국전기소설에서 보편적으로 드러나는 특징이기도 하다. 그런데 17세기의 상황에서 본다면, 여성 형상의 특징을 전란이라는 측면과 '향유층'의 요구의 측면이 동시에 고려되어 이해해야 할 것이다. 흥미로운 점은 「주생전」-「운영전」-「왕경룡전」-「동선기」라는 대체적인 창작 순으로 살펴볼 때, 이 순서를 따라 여주인공의 형상이 점점 강화되고 있다는 사실이다. 때문에 이 같은 현상은 17세기 이후

그 계보는 최랑(崔娘)—선화(仙花)—옥영(玉英)—운영(雲英)—옥단(玉檀)—동선(洞仙)으로 이어진다. 이 여성주인공 형상 속에서 애정전기소설은 자기 역량을 한껏 발하고 있다.

반면 전란의 시대를 맞이하여 남주인공은 어떤 모습이었는가? 우리는 배도와 선화 사이에서 욕망에 순응하는 새로운 인간형으로서 주생을 만난 바 있다.43) 그는 분명 배도와 사랑을 나누다 선화를 보는 순간 일시에 사랑의 대상을 옮기고 만다. 일종의 변절이다. 더욱이 천병(天兵)을 따라 왔다가 개성에서 낙오되어 누워 있는 주생은44) 어쩔 수 없는 현실에 절망하며 그리움에 지쳐있을 뿐이다.

한편 「빙허자방화록」의 남주인공 빙허자는 병자년 호란을 피해 강릉으로 넘어온 서울의 한 선비로, 그곳에서 매영(梅英)을 만나 사랑을 나누고 앞날을 맹서한다.45) 그러나 매영과 원치 않는 이별을 하게 된 빙허자는 더 이상의 희망의 여지를 찾지 못하고 실성한 신세가 되고 만다.46) 그런데 강릉의 부기(府妓) 영산홍(映山紅)이 그에게 나타난 후, 그의 슬픔은 어느새 사라지게 되는데,

---

규방의 흥미와 요구가 일정 정도 있었음을 반증하는 예인 것이다. 이점은 이후 규방소설의 성립과도 적지 않은 관련지어 따져져야 할 사안이다.

43) 임형택, 「전기소설의 연애주제와 〈韋敬天傳〉」, 『동양학』 22집, 단국대 동양학연구소, 1992. 周生을 "절대 선하지도 절대 악하지도 아니한, 사랑과 출세, 이성과 욕망의 어름에서 방황하는 그런 인간"으로, "실상 이런 모습이 현실적 인간의 모습이지만, 그 이전의 소설에서는 한번도 만나보지 못한 새로운 성격"이라고 보았다. 그런데 박일용 교수는 「주생전」(『한국고전소설작품론』, 집문당, 1990)에서 주생을 "범박한 몰락양반층으로서의 현실세계의 모순을 감지하지 못하고 수동적으로 받아들이는 것이 아니라, 모순된 현실을 박차고 새로운 삶의 가치를 찾으려는 보다 적극적인 의지를 보이는" 인물로 파악하기도 하였다.

44) 「주생전」(鄭景柱 소장본). "明年癸巳春, 天兵大破倭賊, 追至慶尙道. 生念仙花不置, 遂成沈痛, 不能從軍南下, 留在松京."

45) 「빙허자방화록」(朴魯春 소장본). "生曰 : '前言戱之耳. 將子無憂. 當周念, 以保終始矣.' 英曰 : '果若如此爲腸不淺妾, 則守死秉節, 誓不適他矣.'"

46) 「빙허자방화록」. "生大慟而歸, 視不見物, 聽不聞聲, 英之顏色, 時或眩目, 則狂叫其名, 獨坐談笑, 伏若失性人者, 久矣. 仍不能起."

憑生은 꿈에서 깬 듯, 술에서 취했다가 막 정신이 든 듯 확연히 깨닫고, 곧 "진실로 낭자의 말이 지당하오. 힘써 마음을 넓게 먹으리라. 만약 낭자의 이 같은 약이 되는 말이 아니었다면 나는 이미 저승 사람이 되고 말았을 것이오"라고 하고는 마침내 영산홍과 시주로 근심을 달래고 琴歌로 즐겼다. 정도 일의 변화를 따르는지라(情隨事變), 생각은 점점 멀어져 갔다.[47]

영산홍이 빙허자에게 여자가 어디 매영뿐이냐며 절개를 탓하자, 빙허자는 매영과 맺었던 인연과 변치 않기로 했던 굳은 언약을 눈 녹듯 잊어버리게 되었다. 작자는 빙허자가 이처럼 영산홍과 소일하고 있는 장면을 서울에서 그리움에 지쳐 죽어 가는 매영과 대비적으로 비춰줌으로써 빙허자의 변절을 더욱 예각화시키기도 하였다.[48] 어느덧 애정전기소설에 무책임한 남주인공이 설정되고 있는 셈이다. '정수사변(情隨事變)'이란 말처럼, 곧 빙허자는 전란의 틈바구니에서 그 사랑의 대상도 선택할 수밖에 없는 그런 인물이 되어 있었다.

17세기 동아시아 전란 속에서의 '남성'! 우리는 이미 임병양란의 전장(戰場)에서 한낱 목숨을 구걸하였거나, 가족을 돌보지도 못하고 떠돌아야 했거나, 심지어 적군의 앞잡이가 되어 동족에 칼을 겨누어야 했던 숱한 자화상들을 실기류를 통해서 접할 수 있으며,[49] 이 같은 무책임한 행위를 「강도몽유록(江都夢遊錄)」은 준열하게 비판하기도 하였다. 곧 주생과 빙허자는 전란속에서 부침했던 당시의 남성의 구체적인 한 인간형으로 표상된 듯도 하다. 그렇다면 여성에 비해 남성의 기회주의적 성향을 어떻게 이해해야 할 것인가? 이는 물론 전통시대 남성 중심사회의 한 단면

---

47) 「빙허자방화록」. "生豁然覺悟, 如夢初醒, 似醉方覺, 曰 : '誠若娘子之言, 恭承至論, 勉自寬. 抑若非藥石之言, 幾爲泉壤之人.' 遂與紅, 詩酒消憂, 琴歌自娛. 情隨事變, 念懷稍弛."

48) 「빙허자방화록」. "梅花傷心於桃李之月, 斷腸於梧桐之雨, 珠愁玉怨, 柳憔花悴, 寢食俱廢. (…중략…) 絶而復甦, 甦而復絶. 聞者莫不酸鼻. 乃斂而具棺, 葬于都城之西."

49) 이런 류의 인간들이 포착된 예는 특히 임란 관련 실기류에 많다. 대표적인 작품으로, 柳袗의 「임진녹」(국문)·吳希文의 『瑣尾錄』·鄭琢의 『龍蛇日記』 등이 있다.

일 텐데, 전란 소재 애정전기소설을 통해서 극명하게 드러난 것일 게다. 때문에 남주인공의 이러한 행태는 어떤 담보 없이도 면죄부를 받을 수 있었던 것이다. 이 같은 남주인공의 기회주의적 속성은 이후 애정소설에서는 보다 더 구체적으로 드러나고 있는 바, 주인공의 행태가 변모하고 있다는 측면에서 주목되는 지점이다.

주생과 빙허자와는 다르지만, 위경천과 서문적도 그 성격이 남다르다. 재자 위경천은 여주인공 소숙방과 화답시나 교감을 주고받지도 않은 채 결합을 감행한다. 애정전기소설의 인습적 테두리를 뛰어넘어 그야말로 외간 여자를 '범'한 것이다.

> 들어갈까 말까 하면서 다리를 들일락말락한 지 몇 번이었다. 그러나 끝내 미친 마음이 걷잡을 수 없이 날뛰어 억제할 수 없었다. 마침내 발 가는 대로 좇아 들어가 방 앞에 이르렀다. 어두운 창 틈으로 엿보니, 이곳은 바로 蘇淑芳의 침실이었다. (…중략…) 韋生은 옷을 걷어올리고 들어갔다.[50]

이는 사랑하는 대상을 보고 한눈에 반해서 미칠 지경이면서도 결국 자제했던 주생과 빙허자의 모습[51]과도 분명 다르다. 어쩌면 이것이 너무나 일반적인 남성의 모습일 법한데, 전기소설의 특성에서 보면 예외적이다. 결국 위경천은 전란의 소용돌이 속에서 의지적으로 대응하지 못하고 전장에서 죽고 만다.[52] 절제할 줄도 모르면서 병약하기 짝이 없는, 전통시대 소설 주인공으로는 매우 낯설지만 우리 주변에서 흔히 접할 수 있을 것 같은 그런 인물로 위경천은 특징지어져 있다.

---

50) 「위경천전」(임형택 교주본. 이하도 동일함). "欲進還退, 擧足未投. 如是數度, 狂心大發, 六馬同奔, 終莫能制. 遂信步而行, 及至房外, 暗窺窓隙, 則是乃女之寢室也. (…중략…) 生褰衣而入."

51) ① 「주생전」. "生魂飛雲外, 心在空中, 幾欲狂叫突入者數次."
　　② 「빙허자방화록」. "生神飛魂蕩, 心不在碁, 如醉如癡, 連輸數局, 典衣沽酒, 痛飮而歸."

52) 「위경천전」. "言訖, 奄然而逝. 將軍呼痛, 促致喪."

「동선기」의 남주인공 서문적도 예외는 아니다. 그는 이미 전란이 일어나기 전부터 집안은 전혀 돌보지 않고 세상을 버릴 뜻만 지닌 채[53] 유람만을 일삼더니, 급기야 전란이 발발하자 자기 방어능력을 상실한 채 여주인공 옥단의 견결한 의지에 몸을 맡겨 겨우 죽음을 모면하고 있다.

이처럼 주생과 위경천, 그리고 빙허자는 애정전기소설의 일반적 흐름에서 나타나는 인간상에서 볼 때 뭔가 다른 인물들이다. 그러나 한편으로는 보다 현실적인 인간형이다. 전란의 시대에서 새롭게 형성된 주인공들인 셈이다.[54]

이 같은 남녀주인공들의 면모말고도 전란의 부침 속에서 다양하게 골몰했던 인간군상들을 만날 수 있는데, 이 역시 이전 전기소설에서는 아예 설정이 되지 않은 인물들이다. 특히, 「최척전」의 경우 전란 속을 부침하는 인물들이 많이 등장한다. 주생과 같은 처지로 조선원정을 왔다가 은진(恩津) 쪽에서 낙오되어 있었던 홍도(紅桃)의 아버지 진위경(陳偉慶), 상인이면서 일본군으로 조선에 출정했다가 옥영을 보살펴 주었던 돈우(頓于) 등이 우선 눈에 들어온다. 또한 최척이 요양(遼陽)에 출정했다가 포로가 되었을 때, 탈출을 도와주었던 노호(老胡)는 원래 조선인으로, 부사(府使)의 학정(虐政)을 피해 스스로 오랑캐 땅으로 들어온 인물이다. 작자는 노호를 통해서 은근히 조선의 정치적 피폐상을 고발하기도 하였다. 이들은 모두 최척과 옥영이 위험에 봉착했을 때 도움을 준 인물들로 비록 작품에서 잠깐 등장했다 사라지고 말지만 뚜렷한 자기 모습을 남기고 있다. 흥미롭게도 「최척전」에 등장하는 이 같은 보조 인물들은 대부

---

53) 「동선기」(국립중앙도서관을 저본으로 이본교감을 하였음. 이하도 동일함). "不思計活, 酷好吹笛, 飄然有遠去遺世之意."
54) 이 같은 남주인공들의 형상은 무엇보다 사회적인 여건 속에서 창조된 면이 적지 않다. 한편 전기소설의 주인공의 변모라는 차원에서 좀더 천착이 요구된다. 여기서는 잠정적으로 이 시기 전기소설이 서사구조의 합리성과 함께 인물 형상에 있어서 일정 정도 이상적 주인공에서 보다 현실적 주인공으로 변모를 보여주고 있는 것으로 구분해 둔다.

분 호의적으로 그려져 있다. 물론 최척이 변사정(邊士貞)의 막하에 들어가 있는 동안 옥영을 재물로 매수하려 했던 양생(梁生)이란 존재도 보이고 있기는 하지만,55) 일단 전란이 터진 이후에는 최척과 옥영의 무사귀환을 위해 모두 헌신적인 도움을 아끼지 않는다. 최척과 옥영에게는 오직 전란만이 극복해야 할 생의 조건인 것처럼 보인다.

반면 이른바 '정강지변(靖康之變)'을 소재로 하고 있는 「동선기」는 뚜렷한 안타고니스트를 설정해두었다. 선무사(宣撫使)의 부장(副將)이었던 안기(安琦)는 동선을 차지하기 위해 갖은 협박과 음해를 일삼으며, 서문적과 동선의 사이를 갈라놓는다. 안기는 전란 속에서 구축된 새로운 악인형 인물인 것이다.56)

이처럼 전기소설의 인물은 남녀주인공의 절대적 관계에서 벗어나, 다양한 인물군이 남녀주인공의 주변에서 혹은 선인형으로 혹은 악인형으로 교섭하며 착잡한 사건의 전개를 이끌어가고 있었다. 결과적으로 이런 다양한 인물들의 출현은 '전란'으로 인해 사회가 객관적으로 열리기 시작하면서 보다 복잡한 인간 관계가 형성된 데 기인하는 것으로 판단된다. 평상적인 삶의 모습들이 전쟁의 소용돌이 속에서 복잡하게 뒤얽혀가면서 불안한 미래를 짊어진 자화상들이 표상되었는가 하면, 여기저기에서 시류에 편승하는 개체가 생기게 마련이었고, 혼란한 시기를 이용해 사욕에 이끌려 가는 시배(時輩)들도 나타나게 되었다. 이 시기 소설은 바

---

55) 「최척전」에서 '梁生의 개입'은 소설사적 측면에서 보았을 때 흥미롭다. 혼사 장애의
요소로 일시적이긴 하지만 제삼자가 개입되고 있다는 점이다. 중국의 경우 원명대 이
후 애정소설에서 제삼자의 개입은 거의 패턴화되어 있다. 그런데 우리의 경우는 「최척
전」 이전에는 거의 보이지 않다가, 이 이후 소설들에 현저하게 나타난다.
56) 악인형 인물의 등장은 소설사에서 매우 흥미로운 점이다. 이때까지의 소설에서의 갈
등은 대체로 '인물(주인공)-사회(제도)'의 구도로 이루어져 있었다면, 이 시기를 접점
으로 이후 애정소설의 대부분이 '인물(주인공)-인물(악인형)'의 갈등 구도로 변모한다.
기존의 갈등 요소인 '사회'가 '악인형 인물'로 대체되고 있다. 물론 악인형 인물이라는
것도 결국은 사회적 산물이지만, 소설의 구도가 이렇게 변화하고 있었다는 점은 중요
한 면이다. 이런 인물들의 면모에 대해서는 제3부에서 다루었다.

로 이러한 숱한 인물들이 전란을 통해 적나라하게 드러나는 것을 포착해내었다.

3) 서사구조의 확장에 따른 문제

지금까지 전란을 소재로 한 애정전기소설의 서사 방향이 구조나 인물 등에 있어서 일정 정도 '사실'에 접근한 방향으로 변모하고 있음을 살펴보았다. 이 같은 현상은 특히 17세기 동아시아 전란으로 파생된 작품들에서 현저하게 드러나는 특징임도 드러났다. 그런데 전기소설 자체의 속성으로 볼 때 이러한 서사 양태는 어딘지 모르게 어색한 게 사실이다. 곧 애정전기=낭만성, 아니면 비현실성이라는 구도가 먼저 눈에 들어오기 때문이다. 누구나 『금오신화』를 읽고 나서 17세기 애정전기소설을 읽게 되면 뭔가 구성이 느슨하고 감정의 이입 또한 감소된다는 것을 느끼게 된다. 이 같은 느낌은 소설사적 변모와 연결시켜 볼 때 매우 중요한 문제이기도 하다. 곧 서사구조의 확대에 따른 당연한 차이인 것이다. 서사구조의 확대는 다양한 사회적 환경과 소설 장르의 내재적 발달에 기인하고 있으며, 이 시기 기타 서사물에 일반적으로 나타나는 현상이기도 하다. 결과적으로 17세기 애정전기소설은 현실의 핍진한 상황을 서사구조에 이입시킴으로써 『금오신화』의 뛰어난 성과를 잇고 있었으니, 서사구조의 현실성에서 자기 모습을 잃지 않고 한 시기를 독점했던 것이다. 그러나 이후 이것마저도 시대의 변화에 따라 탈색(脫色)을 거듭해야만 했다. 그 한 증거를 「동선기(洞仙記)」에서 찾아본다.

애정전기소설이 그 길이를 확대하면서 가장 고심한 부분은 비현실적 요소를 제거하고 다양한 인물과 사건을 적절하게 결합시키는 데 있었다. 「동선기」는 바로 애정전기소설이 또 다른 변화에 고심했던 흔적으로, 소설사에서 주목되는 작품이다. 「동선기」는 애정전기소설 가운데 가장 장편에 속한다. 작품성에서 뿐만 아니라 그 길이에서도 상당한 양을 자랑하는 「운영전」도 이 작품에 비하면 짧은 편이다. 「동선기」는 내용이 긴 만큼 인물과 사건을 복잡하게 구성하여 제법 그 규모를 갖추고 있다. 주동자와 적대자가 제대로 설정되어 착잡한 서사구조를 좇아 진행되는데,57) 주인공 서문적과 동선은 그야말로 생사를 넘나들며 양주(楊州)·서주(徐州)·연경(燕京)과 호지(胡地) 등을 전전하다가 생환, 재회한다. 특히 전란이 발발한 이후의 이합의 과정은 대단히 생생하다. 곧 여진족의 침략으로 서로 헤어지게 된 후, 전장에서 모함을 받은 서문적은 옥에 갇히고, 동선은 남장을 하고 서문적의 생사를 수소문하는가 하면, 동선은 이른바 부정적 인물인 안기(安琦)·호손달희(胡遜糠嬉) 등에게 협박과 겁탈을 당하는 지경에 이르며, 포로로 잡혀 있던 서문적은 거의 다 죽은 지경에서 기적적으로 살아나기도 하였다. 그리고 그 속에 착종된 간계(奸計)와 인간애 등은 전란 속에서만 가능한 장면들이기도 한 모습이다. 무엇보다 갈등 요소를, 전란과 적대적 인물이라는 두 가지를 사건 속에 겹쳐 놓음으로써 갈등을 고조시킨 구성적 특징을 눈여겨볼 만하다.

그런데 이 작품은 이처럼 현실적 구도를 보여주고 있으면서도 전체적 디테일에서 부분 부분 납득할 수 없는 처리를 하고 있다. 우선 눈에 띄는 서사구조의 불합리성 중에 하나가 서두에 길게 깔려 있는 낭만적 분위기이다. 즉 남주인공 서문적이 산천을 유람하고 그곳의 여인들을 편력하고 나서 동선과 만나는 장면이 작품 전체에서 약 1/4 이상을 차지하면서, 매우 몽환적 낭만적 분위기로 채색되어 있다. 이러한 방향은 결말 부분에서 동선이 가산을 정리하여 도죽산(桃竹山)으로 들어간다는 구조망과 호응이 되고 있기는 하지만, 정작 서사의 중심에 있는 '전란과 이산'으로 엮어져 있는 중간의 서사 단락과는 그 분위기가 매우 동떨어져

---

57) 「동선기」의 인물에 대해서는 소재영, 「동선기 연구」(『고소설연구』 2집, 한국고소설학회, 1996)가, 서사구조에 대해서는 신상필, 「동선기 연구」(성균관대 석사논문, 1998)가 참조된다.

있다. 서두에 낭만적 분위기가 짙게 깔려 있으면서도 시종일관 현실적 논리구조 속에서 그런 대로 잘 운용시킨 「위경천전」과는 분명히 차이가 난다. 이뿐만이 아니다. 작자는 인물과 사건을 중첩시키면서 요소 요소에 매우 적실한 배치를 하고 있으면서도 몇몇 부분에서는 전혀 비현실적인 방향으로 처리해 버림으로써 독자의 기대를 저버리고 있다. 그 한 두 가지 예만 추려본다.

— 안기의 협박에 음식을 끊고 스스로 목숨을 끊었던 동선이 다시 살아나 劉夫人 앞에 나타난다.58)

— 동선은 호손달희에게 겁탈을 당할 위기에 처하자 자신의 손을 잘라 모면한다. 그런데 뒤에 그 잘린 손이 우연히 강에서 떠내려와 이를 다시 붙임으로써 동선은 정상인이 된다.59)

이처럼 가장 극적인 장면에 부닥뜨릴 때마다 비현실적 요소를 개입시킴으로써 현실적 구도의 방향을 흐리고 있다.60) 「동선기」의 구성에 있어서 이러한 특징은 앞에서도 언급했듯이 애정전기소설의 수법이 현실

---

58) 「동선기」. "安琦每招洞仙, 轉環益急, 仙不堪其苦. (…중략…) 遂改粧盛服, 臥而不動. 母乃痛深, 百分勉之, 强以糊物, 一切不應. 第七日朝視之, 已死矣. (…중략…) 乃以手撞棺, 哭之至夜, 兩掌盡破, 淚下如雨, 淚與掌血, 渾灑成流. 是夜幾分, 棺忽自開, 珮玉錚然. 驚顧視之, 則所襲之具, 皆盡無有. 卽見玉顔鮮明, 彩服煒煌. 急起出, 拜於劉氏前曰 : '非不知小君夫人之行, 當到於此, 適以路遠之, 故不能經還. 致令候之, 幸勿見失.'"

59) 「동선기」. "是夕, 一行穩頓牢睡. 忽聞馳突之聲甚速, 火光如晝, 衆睡驚覺, 見一武夫, 驟入拿洞仙之手, 星火曳出. 仙隨手以出, 乃樏嬉也. 到其館, 見弓劍戈斧之屬交置左右. 仙急引斧, 斬其手掌, 以抵樏嬉之額上曰 : '是汝之手中物也. 吾將安用哉?' 乃出, 無敢挽者. (…중략…) 論議未定, 相扶而出沿川, 上下始做哭聲, 水盡哀鳴. 忽見手掌從水上浮下, 便到積尸傍, 着執尸手, 壹如生人, 互相執手矣. 仙趨而觀之, 有春金指環一雙, 尙着其無名指矣. 仙大異之, 試以所斷臂頭垂而向之, 則其掌與之自合, 完如舊矣."

60) 구도에서 그렇다는 것이지, 전란을 소재로 한 작품의 성격면에서는 또 다른 의미를 부여할 수 있을 것이다. 이에 대해서는 제3부 「동선기의 지향과 소설사적 의미」 참조

적 구도 속에서 전개되었음에도 불구하고 지나친 길이의 확대에 따른 서사구조의 미숙함을 드러낸 예이다.

17세기 동아시아 전란은 일반 대중의 의식의 변모는 물론이거니와 소설의 결구에 있어서도 일정하게 현장에 발을 딛고 있는 그 '사회'에서 서사가 이루어질 수 있는 가능성을 제시해주었다. 그 정점에 있었던 것이 전기소설이다. 그런데 이 전기소설도 서사구조의 확대와 그에 따른 편폭에 있어서 또다시 시대적 상황과 맞물려 변모해야 할 처지에 당면하게 되었다.[61] 그 추이를 살피는 작업은 우리에게 주어진 과제로 남아 있다.

이후 전기소설(애정전기)은 '대표성'을 상실해 갔고 우리 소설사에서는 장편화된 한문소설 내지 국문소설이 주류를 점하게 된다. 그럼에도 이후의 우리 소설은 직·간접적으로 애정전기소설의 파장을 지속적으로 감지하고 있었다. 때문에 애정전기소설에서 개발된 애정과 전란의 서사구조가 이후 규방소설 및 군담소설의 형식에 어떤 변형태로 수용되었는가를 밝히는 작업은 이제 중요한 과제로 남게 되었다.[62]

---

61) 물론 이 시기 전기소설의 변모는 명말 청초에 활발하게 창작된 중국의 才子佳人小說類의 영향이 적지 않았던 것으로 보인다. 이 점 역시 규명해야 할 과제로 남아 있다.

62) 이 문제가 최근 제기된 바 있기도 하다(박희병, 「한문소설과 국문소설의 관련 양상」, 『한국한문학연구』 22집, 한국한문학회, 1998). 한편 18세기 이후 전기소설의 전개 및 그 양상에 대한 논의도 이루어지고 있어(정길수, 「折花奇談 연구」, 서울대 석사논문, 1998; 윤재민, 「조선후기 전기소설의 向方」, 『민족문학사연구』 15호, 민족문학사연구소, 1999) '한국전기소설사'의 존재를 연장시켜 주었다. 다만 18·19세기 전기소설, 특히 애정류의 발전은 '野談의 자양분'이 많이 흡수되어 또 한 번의 변모가 이루어지고 있다는 점을 주목해야 할 것이다. 「沈生傳」은 물론이거니와 「折花奇談」·「布衣交集」의 남녀주인공은 이미 재자와 가인이 아니다. 그리고 이들의 행동방식도 야담(한문단편)의 인물에서 찾아지는 유형이기도 하다. 또한 이 시기 (전기)소설에 나타나는 '골계', '속임수' 등의 요소들도 야담적, 구비적 취향이 녹아들어 있다. 게다가 이쪽에 걸려 있는 작품들이라고 할 수 있는 「芝峰傳」·「丁香傳」 등의 행방도 또한 문제거리이다. 때문에 조선 후기 전기소설사 연구는 이러한 면이 고려되어 진척될 필요가 있겠다.

그러나 한국 전기소설사에서 이보다 중요한 문제는, 소설사에 주류였던 전기소설이 17세기 후반을 정점으로 새로운 형태의 소설들—국문류와 한문류를 포함해서—에 어떻게 수용되어 가고 있는가를, 구체적으로 밝히는 작업이 더 중요할 것이다. 전기소설의 생명력은 오히려 이 과정에서 더 느껴지기 때문이다.

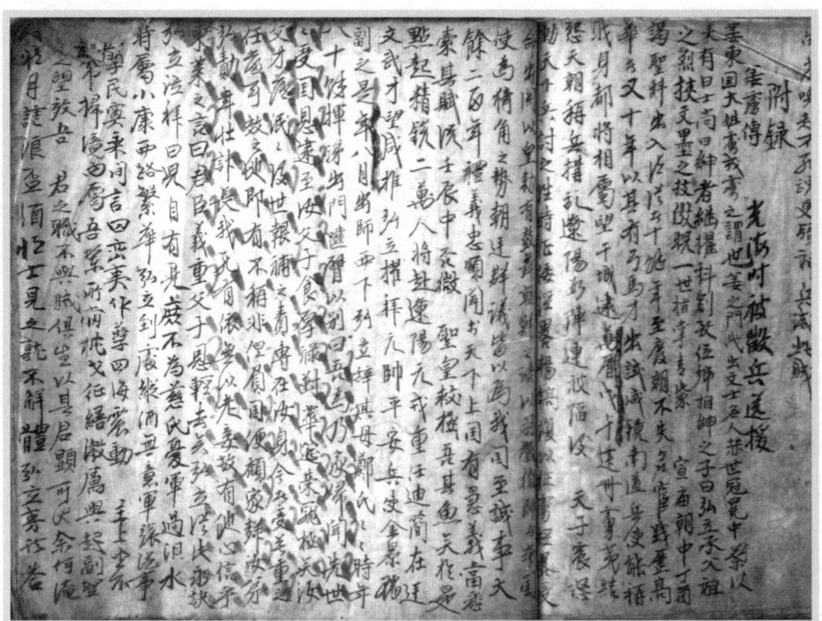

▲「姜虜傳」(임형택 소장)의 앞 부분.
「강로전」은 이본이 적은 편이며, 상호 편차가 복잡한 편인데, 이 이본은 그 중 선본에 해당한다. 그런데 이 책은 원래 표제가 없이「南漢錄」·「江都錄」·「倭國地方事蹟風俗記」등 임병양란 관련 기록물들을 수록하고 있는데,「강로전」은 여기 부록으로 실려 있다.

▲『忠烈錄』 소재 金將軍遺像과 「金將軍傳」(朴希賢撰)의 첫 장.
『충렬록』은 김응하의 충렬을 선양하기 위해서 1619년 편찬된 책이다. 현재 이 책은 고려대 도서관에 소장되어 있다.

金將軍傳

朴希賢撰

將軍姓金名應河字景義江原道鐵原人也
癸巳兵荒之歲父母俱歿將軍年甫成童葬
埋以禮追慕不已與其小弱弟應海相依爲
命孝友之行一邑稱之稍長以射獵爲事且
力田自養壬寅辛夏觀察使朴公承宗巡到
鐵原府大集材勇之士而試射之將軍在其
中特出朴大奇之勸習武藝越三年乙巳中
武舉戍北邊及永兩還未露一命怡怡無意
於仕進丁未秋朴判兵曹始除宣傳官至明

병자호란 시기 강화 관련 실기류 및 「강도몽유록」

1. 전란과 강화(江華)

> 강도는 또한 沁州라고도 한다. 이곳은 五道의 뱃길이 맞닿는 길목이며, 역대
> 전란의 요충지다.[1]

이는 강화도를 역사적으로 조명한 단적인 지적이다. 뱃길의 길목과
전란의 요충지, 이 두 가지 면을 동시에 갖게 된 데에는 강화도가 갖는
특수한 지역적·지형적 환경 때문이었다. 한강과 임진강이 흘러 합류하
는 지점이며, 한반도의 남북을 연결하는 '서해의 허리'였던 강화는, 그
지역적 특성 때문에 예로부터 팔도의 뱃길이 되었던 바, 자연스럽게 물
산이 풍부한 지역으로 이름나게 되었다. 일찍이 최자(崔滋)는 물산의 집

---

1) 朴文鎬, 「遊沁都觀海記」(『壺山集』 권30). "江都亦曰沁州. 是五道船路之咽喉, 而歷
   代干戈之衝也."

산지로서의 강화를 다음과 같이 기록하고 있다.

> 장삿배와 조공선이 만리에 돛을 이어 묵직한 배 북쪽으로 가벼운 돛대 남쪽으로, 돛대머리 서로 이어지고 배꼬리가 맞물렸네. 바람따라 순식간에 팔도 사람 모여드니, 산해의 진미를 안 실어 오는 물건 없네. 옥 같은 쌀을 찧어 만 섬을 쌓아 우뚝하고, 주옥이며 모피를 싸고 꾸린 것 사방에서 모여 가득하도다.[2]

팔도의 장삿배와 조공선이 실어 온 물산을 쌓아 둔 모습에서 그 넉넉함이 눈에 잡힐 듯하다. 뿐만 아니라 본토에서 산출되는 물산도 매우 풍부하여, 강화는 그야말로 풍요로운 고장이었던 것이다. 한편 지형적으로는 천혜의 요새이기도 하였다.

> 안으로 摩尼・穴口(穴窟山)의 첩첩한 산이 웅거하고, 밖으로는 童津(通津山)・백마산의 사면 요새가 둘러있도다. 출입을 단속함에는 동편의 甲華關(甲串津), 外賓을 맞고 보냄엔 북쪽의 楓浦館이니, 두 華山의 봉우리가 문턱이 되고 두 崎가 지도리 되니, 참으로 천하에 墺區이네. (…중략…) 이는 금성・탕지 만세 제왕의 도읍이로다.[3]

최자는 다시 금성탕지(金城湯池)인 강화를 이렇게 노래하고 있다. 그런데 이와 같은 지역적, 지형적 특성 때문에 강화는 공교롭게도 우리 민족사의 비극의 중요한 장면들을 차곡 차곡 쌓아두고 있기도 하다. 주지하듯이 저 대몽항쟁(對蒙抗爭)에서 강화도조약에 이르기까지 우리 역사의 실로 중요한 국면들을 강화는 전면에서 겪었던 셈이다. 때문에 강화도는 유서 깊은 고장임과 동시에 '전란'과 무관할 수 없었다. 그 중 병자호란

---

2) 崔滋, 「三都賦」(『東文選』 권2). "商船貢舶, 萬里連帆, 艤重而北, 棹輕而南, 檣頭相續, 舳尾相銜. 一風頃刻, 六合交會, 山宜海錯, 靡物不載. 擣玉春珠, 累萬石以碗碻. 苞珍裹毛, 聚八區而菴藹."(번역은 국역 『동문선』을 취하였으되, 문맥을 약간 고쳤다)
3) 崔滋, 위의 책. "內據摩利穴口之重匝, 外界童津白馬之四塞, 出入之誰何, 則岬華關其東; 賓入之送迎, 則楓浦館其北. 兩華爲闕, 二崎爲樞, 眞天地之奧區也. (…중략…) 是金湯萬世帝王之都也."

으로 인한 피해는 막심하였다.

본고에서는 병자호란 시기 강도 관련 기록류와 몽유록을 고찰해봄으로써 '전란과 강도'라는 한 측면을 보다 구체적으로 조명해보고자 한다. 전쟁은 사회 변동에 있어서 가장 직접적이며 총체적인 요인이다. 17세기 전후의 동아시아 전란은, 그 참화는 말할 것도 없이 조선의 봉건질서를 뿌리 채 흔들어 버리는 결과를 몰고 왔다. 조선은 전란을 겪은 이후에도 유교사회의 견고한 틀을 반동적으로 유지시키려는 노력이 지속되었으나, 그런 속에서도 저층에서부터의 뚜렷한 변동을 인식하지 않을 수 없었다. 이 같은 사회적 동향은 자연스레 우리문학의 소재나 공간의 문제뿐만 아니라 그 형식에까지도 변화를 불가피하게 했다. 때문에 이 시기 사회적 변동을 포착한 문학은 그 외적·내적 변화를 거듭하며, 우리 문학사의 소중한 자료로 남게 되었다. 그런데 이와 같은 '체험문학'은 우리의 기대처럼 그리 많지 않은 게 현실이다. 유독 강화와 관련된 기록류, 특히 병자호란과 관련된 글들을 만난 것은 하나의 기쁨이었다.

본고는 병자호란 당시 강도와 관련된 문헌들을 살펴봄에 있어서 '17세기 동아시아 전란과 한국문학의 변화'라는 큰 틀에서 출발하나, 그렇다고 해서 위와 같은 문제에 구체적으로 접근하려는 시도까지는 못된다. 그 한 부분으로서, 강도가 겪었던 전란의 참상을 포착한 글로 어떤 것이 있으며 그 내용은 어떠했던가 하는 점을 세심하게 살펴보는 것을 목적으로 한다. 그 속에 강화라는 지역이 문학 속에서 여하히 형상화되었던가 하는 점이 드러날 수 있을 것으로 기대된다. 또한 이를 바탕으로 병자호란이 작품 성립의 근거가 된 소설류를 규견해봄으로써 병자호란과 한국소설의 관련성에 대한 가시화를 구축해보고자 한다. 이와 같은 연구들이 축적됨으로써 위에서 말한 바, 17세기 동아시아 전란과 우리 문학의 변모, 발전의 양상을 총체적으로 규명하는데 일조하리라 믿는다.

2. 병자호란시 강도(江都) 관련 자료

병자호란 때 강도 관련 문헌은 한시를 제외하고는4) 실기류가 대부분이다. 대표적인 작품으로, 남급(南礏)의 저작으로 판단되는 「강도록(江都錄)」,5) 나만갑(羅萬甲)의 『병자록(丙子錄)』, 병와(瓶窩) 이형상(李衡祥)의 「강

---

4) 20세기 초에 엮어진 『江都古今詩選』을 보면 병자호란 전후의 시편들이 더러 보인다. 또한 최근에 강화문화원에서 이 『강도고금시선』 및 『明美堂集』 등의 문집 속에서 뽑은 시들을 모아 번역한 『강도고금시선』을 내놓기도 하였다.

5) 「江都錄」에 대해서는 지금까지 작자가 구체적으로 밝혀져 있지 않았다. 李衡祥의 「강도지」에도 「강도록」을 인용하면서 '作者未詳'이라고 하였다. 그런데 지금까지 羅萬甲이 지은 『丙子錄』 내의 '강도기사'를 「강도록」이라고 이해하고 있는 경우가 많은데, 이는 잘못이다. 『병자록』 이본 중에는 '江都錄', '江都別錄', '記江都事' 등의 항목이 독립적으로 설정되어 있는데다, 연세대본 『병자록』에는 「靑野史江都錄」이 부록으로 따로 실려 있기도 하다. 또한 일반적으로 알려진 「강도록」은 『병자록』에 기술된 강도 관련 기사와는 분명한 차이가 있다. 즉 「강도록」은 "丙子十二月十三日"로 시작하여 날짜순으로 피난 과정과 강도성의 함락 과정을 정연하게 기술하고 있는 반면에, 『병자록』 내의 강도기사는 몇 개의 이본을 제외하고는 독립된 항목없이 후반부에 "當去邪之時, 金慶徵將入江都也"로 시작하여 대체로 시간순으로 배열하되 「강도록」에 비해 덜 정연하다. 게다가 다룬 사건도 양자간에 약간의 차이가 난다. 때문에 『병자록』 내의 강도기사와 「강도록」은 분명 구별되어야 한다.

　「강도록」의 이본 중에는 鄭道應(1618~1667)이 편한 『昭代粹言』(권10)에 「亂離日記」와 합철된 것이 있다(이 책 권9에는 『병자록』이 따로 수록되어 있음). 여기에 "縣監南礏記"라고 하였다. 그리고 국립중앙도서관본 『丙子日記』(외표제는 『雜錄』)에도 "縣監南礏記"라고 되어 있다. 『嶺南人物考』의 남급(1592~1671)에 대한 기록에는 "병자 겨울에 大駕가 南漢으로 들어갔을 때, 公은 司饔奉事로서 대가를 모시고 성에 들어가 城中 일을 모두 日記하였다"라고 하였으니, 그는 병자호란 당시 왕을 호종하며 「亂離日記」를 지었다는 것을 알 수 있다. 공교롭게도 『병자록』을 지은 羅萬甲도 당시 남한산성에 들어가 있었으니, 남급과 나만갑은 모두 병자호란의 참상을 기록하게 되었던 것이다. 때문에 「강도록」은 남급의 작이라고 해도 무방할 것으로 보인다. 남급은 자가 單夫, 호가 由由軒이며, 본관은 英陽이다. 유집으로 『由由軒遺稿』(『新安世稿』 권2~4에 수록되어 있다. 『신안세고』는 현재의 安東市 豊山邑 新安에서 세거했던 英陽南氏의 유집들을 모아 간행한 것으로, 元亨利貞 4책이다. 현재 국립중앙도서관에 소장되어 있음)가 전한다.

　한 가지 첨언할 것은, 병자호란 당시 강도에 관련된 傳聞 기록은 특별한 제목이 없는 한 '강도록'으로 명명할 수 있기 때문에 넓은 범위에서 나만갑의 『병자록』 속의 강도기사도 강도록이라 할 수 있다. 때문에 본고에서는 '강도록'을 강도에 관련된 기록

도지(江都志)」, 정양(鄭瀁)의 「강도피화기사(江都被禍記事)」 등이 있다. 이외
에 어한명(魚漢明)의 『강도일기(江都日記)』, 김창협(金昌協)의 『강도충렬록
(江都忠烈錄)』, 김광환(金光煥)의 『선원강도록(仙源江都錄)』, 윤선거(尹宣擧)의
「기강도사(記江都事)」, 조익(趙翼)의 「병정기사(丙丁記事)」 등의 기록도 눈에
띈다. 이 중 가장 주목할 만한 작품은 「강도록」과 「강도피화기사」이다.
「강도록」은 이본마다 약간의 차이는 있으나, 대체로 도성에서 강도까지
의 피난 과정, 강도의 함락과 참화, 그리고 수비 책임자 및 관련자들의
실책과 망동 등을 일괄적으로 서술하고 있다. 「강도피화기사(江都被禍記
事)」[6]는 작자 자신과 그 가속(家屬), 그리고 강도민(江都民)이 겪은 병자호
란의 참상을 직접 체험하고 기록한 작품이다. 당시 강도의 전반적인 상황
과 참화를 기록한 작품으로는 이 두 작품만한 것이 없는데, 특히 「강도
피화기사」는 다음 두 가지 면에서 주목된다.

첫째, 대부분 기사(記事) 작품은 작자 자신이 견문한 것이나 제보자의
이야기를 전해 듣고, 그 사실을 기록한 것이 일반적이다. 즉 작자는 서
술자에 머물러 있거나 필요에 따라 사건에 개입하는 정도이지, 그 작품
속의 주 대상자가 되지는 않는다. 그런데 이 작품은 작자 자신이 직접
주인공이 되어 체험했던 전란의 참상을 그리고 있다. 둘째, 「강도록」이
병자호란에 의한 강도의 참상을 피난해 온 빈궁(嬪宮) 일행과 호종한 관
료를 중심으로 사건을 기술한 데 비해, 이 작품은 순전히 '민(民)'의 입장
에서, 그 자신도 일개의 백성으로서 겪었던[7] 강도에서의 참화를 고스란

을 포괄하는 용어로 병용하고자 한다.
6) 「강도피화기사」는 조창록, 「조선후기 '記事' 연구」(성균관대 석사논문, 1992)에서 처
　음 소개되었다. 조창록은 임병 양란에 관련된 기사를 소개하는 가운데, 이 작품을 "전
　란의 와중에서 직접 겪은 기이한 체험을 서사적 장면마다 핍진하게 또박또박 구체적
　으로 기술해 놓고 있어서 역사적인 기록으로서의 가치뿐만 아니라 임병 양란을 전후
　한 기록문학을 살피는 데 있어서 주목할 만한 내용을 담고 있다"고 그 의의를 약술하
　고 있다.
7) 작자 鄭瀁(1600~1668)은 자가 晏淑, 호는 抱翁, 본관은 延日이며, 松江 鄭澈의 손자
　이다. 그는 의금부도사・수운판관・장령 등의 벼슬을 지냈으나, 병자호란 당시만 해도

히 담아 놓았다는 점이다.

「강도지」는 '지(志)'라는 성격에 걸맞춰 강화도 전반에 걸친 사항들을 정리한 것인데, 후반부에는 강도가 겪었던 역대 전란을 「여조천도기(麗朝遷都記)」·「임진영담(壬辰零談)」·「정묘록(丁卯錄)」·「병정록(丙丁錄)」 등으로 나누어 세세하게 기록하였다. 특히 「병정록」은 병자호란 당시 강도의 상황을 기록한 것으로, 「강도록」과 「남한일기」, 「강도록후평(江都錄後評)」 등에 기록된 내용을 적절히 취합한 가운데8) 당시 남한산성의 사정까지 함께 밝혀 놓아 병자호란 전체의 정황을 이해하는데 많은 도움을 주는 자료이다.

『강도일기』는 병자호란 당시 수운판관(水運判官)이었던 어한명(魚漢明, 1592~1648)이 조운의 임무를 띠고 통진(通津)에 들어갔다가, 봉림대군(鳳林大君)을 강도로 도강(渡江)시킨 일을 기록하였다. 병자호란 발발 후, 강화·통진 일대의 어지러운 상황을 직접 견문하여 기록한 것이어서 매우 실재적이다. 이 외에 『강도충렬록(江都忠烈錄)』은 병자호란 때 강도에서 순국한 인물들의 사적을 기록한 내용이며, 『선원강도록』은 병자호란 때 강도에서 순국했던 선원(仙源) 김상용(金尙容)이 병자호란 이후 신원되는 과정을 아들 김광환(金光煥) 등이 기록한 것이다. 이외에도 「기강도사」와 「병정기사」 등도 당시 강도의 상황을 약술한 기록물이다.9)

특별한 관직에 있지 않았던 것으로 보인다. 「年譜」에 의하면, 경자년(1600) 서울에서 태어나 무오년(1618)에 19세의 나이로 진사시에 3등으로 합격하였으나, 관직에 뜻을 두지 않고 유업을 일삼았다고 한다. 그 후 그의 나이 23세 때부터 仲氏인 永同公과 함께 通津 海村에서 우거하게 된다. 그러던 중 병자년에 廟社가 강도로 피신했다는 소식을 접하고 布衣로서 가속을 데리고 江都로 들어가게 되었고 그 과정에서 엄청난 참화를 당했던 것이다. 『抱翁集』에는 「강도피화기사」뿐만 아니라 「節婦金天命妻傳」이라는 작품도 실려 있는데, 역시 병자호란 때 적에게 끝까지 굽히지 않다가 난자당한 한 여인의 사적을 기술하였다.

8) "世有江都錄·南漢日記·江都錄後評, 雖未知誰作, 記事頗詳. 又有嶺南人南磁所記, 故幷採之"라는 頭註가 있고 실제 이들 작품을 많이 인용하고 있다. 인용문의 南磁는 다름아닌 南礏의 동생이다.

9) 이외에도 실기류는 아니지만, 『江都弔亡錄』과 「江都後錄」 등이 전하고 있다. 『강도

「강도몽유록(江都夢遊錄)」[10]은 위의 실기류와는 달리, 진작부터 소개되어 주목을 끌었다.[11] 강도에서 희생된 여인들의 넋두리를 통해 강도 수비 책임자들을 비판하고 원혼을 달래는 내용이다. 때문에 역시 임진왜란을 배경으로 비슷하게 얽어진 「피생명몽록(皮生冥夢錄)」·「달천몽유록(達川夢遊錄)」 등과 함께 언급되어 왔다.

3. 강도(江都)의 참상

1) 강도 수비책임자들의 군상

병자호란이 발발하자 적병은 의주(義州)와 안주(安州)를 거쳐 거침없이

조망록』은 병자호란 때 희생된 인물을 충신, 열사, 효자, 忠奴, 열녀 등으로 세분하여 추모하는 弔亡詩를 기록한 책으로 현재 연세대에 소장되어 있다. 그리고 「강도후록」은 연세대본 『병자록』 속에 들어 있는데, 누군가가 「강도록」이나 『병자록』의 강도 관련 기사를 보고 이에 대한 후평을 달아놓은 것이다.

10) 현재까지 알려진 「강도몽유록」은 두 개의 이본이 있다. 하나는 국립중앙도서관본으로, 「皮生冥夢錄」과 합철된 것으로 필사본이다. 나머지 하나는 林明德이 편한 『韓國漢文小說全集』에 실려 있는 新矯板이다. 신교판은 어떤 이본을 정리한 것인지 알 수 없으나, 국립본 필사본과 글자의 출입이 있는 것으로 보아 서로 다른 본임을 알 수 있다. 때문에 현재로서는 필사본으로 국립본이 거의 유일한 셈이다(뒤에 버클리대 아사미문고에서 새 이본이 발견됐다).

11) 지금까지 「강도몽유록」에 대한 연구는 몽유록의 발달이라는 측면에서 논의가 있어 왔다. 특히 동아시아 전란을 소재로 한 일군의 몽유록과 함께 그 특징이 어느 정도 규명된 상태이다. 그러나 작품에 등장하는 원혼들의 호소의 의미 지향 같은 내재적 의미에 대해서는 아직 접근이 이루어지지 않고 있다. 주요 선편 논문들은 다음과 같다.
　김기동, 「江都夢遊錄攷」, 『동국대논문집』 2집, 1965; 서대석, 「夢遊錄의 장르적 성격과 문학사적 의의」, 『한국학론집』 3집, 계명대, 1975; 정학성, 「몽유록의 역사의식과 유형적 특질」, 『관악어문연구』 2, 1977; 차용주, 「몽유록계 소설의 구조적 특징」, 『한국고소설연구』, 이우출판사, 1983; 장효현, 「몽유록의 역사적 성격」, 『한국고전소설론』, 새문사, 1990; 신재홍, 『한국몽유소설연구』, 계명문화사, 1994.

서울로 향하고 있었다.

> 14일, 개성유수가 치계하여 적병이 이미 松都를 지났다고 알려오자, 마침내 파천의 논의를 정하게 되었다. 예방승지 한흥일에게 명하여 종묘사직의 신주와 빈궁을 모시고 먼저 강도로 향하게 하였다. 김경징을 검찰사로, 이민구를 부검찰사로 삼아 빈궁의 행차를 배행하며 호위하게 하였다.[12]

적의 말발굽이 점점 서울을 엄습해오자, 강도 파천을 결정하고 신주와 빈궁 일행을 강도로 피신시키는 사실을 기록한 내용이다. 당시 난을 피해 강도로 향했던 이들로는 빈궁과 이대군(二大君, 즉 鳳林大君과 麟坪大君)뿐만 아니라 이를 호종하는 관료들이었다. 「강도록」은 당시 호종해 갔거나 뒤따라 들어간 인물들의 개략을 들어 놓았다. 강도 수비와 빈궁 일행을 보호할 막중한 책임은 검찰사 김경징(金慶徵)과 부검찰사 이민구(李敏求), 그리고 강도유수(江都留守) 장신(張紳) 등에게 있었다. 그런데 이들 책임자들의 처신이 이후 말할 수 없이 한심한 데다 심지어 역적질까지 일삼았던 바, 이들의 망동에 대한 기록은 여기저기에서 나타난다.[13] 김경징은 정묘호란 때 인조를 강도에 호종했었던 영의정 김류(金瑬)의 아들로서, 당시 강도 수비, 나아가 국가의 마지막 존립이라는 실로 막중한 책임을 맡고 강도로 향하게 되었다. 그러나 그는 애초부터 자신의 임무를 망각하고 있었으니, 강도로 피난을 떠나는 과정에서부터 상식 밖의 일을 저지르기 시작했다. 빈궁이 통진 나루터에 어렵사리 도착했으나 강도로 건널 배가 한 척도 보이지 않아 발을 동동 구르고 있는데, 김경징은 빈궁 일행을 거들떠보지도 않고 자기 가속들만 챙기는데 여념이 없었다.

---

12) 『인조실록』 권33, 14년 12월조. "甲申, 開城留守馳啓, 賊兵已過松都. 於是, 遂定去邠之議. 命禮房承旨韓興一, 奉廟社主及嬪宮, 先向江都. 以金慶徵爲檢察使, 李敏求爲副, 令陪護嬪宮之行."

13) 그래서 「강도록」은 강도의 피해를 아파하는 측면에서 기술된 면도 있지만, 오히려 이들 강도 수비 책임자들을 규탄하거나 수비의 문제점을 지적하는데 더 비중을 두고 기술하고 있을 정도다.

그는 하다 못해 그의 가속이라면 천복(賤僕)이나 말예(末隷)까지도 모두 데리고 왔으니, 김경징 일가의 피난 행렬은 실로 장관을 이루었다.[14) 빈궁과 원손(元孫)은 이틀 동안이나 통진 나루에서 추위에 떨다가 우여곡절 끝에 강도로 건너왔는데, 성안은 이미 그의 가속들로 꽉 차 있었다[15)는 기록을 통해서 '검찰사'의 망동이 극에 달했음을 알 수 있다.

한편 당시 수운판관이었던 어한명(魚漢明)의 눈에도 김경징의 처사가 포착된 바 있다. 당시 통진 나루는 피난민으로 가득 찬 가운데 매우 혼란스러웠다. 이런 상황 속에서 어한명은 김경징을 만나 도강 문제를 이야기하게 되었다.

> 나는 곧장 그 사람을 따라가 그(김경징—인용자)를 만나보았는데, 한참을 이야기했으나 국가 일에 대해서는 전혀 언급이 없고, 하늘을 쳐다보고 휘파람을 부는가 하면 부채를 들고서 흔들며 말하기를, "무엇을 어찌하겠소, 무엇을 어찌하겠소?"라고만 할 뿐이었다. 조금 후 德浦僉使 趙㙤이 배를 타고 오자, 그는 기쁜 얼굴로, "이 사람이 타고 온 배는 필시 튼튼할 것이니, 우리 가속을 태워 건넬 수 있겠구나"라고 하는 것이었다.[16)

검찰사의 임무는 아예 제쳐 둔 인상이다. 이 같은 무책임함과 무례함

---

14)『병자록』·「記江都事」. "金慶徵將入江都也, 厥母及妻, 各乘屋轎, 婢子着剪帽, 與其卜馱, 並五十. 此幾盡京畿夫馬. 有一婢子所騎馬, 足蹶見落, 謂其不善護行, 杖畿邑陪吏於路左." 이 기록에서 볼 수 있듯이, 가속이 움직이는데 무려 50마리 말이 동원되었는가 하면, 한 계집종이 탄 말이 넘어진 것을 가지고 배행하는 관리를 길에서 매질할 정도였으니, 그 사정을 가히 짐작할 만하다.

15)「강도록」. "艱以船濟. 嬪宮旣入江都, 慶徵家屬, 已滿於城中矣."

16)『江都日記』(규장각 소장본). "余卽隨其人往見, 移時說話之際, 少無言及國家事, 或仰天而嘯, 或擧扇而揮, 曰 : '何以爲之, 何以爲之?' 如是而已. 少頃, 德浦僉使趙㙤, 乘舡來赴, 慶徵喜甚曰 : '此人所乘來船, 必是堅好, 吾家家屬, 可以乘此而濟矣.'"
　한편『강도일기』뒷편에는 遂菴 權尙夏의 흥미로운 언급이 있는데, "金慶徵事, 見於野史所記多矣. 然或得於傳聞, 不無溢惡之疑, 獨公記其所目覩, 最端的可信, 未論其他. 只爭舟一事, 亦見其不忠無狀, 罪通於天矣"라고 하여, 김경징에 대한 세간에 구구한 논의가 있지만, 그를 직접 만나보고 기록한 이 부분이 그의 인물됨을 기술한 것으로 가장 신빙성이 있다는 것이다.

은 도강 이후에도 계속되었는데, 강도로 들어온 후에는 몇몇 대신들과
원로들의 충고에도 아랑곳하지 않고 대소 사무를 독단하면서 술로 흥청
망청거리며 시간만 보내고 있다.[17] 이 같은 김경징의 망동을 「강도록」
에서는,

> 임금은 몸소 시석을 무릅쓰고 풍설을 겪는데, 경징은 두터운 털옷과 따뜻한
> 집에 추위를 막는 술이 있으며, 임금은 날마다 거친 밥에 단맛을 모르고 있는
> 데, 경징은 진수성찬으로 날마다 배불리 먹고 있다. 강개한 지사가 선유책을 올
> 려도 귀를 막고 듣지 않으며 먼 얘기로 간주해 버리더라.[18]

라고 하여, 임금과의 대비적 서술을 통해 극명하게 드러내고 있다. 이런
지경이면서도 그는 곧잘 "아버지가 도체찰사요, 자식이 검찰사이니, 국
가의 대사는 우리 부자가 힘쓰지 않으면 누가 하겠는가?"[19] 하고 떠들
어댔던 것이다.

부검찰사 이민구(李敏求)도 검찰사를 도와 빈궁 이하 제신들을 보호하
고 강도를 방비해야 하는 임무가 있었음에도 불구하고 자기 가속을 모
두 데려와 김경징의 망동에 춤을 추었다. 그도 임무를 체임한 채, 추위
를 막을 따뜻한 술에 시간만 허비하고 있었던 것이다.[20] 그의 아내는 성
이 함락당한 후 적에게 포로가 되어 온갖 음행을 당했다. 그런데 그는
그녀가 순절한 것으로 표장하여 죽은 후 묘지명에 그 가상함을 칭찬까
지 하였다.[21]

---

17) 「강도록」. "大小機務, 慶徵皆自擅之, 日與諸大臣親屬, 閉門談謔, 從容盃酌, 酣戲
　　度日."
18) 「강도록」. "至尊則親犯矢石, 觸冒風雪, 而慶徵則重裘煖屋, 有辟寒之酒. 至尊則並
　　日饘飯, 食不甘味, 而慶徵則飽鮮珍膏, 有終日之飽. 慷慨忠憤之士, 陳嘉猷善策, 而
　　塡耳不聽, 謂之迂言."
19) 「강도록」. "父爲都體察使, 兒爲都檢察使, 國家辦大事, 非吾父子而誰?"
20) 『병자록』. "分司促其行, 謂海氣寒凜, 不可無禦寒之酒煮, 取燒酒, 托此曠日."
21) 『병자록』. "敏求以其妻死於嘉山, 謂之節死, 作誌銘, 盛稱其美. 求寫於東陽尉申翊
　　聖, 人皆笑之."

그러나 누구보다도 강도의 수비는 강도유수였던 장신(張紳)에게 그 책임이 있었다. 그런데 그도 갈팡질팡하며 검찰사의 의중만 따르기에 여념이 없었다. 기실 강도는 천혜의 요새였던 터라 아무리 기세등등한 적병이라 할지라도 쉽게 건너 올 수는 없었다. 때문에 방비만 제대로 했어도 파도에 휩쓸리는 모래마냥 그렇게 힘없이 무너지지는 않았을 것이다. 그러나 당시 상황은 무방비 상태 그 자체였다. 가장 중요한 지역이었던 강화 북단 연미정(燕尾亭)과 갑곶(甲串) 주변에 초병 하나 남아 있지 않았다 하니, 가히 미루어 짐작해볼 만하다. 그나마 적이 도강해 올 즈음 대포를 쏘려 했으나 화약에 습기가 차 발사가 되지도 않았으며,22) 그 위급한 상황에서도 병기를 반출하는데 일일이 장부에 기록하고 내주느라 시간을 다 뺏기고 말았다.23) 그야말로 무인지경에서 적을 맞은 격이었다. 이러한 제반 문제에 대한 책임은 궁극적으로 모두 강도유수 한 몸에 있었다.

이들 외에도 예조참판 여이징(呂爾徵)과 승지 한흥일(韓興一) 등은 강도성이 함락되자 옷을 고쳐 입고 적에 항복하였는가 하면, 전 영의정 윤방(尹昉)은 적이 도성에 접근하여 '강화'의 조건을 내세우자, 아무 소리 없이 성문을 열어주고 말았다.24)

여기서 새삼 생각해볼 점이 있다. 하나는 「강도록」에 기술된 김경징 등 그 책임자들에 대한 언급이 과연 어디까지가 사실인가 하는 것이고, 다른 하나는 강도의 함락은 당시 형세상 어쩔 수 없는 대세였다는 점이

---

22) 「강도록」. "賊之一船渡津頭, 官軍欲放砲, 而濕藥未燥, 砲火不發."

23) 『병자록』. "事已急急, 而軍器火藥, 分給之際, 隨給隨錄. 倉卒擧措如此, 何能有爲乎?"

24) 물론 당시에 이와 같이 비판받아 마땅한 인물들만 있었던 것은 아니었다. 忘身忠國한 이들도 많았던 바, 원임대신 金尙容은 김경징 등의 처사를 비난하고 분개하였는가 하면, 江都城이 적의 손아귀에 넘어가자 스스로 목숨을 끊었다. 또한 호조좌랑 任善伯은 책임자들의 처사에 격분하며 끝까지 싸울 것을 주장하기도 하였다. 그뿐인가? 都正 沈誢 부부는 뜻을 같이하여 함께 순절했으며, 그 외에도 많은 관료들이 굽히지 않는 의지를 보여주기도 했다. 『江都忠烈錄』과 『江都弔亡錄』 등은 바로 이 같은 망신 순국한 이들을 추모하기 위해 엮어졌다.

다. 어디 김경징이 위와 같은 처사로만 일관했겠는가? 다만 「강도록」에
서는 강도 함락의 원인을 이들 책임자에게서 찾다 보니 유독 이들의 이
해할 수 없는 행동들만을 뽑아 기술했을 가능성이 크다. 또한 비록 이들
이 분골쇄신한다고 해서 당시 상황에서 삼전도의 치욕이 없을 수는 없
었을 것이다. 그러나 우리는 강도가 쓰러진 결과를 중요하게 보는 것이
아니라 쓰러지는 과정에 더 애착을 가지고 과거를 보려한다. 그런 측면
에서 강도의 참화는 김경징 이하 그 수비 책임자들의 무책임한 모습에
서 더 슬픈 자화상을 보게 되는 것이다. 결국 강도는 적의 손아귀에 넘
어가 버렸고, 뒤이어 강도 인민은 유례가 없는 참화를 겪게 되었다.

2) 강도 함락과 '민(民)'의 참화

통진, 김포 등지의 피난하는 백성들과 서울에서 도망쳐 온 사족 등, 수많은
사람과 물건들로 해안과 들이 가득찼다. 매달리듯 소리치며 건너게 해줄 것을
호소하는데, 배는 건너편(강도 해안－역자) 나루에 묶여 있었으니 건널 길이 도
무지 없었다. 얼마 지나지 않아 적병이 엄습해 오니 순식간에 거의 모두가 유
린을 당하는데, 혹은 찔려죽거나 혹은 마치 바람에 흩날리는 낙엽처럼 강물에
몸을 던졌다. 그 처참한 모습은 차마 말하지 못할 지경이었다.[25]

병자호란이 발발하여 적이 도성을 급습해오자, 당시 마지막 보루였던
강도로 피난하기 위해 김포·인천 일대의 백성들과 한양에서 피난해 온
사족(士族)들로 통진 일대는 발디딜 틈이 없었다. 그런데다가 지척의 거
리도 안 되는 강도를 사이에 두고 건널 배 하나 없는 상황에서 적의 말
발굽이 들이닥쳤다. 꼼짝 못하고 피난민들은 추풍낙엽처럼 쓰러져갔다.

---

25)「강도록」. "通津·金浦等地, 避亂士女, 及洛中犇竄士族, 百萬人物, 遍岸籠野. 攀
號求濟, 津船已繫於越岸, 津路斷絶. 俄而, 賊騎奄及, 一瞥之間, 蹂踐殆盡. 或被搶
掠, 或投江水, 如風揚葉, 慘不忍言."

그러나 이와 같은 피난과 그 참화는 어쩌면 저 강도성의 함락과 참상의 전주곡이었는지도 모른다.

천하의 금성탕지였던 강도는 그런 얼마 후 어이없이 함락되고 만다. 「강도록」은 강도성이 함락되는 과정을 다음과 같이 포착하고 있다.

> 적이 성 밖에 이르러 속이며 하는 말이, '우리들이 여기에 온 것은 장차 우호를 맺기 위함이다. 듣자 하니 지금 정승이 성안에 있다 하는데, 나와서 우리말을 듣거라'고 하는 것이었다. 이에 尹昉이 바로 나가보니 적들은 '화약의 일을 성안에 들어가 의논해야 하니, 속히 성문을 열고 우리 군대가 오른쪽에 위치하고 귀국 군대는 왼쪽에 위치하여 서로 상의하여 화약을 맺자'고 하였다. 윤방은 하는 수 없이 성문을 열고 맞아들여 그 약속처럼 군대를 양쪽에 정렬시켰다. 얼마 후 빈궁과 양 대군을 윽박하여 나오게 하더니, 급기야 적의 병사들은 멋대로 성안을 노략질했다. 집채는 불타고 망루는 부숴졌으며, 적의 화살이 비오듯 쏟아졌다. 행궁은 화염에 휩싸였다. 유격병이 사방에서 노략질을 하니, 섬 전체가 魚肉이 되었다.26)

도강의 어려움 없이 강도에 진군한 청나라 군대는 도성에 갇힌 우리 측 군대를 꼼짝 못하게 하고서 도성 안으로 밀고 들어왔다. 우리측은 적의 한낱 위협에 아무 항거도 하지 못한 채 나라의 문을 열어주고 말았던 것이다. 뒤이은 약탈과 방화, 강도성 안은 온통 노략질을 당하였고 이에 희생된 시체가 서로를 쌓았다.

> 요행히 살육을 모면한 사람들도 줄줄이 묶여 나갔으며, 머리를 나란히 한 해골이 산에 쌓였다. 앞에서 잡아당기고 뒤에서 몰아 마치 양떼 몰듯 하였다. 요행히 죽음을 면한 자들은 백에 한둘뿐이었고 부모를 잃은 아이, 아내를 잃은 남편의 아픔은 차마 말로 표현할 수 없었다.27)

---

26)「강도록」. "賊至城外, 謬言, '我之來此, 將以爲和好也. 聞政丞在城中, 出聽我言.' 尹昉卽往見之, 賊云, '和事不可不入城相議. 速開城門, 我軍居右, 貴軍居左, 相議完好事, 可也.' 昉不得已開門引入, 始如其約, 分隊兩邊. 已而, 逼出嬪宮及兩大君, 遂縱兵大掠城中, 焚燒閭舍, 毁撤樓櫓, 虜箭如雨, 行宮火紅. 游兵四搶, 一島魚肉."

도륙이 된 도성 내외의 상황이다. 그나마 요행히 투생(偸生)한 이들도 줄줄이 묶여 나갔으며, 빈궁 일행은 이미 적의 포로가 되었고, 원손(元孫)은 다시 주문도(注文島)[28]로 피신해야 했으며, 무고한 인민들은 해골이 되어 산야를 덮었다. 이 처참한 광경은 고스란히 「강도몽유록」의 배경이 되기도 하였다.

그러나 위의 서술은 어디까지나 강도성 내외의 상황을 전언을 통해 기술한 것에 불과하다. 강도 전체가 함락된 사정을 멀리서나마 조망해볼 수 있는 내용이기는 하지만, 이 속에서는 '체험된 아픔'을 느낄 수 없다. '강도의 함락'이라는 전체적인 정황 속에서 기술되었기 때문에 그 속의 민의 참상은 일정 정도 객관적인 거리에서 파악되고 있다는 뜻이다.

이에 비해 「강도피화기사」는 앞에서 언급했듯이, 작자 자신이 참화를 입었던 피해자로서 민(民)의 참상의 이면을 보다 직접적이고 생생하게 전달해준다. 통진에서 우거하고 있던 정양(鄭瀁)이 그의 가속과 함께 강도로 들어가자마자 곧바로 강화 전역이 적의 손아귀에 넘어간데서 이 기사는 시작된다. 강도는 성 안쪽만 함락되지 않았을 뿐, 전역이 마치 말탄 병사가 달리는 속력처럼 함락되어 갔다. 강도 남단도 순식간에 점령을 당하게 되는데, 이 작품은 마니산(摩尼山) 주변을 배경으로 언제 닥칠지 모르는 두려움과 죽음을 직면한 상황들을 자주 포착해 놓고 있다. 적이 한 번 마을을 휩쓴 후, 산으로 피신한 상황에서 밤이 깊었다.

들리는 소문에, 적병이 5리 안에 주둔하고 있다 하였다. 불빛이 하늘에 가득해 놀라고 의혹된 마음에 적이 이미 이쪽을 향해 쳐들어오는 것 같았다. 곳곳이 칠흑 같은데 여기저기 서 있는 물체마다 사람을 놀라게 하는 것이었다.[29]

---

27) 「강도록」. "幸其免殺戮者, 又從而繫累之, 騈首連顱, 髑髏山積. 牽前驅後, 脅迫羊群. 幸而偸生者, 百無一二. 而無父之孤, 失儷之鰥, 痛不忍言."
28) 현재 강화군 석모도 서남쪽에 위치한 섬.
29) 「강도피화기사」(『抱翁集』 권5). "傳謂賊屯於五里之間云. 而火光漲天, 其驚惑之心, 疑若賊已來向也. 處處昏黑, 中有物狀者, 皆可驚也."

적이 이미 사정권 안에 있어서 언제 엄습해 올지 모르는 상황이라, 흔들거리는 모든 물체가 혹 적병이 아닌가 하여 두려움에 떠는 모습이 눈에 선하다. 이런 상황에서 운 좋게 하룻밤을 넘긴 정양 일가는 다른 섬으로 피신하기 위해 한밤중에 마니산 부근 해변가로 달려갔다. 그곳은 이미 피난민들로 가득하였는데, 칠흑 같은 어둠 속, 때는 한겨울, 넓은 갯벌인데 거기에 건널 수 있는 배는 단 한 척, 이것이 그들에게 놓여 있는 상황이었다. 그래도 정양 일가는 우여곡절 끝에 그 배를 얻어 탈 수 있었다. 그러나,

> 배를 저어 내려가는데, 불과 수십 걸음을 가지 못해 조수가 이미 밀려가 버리고 사람은 많아 배는 또다시 바닥에 붙어서 움직이지 못했다.30)

이제 피신할 수 있을 것이라는 기대도 잠시 배는 갯벌에 붙어서 움직이지도 않고 바닷물은 저 멀리로 빠져나가 버리고 말았다. 상황은 점점 어렵게만 되어 가고 있었다. 그러는 사이 어느새 날은 밝았다. 부득이 다시 산쪽으로 피신하려 하는데, 어디선가 목장마(牧場馬)들이 쫓겨오는 것이 아닌가? 불안감이 머리끝까지 엄습해 오는 순간, 뒤미처 적기가 날 듯이 배를 향해 달려오는 것이었다. 극적인 상황에 부닥뜨린 것이다. 잠시 그 과정을 살펴보자.

> 얼마 후, 과연 수십 기의 적이 배를 향해 날 듯 달려오는 것이었다. 배에 가득 찼던 사람들은 여기저기로 흩어 도망가는데, 모두 바다에 빠져 죽을 생각이었으나 바다까지는 아직 백보 남짓이나 남았다. 적병은 이미 돌진해 들어와 날쌔게 약탈을 자행하였다. 어제까지만 해도 다리까지 빠졌던 갯벌이 지금은 추위로 얼어붙었으니, 마치 하늘도 적을 도와주는 격이었다. 적이 쳐들어왔을 때 이젠 달아나 바다에 빠져 죽을 수 없을 것으로 판단하여, 제수와 아내는 목을 찔러 자결을 시도했다. 그 흐르는 피가 목을 덮고 얼굴을 가려 마치 희생에 쓸

---

30) 「강도피화기사」. “及至刺舡而下, 未數十步也, 潮已退而載重, 舟又膠而不能動矣.”

소를 잡는 곳 같았다. 나도 그 칼로 세 번이나 찔렀으나, 죽지 못했다. 적이 배에 올라와서는 내가 아직 죽지 않은 것을 보고 다섯 발의 화살을 쏘아 나는 혼절하고 말았다.[31]

이 부분은 전편 중에서 가장 극적인 상황이기도 하다. 배를 움직일 수 없는 데다 날은 이미 밝아 적에게 훤히 드러난 상황에서 목장의 말들이 적병에 쫓겨오는 모습을 보았을 때, 그리고 곧 맨손으로 적의 공격을 받아야 했을 배 안의 사람들의 심정은 어떠했을까? 그나마 갯벌이라도 얼지 않았으면, 적병이 쳐들어오는 것을 지체시킬 수 있으련만 그 갯벌마저 꽁꽁 얼어붙어 있었다. 마지막으로 죽기를 결심하고 조부 송강(松江) 정철(鄭澈)이 지니고 다녔던 칼[32]로 자결을 시도했으나, 이도 여의치 않았던 것이다. 결국 정양은 몸에 다섯 발의 화살을 맞고 정신을 잃고 만다.[33] 이와 같은 극악한 상황에서도 정양 자신과 그의 아내[34]는 운좋게 죽음을 면하고 살 수 있었으나 무참히 칼을 받은 자, 바다에 몸을 던진 자, 엄동에 피신해야 했던 산부(産婦),[35] 그 와중에서도 주인을 돌보다 쓰러져간

---

31) 「강도피화기사」. "未久, 果有賊數十騎, 超忽而來, 向於舟. 滿舟之人, 奔波爲走, 溺於海中之計, 而海尙有數十百步之遠. 故賊已突至, 而驅掠如飛來然者. 昨之泥淖沒脛之地, 今以朝寒而氷堅, 若有天助於賊也. 賊來之初, 自度不及走溺於海, 與嫂妻皆自刎以絶, 則流血被體滿面, 其坐若宰牛之地也. 瀁則凡三刎而不能死也. 賊登舟而見不死, 連發五矢而害之也."

32) 「강도피화기사」. "其所刎之刀, 乃松江公平日所佩, 中間爲人所得, 亡弟潘, 適見其柄刻松江字, 請於其人而還之."라는 原注가 보인다.

33) 「강도피화기사」. "其初中於左脇下, 再中於左耳上頭腦之時, 則粗可記其爲痛, 而爲中左眼, 中左指而折之, 皆不可記也."

34) 정양의 아내는 긴박한 순간에서도 매우 현명한 처사를 보여주고 있는데, 沈緯의 『松泉筆談』에 이들이 강도에서 겪었던 참화와 함께 그 이후의 일화가 다음과 같이 실려 있다. "鄭掌令瀁夫人李氏, 丙子之難, 與鄭避亂江都. 偕往草莽, 虜騎猝入, 夫人以刀自刎. 鄭竄伏於林藪中, 佯作僵屍狀, 虜彎弓三射, 鏃入其目, 屛息不動, 虜拔取三矢, 不疑而去. 夫人不絶而復甦, 始匍匐扶携, 流血晴出. 難後歸家, 夫人常語人曰 : '夫子眞是伏節死義之人也.' 其後, 鄭有女色之近, 夫人怒曰 : '曾於受箭不動之時, 已知其爲作賊也.' 時人, 以兩說爲對, 而傳作笑囮."(권3)

35) 「강도피화기사」. "裏瘡産婦暴露, 已二日矣."

시종들 등 무참히 참화를 받은 이들은 모두 무고한 백성들이었다.

「강도피화기사」는 이와 같이 강도 인민의 피해를 비록 부분적으로 보여준 것이지만, 그래서 마치 그림 한 폭의 한 부분을 확대해 놓은 것처럼 보이지만, 이 한 부분은 매우 생동감이 넘쳐나 화면(畵面) 전체의 구도를 살려내는데 좋은 효과를 냈던 것이다.36)

옛부터 금성탕지였던 강도는 그만큼 전란의 중심에 있었다. 병자호란 때도 이런 요새의 조건을 믿고 방비를 허술히 한 때문에 무고한 이곳 인민들은 대부분 이와 같이 빈들의 원혼이 되어 갔던 것이다. 우리는 그 전체적인 정황을 「강도록」에서 대략이나마 짐작해볼 수 있었으며, 보다 구체적이고 생생한 모습은 「강도피화기사」에서 호흡하게 되는 바, 「강도피화기사」는 전쟁실기류 중 그 유례를 찾아볼 수 없는 참화인민의 기록이었다. 그리고 이들 원혼들은 강도의 폐허 속에 떠돌았으니, 그 원혼들의 목소리가 「강도몽유록」에 포착되고 있다.

3) 희생된 혼령들의 원성(冤聲)

「강도몽유록」은 바로 참화의 원혼들이 떠도는 강도를 스케치한데서 시작된다. 몽유자 청허선사(淸虛禪師)는 강도의 요충지 연미정(燕尾亭) 부근을 찾게 된다. 연미정은 정묘호란 때에는 인조가 피신하여 병사를 격려하고, 인민들이 감격하여 눈물을 흘렸던 바로 그곳으로,37) 병자호란 때도 여지없이 참화의 가운데 있었던 곳이다. 청허선사는 바로 이곳에서 떠도는 원혼들을 만났고, 그들의 원성을 하나하나 귀기울여 듣는 관찰자

---

36) 또한 「강도록」이 강도성을 중심으로 한 강화 북쪽의 상황을 전달해주고 있는 반면에 「강도피화기사」는 강화 남단, 마니산 주변의 해변을 그 배경으로 하고 있어 이점 또한 대비되는 특징이다.
37) 「江都志」·「丁卯錄」. "上御行宮城門, 面諭島民, 出御燕尾亭, 親奬將士, 將士奮勵, 父老感泣, 始知有親上死長之義焉."

가 된다. 여기에 등장하는 혼령들은 모두 당시 도성 함락 때 자결하거나 죽임을 당한 여인들이다. 그들이 차례차례 늘어놓는 넋두리는 대개가 당시 중임을 맡고 있었던 자신의 남편이나 자식 등이 어리석거나 무능해서 강도가 전란의 참화를 입게 되었다는 것이다.

> 자결한 부인으로는 김류·이성구·김경징·정백창·여이징·김반·이소한·한흥일·홍명일·이일상·이상규·정선흥의 아내와 서평부원군 한준겸의 첩 모자와 연릉부원군 이호민의 첩과 딸, 그리고 정효성의 첩 등이다. 이밖에 절개를 지켜 죽은 부인은 매우 많았으나 모두 다 기억할 수 없으니 애석한 일이다. 김진표는 자기 아내를 독촉하여 자결하게 하였고, 김류의 부인과 김경징의 아내는 며느리가 죽는 것을 보고 따라서 자결하였다.[38]

강도성이 함락되는 과정에서 자결한 여인들을 열거한 것인데, 바로 「강도몽유록」의 등장 인물들과 밀접한 관련이 있다. 먼저 「강도몽유록」의 첫 번째 두 번째 등장 인물인 김류 부인과 김경징 부인이 보이며, 이외에 여러 여인들을 통해서도 「강도몽유록」의 등장 인물들을 유추해볼 수 있을 것 같다. 그러나 「강도몽유록」에는 이외에도 도원수(都元帥) 김자점(金自點), 유도대장(留都大將) 심기원(沈器遠) 등 당시 강도에 들어가지 않았던 인물들의 부인으로 간주되는 원혼이 등장하는가 하면, 관료가 아닌 일반 선비의 아내도 등장한다.[39] 이 같은 등장인물의 다양성은 「강도몽유록」이 단순히 한 목소리를 내는데 머물러 있지 않다는 것을 말해준다. 즉 이들 원혼들이 표상한 원언(冤言)의 내용이 의외로 다양하다는 것이다.

---

38) 『병자록』. "婦人之自決者, 金瑬·李聖求·金慶徵·鄭百昌·呂爾徵·金槃·李昭漢·韓興一·洪命一·李一相·李尙圭·鄭善興之妻, 西平府院君韓浚謙之妾母子, 延陵府院君李好閔妾女, 鄭孝誠之妾也. 其他婦人之死節者甚多, 未能盡知可惜. 金震標迫其妻, 使之自盡, 金瑬夫人及慶徵妻, 見其婦死, 繼以自決."
39) 「강도몽유록」에 등장하는 여인들이 모두 14명인데, 이 중 마지막 등장하는 여인은 병자호란 당시에 원혼이 된 인물이 아니라 앞 13명의 원혼들을 위무하고자 개입된 존재이다. 일찍이 김기동 교수는 「江都夢遊錄攷」에서 등장 인물들을 당시 인물들과 결부시켜 그 대강을 밝힌 바 있는데, 여러 가지 측면에서 다시 살필 필요가 있다.

위에서도 언급했듯이 작품 전체를 주도한 넋두리의 화두는 강도 수비 책임자들의 무능과 실책에 대한 비판이다. 작품 안에서는 김류의 부인을 제일 먼저 등장시켜, 아들의 국량을 망각한 채 강도의 책임자로 배정한 남편의 처사를 통렬히 비판하고 있는 바,[40] 「강도후록(江都後錄)」에서도 이와 같은 견해를 피력하고 있으니 흥미롭다.[41]

뒤이은 여인들의 하소연도 망군배국(忘君背國)하여 구차하게 투생한 남편이나 아들들의 죄를 묻고 있다. 때문에 원망과 격정의 정조가 작품 전편을 통과한다. 그렇기는 하지만 이와 같은 넋두리는 남편과 아들에게만 한정되어 있지는 않았다. 당시 전란의 상황을 보다 객관적으로 조명해보려는 의지로서, 당시 강도가 유린된 데에는 강도 안에 있었던 책임자들에게만 원인이 있었던 것이 아니라는 목소리도 들려온다. 적이 압록강을 넘어 의주에서 도성까지 이르도록 그들의 진로를 누구하나 차단하지 못했으니, 이는 당시 도원수 김자점, 의주부윤 임경업(林慶業), 유도대장 심기원 등의 책임이 크다는 것이다. 강도의 참화는 불가항력이었다는 것이다. 이 같은 넋두리는 급기야 한 여인의 목소리를 통해 '총체적 인재'에서 비롯된 비극이라는 시각으로 고양되게 된다.

벽해의 높은 봉우리, 화려한 성가퀴에 이어진 구름, 새도 지나기 어렵거늘 오랑캐가 어찌 건너올 수 있었겠는가? 그러나 생각지도 못한 흉칙한 무리들이 갑자기 이곳에 쳐들어오게 되었으니, 白日의 江城이 비바람에 놀라게 되었다. 魏나라의 산하가 견고하지 않은 것이 아니었지만, 晉나라의 군신들이 지혜가 부족했다네. 이것이 어찌 시운에 달린 것이겠는가? 인사를 책망할 만하니 (…하략…).[42]

---

40) 「강도몽유록」. "何則台輔其位, 體副其任, 而莫察公論, 偏懷私情, 江都重任, 付之嬌兒也?"

41) 『병자록』·「丙子後錄」(연세대 소장본). "夫江都國之保障, 而所以險固者天也. 天之設, 而人固用其險, 則北來諸軍, 豈能飛渡耶? 其所以敗沒者, 亦固人之啓也. 噫! 汚辱我宗社, 而臣妾我士民者, 誰是厲階, 誰任其咎? 傳曰 : '一人債事.' 江都之敗, 金瑬致之也."

42) 「강도몽유록」. "碧海高峰, 粉堞連雲, 鳥亦難過, 胡騎何能? 不意凶徒, 遽入此都, 白

위 언급은 아홉 번째 여인의 화두이다. 그는 강도 함락의 과정을 전체적으로 조명하면서, 강도는 새도 날아들기 어려운 요새였는데도 군신들이 지혜롭지 못해 유린을 당했다고 파악한다. 이는 시운에 달린 문제가 아니고 임금 이하 위정자들이 실책으로 인심을 잃은 터라, 강도가 아무리 천하의 요새라 할지라도 보존되기는 어려웠다는 논리이다. 결국 때가 나라를 위급하게 만든 것이 아니고 인심을 잃은 위정자들의 실책에서 말미암은 '인재'였다는 결론에 도달하고 있다. 이는 병자호란의 결과에 대한 전체적 조망을 시도한 것이어서 관심을 두어봄직하다.

이같이 국가적 차원에서 강도의 참화를 반문하는 내용이 있는가 하면, 한편으로는 절의를 지켜 순절한 한 가련한 여인의 입장에서 그 한을 토로하기도 하였다.

> 슬프구나 우리 낭군이여! 무슨 관직을 가졌다고 바다 밖 위급한 지경에 들어왔으며, 무슨 국은을 입었다고 부모의 유체를 버렸단 말인가?[43]

이는 열 번째 등장한 원혼의 넋두리로, 마니산 암혈(巖穴)에서 백골이 된 자신의 신세는 그리 슬플 것이 없단다. 그런데 남편은 어지러운 세상을 만나 뜻을 펴보지도 못하고 더 없는 불효를 저지르게 되었으니, 이것이 원통할 뿐이라는 것이다. 이런 하소연이 있는가 하면, 월지(月池)의 인연을 맺은 지 불과 몇 개월이 되지 않아 벽해(碧海)의 고혼(孤魂)이 된 자신을 알아 줄 이 없어 한스러울 뿐인데, 이렇게 순절한 자신을 두고 남편마저도 의심을 하니 그 원한을 증명할 길이 없음[44]을 토로하는 여인

日江城, 風雨忽驚, 則魏國山河, 非不固也, 晉代君臣, 智不足也. 豈在時運, 人事可責(…하략…)."

43) 「강도몽유록」. "哀我郎君, 有何官任, 而入於海外之危境; 有何國恩, 而忘其父母之遺體乎?"

44) 「강도몽유록」. "郎君士也. 月池相逢, 才過數月, 大禍旣迫, 義不可生, 投身碧海, 魂骨浮沈, 則嗟予死節, 旣無其證. 知之者天, 照之者日, 而一片貞心, 郎獨不知, 或疑生入胡地, 或疑身死路邊. 寧我孤魂, 飛入君夢, 以說怨懷, 而九原茫茫. 人間千里, 則於

도 있다.

  이들의 넋두리는 모두 극한 한의 유루(流漏)이다. 그러나 그 한의 내용
은 저마다 자기 색깔을 갖고 있었다. 비록 자신의 남편, 자식들을 비판
한다는 기본 선을 가지고 있었지만, 대국가적 차원에서 강도의 참화의
문제를 규명하려 했는가 하면, 자기 자신의 하소연할 길 없는 원통함을
호소하기도 하였다. 이런 가운데 무고하게 희생된 강도 인민들의 원혼을
은연 중 부각시켰다. 그러므로 죽은 여인들의 원혼은 강도의 참화 속에
희생된 모든 이들의 모습이기도 했다. 한편 그 원성은 자신들이 절의를
지켜 죽은 것에 대한 동지적 위로를 표방하기도 하였다.

  「강도몽유록」은 원혼들의 넋두리를 통해 병자호란의 원인이 과연 어
디에 있었는지를 규명해보고, 강도의 참상의 쓰라림을 치유해보려는 격
정적 작업이었다. 그 속에 무참히 화를 당한 일반 백성들의 원혼도 슬쩍
지나가고 있었다.

4. 병자호란 관련 실기류의 행방―17세기 이후 소설에 포착된 병자호란

  실기류의 성립과 발전은 구체적인 사건에 상응하여 이루어지는 바,
우리 문학사에서 실기류는 중종·연산군 연간에 터져 나왔던 사화(士禍)
에서 촉발되어 성립했다. 이른바 '기사(記事)'의 형식으로 등장하기 시작
한 실기류는 사화에 희생된 인물이나 사화의 과정을 기록화한 데서 이
루어졌던 것이다. 그 대표적인 작품으로 갑자사화에서 희생된 권달수(權
達手)의 피화를 그린 이자(李耔, 1480~1533)의 「기권달수피화사(記權達手被

此於彼, 魂夢何期?"

禍事)」 등이 있다.[45]

　이렇게 성립된 실기류는 임병양란을 계기로 본격적인 자기 색깔을 드
러내었으니, 유성룡(柳成龍)은 그의 『서애집(西厓集)』과 「운암잡록(雲巖雜
錄)」을 통해서 임진왜란에 관련한 인물과 사건을 소재로 한 20여 편의 기
사류를 쏟아내었다. 뿐만 아니라 이 시기에는 비로소 제목에도 '실기'라
는 말이 붙여지기도 하였다. 임란의 체험적 서술로서의 실기류는 관변(官
邊)에서의 기록—『난중일기』·『징비록』 등—은 말할 것도 없고, 한 개
인의 신변에서 일어났던 갖가지 전란의 참담했던 과정을 서술한 작품도
적지 않아 당시 급박했던 상황을 보다 생생하게 접할 수 있게 해준다. 대
표적인 작품으로 유성룡의 아들 유진(柳袗, 1582~1635)이 지은 국문본 「임
진녹」 등이 있다. 그리고 이른바 피부문인(被俘文人)인 강항(姜沆, 1567~
1618)의 「간양록(看羊錄)」, 정희득(鄭希得, 1573~1623)의 『월봉해상록(月峰海上
錄)』 등은 왜적에게 피부(被俘)되어 일본에서의 포로생활, 생환 등의 파란
만장한 삶의 궤적을 그려내어 또 다른 실기류를 형성시켰다.[46] 이 시기의
실기류는 또한 단순히 사건을 전달하는데 그치지 않고 난이 일어난 이유,
난에 대처하는 관변쪽의 대응 등에 대한 시각도 예리하게 투사시키기도
하였다. 오희문(吳希文)의 『쇄미록(瑣尾錄)』, 조정(趙靖, 1555~1636)의 『임진
왜란일기(壬辰倭亂日記)』, 정탁(鄭琢, 1526~1605)의 『용사일기(龍蛇日記)』 등
이 그것이다.[47]

---

45) 조창록은 앞의 논문에서 이 작품을 소개하고 기사 작품으로서는 초기에 해당하는
　　것으로 보았다. 엄밀하게 말해서 실기류는 '기사'의 형식을 빌린 것만을 지칭하는 것
　　이 아니기 때문에 이 이전에도 실기류에 해당하는 작품들을 더러 찾을 수 있다. 이를
　　테면 南孝溫의 「六臣傳」은 실기류에 포함시킬 수 있는 대표적인 작품이기도 하다. 다
　　만 본고에서는 실기류를 보다 구체적으로 실재한 사건을 기술하겠다는 이른바 '실기
　　의 의식'이 녹아 있는 대상에만 한정시켜 보려고 한다. 때문에 실기류로서 이른 시기
　　의 것으로 '기사류'를 잡아본 것이다.
46) 「看羊錄」과 『月峰海上錄』에 대한 분석은 김기빈, 「壬亂時 被俘文人의 체험적 문
　　학의 고찰」(『한국한문학연구』 21집, 한국한문학회, 1998)에서 다루어졌다.
47) 이에 대한 연구로는 소재영, 『임병양란과 문학의식』(국학연구원, 1980)과 황패강,
　　『임진왜란과 실기문학』(일지사, 1992) 등이 참조된다.

이 같은 임란 관련 실기류는 이 시기 몽유록의 창작과도 일정한 관련을 가졌던 것으로 판단된다. 「달천몽유록(達川夢遊錄)」·「피생명몽록(皮生冥夢錄)」 등에는 바로 실기류의 체험이 직간접적으로 녹아들어 있다.[48] 이 같은 실기류의 전통은 병자호란 때에도 간단없이 이어졌던 것이다.

'강도'라는 지역을 벗어나 병자호란 전반에 관련된 실기류는 앞에서 거론했던 작품 외에도 『산성일기(山城日記)』·『병자일기(丙子日記)』·「삼학사전(三學士傳)」 등이 눈에 띈다. 특히 『산성일기』와 『병자일기』는 여인의 섬세한 붓끝에서 탄생한 것이어서[49] 호란의 참담함을 더욱 절실하게 그리고 있다. 그리고 이 같은 실기류의 체험적 서술이 이후 소설의 전란 모티프와 직·간접적으로 관련을 맺으며, 실기류의 역할을 증대시켰던 것으로 보인다. 따라서 17세기 이후 성립된 소설에는 임병 양란의 체험적 인간 현실이 적절하게 투사될 수 있었으며, 양적 길이와 함께 구

---

48) 그런데 실기류와 몽유록의 영향 관계에 대해서는 재고의 여지가 있다. 기본적으로 양자간에 서술 시기가 문제이다. 일반적으로는 임란을 소재로 한 실기류가 몽유록에 비해 서술 시기가 앞서는 것으로 기대되지만, 꼭 그렇지만은 않은 것으로 보인다. 오히려 어떤 실기류는 몽유록에 비해 늦은 시기에 성립된 예도 있는 것으로 판단된다. 柳袗의 「임진녹」의 말미에는 "이제는 임진년의 쓰라린 기억은 어린 시절의 옛이야기가 되었다. 부모님은 모두 돌아가시고 동생들도 다 죽었으며, 나 혼자 살아서 병이 들어 누워 어느 때 죽을 지 모르니, 후손들에게 임진란의 아픔을 되새기게 하고(…하략…)"라는 언급이 있는데, 유진이 임진란을 체험한 시기는 불과 11세였다. 이로 볼 때 「임진녹」의 기록 시기는 꽤 늦다는 것을 알 수 있다. 그런데다 임란을 소재로 한 몽유록의 창작 시기가 제대로 밝혀져 있지도 않은 실정이다. 때문에 '실기류 → 몽유록'이라는 도식을 적용하기는 곤란한 점이 있다. 그럼에도 불구하고 아직 시기의 선후에 대한 문제가 구체적으로 밝혀져 있지 않은 이상, 위의 한계점을 염두해두면서, '체험적 서술 → 허구화한 창작'이라는 문학의 일반적 원칙을 상정해둔다.
49) 『산성일기』의 경우는 현재 작자 문제가 완전히 밝혀진 상태가 아니다. 그간에는 대체로 인조 때 궁녀 아니면 史官이 지은 것으로 간주되어 왔으며, 『原本古代女流文學代表選集』(『원본국어국문학총림』 28, 대제각, 1988)에 『西宮錄』·『한중록』 등과 함께 여류문학으로 선집되어 있다. 그러나 최근에는 『병자록』을 지은 鷗浦 羅萬甲의 작이라는 설이 제기되어 있다(최강현, 『한국문학의 고증적 연구』, 고려대 민족문화연구소, 1996, 149~150면). 한편 『병자일기』는 市北 南以雄(1575~1648)의 부인 南平 曹氏(1574~1645)가 지은 것으로, 전형대·박경신이 해제와 함께 역주를 달아 『譯註병자일기』(예전사, 1991)로 간행한 바 있다.

조적 틀을 변모시켰던 것이다.

이처럼 '병자호란'이 작품 성립의 계기가 되었거나, 소재로 등장하는 작품만 꼽아보아도 본고에서 다루었던 「강도몽유록」을 비롯해서, 「임경업전(林慶業傳)」·「박씨전(朴氏傳)」·「김영철전(金英哲傳)」·「강로전」·「동선기」·「하생몽유록(何生夢遊錄)」·「유충렬전(劉忠烈傳)」·「곽해룡전(郭海龍傳)」·「임호은전(林虎隱傳)」·『완월회맹연』 등 그 수가 적지 않다. 임란을 포괄하면 17세기 이후 소설은 직접적이든 간접적이든 전란의 테두리를 벗어나지 않는다. 「임경업전」과 「박씨전」은 이미 많은 논의가 있어 왔기 때문에 여기서는 접어두기로 한다. 이 중 「강로전」과 「하생몽유록」은 최근에야 학계에 소개된 것들이다. 「강로전」은 병자호란 전 후금에 투항했던 강홍립의 처사를 시종일관 비판하는 자세로 사건의 추이를 추적하였으며,50) 「하생몽유록」은 임경업 관련 시문집인 『필동록(必東錄)』에 수록된 작품으로, 몽유자 하생(何生)이 임경업과 삼학사를 만나 호란 당시의 처사에 대해 논란한 작품인데, 임경업의 원통함을 호소하는데 중심이 두어져 있다.51) 익히 알려져 있는 「김영철전」을 비롯해 위의 소설류는 호란 당시 인물이나 사건에 입각하여 성립된 것으로 정리할 수 있다. 한편 전란의 피해와 그 극복 과정이 애정의 문제와 더불어 예리하게 포착된 작품으로 「동선기(洞仙記)」가 있다. 주인공 서문적(西門勣)은 오랑캐의 침입으로 서울이 함락되는 속에서 포로가 되어 동선(洞仙)과 이별을 하게 되고 가없는 위기를 맞지만, 전란 속에서 이들의 사랑은 더욱 애타게 피어나고 있었다.52)

그런가 하면, 국문류 군담소설에서 '호란' 모티프는 보다 긴밀한 양상을 보여준다. 「유충렬전」에서 간신 정한담이 호왕(胡王)의 군대를 이끌고

---

50) 박희병, 「17세기 초의 崇明排胡論과 부정적 소설주인공의 등장」(『韓國古典小說과 敍事文學』上, 집문당, 1998)에서 이 작품을 본격적으로 다루었다.
51) 김남기, 「何生夢遊錄 연구」(『한국고전소설과 서사문학』下, 집문당, 1998)에서 이 작품을 처음 소개하였다.
52) 이에 대해서는 제3부 「동선기의 지향과 소설사적 의미」 참조.

도성을 공격하여 도망가는 천자를 쫓아가 핍박하는가 하면, 「곽해룡전」
·「임호은전」 등에서는 오랑캐에게 나라를 빼앗길 위기에 처하게 되자
조정에서 주화론과 주전론이 예리하게 대두된다.53) 『완월회맹연』에선
황제가 친정(親征)하다가 야선(也先, 마선)의 포로가 되기도 한다.54) 이런
따위의 장면들은 바로 병자호란 당시 강도와 남한산성에서 벌어졌던 우
리의 처지와 결코 무관하지 않았던 것이다. 결국 병자호란, 그 비극적 사
건은 공교롭게도 소설의 현장이 되었던 것인데, 이 같은 '역사적 현장'이
'허구의 마당'으로 전이되는 과정 속에는 실기류에 보이는 체험적 서술
이 발전적 계기를 마련하고 있었던 것이다.

한 가지 첨언할 것은 조선 후기에 숱하게 쏟아지는 군담소설에서 '남
만토벌' 모티프 문제이다. 이는 결국 '호란'을 겪은 조선의 대청의식, 곧
북벌의식의 의지의 한 일면에서 이해할 수 있는 점이다.

5. 에필로그

일찍이 최남선(崔南善)은 「강화기행시(江華紀行詩)」에서 "병자년 부끄럼
이 강화에서 더 심하랴"라고 읊었다. 부끄러움이 심했다는 소리는 그만
큼 피해가 컸다는 의미이다. 분명 병자호란의 와중에서 강도는 가장 많
은 피해를 당한 지역이었다. 지금까지 그 피해의 참상을 몇몇 기록류와
몽유록을 통해 들여다 볼 수 있었다. 「강도록」과 「강도피화기사」를 통
해서는 강도의 함락과 민(民)의 참화를 생생하게 접할 수 있었으며, 「강

---

53) 「유충렬전」·「곽해룡전」·「임호은전」 등에 대해서는 서대석, 「병자호란과 군담소
설」(『한국고전소설연구』, 이우출판사, 1983)에서 논의된 바 있다.
54) 정병설, 『완월회맹연 연구』(태학사, 1998)가 참조된다.

도몽유록」에서는 원혼이 된 이들의 하소연도 여러 목소리를 통해서 들을 수 있었다. 그렇다면 지금까지 논의된 '강도의 참화'는 이 시기 문학을 논의하는 자리에서 어떤 의미를 갖는 것일까?

우선 병자호란 때 강도의 참화는 예로부터 제2의 도읍지로 인식되어왔던 강화 지역의 모습을 대략이나마 살필 수 있게 하였다. 강화 북단 연미정(燕尾亭)에서 남단 마니산 주변까지 전화(戰禍)가 미쳤던 곳곳을 더듬어 보았다. 그 속에서 신음했던 무고한 백성들의 참화를 만난 것은 강화를 보다 역사적인 장소로 인식하게끔 한다. 곧 전란의 중심지로 한 지역이 이처럼 밀도 있게 포착된 적은 없었다. 더 나아가 17세기 동아시아 전란 중에 실기류로 이처럼 심층적 기록은 더더욱 쉽게 찾아지지 않는다.

또한 강도의 참화라는 내용은 지금까지 전란이 문학의 배경으로 익숙하지 못한 우리 문학사에 새로운 소재를 제공해주었다는 사실이다. 그리고 이러한 소재가 17세기 이후 한국소설의 변모, 발전에 어느 정도 관련성이 있다는 점도 천규(淺窺)해볼 수 있었다. 문학적으로는 새로운 소재였으나 역사적으로는 더 없는 비극의 현장, 이런 아이러니가 새롭게 성립하는 계기가 된 것이다. 이점은 임병양란이라는 17세기 전후 문학에서 새삼 생각해볼 문제이다.

그동안 강도는 우리문학사에서 여러 형태로 다가와 있었다. 저 멀리 고려의 문인 이규보(李奎報)가 이곳에서 생을 마쳤으니, 그 문학적 유향(遺香)이야 오죽하겠는가마는 그 이후로도 도성과 지척의 거리에 두고 여러 문인들에 의해 애송되어 왔다. 조선 후기에는 강화학파(江華學派)의 본산지가 되기도 했다. 그러나 전란과 불가분의 관계에 있었던 강도가 어떻게 자리잡고 있었던가 하는 점에 대해서는, 구체적이고 생생하게 접할 기회는 갖지 못하고 있었다. 이 같은 측면에서 '강도와 전란'이라는 면모를 새로 논의로 끌어들이는 작업은 17세기 소설사, 문학사 연구에 새로운 가능성을 열어준다.

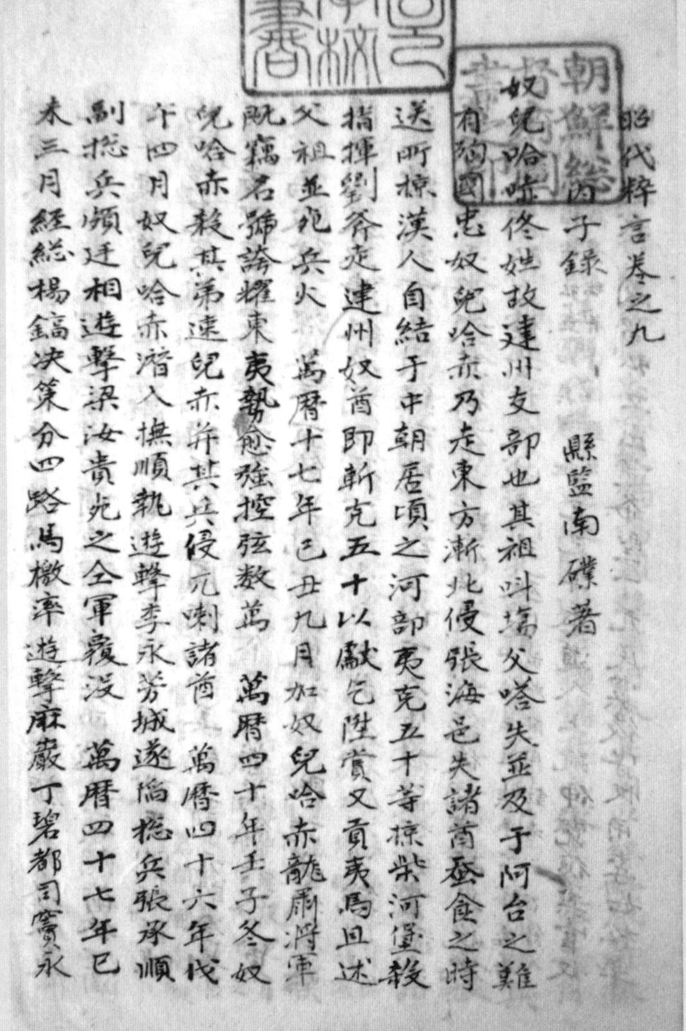

昭代粹言卷之九

朝鮮繼子錄

縣監南礫著

奴兒哈赤

佟姓故建州支部也其祖叫塲父嗒失並及于阿台之難有詢國忠奴兒哈赤乃走東方漸北侵張海邑失諸首盍食之時送所掠漢人自結于中朝屇頃之河部夷克五十等掠柴河堡殺父祖並虎兵火　萬曆十七年己丑九月加奴兒哈赤龍扈將軍指揮劉斧走連州奴酋即新克五十以獻乞陛賞又貢夷馬旦述既竊君號誇耀東夷勢愈強控弦數萬　萬曆四十年壬子冬奴兒哈赤殺其萌速兒赤并其兵侵元喇諸酋　萬曆四十六年戊午四月奴兒哈赤潛入撫順執遊擊李永芳城遂陷撼兵張承順副撼兵頗迁相遊擊梁汝貴先之全軍覆沒　萬曆四十七年己未三月經総楊鎬決策分四路馬橄率遊擊麻巌丁碧都司寶永

▲「병자록」의 첫 장.
鄭道應이 편한 『昭代粹言』(규장각 소장)의 12권 12책 중 제9책에 실려 있으며, 작자를 南礫이라고 밝혀놓고 있다. 제10책에는 「江都錄」이 「亂離日記」와 함께도 들어 있다.

呼痛哉。

江都被禍記事

丙子冬十二月。建虜猝至。 上幸南漢山城。廟社
及世子嬪、元孫皆入江都時濚在通津寓舍與仲
氏及諸家屬謀曰吾儕是世祿之臣不可逃死求生
遂相與入江都仲氏曰諸乑司呈身。丁丑正月二十
二日朝聞砲聲大震於江津仲氏曰賊衆必已渡矣
疾馳赴 宮城賊已遍蒲城外不得入而退與定計
仲氏則欲為犯賊即向摩尼山外濚則為蹈海之計
欲向海岜與仲氏其時奔波為今日永訣之慟可勝

七

▲ 鄭濚의 「江都被禍記事」 첫 장. 그의 문집 『抱翁集』(권5)에 실려 있다.

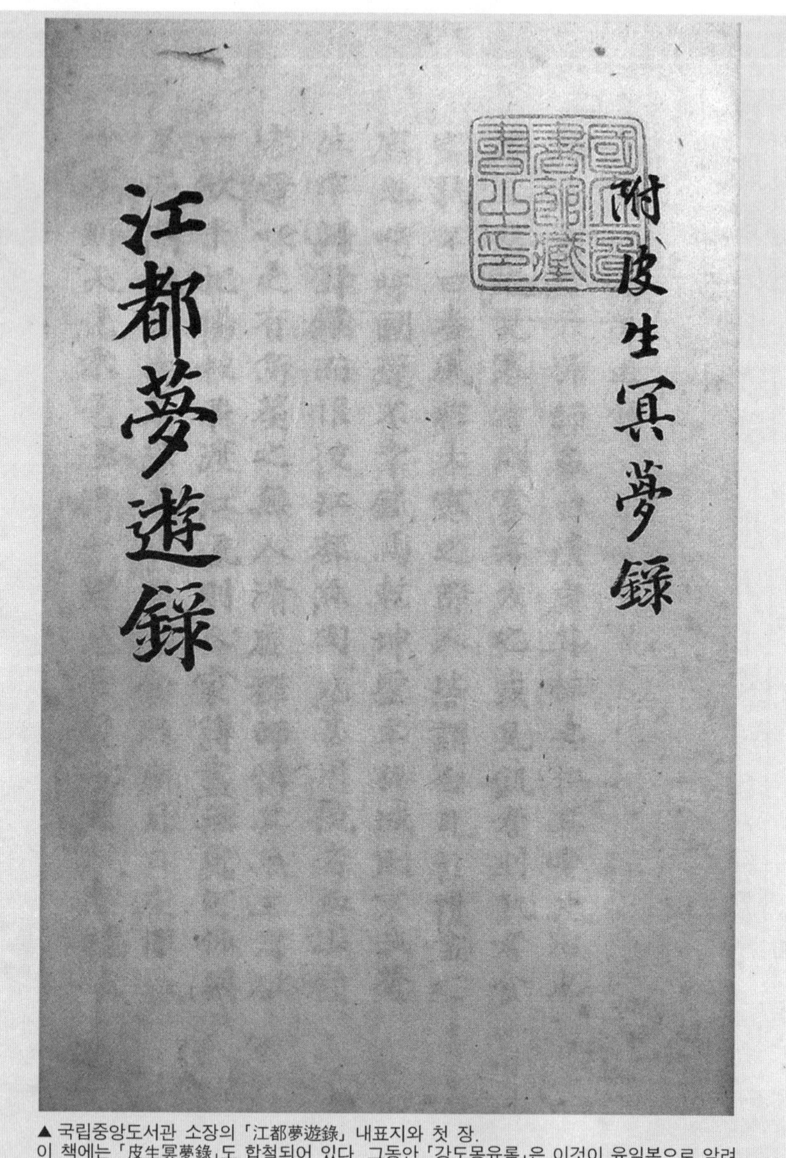

▲ 국립중앙도서관 소장의 「江都夢遊錄」 내표지와 첫 장.
이 책에는 「皮生冥夢錄」도 합철되어 있다. 그동안 「강도몽유록」은 이것이 유일본으로 알려
져 있었는데, 미국 버클리대학 아사미 문고에서 새 이본이 발견되었다.

江都夢遊錄

寂滅寺有一禪師名曰清虛其性也仁且愛其心也慈且悲或見寒者則寒者衣之或見飢者則飢者食之孰不曰春風扵大寒之際人皆謂白日扵覆盆之底也嗚呼國運不幸鐵馬乾坤聖主孤城則哀我輩生半歸鋒鏑而惟彼江都魚肉尤甚川流者血山積者骨㖡之有烏葵之無人清虛禪師憐其無主思欲一欲手把楊枝飛渡江流則人家簿盡無處可依燕尾亭南誅草爲幕法事扵斯寢食扵斯月日夜假成一夢則天光水色逐得一碧愁雲聚散悲風斷續夜

3부

17세기 전기소설의 면모와 전변

16세기 후반 17세기 전반 사상사의 흐름 속에서 본 「운영전」

「운영전」의 사상적 기반에 대한 시론

1. 왜 다시 「운영전(雲英傳)」인가?

우리 소설사에서 「운영전(雲英傳)」은 그 문제의식의 심각성만큼 적잖은 연구가 축적된 상태다. 그런데 아직도 '과연 「운영전」은 어떤 작품인가?'라고 반문해보았을 때, 허전한 구석이 없지 않다. 그 허전한 구석이 17세기 벽두의 소설사의 향방과 관련하여 난감한 과제로 다가와 있다. 이는 이 시기 소설들의 사상사적 기반을 파악하고 이해하는데 「운영전」만큼 중요한 열쇠를 쥐고 있는 작품이 없다는 뜻이기도 하다.

지금까지 밝혀진 「운영전」의 면모는 대체로 비극적 애정 행각을 통해서 인간성 해방을 염원한 작품으로 해석되었다. 이는 결국 반중세적, 반봉건적 지향이 반영되어 있다는 것이다.[1] 「운영전」의 평가가 이렇게 수

---

1) 기존 연구를 여기서는 다 거론치 않고, 본론에서 관련되는 부분을 다룰 때 적시하고자 한다. 최근 신경숙(「운영전의 반성적 고찰」, 『한성어문학』 9집, 한성대 국문과, 1990)

렴되는 것은 이론의 여지가 없어 보이며, 그 자체로 타당성을 가진다. 그런데 이런 연구에서는 예상 외로 「운영전」이 사상적 흐름이나 시대적 추이의 관련선상에서 파악된 예가 거의 없었다.[2] 필자도 소설사적 흐름 속에서의 분석은 해본 적이 있었지만,[3] 단순히 소설사적 흐름에서 그 비극성을 파악하는 것은 「운영전」의 진면목을 들여다보기에 아쉬움이 많다는 사실을 실감하지 않을 수 없었다.

이제 창작 시기도 어느 정도 잡혀진 이상,[4] 이 시기 급변하던 사상사, 문예사의 흐름을 염두해두면서 「운영전」의 사상적 지향이 과연 어디에 있었던 가를 고민해보고자 한다. 다만 이 작업이 설득력을 갖추기 위해서는 이 시기 사회사, 문화사의 첨예한 흐름을 충분히 파악한 후라야 가능할 터다. 그런데 필자의 역량으로서는 이를 충분히 감당하기엔 벅찬 부분이 아닐 수 없다. 때문에 여기서는 문제제기 정도의 시론에 그치고 후속 작업을 통해 보완해 나가기로 하겠다.

과 정출헌(「운영전의 중층적 애정갈등과 그 비극적 성격」, 『한국 고소설사의 시각』, 국학자료원, 1996, 81~121면) 등에 의해 충실한 텍스트 분석을 통해 기존의 논의에 대한 반성적 고찰이 이루어졌다. 그러나 그 결론은 이 큰 흐름에서 벗어나지 않는다.

2) 물론 지금까지 연구에서 「운영전」의 사회적 성격을 밝히면서 그 사상적 기반을 도교로 본 예가 있긴 하나(소재영, 「운영전의 비극성」, 『古小說通論』, 이우출판사, 1983, 363~404면; 박일용, 「운영전과 상사동기의 비극적 성격과 그 사회적 의미」, 『국어국문학』 98, 국어국문학회, 1987), 이 시기 전체적인 사상사의 흐름 속에서 규명된 예는 없었다.

3) 정환국, 「17세기 애정류 한문소설 연구」, 성균관대 박사논문, 2000, 118~136면.

4) 박일용·신경숙·정출헌 등의 최근 논의에서 이를 뒷받침하고 있다. 필자도 17세기 전반에는 창작된 것으로 파악하고 있다. 특히 신경숙은 창작 시기를 1616년에서 1641년 사이로 구체적으로 잡기도 하였다(신경숙, 앞의 논문).

2. 16세기 후반 17세기 전반 사상사의 흐름과 문풍(文風)의 변화

16세기 조선사회에서 '사화'와 '전란'은 세기의 전반과 후반을 가르며 엄청난 격동으로 역사에 자리하고 있다. 이 두 사태는 당대 지식인들에게는 사회를 바라보는 시각을 회의하거나 교정하도록 강요하였다. 그런데 우리는 이 시기를 이해하는데 동아시아 전란이라는 폭력성을 먼저 떠올리다보니 사화가 노정한 문제들을 뒷전으로 미뤄두는 경향이 없지 않다. 전반적인 흐름에서 전란은 큰 변화를 일으켰지만, 상층의 입장에서 본다면 사실 16세기 전반을 통과했던 사화가 오히려 더 변화를 자극하였다. 그들의 머리에서 '주자(朱子)'가 다시 정리되어야 할 때가 된 것이다. 그런데 16세기는 이것이 미처 정리가 되지 않은 채 전란 앞에 전라의 모습으로 서 있어야 했다. 말하자면 16~17세기 사상사의 변동은 사림파의 등장에 따른 연이은 사화에서 촉발되었으며, 이후 전란은 상층의 의식의 변화를 자극하는 결과를 가져왔던 것이다.[5]

조선 왕조가 주자학의 기치를 내걸은 이래 16세기 초까지 이에 대한 사상적 의심성은 거의 없었다. 그런데 공교롭게도 사화의 기간 동안 몇 가지 큰 변화의 움직임이 동시에 일어나고 있었다. 통상 이 시기는 퇴계(退溪)의 등장과 함께 성리학적 이념이 학문적으로 공고화되는 때로 이해한다. 그런데 굳이 왜 이 시기에 성리학적 이념이 학문적으로 공고화되었던가? 이는 물론 부상하는 새로운 집단—사림파—의 '이념적 무장'이라는 면이 짙지만, 그만큼 사상적 혼란이 가중된 데 따른 대안이기도 했다. 지금까지 정립되어 온 성리학적 기반이 다시 정리되는 시기를

---

5) 16세기 사회·경제적인 면에서 볼 때 士禍는 단순한 권력 투쟁이 아니고, 중소지주층 출신 사림파가 정부의 경제적 실책에 대한 대응으로 야기되었다. 따라서 그들이 추구한 道學도 현실에 대한 강한 대응력을 갖고 있었던 만큼, 이 시기를 임진란으로 모든 변화를 재단하는 것은 지양되어야 한다는 지적이 이미 있었다(이태진, 「16세기 한국사의 이해 방향」, 『한국사회사연구』, 지식산업사, 1989, 291~303면).

맞고 있었으니, 그 방향은 주자학의 심학화(心學化)였다.

그런 즈음에 마침 중국을 통해 왕양명(王陽明)의 학문이 들어온다. 양명학의 전래 시기로 가장 위로 소급되는 때가 명종대이며, 치재(耻齋) 홍인우(洪仁祐, 1515~1554)는 양명학을 가장 먼저 접한 인물로 지목 받고 있다.[6] 그런데 조선조에서 주자학에 대한 타자로 양명학을 설정하는 것이 과연 타당한가부터 문제일 수 있다. 그만큼 명대(明代) 중기 이후 사상사를 이끌었던 중국의 경우와는 비교할 수 없기 때문이다. 그러나 퇴계가 양명학자였던 동강(東岡) 남언경(南彦經, 16세기 중·후반)과 서신을 통해 양명학에 대해 논쟁을 벌였고, 선조대에 '척왕론(斥王論, 양명학 배척론)'이 거셌던 사실을 환기해볼 때 의외로 양명학의 전래와 수용은 활발하였다.[7]

16세기 후반에 접어들면서 양명학의 수용과 보급은 급속히 확산되는데, 그 선두에 섰던 인물이 홍인우의 매부인 남언경이다. 그는 일찍이 화담(花潭) 문하에서 심학(心學)을 닦았고, 노장과 의약 등 다양한 학문을 접한 인물이다. 퇴계와도 친분이 있었는데, 퇴계는 그가 양명학에 심취해 있는 것을 보고 경계하는 시선을 놓지 않았다.[8] 바로 이 즈음(1566년경) 월정(月汀) 윤근수(尹根壽)는 명나라 양명학자 육광조(陸光祖)와 '주륙논쟁(朱陸論爭)'을 벌임으로써, 조선에서의 척왕론을 부추기게 된다.[9]

더욱이 이 시기에 내조(來朝)한 명나라 사신들은 대부분 양명학자였다. 선조 즉위년에 내조한 위시량(魏時亮)과 허국(許國)은 우리 쪽 조신(朝臣)들에게 양명학을 권장하였고,[10] 뒤에는 왕수인(王守仁)을 문묘에 배향할

---

6) 윤남한, 『조선시대의 양명학 연구』, 집문당, 1982.
7) 양명학의 조선 전래와 전개에 대해서는 다음의 연구를 참조하였다.
   이능화, 「朝鮮儒界之陽明學派」, 『靑丘學叢』 25집, 청구학회, 1937; 유명종, 『한국의 陽明學』, 동화출판사, 1983; 윤남한, 앞의 책.
8) 퇴계와 남언경의 양명학 논의에 대해서는 『退溪全書』(권14)의 「靜齋記」와 퇴계가 남언경에게 보낸 서신 등에 잘 나타나 있다. 이에 대한 구체적인 논급은 이병도, 「陽明書之東來與退溪之辨斥」, 『國學論叢』, 1957 참조.
9) 윤근수와 육광조의 朱陸論爭에 대해서는 우응순, 「月汀 尹根壽와 明人 陸光祖의 朱陸論爭」, 『대동문화연구』 37집, 성균관대 대동문화연구원, 2000, 209~232면 참조.

것을 우리측에 요청함으로써(이른바 文廟從祀議의 제기) 선조대의 척왕론(斥王論)을 불러온다.11) 또한 선조 15년에 내조한 황홍헌(黃洪憲)과 왕경민(王敬民)도 역시 양명학자로서 율곡(栗谷)과 『대학』을 논의하면서 왕학(王學)을 적극 권장한 바 있다.12)

이런 외중에 임진왜란이 터진다. 이때 내원(來援)한 군관들 중에는 홍미롭게도 양명학자가 많았는데, 국가의 운명이 걸린 시점에서 양명학의 파급은 새로운 전기를 맞고 있었다. 그 대표적인 인물이 경략(經略) 송응창(宋應昌)이었다. 그는 휘하의 원황(袁黃)·왕군영(王君榮)과 함께 우리측의 월사(月沙) 이정귀(李廷龜) 등에게 국난 타개책으로서 양명의 학설을 적극 권장하였다.13)

이러한 자극과 맞물려 우리 쪽 양명학자들도 전란을 맞아 국난 타개책을 제시하며 전면에 부상하기 시작한다. 이요(李搖, 16세기 후반)는 남언경의 제자로, 스승의 학설을 이어 받은 대표적인 인물이었다. 그는 왜란이 일어나자 의병을 모아 거사하기도 했는데, 국왕 선조를 직접 면대하여 국난을 타개할 방책으로 중국에 요청하여 화의를 주선토록 하자고 건의한다. 양명학자들이 이처럼 나설 수 있었던 데에는 일찍이 왕양명이 전란 때 경략가로서 분골쇄신한 예가 있기 때문이었다.

여기서 흥미로운 사실은 국정의 책임자였던 선조의 반응이다. 당시 대부분의 조정 관료들이 양명학을 이단으로 설정하고 척왕론을 개진한 반면, 선조는 보다 유연한 자세를 취하여 상당 부분 왕양명의 언행을 긍정적으로 받아들이고 있다.

---

10) 『선조수정실록』 권1, 즉위년 7월 17일(경오)조. "兩使(許國과 魏時亮—필자 주)好學, 求見東國文章, 又問東國亦有心孔孟心者乎. 事聞, 命禮曹, 抄示先正臣十餘人姓名. 魏求見李彦迪著書, 李滉示以論太極書, 不以爲可. 蓋魏爲陸學, 與朱子異論也."

11) 이에 대해서는 윤남한, 앞의 책 참조.

12) 이 시기 『大學』에 대한 논의와 양명학파의 『대학』 해석에 대해서는 이영호, 「17세기 조선학자들의 『대학』 해석에 관한 연구」(성균관대 박사논문, 2000, 56~194면) 참조.

13) 송응창 쪽과 우리측이 서로 의견을 주고 받으며, 『대학』을 해석한 것이 『月沙集』(권19)『大學講語』에 실려 있다.

그가 말하는 '明德' '親民' 등의 언급을 보니(親을 新으로 쓰는 것은 잘못이라고 하였다—원주), 그의 학문을 알 수 있다. 비록 양명의 학을 한다 하지만 용병을 또한 양명과 같이 한다면, 우리 조정도 마땅히 그를 우러러 따르리라.[14]

선조가 송응창을 만나보고 나서 한 말이다. 용병(用兵)을 양명과 같이 할 수 있다면 팔을 걷어붙이고 따르겠다는 뜻의 표명이다. 이요(李搖)가 국난책을 올리고 났을 때도 선조는 양명의 격치설(格致說)을 이야기한 것에 주의를 기울이며 기대를 걸고 있음[15]을 상기해볼 때, 국난을 당해서 선조는 분명히 양명학에 의지하려는 경향이 적지 않았던 것이다.

이처럼 조선에서의 양명학은 격변의 때와 맞물려 굉장한 속도로 지식인들에게 파급되고 있었다. 실록은 선조대에 영의정의 자리에 있었던 노수신(盧守愼, 1515~1590)을 양명학자로 지목하고 있으며,[16] 17세기에 들어와서는 계곡(谿谷) 장유(張維, 1587~1638)·지천(遲川) 최명길(崔明吉, 1586~1647)이 양명학자로의 입지를 굳혔는가 하면,[17] 17세기 후반 하곡(霞谷) 정제두(鄭齊斗, 1649~1736)에 와서 양명학의 조선적 체계화가 이루어지게 된다. 그 후 소론(少論)을 중심으로 간단없이 이어졌으니, 강화학파(江華學派)가 그것이다.

그러나 다시 확인해둘 것은 이에 앞서서 16세기 전반에 이미 조선사회는 양명학을 받아들일 준비가 자연스럽게 조성되어 있었다는 사실이

---

14) 『선조실록』 권37, 26년 4월 4일(무자)조 "其言明德·親民等語(以親作新爲非云云—원주), 可知其爲學也. 雖爲陽明之學, 用兵亦如陽明, 則我國當瞻仰之矣."

15) 『선조실록』 권53, 27년 7월 17일(계사)조 "其人多讀書, 似非庸衆人也. 渠以爲中朝心學之人, 欲訪問而見之, 陽明格致之說, 亦言之矣. 若使陽明爲今日經略, 則此賊可以蕩掃矣."

16) 『선조수정실록』 권8, 7년 10월 1일(임인)조 "又於朝講, 領議政盧守愼曰: '心者萬化之本, 一心澄明然後, 萬理可窮, 萬事可做. 一爲物瀆, 則學問處事, 都是虛了.'(守愼爲陸學, 其論多如此—원주)"

17) 澤堂 李植은 장유와 최명길을 가장 존경하면서도 그들의 사상에 대해서는 혹독한 비판을 했던 인물이다. 그 이유가 그들의 학문이 주자학의 진리성에 회의했기 때문인데, 그 회의의 근거가 바로 양명학에 있었다(강명관, 「택당 이식 산문비평의 재검토」, 『한문학보』 8집, 우리한문학회, 2003, 149~159면).

다. 퇴계를 중심으로 주자학이 심학으로 재무장됨으로써 실천성과는 별개로 최소한 양명학의 이론적 측면과는 공통점이 있었던 것이다.[18] 그러므로 척왕론이 불거지기 전까지는 주자학의 변모와 아울러 사상적 조류로써 양명학의 자연스러운 유입이 가능했던 것으로 판단된다.

그런데 조선에서의 양명학의 물결은 사실 17세기 후반으로 접어들면 초창기 유입 시기보다는 그 활발성이 현저하게 떨어지게 된다. 병란을 겪은 이후 동요하는 민심을 억누르기 위해 성리학적 이데올로기가 다시 교조적으로 공고화되면서 양명학은 의식적으로 도태를 당하게 되었던 것이다.[19] 이에 비해 양명학 유입의 초창기에는 사상적 통제가 제도적으로 이루어지지 않은 틈을 타 훨씬 자유롭게 받아들여졌다. 폐쇄된 사회가 외적 동인으로 인해 밖으로 열리면서 동시에 다양한 사상의 유입이 현저하였는데, 그 중심에 양명학이 있었다. 이제 명대에 새롭게 탄생한 양명학이 지식인들에게 새로운 호흡처로 다가왔던 것이다.

이 같은 사상사의 움직임 속에서 이 시기 문풍도 전례에 없던 큰 변화가 일어났다. 그 가장 현저한 예로 송시풍(宋詩風)에서 당시풍(唐詩風)으로의 시풍의 변화를 들 수 있겠다.

16세기 후반부터 본격화되는 당시풍의 유행은 외부적으로는 강서시풍(江西詩風)의 구속에서 벗어나 '문필진한 시필성당(文必秦漢, 詩必盛唐)'의 기치를 내걸었던 명대(明代)의 이른바 고문사파(古文辭派)의 수용 및 영향[20]과, 내부적으로는 명분 없는 당쟁으로 인한 이념의 공백과 함께 억제되었던 감성적 욕구가 문학을 통해 분출된 데 따른 현상이었다. 사화와 당쟁을 겪는 동안 왕조 초기의 안정과 질서가 와해되면서 지나치

---

18) 이동희, 「王陽明과 李退溪」, 『동양철학연구』 9집, 동양철학연구회, 1988.
19) 물론 18세기 이후 실학파의 관련성, 그리고 근대 시기의 애국 활동과의 관련성은 양명학의 지속적 파장을 말해준다. 그러나 최소한 외형적으로 그렇게 되었다.
20) 특히 16세기 말 17세기 초의 수용 문제에 대해서는 강명관, 「16세기 말 17세기 초 擬古文派의 수용과 秦漢古文派의 성립」, 『한국한문학연구』 18집, 한국한문학회, 1995, 289~305면 참조.

게 사변적이고 도학적인 송시보다 진솔한 인간 감정의 표현에 힘쓴 당
시가 독자들의 정서에 더 큰 설득력을 지니게 된 것이다.[21]

16세기 말엽에 등장한 삼당시인(三唐詩人)은 특히 당시풍의 진작을 선
도했는데, 주목되는 점은 이들이 두보보다는 이백을 비롯한 왕유(王維)·
유장경(劉長卿)·가도(賈島)·이상은(李商隱) 등을 더 높였다는 사실이다.
이백의 염려(艶麗)한 악부시 계열과 이상은의 염정시편 등을 적극적으로
수용하여 자유로운 성정의 발현을 중시하는 시작(詩作)을 하였다. 그러다
가 17세기 초 권필(權韠, 1569~1612)·이안눌(李安訥, 1571~1637) 등이 시단
의 중심이 되면서 이런 위약한 만당풍(晩唐風)의 한계를 비판하고 당풍의
진작을 다시금 고취하였는데, 그 대안으로 이들은 두보를 존숭하기에 이
른다.[22] 이후 동명(東溟) 정두경(鄭斗卿, 1597~1673) 등에 의해 복고주의에
편승한 진한고시(秦漢古詩)를 아우르는 시풍이 유행하나,[23] 어쨌든 당시
풍의 만연은 명대(明代) 학풍의 일신과 밀접한 연관을 가지고 전개되었
다. 이처럼 시풍은 국난에 처한 우리의 현실 속에서 유교적 이데올로기
의 한계를 체험한 비판적 지식인들에게 적극적으로 수용되었다.

이 같은 사상사와 문학사의 전변은 상호 밀접한 연관이 있다. 주자학
의 교조적인 면에 대한 대항으로써 비교적 사상의 기운이 자유로웠던
소흥(紹興) 일대에서 형성된 양명학은 이른바 계급적 강고성을 타파하고
'만물일체(萬物一體)'에 기반한 인간 사유의 자유로움을 중시하며 출발하
였다. 때문에 주자학 일색의 사회에선 이것이 신선한 공기가 아닐 수 없
었다. 이런 맥락은 문학 방면에서도 그대로 적용되어, 송시풍의 의론적
이고 형식적인 풍조보다는 성정의 자유로운 표출을 위주로 하는 당시풍

---

21) 정민, 「16·7세기 學唐風의 성격과 그 風情」, 『한국한문학연구』(20주년기념 특집호),
한국한문학회, 1996, 189~222면.

22) 이종묵, 「16~17세기 漢詩史 연구」─詩風의 변화 양상을 중심으로, 『정신문화연구』
통권 81호, 2000, 79~103면.

23) 이 시기 시풍의 흐름은 앞서 인용된 논문과 안대회, 「18세기 한시사의 구도」, 『18세
기 한국한시사 연구』, 소명출판, 1999 참조.

이 유행하게 되었다. 이 점은 사상사의 흐름과 같은 궤를 같이 한다.

그렇다고 해서 이 시기에 새로운 사상하면 '양명학', 새로운 문풍하면 '당풍'이라는 소리는 물론 아니다. 꼭 양명학이나 당시풍만이 아니라, 성리학적 획일주의가 아니면 다양한 사상과 문풍을 새롭게 호흡하고자 했다.[24] 우리는 이런 사상사와 문학사의 변화의 접점을 허균(許筠, 1569~1618)과 장유(張維)를 통해서 어느 정도 접해 볼 수 있다. 허균은 인간의 본성과 감정이야말로 하늘[天]이 부여해준 것으로, 성인의 예교로도 이를 위배할 수 없다는 논리를 폄으로써 문예사상의 혁신을 가져왔다. 또한 문풍의 시대적 차이성과 함께 독자성을 강조함으로써 당시풍의 한계를 넘어 개성적인 시를 강조하였다.[25] 이 시기 대표적인 양명학자였던 장유는 양명학의 시의성을 강조하면서도 주자학의 장점을 살리려 했으며, 기본적으로 당풍을 선호했지만 다양한 시풍을 각자 개성에 맞게 수용할 것을 주장하기도 했다.[26]

16세기 후반 17세기 초 사상사 문예사의 이러한 흐름은 초유의 대격변기를 맞이하여 촉발된 것이지만, 조선으로서는 사상적 전환을 꾀할 수 있는 소중한 기회를 맞이하고 있었다.

3. 「운영전」 다시 읽기

이 시기 이런 변화 양상을 유의하여 「운영전」을 다시 읽어볼 필요가

---

24) 이를테면 도교적 사유나 도가적 연단술 등의 유행도 그 하나일 것이다.
25) 임형택, 「許筠의 文藝思想」, 『한국문학사의 시각』, 창작과비평사, 1984.
26) 이에 대해서는 그의 「溪谷漫筆」에 잘 나타나 있으며, 그의 시풍에 대해서는 이종묵, 앞의 논문 참조.

있겠다. 「운영전」을 이해하는데, 다음의 두 가지 배경을 먼저 주의해야
한다. 하나는, 시간적 배경이 전란의 참화를 막 겪고 난 뒤라는 점이다.

> 柳泳은 멋쩍고 무료한 나머지 후원으로 들어가 높다란 곳에서 사방을 돌아
> 보았다. 병화를 입은 끝이라 서울 안 궁궐과 도성에 즐비했던 가옥은 모두 휩
> 쓸려 남은 것이 없었다. 담은 무너져 내리고 기왓장은 부서졌으며, 우물은 버려
> 지고 섬돌은 무너져 내려 초목만이 무성하더라.[27]

유영(柳泳)이 서 있었던 곳은 안평대군 시절로 거슬러 올라가는 입구
이기도 하지만, 병란을 치러 폐허가 된 공간이다. 전란을 겪고 나자 그
동안 동요되었던 여러 문제들이 전란의 파고에 휩쓸려 쏟아져 나오는
상황이다. 액면으로 느껴지는 무상함과 쓸쓸함 속에 뭔가 심각한 문제를
제기할 듯하다.

또 하나는, 그 공간이 폐허가 된 궁궐이라는 점이다. 그렇게 화려하던
궁중의 정원이 지금 다 무너져 잡초만 무성하다. 절대권력층이 무기력하
게 와해된 모습이 '폐허'로 표상된 것이다. 그리고 유영은 전란 후의 인간
성 상실시대의 한 개체이면서 작자의 분신이기도 하다. 그런데 전란으로
인한 폐허가 문제가 아니라, 그 폐허 속에 파묻혀 있는 뭔가가 문제이다.
「운영전」 서두의 이런 장치를 유의하고, 특히 안평(安平)과 자란(紫鸞)
의 면모를 잘 추적하며 읽을 때, 그 문제의식은 배가된다.

안평대군(安平大君)과 김진사(金進士)

주지하듯이 운영의 자술(自述)의 첫 대목은 안평대군에 대한 스케치이
다. 여기 묘사된 안평대군은 그야말로 역사적인 인물로서의 면모를 십분

---

27) 「운영전」(三芳錄本을 저본으로 하여 이본 교감을 하였음. 이하 동일함). "生憒而無
聊, 仍入後園, 登高四望, 則新經兵火之餘, 長安宮闕, 滿城華屋, 蕩然無遺, 壞垣破
瓦, 廢井頹砌, 草樹茂密."

발휘하여 문예적 취향을 물씬 풍기는 그런 모습이다. 그는 유업(儒業)을 자임한 자로서 밤낮으로 독서와 서화에 몰두한다.28) 그런데 안평대군의 이런 면모는 실상 역사적으로 조명된 그의 모습과는 약간 다르다. 그는 분명 당대에 서화로 독보적인 자리에 있었고 문학에 대해서도 상당한 영향력을 발휘했지만, 오히려 이런 풍모는 그를 방달불기한 인물로 이해시킨다. 그가 불교에 잠심했고 문인들과 시주(詩酒)로 흥청거렸던 사실들은 이를 뒷받침하고 있다. 그의 문예취향은 당시 복잡했던 정권 탈취의 소용돌이 속에서의 일종의 도피처였던 셈이다. 그런데 여기 그려진 안평대군은 유교적 이데올로기의 전형적인 고수자로 바뀌어져 있다. 그런데 다시 보면 꼭 그렇지도 않다. 겉으로는 그 모습 그대로인 것 같은데, 실상 뒤틀림이 있는 것이다.

안평은 이런 자신의 장기를 발휘하여 두 개의 집단을 거느리게 되는데, 하나가 '맹시단(盟詩壇)'으로 당대 최고의 문예인 — 성삼문(成三問)·최흥효(崔興孝) 등 — 집단이며, 또 하나는 자기 휘하의 '궁녀십인(宮女十人)'이다. 전자가 남성이면서 유업을 자임한 집단임에 비해, 후자는 신분과 성별에서 전자와 비교가 되지 않는다. 게다가 전자는 역사적인 사실에 가까운 반면, 후자는 역사에 있지 않는 허구적 설정이다.

안평은 처음 이들 궁녀 열 사람을 뽑아 하나의 조직을 만들며 이렇게 권면한다.

하늘이 재주를 내림에 어찌 유독 남자에게만 많고 여자에게는 인색하겠는가? 지금 세상에 문장으로 자임한 자들이 많지만, 모두 서로 숭상하지 않아 무리 중에 특출한 자가 따로 없다. 그러니 너희들 또한 힘쓸지어다.29)

'지금 세상에 문장으로 자임한 자'들이란 바로 맹시단의 일원들을 말

---

28) "以儒業自任, 夜則讀書, 晝則或賦詩或書隷, 未嘗一刻放過."
29) "天之降才, 豈獨豊於男而嗇於女乎? 今世之文章自許者, 不爲不多, 而皆莫能相尙, 無出類拔萃者. 汝等亦勉之哉."

한다. 그런데 이들은 서로 최고라고 하지만, 안평 자신이 보기에는 그저 그렇다. 때문에 비록 여자이지만 그녀들도 충분히 그들 못지 않게 될 수 있다고 부추긴다. 하늘이 재주를 내림에 남녀 구별이 따로 없다는 이 논리는 향후 「운영전」의 전개에 중요한 근거로 작용하기도 하거니와, 이런 훈육 아래에서 궁녀들은 5년 정도가 지나자 어느덧 시단을 능가하는 시재를 갖추게 되었다.[30] 그런데 이 훈육 과정에서 운영이 혐의를 받는다. 안평은 유독 운영에게서 '반발'을 느꼈던 것이다.

이에 앞서 안평은 김진사라는 신출내기의 방문을 받는다. 그는 14세에 진사가 된 촉망받는 존재로 협기가 있고 호탕하여 그 자신 주체를 못하는 그런 인간이었다.[31] 두 천재적 인간의 만남은 뭔가 일을 벌일 성싶다. 안평은 김진사의 천재성을 익히 들었던 참이라 그에 대한 애착이 대단하다. 더구나 옛 시인과 시를 논급하면서는 그의 풍모에 더욱 매력을 느낀다. 결국 김진사에게 반한 안평은 시단에게는 그렇게도 숨기며 접근을 허락하지 않았던 궁인(宮人)들을 쉽사리 그에게 보여주었고, 그 중에서도 운영으로 하여금 가장 가까이서 '봉연(奉硯)'하게 함으로써 이들의 사랑에 불을 지핀다.[32]

이러한 안평의 모습은 우선 매개자로서의 역할이 강하다. 그것이 의도적인 것은 아니었지만, 이 때문에 유교적 이데올로기의 고수자들인 맹시단 측과 이런 유교적 이데올로기에 의해 인간 본성이 철저하게 유린된 궁녀들과 충돌을 빚게 한 결과를 낳았다. 이 지점에서 안평은 최소한 작품 안에서 이중적인 분자이다. 그러므로 안평에 의한 김진사와 운영의 매개는 궁녀 신분의 운영이 하나의 '자아'로서 자신의 자의식을 싹틔우

---

30) "大君覽畢, 驚曰 : '雖比於晚唐之詩, 亦可伯仲, 而謹甫(成三問의 字―인용자)以下, 不可執鞭也.'"

31) "(…중략…) 乃曰 : '僕姓金, 年十歲能詩文, 有名學堂. 而十四歲登進士第二科, 一時 皆以金進士稱之. 僕年少俠氣, 志慮浩蕩, 不能自抑.'"

32) "(…중략…) 于時, 妾以年少女子, 一見郎君, 魂迷意闌. 郎君亦顧妾, 而含笑頻頻送 目."

게 했으며, 궁녀들을 훈육한 결과 이들 중 궁궐 담을 넘어 인간 해방을
몸으로 실천할 수 있는 자로 거듭나게 하였다. 그것은 안평의 의도와는
전혀 별개로 일어난 작품의 구도인 셈이다.

　안평이 다시 김진사를 만났을 때 김진사는 이미 초췌한 모습으로, "한
천(寒賤)한 제가 외람되게 진사(進賜)의 총애를 입어 그 복이 지나쳐 화가
생겼나이다"33)고 한 언급은 운영을 한 번 보고 사랑에 빠졌으니, 이는
당신께서 저를 끔찍이도 아낀 덕분에 이제 이 사랑을 그만둘 수 없는
지경으로 몰고갔다는 의미로 들린다. 또한 자란이 위기에 처한 운영을
구명(救命)하기 위한 공초(供招)에서, "영특한 김진사를 내당(內堂)으로 끌
어들인 것도 주군께서 한 일이며, 운영이 벼루를 받든 것도 주군께서 명
하신 것입니다"34)며 하소연했던 예도 마찬가지이다.

　그런데 안평은 바로 이 시점에서 문면에서 사라졌다가 운영과 김진사
의 애정 행각이 걷잡을 수 없는 상황으로 치닫게 되자 다시 문면에 나
타난다.35) 더욱 흥미로운 사실은 그는 결코 안타고니스트로 설정되지
않았다는 점이다. 그는 분명 김진사와 운영에게는 절대적 두려움의 구체
적 대상임에도 불구하고, 이들의 사랑이 되돌릴 수 없는 상황에 봉착하
기까지 한번도 관여한 적이 없으며, 그런 사실이 발각되었을 때도 결국
은 용서하는 존재이다. 그러나 그의 보이지 않는 위력 앞에 운영과 김진
사는 항상 전전긍긍한다. 갈등의 전개를 전편에 걸쳐 책임을 지고 있다

---

33) "進士起而謝曰 : '僕以寒賤儒生, 猥蒙進賜之寵眷, 福過災生, 疾病纏身, 食飮專廢,
　　起居須人 (…하략…).'"
34) "金生人中之英, 引入內堂, 主君之事也, 命雲英奉硯, 主君之令也. 雲英以深宮怨
　　女, 一見美男, 喪心失性, 病入骨髓, 雖以長生之藥, 越人之手, 難以見效."
35) 여기서 결말 부분에 김진사가 안평에 대한 연민을 나타낸 대목("今夕之悲傷, 大君
　　一敗, 故宮無主, 烏鵲悲鳴, 人跡不到, 已極悲矣")을 생각해볼 필요가 있다. 운영과 김
　　진사는 柳泳이 人間之樂을 언급하자 다시 出世하지 않겠다고 한다. 인간 세상에서는
　　더 이상 기대할 무엇이 없다는 것이다. 이는 안평이 죽고 나자 확연한 것으로 되어 버
　　렸다. 김진사에게는 확실히 안평이 자신의 후원자이며, 다른 세상을 꿈꾸게 해준 존재
　　였음이 분명하다.

고 해도 과언이 아니다.

안평의 이러한 독특한 캐릭터는 겉으로는 유교적 이데올로기의 분신이면서도 실상은 이를 회의하거나 최소한 이를 회의하는 존재들을 방기했다는 인상을 지울 수 없게 한다. 바로 이런 작품 내적 환경 속에서 운영과 김진사는 새로운 세계에 대한 자의식을 키울 수 있었다.

자란(紫鸞)과 운영(雲英)

운영과 김진사의 허락할 수 없는 애정 행각은 옆에서 누가 지켜 주지 않으면 금방이라도 와해될 성질의 것이다. 그래서 안평이 문면에서 사라지는 순간, 이들 앞에 자란이 나타난다. 운영과 자란이 얻은 닉네임은 '원녀(怨女)'이다. 사전적인 의미로 원녀란 '나이가 찼는데도 시집을 가지 못한 여인'을 뜻하지만, 여기서는 '한을 안은 여인'이란 뜻이다. 그런데 그들 자신들이 원녀라고 부르짖는 상황은 좀 다르다.

김진사에 대한 사랑이 깊어져 돌이킬 수 없는 상황에 봉착한 운영 앞에 나타난 자란은 이미 자의식이 투철한 인격체였다. 그녀는 궁녀로서의 한을 누구보다도 분명하게 깨달은 자다. 그래서 그는 원녀로 자임하며, 운영의 아픔을 어루만지려 한다.36) 마치 자신의 현실은 똑바로 인식하고 있으나, 이를 행동으로 옮길 처지는 아닌 자란 앞에 운영이 이를 실행해보겠다고 나서는 형국이다. 먼저 자란이 운영에게 보인 첫 반응은 그의 처지를 전적으로 긍정하고 동정하는 것이었다. 그리고 운영을 진정한 원녀로 재탄생시키는 것을 자란은 자신의 책무라고 간주한다. 그래서 완사소(浣紗所)를 바꿔서라도 김진사와 재회를 시킬 참이다.

이 완사소 변경 문제는 운영과 김진사의 해후를 위한 장치이기도 하지만, 그 저간에는 이보다 중요한 문제가 있었다. 작품은 이 지점에서

---

36) "紫鸞亦怨女, 及聞此言, 含淚而言曰 : '詩出於性情, 不可欺也.'"

급박하게 돌아가던 서사의 숨을 잠시 고르며 이외로 많은 지면을 할애
하는데, 그 사정은 이렇다. 서궁(西宮)과 남궁(南宮)으로 갈라져 안평대군
의 지엄한 뜻을 거역하는 쪽(서궁)과 이에 절대 순종하는 쪽(남궁)의 대립
과 갈등, 그리고 합의와 통일을 위한 할애인 동시에 자란과 운영의 이러
한 '반동'의 이유를 설득력 있게 드러내기 위한 작자의 배려이기도 하다.
궁녀로서 지엄한 훈육을 거부하고 나서기가 현실적으로 어디 쉬운가?
결국 서궁 쪽의 입장이 남궁 쪽에 관철하기까지, 그리고 그것이 궁녀라
는 신분으로서 그네들이 똑같이 처한 현실임을 인식시키기 위해 자란은
극진하고 부단한 노력을 경주한다. 왜냐하면 자란의 생각이 사회적으로
설득력을 갖기 위해서는 우선 같은 처지인 그네 자신들부터 합일이 이
루어져야 했기 때문이다.

> 무지한 초목과 지극히 미천한 금수도 또한 음양을 부여받아 서로 즐거워함이
> 없지 않거늘, 우리 열 사람은 무슨 죄가 있어서 이 적막한 깊은 궁궐에 길이 한
> 몸 갇혀 꽃피는 봄 달 밝은 가을에도 등불과 짝하여 魂을 삭이며, 청춘을 헛되
> 이 버리고 황천의 한을 부질없이 남긴단 말인가? 박명한 이 신세 어찌 이같이
> 심한 지경에 이르렀단 말인가? 인생이 한 번 늙으면 다시 젊어질 수 없거늘, 그
> 대 다시 생각해보면 어찌 슬프지 아니한가?[37]

위의 말은 결과적으로 운영을 도와야 한다는 논리로 귀결되나 그에
앞서 자신들이 처한 현실을 먼저 직시해야 한다는 것이다. 그런 동시에
자란은 여자의 마음이란 게 한결같은 것인데, 이 깊은 궁궐에 갇혀 있는
현실을 달게 여기고 벗어나고자 하는 마음을 꿈꾸지 않는가를 공박한
다.[38] 그럼에도 불구하고 이들간에는 일정한 갈등이 지속된다. "궁녀가

---

37) "(…중략…) 無知草木至微禽獸, 亦禀陰陽, 莫不交歡, 吾等十人, 獨有何罪, 而寂寞
深宮, 長鎖一身, 春花秋月, 伴燈消魂, 虛抛靑春之年, 空遺黃壤之恨. 賦命之薄, 何其
至此之甚耶? 人生一老, 不可復少, 子更思之, 寧不悲哉?"
38) "女子之情則一也. 久閉深宮, 長弔隻影, 所對者燈燭而已, 所爲者絃歌而已. (…중
략…) 女子之意, 宜無異同, 而南宮之人, 何獨與姮娥, 長守貞節, 不悔靈藥之偸乎?"

궁문 밖으로 나가면 그 죄 마땅히 죽을 것이요, 밖의 사람이 궁녀의 이름을 알게 된다면 그 죄 또한 죽을 것이다"[39)라는 안평의 엄명을 두고 이를 순종하려는 측과 이를 거부하려는 측과의 맞섬이 얼마간 이어진다.

이 여성들이 주체가 되어 움직인 공간에서[40) 그래도 자란의 '연대 논리'가 점차 남궁인들에게 먹혀 들어가는 쪽으로 귀결된다. 그리하여 마침내 남궁인들도 서궁인들과 뜻을 함께 하기로 한다.[41) 자란의 이런 헌신 덕분에 운영은 김진사와 그리던 재회를 할 수 있었고, 동시에 이제 운영도 완연한 '원녀(怨女)'로 거듭날 수 있었다.

> 남자의 몸이 되어 세상에 이름을 드날리지 못하고, 한갓 홍안박명의 몸으로 한 번 깊은 궁궐에 갇혀 끝내 시들어 떨어질 뿐입니다. 인생이 한 번 죽고 나면 누가 다시 알아줄까요? 이 때문에 한이 心曲에 맺히고 원이 胸海를 메웠나이다. 수를 놓다가도 그만두고 등불에 마음을 붙이고, 비단을 짜다가도 그만두고 북을 던지고 틀을 내려 버리며, 비단 휘장을 찢어버리고 옥비녀도 부러뜨렸답니다. 그러다가 잠시 주흥을 타 신을 벗고 산보를 하다가는 섬돌의 꽃을 짓뭉개고 뜰의 방초도 손으로 꺾어버렸지요. 미친 듯이 이 정을 억누를 수 없답니다.[42)

운영의 이 같은 심정은 지금 최고조에 달해 있는데, 감정의 변화를 어찌하지 못하고 미친 듯한 행동까지 일삼는다. 당장 어떻게 하지 않으면 안 될 것 같은 상황이다. 그러나 운영의 이 같은 모습은 사실 극도의 한스러움에서 오는 정신적 희열이 아닐 수 없다. 지금까지 미처 느껴보지

---

39) "宮女出宮門外, 則其罪當死; 外人知宮人名, 則其罪亦死."
40) 「운영전」을 이런 독특한 여성들만의 대화 공간으로 설정, 여성 서술자의 시각에서 살핀 예에 대해서는 김경미, 「〈운영전〉에 나타난 여성 서술자의 의의」(『한국고전여성문학연구』 4집, 월인, 2002) 참조.
41) 이와 비슷한 시각에서 운영의 사랑이 보여주는 감염력을 언급한 예가 있다(정출헌, 앞의 논문, 98~113면).
42) "(…중략…) 不得爲男子之身, 揚名於當世, 而空爲紅顔薄命之軀, 一閉深宮, 終成枯落而已. 人生一死之後, 誰復知之? 是以, 恨結心曲, 怨塡胸海. 停刺繡而付之燈火, 罷織錦而投杼下機, 裂破羅帷, 折棄玉簪, 暫得酒興, 則脫舃散步, 剝落墻花, 手折庭草, 如痴如狂, 情不自抑."

못한 자의식을 통한 감정의 복받침인 것이다. 그것은 자신의 처지를 올 곧게 의식한 속에서 배태된 것이며, 그런 근저에는 자란의 후원이 절대적이었다.

이렇게 저질러진 일이 궁궐의 담을 넘어 더 이상 허용할 수 없는 선을 넘게 되자, 운영과 김진사는 이를 추스르지 못하고 방향성을 상실해 버린다. 불량한 특(特)의 주문에 판단력을 잃은 이들은 무작정 도망할 계획을 세우게 된다. 이때에도 안평대군이 다시 문면에 나타나기에 앞서 자란이 이들의 '대책 없는 질주'를 멈추게 한다. 자란은 비록 철저하게 자신의 처지를 깨치고 있었지만, 이것이 단순히 '도주'로 해결될 성질의 문제가 아님을 너무나 잘 알고 있었다. 그래서 "천지는 하나의 그물이라, 승천입지(升天入地)하지 않는다면 도망을 쳐본들 어디로 가겠는가?"[43]라고 하며, 이들을 잡아둔다. 이제 이렇게 된 이상 이를 조장했던 안평의 반응을 살펴볼 밖에 뾰족한 대책이 없다.

「운영전」은 이처럼 두 개의 큰 축으로 엮어져 있는 바, 안평의 지향이 김진사에게 투과되어 있으며, 자란의 원망(願望)이 운영을 통해서 실행되는 면모가 강하다. 더 나아가 운영과 김진사는 당대의 여성의 질곡과 비판적 지식인의 고뇌를 고스란히 안고 있는 존재들이기도 하다.

운영의 죽음과 「운영전」의 지향

앞에서 운영과 김진사의 애정 행각이 종국으로 치닫게 되기까지 안평과 자란의 역할을 중심으로 추적해보았다. 이들의 애정 행각이 세상에 들통이 나자 안평은 기다렸다는 듯이 다시 문면에 나타난다. 이제 피할 수 없는 전면전이다. 비록 안평이 이들의 결합을 야기시킨 존재이고 그들의 원망을 내심 응원했을지라도, 결코 이들을 용서해줄 수 있는 자리

---

43) "(…중략…) 且天地一網罟, 非升天入地, 則逃之焉往?"

가 아니다.

　그런 상황에서 양측의 조정자였던 자란과 안평은 이제 갈등을 피할 수 없게 되었다. 서궁인의 행각이 안평에게 알려지자 안평은 이들을 잡아다 모두 죽이라고 명한다. 죽여달라는 운영과는 달리 자란은 궁지에 몰리자 정면돌파를 시도한다. 즉 궁녀의 한스러움을 말하는 동시에 운영이 이렇게 죽을죄를 지은 것은 자신이 조장했으니, 자신을 죽이고 운영을 용서해주어 김진사와 함께 살도록 해줄 것을 과감히 요청한다. 그런데 이 같은 정면돌파는 의외로 먹혀들어 안평은 노기를 풀고 운영을 별당에 가두고 나머지 궁녀들은 풀어주도록 한다. 이 순간 일시적이지만 최소한 등장 인물 안에서는 합일점을 본 듯하다. 그래서 운영은 목숨을 구할 수 있었거니와, 잘하면 다시 김진사와 재회할 수도 있을 성싶다. 그러나 안평이 용서해준 그날 밤 운영은 자결하고 만다.

> 　대군의 노기는 점차 풀려, 첩은 별당에 가두고 나머지 사람들은 모두 풀어주었답니다. 그날 밤 첩은 비단 수건으로 스스로 목을 매 죽었지요.[44]

　운영의 마지막 진술의 부분이면서 사실상 「운영전」의 결말이다. 이 결말은 너무 간단하여 지금까지 진행되어 온 흐름을 좇다 이 부분에 직면하면 곤혹스럽기까지 하다. 표면적으로 지엄한 대상이던 안평이 수그러들었는데, 운영은 이를 뿌리치고 자결하고 말았다. 왜 자결을 했던가? 아니 왜 자결할 수밖에 없었던가? 이에 대한 이해는 「운영전」 읽기의 마지막 난관이다.

　운영의 자결이 갖는 의미는 이렇다. 운영이 김진사와의 결연을 일구어내기 위해서는 단순히 '안평'이란 일개인을 해결한다고 해서 성사될 게 아니라는 사실이다. 작품에서는 표면적으로 안평이 운영과 김진사 사이에 가로놓여 있던 절대권력으로 표상되었지만, 결국 그가 문제가 아니

---

44) "大君之怒稍解, 囚妾於別堂, 而其餘皆放之. 其夜, 妾以羅巾自縊而死."

었다는 점을 이야기하고자 했다는 말이다. 즉 안평도 어찌 할 수 없는 장벽이 있었으니, 그것은 유교적 이데올로기로 둘러쳐진 '사회의 장막'이었다.

운영과 김진사의 폭주를 보면서 안평과 자란이 보여주는 머뭇거림은 바로 이 때문이며, 운영과 김진사는 결국 이 지점에서 좌절하고 말았다. 사실 안평대군이라는 한 개인이 절대권력을 휘둘러 이들을 비극적으로 몰고 갔거나, 아니면 그의 용인으로 이들이 완전한 결연을 이루게 되었다면 문제가 오히려 간단할 수 있다. 「운영전」의 갈등의 심각성은 여기서 극명하게 드러나거니와, 절대 극복할 수 없을 것 같았던 안평대군을 극복했을 때 그 뒤에 보다 큰 '사회'가 있었던 현실을 반영한다.

4. 「운영전」의 사상적 기반

지금 안평과 자란을 중심으로 「운영전」의 흐름을 다시 짚어본 것은 이 작품이 탄생하게 된 사회적 요건, 사상적 기반을 탐색해보기 위한 것이었다. 이제 「운영전」 내부의 이런 흐름을 토대로 그 창작의 사상적 기반을 조망해본다.

먼저 이 시기 문풍의 변화와 「운영전」의 관련 양상을 따져 볼 필요가 있다. 안평이 맹시단과 궁녀를 거느리는 연결 고리는 시(詩)였다. 그의 문예취향은 실로 대단하여 거의 맹목적으로 이에 잠심한다. 궁녀들을 훈육하여 성재(成才)하게 되자, 그 첫 시험으로 한 수씩 시를 짓게 한다. 그 시들을 본 안평은 "비록 만당(晩唐)의 시에 비교하더라도 뒤지지 않는다"[45]고 하며 이들의 시재를 칭찬한다. 그리고 다시 이들의 시를 맹시단 측에 보이자, "생각지도 않게 오늘 다시 성당(盛唐)의 음조(音調)를 보게 되었구나"46)라고 하며 맹시단은 이들의 시재에 굴복하고 만다. 그러자 운영 이하 궁인들은 당시(唐詩)를 익히는 데 더욱 열심이다.47)

이 문제를 좀더 따져 보기에는 앞서 미뤄두었던 안평과 김진사가 역대 시인을 평하는 부분이 요긴할 것 같다. 김진사는 시재뿐만 아니라 남다른 시안(詩眼)이 있었는데, 안평이 역대 시인 중에 누가 종장(宗匠)이냐고 묻자 그는 스스럼없이 이백(李白)이라고 주장한다. 그리고 곁들여 노조린(盧照鄰)·왕발(王勃)과 맹호연(孟浩然)·이상은(李商隱)을 선기(仙氣)가 있다며 추켜세운다. 이백은 물론이거니와 노조린·왕발 같은 초당사걸(初唐四傑)이나 맹호연·이상은 등은 모두 격식에 얽매이지 않고 성정의 지취를 토해냈던 시인들이다. 김진사는 이런 시풍을 선호하고 있었다. 그러자 안평은 천하의 두보는 어찌 언급이 없냐며 따진다. 이에 김진사의 반응은 흥미롭다.

> 그렇습니다. 속유들이 높이는 바로 이야기한다면 膾炙가 사람의 입을 달콤하게 하는 것과 같으니, 두보의 시는 진실로 이 膾와 炙입니다.48)

두보의 시는 회자(膾炙)와 같은 것이라고 한다. 회자가 무엇인가? 그것은 입에 쩍쩍 달라붙는 고기 맛이다. 두보의 시는 이른바 백체(百體)가 구비되어 있어, 속유(俗儒)들의 구미에는 아주 잘 맞는 것이란다. 때문에 그 장처가 분명하지만 이백의 자유로운 감정이 유로된 시와는 천양의 차이가 있다고 한다.49) 기실 두보는 송시풍이 주도했던 조선 전기

---

45) "大君覽畢, 驚曰 : '雖比於晚唐之詩, 亦可伯仲 (…하략…).'"

46) "大君以妾等所製賦烟之詩, 示之, 滿座大驚曰 : '不意今日復見盛唐音調, 非我等所可比肩也.'"

47) "十人皆退在洞房, 華燭高燒, 七寶書案, 置唐律一卷, 論古人宮怨詩高下 (…하략…)."

48) "然. 以俗儒所尙言之, 猶膾炙之悅人口, 子美之詩, 眞膾與炙也."

49) "是以杜甫文章, 可謂百體之備矣, 而至於李白比之, 則不啻如天壤之不侔, 江海之不同也."

를 포함하여 어느 시대 누구에게나 찬양 받았던 존재가 아닌가? 그런데
그 이면에는 두보가 천보(天寶) 연간의 국난과 인민의 삶의 질곡을 절실
하게 형상화한 이른바 사회시를 추구함으로써, 유교적 이데올로기 속에
서 철저하게 선양된 면이 없지 않다. 두보 자신이 원했든 원하지 않았
든 조선에서 두보는 이렇게 유교정신 속에서 고양되었던 것이다. 김진
사는 자신의 입신출세를 위해서 입만 열면 떠들어대는 속유들의 두보
숭상 태도에 적잖이 못마땅한 점이 있었다. 그것에 대한 하나의 염증으
로 김진사는 이백 등의 자유로운 시풍을 추구하였던 것이다. 그러자 안
평도 이 말을 기다렸다는 듯이 동조하면서 두보의 시가 천하의 고문(高
文)이기는 하지만 악부시(樂府詩)에 흠이 있었음을 지적하고 나선다.50)
언뜻 보면 김진사와 안평의 시론이 서로 반대인 것 같지만 전혀 그렇지
않다. 이 같은 시론을 통해서 안평과 김진사는 동지적 결속을 이루게
되는 바, 분명히 「운영전」의 작자는 당시풍에 상당히 경도되어 있었던
것으로 보인다.

  때문에 이 장면은 앞서 살펴본 이 시기 문풍의 변화와 밀접한 연관을
갖는데, 특히 16세기 말 삼당시인(三唐詩人)들에 의해 추구되었던 시풍과
거의 일치하고 있다. 즉 이백을 비롯해 이상은(李商隱) 등을 선호한 점이
그렇고, 안평이 두보의 시가 악부시에 결함이 있다는 지적은 삼당시인이
악부시와 염정시편을 추구한 점과 같은 궤적이다. 결국 「운영전」에 드
러난 시풍의 반영은 16세기 후반부터 본격적으로 불기 시작한 당시풍의
열기를 그대로 반영하고 있다.

  그렇다면 「운영전」의 이 같은 면모를 사상사에서 어떤 조류와 연결시
켜 볼 수 있을까? 지금까지 연구에서는 대체로 중세적 질서를 거부하고
도가적 인생관, 또는 도가에의 편향이 틈입되어 있음이 지적되었다. 김
진사가 역대 시인을 평가하면서 이백을 비롯한 당대 시인 중에 도가 성

---

50) "大君曰 : '聞君之言, 胸中敞豁, 怳若御長風上太淸. 第杜詩天下之高文, 雖不足於
    樂府, 豈與王孟爭道哉?'"

향을 지닌 인물들을 높이 평가한 점 때문에 그렇게 해석한 것이다. 분명 그 대목에는 도가적 색채가 농후하며, 이 시기에 사회적 혼란과 더불어 도가사상 및 신선담이 발흥하는 추이와 연결시켜 볼 때 더욱 설득력이 있어 보인다. 그러나 과연 이것만을 가지고 「운영전」 전체를 관류하는 사상의 기저라고 할 수 있을까? 자란과 운영이 외쳐대는 몸부림이 과연 도가적인가?

「운영전」은 분명 비극적 사랑이란 형식 속에 당대 이데올로기에 대한 심각한 회의를 담고 있다. 거기에는 양명학적 사유가 꿈틀거리고 있는 것으로 보인다. 즉 자란과 운영이 그렇게 자유를 갈구한 것과 안평과 김 진사의 뭔가에 대한 회의는 모두 양명적 사유가 틈입됨으로써 가능한 예가 아닐까? 지금 그 몇 가지 가능성을 타진해본다.

양명학의 핵심은 '양지(良知)'와 '지행합일(知行合一)'이다. 사람에게는 누구나 '스스로의 고유한 앎'이 있어 모든 것이 자기 마음속에서 갖추어져 있다고 한다. 때문에 마음 밖에서 다른 무엇을 구할 것이 아니다. 유명한『대학』의 '격물(格物)'을 두고 주자학에서는 '물'을 외부 사물로 인식, 주체가 외부 사물에 다가가는 것으로 해석하는 데에 반해, 양명은 양지의 본체가 마음의 발현을 통해 객관화된 것이라고 주장한다. 그러므로 양지의 본체인 마음과 그것이 객관화되어 밖에 존재하는 물은 사실은 하나라는 것이다. 때문에 '마음의 이치'와 '사물의 법칙'은 일원성(一元性)을 가지게 된다.51) 바로 이 양지의 개념을 확대시켜 가면 이른바 '정욕의 긍정'에 이르게 된다는 사실은 더 이상의 부연이 필요치 않다.

우리는 주자학과의 차별성을 『대학』의 '친민(親民)'에 대한 해석에서 뚜렷하게 감지할 수 있다. 정주(程朱)가 이를 '신민(新民)', 즉 백성을 새롭게 깨우친다는 의미로 해석했으나, 왕양명은 '친민' 그대로 백성에게 가까이 다가감으로 보았다. '신'은 곧 교훈성을 담고 있는 바, '민'을 타자

---

51) 鄭寅普,「陽明學演論」,『薝園鄭寅普全集』2, 연세대 출판부, 1983.

로 구분하여 봄으로써 상하 차별성을 강조하게 되는 반면, '친'은 마음의 감통(感通)으로 민을 내 마음의 안에서 살펴보게 됨으로써 상하 구별을 거부한다. 이런 저간의 논의는 '만물일체'의 논리로 귀결되는 바, 17세기 후반 대표적인 양명학자인 하곡(霞谷) 정제두(鄭齊斗)는 '개인의 주체성'을 강조하여 어린 아이나 덕이 없는 소인조차도 하늘로부터 받은 명덕이 있다고 하여, 모든 인간의 주체성을 강조하였다. 평등의식의 소산인 셈이다. 그리고 그는 인간을 상하로 구분하는 주자학자들의 주장을 못마땅해 하며, 모든 인간은 똑같은 가치를 지니고 있어 사·농·공·상을 포함 천민까지도 두루 평등하다는 논리를 내세운다. 이는 민중을 향한 인간 자체의 해방을 암시한 것이기도 하다.[52] 한 걸음 더 나아가 하곡은 당대 존주대의(尊周大義)만 강조하면서 이를 조금이라도 벗어나면 이단으로 몰아대는 사회 분위기를 비판한다. '반청(反淸)'만이 대수가 아니라 청나라의 존재를 다시금 인식하고 그들이 오랑캐라고 해서 무조건적으로 거부할 것이 아니라 그들과 만남을 통해서 국익을 챙기자고 주장한다.[53] 이에 앞서 양명학자였던 최명길(崔鳴吉)이 주화파였음을 상기해볼 때, 우리나라에서 양명학자 내지 양명적 사유를 가졌던 인물들이 대체로 이런 성향을 지녔다는 점은 주목할 만하다.

이 같은 양명적 사유는 명말(明末)에 이탁오(李卓吾)를 위시한 이른바 양명좌파(陽明左派)에 의해 기성 도덕을 극단적으로 부정하고 인간 성정의 발현을 전적으로 찬미하게 되거니와,[54] 이러한 간접적인 영향은 허균 등에 의해 적극 수용된 것으로 보인다.[55]

---

52) 이돈녕, 「정제두의 이단적 저항」, 『문학사상』, 1973년 2월.
53) 정제두의 양명철학에 대해서는 김교빈, 『양명학자 정제두의 철학사상』, 한길사, 1995 참조.
54) 이에 대해서는 嵇文甫, 『左派王學』(『民國叢書』 2편, 上海書店, 1941년판 영인본)과 시마다 겐지, 『朱子學과 陽明學』(김석근·이근우 역, 까치, 1986, 192~224면) 참조
55) 실제로 허균은 1614년 연행을 통해서 李卓吾와 그의 저작 『焚書』 등을 접했다(강명관, 「택당 이식 신문비평의 재검토」, 157~158면 참조). 한편 허균의 좌파양명학적 성향에 대한 연구가 최근 이루어졌다(이종호, 「허균의 문예사상과 좌파양명학 성향(1)(2)」,

　　남녀의 정욕은 하늘이 부여해준 것이요, 분별의 윤리는 성인의 가르침이다.
천이 성인보다 높으므로 성인의 예교를 어길지언정 천부의 본성을 위배할 순
없다.[56)]

　　시대의 이단자였을 뿐만 아니라 개성적인 문학을 추구했던 허균[57)]의
이 발언은 「운영전」의 외침과 직접적으로 관련성을 맺고 있다.
　　우리는 이미 김진사에게서 개성적 풍모를 접할 수 있었다. 그러나 아
무래도 「운영전」의 심각성은 여성들이 쥐고 있다. 원녀 자란(紫鸞)은 주
체적 인간으로 자신을 각성할 만큼 운영을 포함한 모든 궁인들을 주체
적 인간으로 거듭날 수 있도록 설득시키고자 한다. 그 논리는 앞에서 살
펴보았듯이 궁녀로서 본성을 억누른 채 깊은 궁궐에서 일평생을 보내야
하는 불평등함이다. 그들은 이미 남자가 아닌 여자의 몸인데, 거기다가
특별히 '궁녀'로서 일반 여자들이 누리는 자연스러운 감정마저도 억제
된 상황이다. 자란은 "여자의 정(情)은 하나다"고 외치면서 남궁인들에게
왜 이런 환경을 직시하지 못하느냐고 안타까워한다. 마음이 가는 대로
생각하고 그에 따라 움직이는 것을 애당초 거세당한 이들이 자란의 웅
변에 조금씩 이끌려가기 시작하는데, 그러나 처음에 했던 말을 금방 바
꾸기 뭣하여 꾸물거리자,

　　세상일에는 正이 있고 權이 있는데, 권으로 정을 얻는다면 이 또한 정인 것
이다. 어찌 변통의 권이 없어 앞 말을 변통 없이 지키고만 있을 것인가?[58)]

『한국사상과 문화』 11~12집, 한국사상문화학회, 2001). 특히 그의 좌파적 성향을 「홍길
　　동전」의 '逆天의 논리'를 통해서 유추해내고 있는 바, 「운영전」과 「홍길동전」, 그리고
　　허균과 「운영전」의 관련성을 조심스럽게 상정해볼 수도 있지 않을까.
56) 安鼎福의 「天學考」에 인용된 것으로, 임형택, 앞의 논문에서 재인용했다.
57) 허균이 그처럼 개성적 문학을 추구하고 또 일면 창출할 수 있었던 데는 그의 「閑情
　　錄」에서 알 수 있듯이 1천 권이 넘는 중국 책의 직수입이 상당한 영향을 미쳤다.
58) "紫鸞曰 : '天下之事, 有正有權, 權而得中, 是亦正也. 豈無變通之權, 而膠守前言
　　乎?'"

라고 변통하는 지혜가 필요함을 역설한다. 이는 마치 존주대의만을 강조
하며 변통할 줄 모르고 있는 당시 집권 세력을 포함한 주자학자를 두고,
"만약 불변의 진리[經]만 있음을 알고 권도가 있음을 알지 못한다면, 이
는 교주고슬(膠柱鼓瑟)이 되지 않겠는가?"59)라고 외쳤던 정제두의 그 모
습과 같다. 이 변통을 강조함으로써 나머지 궁녀들은 자아를 인식한 새
로운 주체적 자아로 거듭 태어나게 된다. 소옥(小玉)과 비경(飛瓊)이, "한
사람의 마음은 곧 천하의 마음이군요[一人之心, 卽天下之心也]"60)라고 하
며 눈물을 흘리는 모습은 유교적 사유의 구각(舊殼)을 깨고 나오는 외침
임에 틀림없다.

　이처럼 주체를 각성한 모습은 안평의 면전에서 더욱 고양되어 나타
난다.

> 남녀의 정욕은 음양에서 내려 받은 것이라 귀천 구별 없이 인간이면 모두 가
> 지고 있습니다. (…중략…) 한번 궁궐 담을 넘으면 인간의 즐거움을 알 수 있을
> 것인데, 그렇게 하지 못하는 것은 어찌 힘이 부족하고 마음이 차마 하지 못해
> 서이겠습니까?61)

　은섬(銀蟾)의 공초인데, 안평 앞에서 남녀의 정욕은 귀천 없이 모두 가
지고 있다고 열변을 토한다. 궁궐의 이 담장을 넘기만 하면 인간의 즐거
움을 누릴 수 있을 것이라고 하는 점은 충분히 그 자체로 인정이 되지
만, 그러나 어디 이 궁궐을 넘는다고 해서 이 문제가 곧장 해결될 것인
가? 여기서 궁궐의 담장은 강한 상징성을 띄는 바, 유교적 이데올로기의
표상으로서의 현실체이다.

---

59) 鄭齊斗, 「上朴南溪書」(『霞谷全集』 상권 권1). "(…중략…) 若只知有經, 而莫知有權,
　則可不爲之膠柱乎?"
60) 「운영전」. "飛瓊與小玉, 皆不禁淚流曰 : '一人之心, 卽天下之心也. 今承盛敎, 悲愾
　之心, 油然而出矣.'"
61) "銀蟾招曰 : '男女情慾, 稟於陰陽, 無貴無賤, 人皆有之. (…중략…) 一踰宮墻, 則可
　知人間之樂, 而所不爲者, 豈力不能而心不忍哉?'"

지금 이 같은 여인들의 외침은 기존 여성 주인공들의 목소리와는 사뭇 다르다. 애정전기소설의 여주인공은 대체로 적극적이며, 현실을 거부하는 몸짓이 적지 않다. 그러나 아직 한번도 유교적 질서를 회의한 예는 없었다. 그들은 언제나 이상적인 조화를 꿈꾸었다. 그래서 그네들은 언제나 양홍(梁鴻)과 맹광(孟光), 포선(鮑宣)과 환소군(桓少君) 부부를 들먹이며 이들과 같은 이상적 삶을 기대하였다. 그런데 현실은 그렇지 않아 이들은 이를 실현해보고자 불가피하게 얼마간의 일탈을 감행한다. 때문에 이들의 갈등은 조화로운 삶을 억압하는 세계의 폭력(또는 야만)에 항거하는 모습이지, 그것이 결코 유교적 이상을 회의하거나 거부하는 것은 아니었다.

그러나 운영과 자란 등은 지금 이것을 심각하게 회의하고 있다. 이 점이 「운영전」의 보여주는 여타 전기소설과 변별되는 중요한 면모이다.

5. 남는 문제

거칠게 「운영전」의 사상적 기반을 따져 보고 나니 전개 중에 스스로 드러난 문제가 없지 않았다. 이제 새롭게 도출된 문제와 보충해야 할 점들을 적시하고 갈무리하고자 한다.

이 시기 당시풍(唐詩風)의 전개 양상과 「운영전」과의 관련성은 다만 안평과 김진사 사이의 이두(李杜) 우열 논쟁에 국한된 것이 아니라, 「운영전」 전체를 관류하는 면이 짙다. 당시풍의 진작과 인간성정의 발현 문제는 소설 창작의 전제 조건이 되기도 할 것이기 때문이다. 그러므로 이 문제를 구체적으로 더 따져 볼 필요가 있다. 동시에 이 같은 시풍의 진작과 양명적 사유의 확산의 접점은 과연 어떠한가 하는 점도 검토되어야 할 사안이다. 이는 결과적으로 이 시기 사상사, 문학사의 접점을 찾는 작업과도 긴밀하게 연결되어 있기도 하다.

또 한편 양명적 사유가 「운영전」의 사상적 기반으로 자리한다고 했을 때, 그것은 문면에 구체적으로 드러나는 실체로써 파악이 용이하지 않다는 것이다. 따라서 보다 다양한 주변 정황을 토대로 접근할 필요가 있다. 이 점 또한 앞으로 천착해볼 일이다.

마지막으로 「운영전」에 등장하는 인물 중 작품의 전개 과정에서 돌출 행동을 서슴지 않은 '특(特)'과 '무녀(巫女)'에 대해서도 언급해둘까 한다. 우리는 사실 궁궐에 갇혀 있는 운영에게 손을 쓰기 위해 찾아온 김진사를 유혹하는 무녀의 행동이나, 재물을 탈취하고 상전을 죽이고 운영까지 차지하려는 이 되먹지 못한 종의 행동을 접하면서 당혹스러움을 감출 수 없다. 굳이 이런 부분이 들어가야 하는지 의심스럽기까지 하다. 그런데 다시 보면 '부조화의 조화'를 느낄 수 있다. 최소한 이들은 유교적인 개체로 분식되지 않았다. 저들 마음대로 행동하도록 내버려 둔 혐의가 작자에게 있다. 무녀는 젊고 호탕한 김진사를 보자 자신의 고객이라는 사실도 잊고 그에게 빠지고 만다. 그리고 유혹하려고 나름대로 곱게 단장하고 여자로서의 면모까지 보여준다.[62] 순간적으로 이끌린 감정에 충실하게 행동하였던 것이다. 특은 이미 무뢰배들과 어울리는 자로,[63] 음흉한 인물이다. 그래서 하인으로서는 생각하지 못할 무시무시한 일을 감행하고자 한다. 이에 비하면 「상사동기(相思洞記)」의 막동(莫同)은 너무나 충직하다. 결과적으로 특과 무녀는 이들이 유교적 사유의 존재가 아니라 자신들의 의지대로 움직이는 자유로운 존재로 돌출해 있다.

이 같은 점들도 양명적 사유의 틀에서 생각해볼 수 있는 문제는 아닌지?

---

62) "巫見進士之容貌脫俗, 中心悅之, 而連日往來, 不出一言, 意謂'年少之人, 必以羞澁不言. 我先以意挑之. 挽留繼夜, 要以同枕.' 明日沐浴梳洗, 盡態凝粧, 多般盛餙, 布滿花氈·瓊瑤席, 使小婢坐門外侯之."

63) "(…중략…) 吾有友力士二十人, 日以強劫爲事, 國人莫敢當, 而與我深結, 惟命是從."

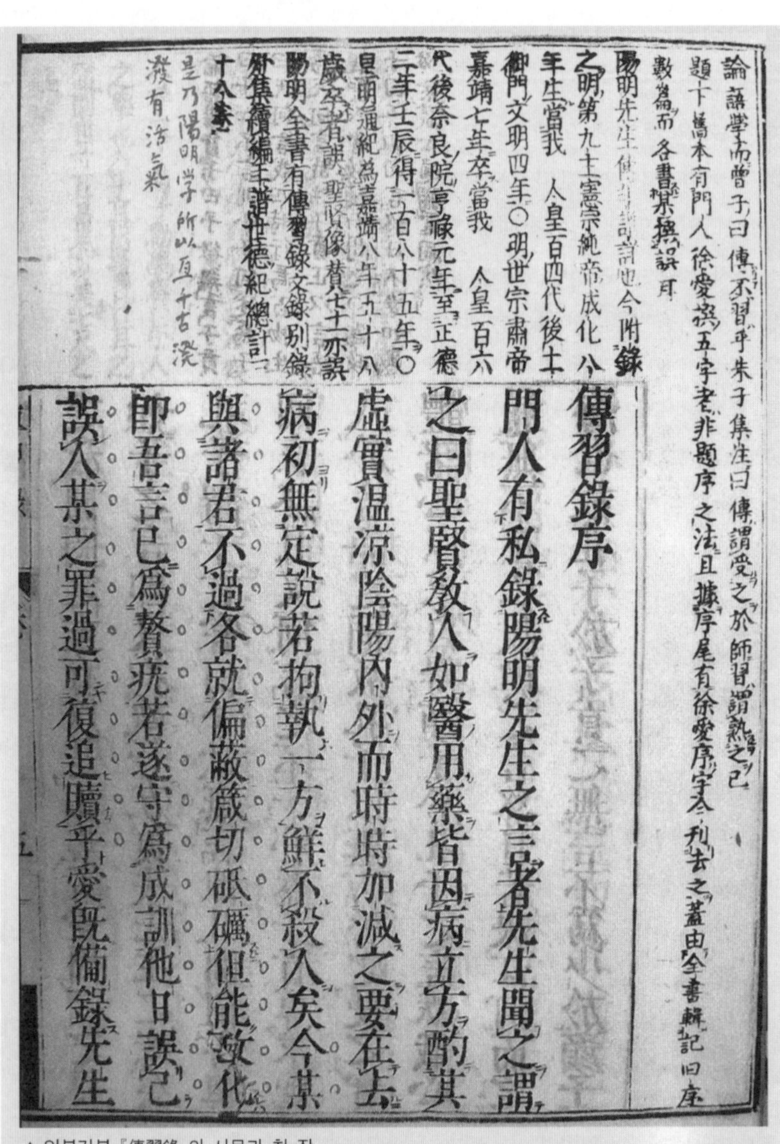

論語學而曾子曰傳不習乎朱子集註曰傳謂受之於師習謂熟之己
題下橋本有門人徐愛與五字考非題序之法且據序尾有徐愛序字今刊去之蓋由全書輯記旧序
數篇而各書集撰誤耳

陽明先生傳習錄詞也今附錄
之明第九主憲宗純帝成化八分
年生當我　人皇百四代後土
御門文明四年○明世宗肅帝
嘉靖七年卒當我　人皇百六
代後奈良院亨祿元年至正德
二年壬辰得二百八十五年○
旦明通紀為嘉靖八年五十八

是乃陽明學所以亘千古潑潑有活氣

傳習錄序

門人有私錄陽明先生之言者先生聞之謂
之曰聖賢教人如醫用藥皆因病立方酌其
虛實溫涼陰陽內外而時時加減之要在去
病初無定說若拘執一方鮮不殺人矣今其
與諸君不過各就偏蔽箴切砥礪但能改代
即吾言已為贅疣若遂守為成訓他日誤已
誤人其之罪過可復追贖乎愛既備錄先生

▲ 일본간본 『傳習錄』의 서문과 첫 장.
이 책은 1712년 일본에서 간행한 것으로, 상단에 두주를 넣고 있다. 서문을 보면, 내용 중에 朱點을 찍고 상단에 누군가가 朱筆로 "是乃陽明學所以亘千古潑潑有活氣"라고 썼는데, 이는 아마도 조선에 들어와서 누군가가 읽으면서 표시한 것으로 보인다.

舊本大學　出禮記第四十二卷鄭玄注之至宋二程及朱子並有改定而親民字明道先生從舊本伊川始改新字朱子從之陽明先生嘗著大學旁訓今不傳其大學問一篇載之續集今抄出之附卷

參伍　易係辭本義曰參者三數之也伍者五數之也既參以一變又伍以變一先一後更相考覈審其多寡之實也錯者交而互之謂也綜者綜亦絲之謂也低昂之謂也

邊幅　漢馬援傳曰修飾邊幅注謂若布帛修飾其邊幅

少時　事見行狀及年譜〇文錄第四別湛甘泉序曰其幼不問學陷溺邪僻者二十年而始究心於老釋賴天之靈因有所覺而始乃沿周程之說求之而若有得爲〇晚年定論序亦書之

傳習錄卷之上

先生於大學格物諸說悉以舊本爲正
蓋先儒所謂誤本者也愛始聞而駭既
而疑已而殫精竭思參互錯綜以質於
先生然後知先生之說若水之寒若火
之熱斷斷乎百世以俟聖人而不惑者
也先生明睿天授然和樂坦易不事邊
幅人見其少時豪邁不羈又嘗泛濫於

蹈清顯檀之一子名某為按察使萬曆己亥年間監東正役朝
鮮妻之一子名某為河東侯左布政檀之次子為國子司業不
子末第者中武進方為錦衣衛妻之次子未科者以勇力為突
擊將軍多有軍切上嘉之慶龍玉檀之大暑如斯耳

柳　泳傳　即雲英傳　大明天啓二十一年

壽聖宮即安平大君儷宅也在長安城西仁王山之下山川秀
麗龍盤虎踞社稷在其南慶福在其東仁王一脉逶迤而下臨
宮峙起雖不高峻而登臨俯覽則通衢市廛溢城蓁宅碁布星
羅歷二可指宛若綿列而派分東聖則宮闕縹緲複道橫空雲
烟積翠朝暮獻態真所謂絕勝之地也一時酒徒鶂伴歌兒笛

▲「雲英傳」의 첫 장과『三芳錄』의 표지.
국립중앙도서관 소장의『삼방록』은「王慶龍傳」·「운영전」·「英英傳」이 세 작품이 한 데 묶인 책으로, 마지막에 부록으로「要路院記」가 실려 있다. 그래서 표제도 '三芳要路記'이다. 독특하게 제목을 '柳泳傳'이라 하고 '即雲英傳'이란 부제를 달았다. 그리고 뒤에 누군가에 의해 "大明天啓二十一年"이라는 부기가 달려있다. 천계 21년은 1641년이다.

16세기 후반 1/세기 전반 사상사의 흐름 속에서 본 「운영전」　317

「동선기」의 지향과 소설사적 의미

1. 들어가며

최근 고전소설사의 연구는 새로운 자료의 발굴에 힘입어 기존 견해에 대한 적잖은 수정을 요구하고 있다. 그 경향은 대체로 소설 하위 양식의 성립과 발전에 대한 '시기 앞당기기'이다. 이 문제에 있어서 가장 첨예한 시기가 언제인가 물었을 때, 우리는 17세기라고 주저하지 않고 대답할 것이다. 국문장편 소설의 성립과 전개, 독자층의 형성 문제, 그리고 한문소설과 국문소설의 관련성 등이 이 시기 소설의 신국면을 새롭게 이해하는 관건으로 여전히 연구자들을 괴롭히고 있다. 소설사의 전변의 시점에 대한 새로운 인식과 시각이 요구되고 있는 것이다.

이 즈음에서 「동선기(洞仙記)」를 한번 이 시기 소설사의 이해의 한 국면으로 주목해보고자 한다. 「동선기」는 비교적 늦게 학계에 소개되었고, 그동안 몇몇 연구를 통해 그 성격이 몇 가지로 규명되었다.[1] 그러나 17

세기 소설의 변모의 과정 속에서의 소설사적 접근은 이루어지지 못한 상태다.[2] 이를 위해서는 기왕의 연구 시각과는 다른 각도에서의 접근이 필요하다.

　그래서 본고에서는 「동선기」의 성립 과정에 우선 주목해보고, 이를 통해서 주제의식을 살펴보기로 한다. 작품이 어떤 배경 속에서 성립되었는가는 바로 작품의 지향점이 어디에 있는가 하는 점을 파악하는 조건이 되는 법이다. 「동선기」는 그 성립과 주제의식을 연결시켜 이해할 때 보다 선명한 지향점이 잡힐 수 있는 작품이다. 그런 다음 구성의 특징과 인물의 형상을 전후기 소설의 면모와 대비시켜 그 변화의 특징적 국면을 포착할 것이다. 이 추적 과정 속에서 「동선기」의 소설사적 위상이 밝혀지고, 아울러 이 시기 소설 전변의 한 흐름이 자연스럽게 구획될 것으로 기대된다.

2. 창작 배경과 시기

　「동선기」는 12세기 금나라가 송나라에 쳐들어와 휘종(徽宗)과 흠종(欽

---

1) 그 연구 성과는 다음과 같다.
　　김춘택, 『조선고전소설사연구』, 김일성종합대학출판사, 1986(한길사에서 1993년 『우리나라 고전소설사』란 이름으로 재간하였음); 문범두, 「동선기 연구」, 영남대 석사논문, 1987; 김재수, 「동선기연구 I」, 『한국언어문학』 33집, 1994; 「동선기연구 II」, 『논문집』, 광주교대, 1994; 소재영, 「동선기 연구」, 『고소설연구』 2집, 한국고소설학회, 1996; 신상필, 「동선기 연구」, 성균관대 석사논문, 1998.
2) 이 같은 인식에서 시도된 연구가 없지는 않았으나(소재영, 「洞仙記를 통해 본 17세기 소설의 변모 양상」, 『어문논집』, 고려대 국문과, 1996) 이 시기 소설사의 얼개 속에서 조망해본 정도여서 심도 있는 접근은 못되었다. 다만 이 같은 문제의식은 유용하며 이제 보다 심층적인 분석이 요망된다.

宗) 두 임금을 사로잡아 갔던, 이른바 '정강지변(靖康之變)'을 그 시대적 배경으로 하고 있다. 그리고 충신 악비(岳飛)가 오랑캐에게 짓밟힌 송나라를 수복하는 과정 속에 서문적(西門勣)과 동선(洞仙) 두 주인공을 집어넣어 그들의 이합과정을 그 얼개로 하고 있다. 곧 역사적 사건 속에 허구의 두 주인공을 집어넣어 소설적 면모를 살리고 있는 것이다. 그렇다면 정강지변을 배경으로 삼은 이유는 무엇일까?

중국의 경우 정강지변이 소재화된 소설이 적지 않은데, 특히 이를 배경으로 남녀의 이합을 그린 작품은 명나라 초기에 성립된 것으로 추정되는 『경본통속소설(京本通俗小說)』 제16권의 「풍옥매단원(馮玉梅團圓)」을 들 수 있다. 여주인공 풍옥매(馮玉梅)와 남주인공 범희주(范希周)는 정강지변의 변란 중에 부부의 인연을 맺었는데, 그 통에 곧장 헤어지고 만다. 그런데 이별할 때 나누어 가졌던 원앙보경(鴛鴦寶鏡)을 신표로 하여 다시 해후한다는 내용이다. 이 작품은 뒤에 풍몽룡(馮夢龍)에 의해 「범추아쌍경중원(范鰍兒雙鏡重圓)」(『警世通言』 권12)이라는 제목으로 개작되기도 하였다.

그러나 정강지변을 다룬 소설은 역사 연의류가 대부분을 차지한다. 그 대표적인 것이 충신 악비의 활약상을 그린 『대송중흥통속연의(大宋中興通俗演義)』(일명 『岳武穆精忠傳』)이다. 악비의 일대기를 중심으로 한 이 작품은 최소한 1552년 이전에 성립되었으며,3) 청초(清初)에는 이를 보다 허구화시킨 『설악전전(說岳全傳)』이 유행하기도 했다. 장서각에 소장된 『무목왕정튱녹』은 이 『대송중흥통속연의』를 번역한 국문필사본이다. 필사 시기가 1760년으로 잡혀져 있다. 그러나 16세기 후반부터 『삼국지연의』를 위시하여 중국 쪽의 이른바 건국 연의류가 밀려 들어왔고,4) 17세

---

3) 현존하는 가장 앞선 간본으로 嘉靖 임자년(1552) 清白堂本이 전하고 있다(江蘇省社會科學院篇, 『中國古典小說總目提要』, 1988).

4) 이에 대해서는 許筠, 「西游錄跋」(『惺所覆瓿藁』 권13)과 趙泰億, 「讀書西周演義跋」(『謙齋集』 권42) 등 참조.

기 전반까지 한반도에서 일어난 연의적 상황을 상기해볼 때, 『대송중흥통속연의』는 우리나라에 진작부터 유입되어 읽혀졌으리라 추측이 간다.

한편 악비의 실기인 『정충록(精忠錄)』의 경우 이 이전에 이미 편찬되었는데,5) 16세기 후반에 조선에서 재간된 바 있다.

> 만력 갑신년(1584), 역관이 연경에서 돌아오면서 『정충록』 한 질을 가지고 와서 임금께 바쳤다. 임금께서는 이 책을 보시고 극구 칭찬하며 書局(교서관-인용자)에 내려주어 간행하도록 하였다. 그런데 발문을 쓰라는 명령이 외람되이 신에게 내려졌다. 삼가 이 책을 다 읽어보니, 岳公이 평소 지은 시와 문, 그리고 『송사』의 본전과 고금 사람들의 서술과 읊은 시가 빠뜨림 없이 모두 모아져 있었다. 간간이 그림도 끼어 있는데, 악공이 치른 戰陣의 자취를 그린 것이었다. 영웅의 자태가 씩씩하고 시원하였으며, 풍채가 살아 움직이는 듯 생생하여 사람으로 하여금 자기도 모르게 머리털이 관을 뚫고 눈초리가 찢어지는 것 같았다. 이에 나도 모르게 눈물을 흘렸다.6)

유성룡(柳成龍, 1542~1607)이 쓴 「정충록발(精忠錄跋)」의 일부분이다. 1584년 한 역관이 『정충록』을 구입해 왔는데, 선조가 이를 보고 감탄해하면서 간행하도록 했다는 것이다. 그래서 이듬해인 1585년 이산해(李山海, 1538~1609)의 서문과 유성룡의 발문을 붙여 계유자(癸酉字)로 간행하게 된다.7) 이것이 바로 『회찬송악악무목왕정충록(會纂宋岳鄂武穆王精忠錄)』이다. 그 후 이 책은 숙종 35년(1709)과 영조 45년(1769)에 각각 재간되어 두루 읽혀졌다.

악비는 이처럼 16세기 후반 실기가 간행된 이래, 국가적 위기 상황을

---

5) 명나라 姚茂良이 1501년 편찬하였다.

6) 柳成龍, 「精忠錄跋」, 『會纂宋岳鄂武穆王精忠錄』(규장각본). "萬曆甲申, 有譯官來自燕都, 以精忠錄一帙進者. 上覽之嘉歎, 下書局印出, 而題跋之命, 謬及於愚臣. 臣敬取而卒業, 則凡公平日所著詩若文及宋史本傳, 古今人敍述詠歌之辭, 裒集無遺. 間爲圖畵, 以象公經歷戰陣之跡. 英姿颯爽, 風采飛動, 令人不覺髮竪冠而目裂眦, 繼之以流涕也."

7) 이 序文과 跋文은 각각 『鵝溪遺稿』(권6)와 『西厓集』(권17)에 실려 있다.

맞아 충렬 사상을 고취시키려던 상층의 의도와 맞물려 제갈량(諸葛亮)과 함께 충신의 표본으로 칭송을 받기에 이르렀다.8) 또한 문천상(文天祥)과 마찬가지로 모함에 의해 죽은 사실이 화소(話素)가 되어 문학 작품에 반영되기도 하였다.9)

이제 「동선기」의 밑그림을 한 번 보자.

> 때는 汴京(南宋의 수도—인용자)을 잃은 지 오래였다. 중원의 부로들은 날마다 관군이 오기를 고대하며 서로들 이야기하기를, "道君皇帝(徽宗—인용자)는 이미 五國城에서 붕어하였고, 지금 천자는 다시 서호로 들어가 명승이나 탐닉하며 다만 안락을 추구할 뿐이다. 종사의 수치를 씻으려고 생각치 않고 先帝의 원수들을 갚으려고 도모하지도 않고 있다. 사해의 문물이 장차 오랑캐의 구린 냄새로 덮여지고, 억만 창생은 장차 피발좌임하게 될 것이다"라고 하면서, 서로 통곡하는 소리가 길가에 끊이지 않았다. 조정에서는 이를 잘 알고 있었으나 고식에 안주하며 군사를 내려고 하지 않았다. 이에 岳武穆이 팔뚝을 걷어붙이고 싸울 것을 청하자 5백 기를 내주었다.10)

위급한 상황이지만 속수무책인 조정이 중원(中原)의 부로(父老)들에게 목격된 장면이다. 이미 성은 적의 손아귀에 넘어갔고 임금마저도 도망간 변경(汴京)의 백성들은 이제 피발좌임(被髮左衽)하게 될 처지이다. 이때 악비가 팔을 걷어붙이고 의연하게 일어난다. 「동선기」는 이 같은 배경 아래에서 서사가 시작된다. 한편 『대송중흥통속연의』는 이렇게 황제의 땅이 오랑캐의 구린 냄새로 덮이게 된 원인과 뒤미처 황제가 도망가고 변

---

8) 『효종실록』 권21, 10년 3월 30일(경인)조. "(…중략…) 光洙曰 : '人之智謀, 不出常情之外, 漢之諸葛, 宋之岳飛, 奇謀異策之出於人者, 亦由於爲國盡誠之故耳.'"

9) 許筠, 「嚴處士傳」(『성소부부고』 권8). "讀史, 至成敗治亂君子小人之辨, 必慷慨論折, 亹亹可聽. 於武穆·文山之死, 則輒掩卷流涕."

10) 「동선기」(국립중앙도서관본을 저본으로 하여 이본 교감을 하였음. 이하도 동일함). "時久失汴城矣. 中原父老, 日望官軍, 相謂曰 : '道君皇帝, 已崩於五國城, 今天子, 又溺於西湖, 耽其佳勝, 但事宴樂. 宗社之恥, 不思所以雪; 先帝之讐, 不思所以報. 四海文物, 將爲胡羯腥膻; 百萬蒼生, 將爲被髮左衽矣.' 相與痛哭之聲, 不絶於道路, 朝廷雖知之, 安於姑息, 不肯發兵. 岳武穆奮臂請纓, 乃與五百騎."

경이 함락되는 과정의 서술이 그 서두를 장식하고 있다.11) 때문에 「동선기」와 『대송중흥통속연의』는 성립 조건이 동일하며, 이는 또한 17세기 전반 '호란'을 겪은 우리의 현실이기도 하였다.

작품의 후반부에 가면 악비가 군사를 일으켜 변경을 수복하고 금군(金軍)을 몰아내는 모티프가 다시 등장하는 바,12) 「동선기」는 시종 이 정강지변의 소용돌이를 따라, 그리고 악비가 금군을 물리치는 구도 속에서 서사가 진행된다. 이로 미루어 볼 때 「동선기」는 그것이 연의소설 『대송중흥통속연의』가 되었든 실기인 『정충록』이 되었든, 진작부터 고조되어 있던 악비의 사적과 매우 밀접한 관련 속에서 성립되었음을 알 수 있다.

그런데 『대송중흥통속연의』가 이처럼 역사적 사실을 연의한 것이라면 「동선기」는 그 전체적 배경만을 빌려왔을 뿐 완전한 허구의 산물이다. 요컨대 애정전기소설의 전통 속에서 창작된 것이다. 그런데 그 짜임새는 기존의 애정전기소설과 상당히 다르다. 곧 오래 전의 동선의 고사를 빌어와 소설적 결구를 시도한 일종의 '신선주유담(神仙周遊談)'이다.

동선의 유향은 오래되었다. 皇唐시대 徐州·杭州 사람들이 洞仙詞를 잘 불렀다. 뒷세상에 이를 전수하였으나, 그 지취를 극진히 할 수는 없었다. 그런데 항주의 한 기녀가 이를 능히 해득하여 月章星句의 진향을 모두 얻게 되었다. 그 후 수십 년이 지나 桃竹山으로 들어갔으니, 도죽산은 남해 수천 리 밖에 있다. 세상에서는 그녀의 종적을 알지 못한다고 한다. 다음에 그 내용이 상세하다.13)

---

11) 『大宋中興通俗演義』(『明代小說輯刊』 2집, 巴蜀書社, 82면). "賊遂渡河, 聲息報入京城, 道君太上皇帝知的時, 夜漏下二鼓矣. 大驚無措, 即出通津門東, 欲避乎難. 道君太上皇后及皇子帝姬等, 相續以行, 侍從百官, 往往潛遁."

12) 「동선기」. "乃附耳曰: '岳武穆將五百騎, 入汴大戰, 無不一當百, 北軍大敗, 將欲復之.'"

13) 「동선기」. "洞仙之遺響, 古也. 皇唐之際, 徐杭人長於詞, 後來傳得而未極其趣. 杭有一妓, 能以理會得之, 悉解星河月帳之眞響. 後數十年, 捲入于桃竹山, 山在海南累千里, 世莫知其所終. 其詳在下."

「동선기」는 이렇게 도입부에 신선의 자취를 가진 주인공을 내세워 앞으로의 전개 과정을 예감케 한다. 옛날 동선(洞僊)들의 면모로서 동선을 인간 세상에 환생시켜 뜻을 펼치고, 다시 도죽산(桃竹山)이란 선계로 귀향한다는 내용인 것이다.

이처럼 애정담에 신선을 주인공으로 설정한 것은 이 시기 소설사의 흐름에서는 낯설다. 그런데 중국의 경우 이 같은 형태의 작품들은 이미 낯설지 않다. 비록 애정담은 아니지만 명대 후반 '선계 체험의 파노라마'가 장편화된 소설에 포착된 예가 소설의 한 경향을 형성하고 있었다. 「주조기(呪棗記)」·「비검기(飛劍記)」·「철수기(鐵樹記)」 등이 그것인데, 이들 작품은 신선이나 전세의 인물이 인간 세상에 환생하여 펼치는 환상적인 주유(周遊)가 시종일관 유지된다. 특히 「비검기」는 종리자(鍾離子)의 제자 혜동(慧童)이 인간 세상에 뜻을 품고 여가(呂家)의 왕씨(王氏) 부인의 몸에 투탁하여 여동빈(呂洞賓)으로 환생, 천하를 주유한다는 내용이다.[14] 이 작품을 각색하여 이루어진 작품이 『성세항언(醒世恒言)』 21권의 「여동빈비검참황룡(呂洞賓飛劍斬黃龍)」이다.

여기에는 여동빈이 금릉(金陵) 땅에 들렀다가 봄놀이 하고 있는 규수 백모란(白牧丹)을 보고 구름을 타고 정원으로 들어가 운우지정(雲雨之情)을 나누는 내용이 보인다. 이는 꼭 동선과 서문적이 서로 동선과 동빈(洞賓)으로 자임하며 결연하는 부분과 근사하다.[15] 「동선기」는 이들 일군의 선계주유 작품들의 영향 속에서 그 수법을 원용했던 것으로 보인다. 그

---

14) 慧童이 呂洞賓으로 환생하여 세상을 주유하는 과정은 『구운몽』에서 性眞이 楊少遊로 환생하여 주유하는 형식과 같은 軌다. 『구운몽』의 형성에 이런 신선주유담이 적잖은 영향이 있었음을 시사하는 대목이다. 『구운몽』과 중국 소설과의 관련성이 조심스럽게 제기되고 있는 지금, 이 점은 주목을 요한다. 더욱이 뒤에 언급하겠지만 「동선기」가 『구운몽』과 연결되는 점이 적지 않음을 살펴볼 때, 이들의 관련성은 적지 않다.

15) 「동선기」. "洞仙聞, 卽驚歎曰 : '吾亦有是夢, 果有黃冠服靑者, 謂妾曰 : '不識西門氏乎? 吾洞呂仙之靈, 移托萬歲山下, 孕出西門勣, 乃是洞賓也.' (…중략…) 論難移時, 不覺欣慰, 及宵同枕. (…중략…) 生如醉如癡, 任意自適, 戱之曰 : '非洞賓, 安得洞仙乎?' 對曰 : '非洞仙, 豈致洞賓乎?'"

러면서도 애정과 전란을 수레의 앞 뒤 바퀴처럼 끌고 나간다는 점에서 이들과는 성격이 다르다.

결과적으로 「동선기」는 『대송중흥통속연의』 같은 명대 연의류 작품의 배경을 흡수하고, 명나라 후반에 새로운 형태로 등장한 「비검기」·「철수기」 등의 수법을 일정 정도 차용한 가운데, 우리의 전기적 서사 양태로 창작되었다고 볼 수 있다. 그렇다면 「동선기」는 언제쯤 창작되었을까?

비록 12세기의 정강지변을 그 시대적 배경으로 하고 있으나 전란이 애정전기소설에 구체적으로 개입된 것이 17세기적 산물임을 감안할 때, 일단 17세기에 접어들어 창작된 것으로 인정된다. 한편 김춘택이 소개한 북한 소재본 한문소설집 『화몽집』에 「동선기」가 실려 있고, 『화몽집』의 서두에 "약거기개 시천계육(約擧其槪, 時天啓六)(1626년) ……"이라는 기록이 있다고 한다.16) 때문에 특별히 다른 증거가 없는 한 「동선기」의 창작 시기는 1626년 이전이 되야 할 판이다. 그런데 문제는 『화몽집』에 함께 실려 있는 「강로전(姜虜傳)」 같은 작품이다. 「강로전」은 권칙(權伏, 1599~1667)의 작품으로, 창작 시기가 1630년으로 잡혀져 있다.17) 이것마저도 확증할 수 없다면 「강로전」에는 강홍립(姜弘立)의 죽음이 나오는 만큼,18) 최소한 그가 죽은 1627년 이후에야 지어졌다는 것은 의심의 여지가 없다. 필자는 김춘택의 언급대로 1626년이라는 성립 시기가 『화몽집』에 실린 9편 모두에 해당하는 사항인지 의심하고 있다. 게다가 지금 이 9편 중 「동선기」와 「강로전」이 호란을 소재로 한 작품인데, 대부분의 호란 관련 실기류나 소설은 병자호란을 배경으로 한 것이 많다. 특히 강도(江都)의 참상과 관련된 것이 대다수이다. 때문에 「동선기」는 병자호란이라는 한반도에서의 병란을 겪고서 성립될 수 있는 작품이다. 최소한 1636

---

16) 김춘택, 앞의 책, 205~206면.
17) 박희병, 「17세기 초 崇明背胡論과 부정적 소설주인공의 등장」, 『한국고전소설과 서사문학』 상, 집문당, 1998.
18) 權伏, 「姜虜傳」(국편본). "(…중략…) 言訖, 凝淚滿眶, 溘然而沒."

년 이후의 산물로 비정되는 것이다. 이때는 조선 땅이 이미 두 번의 왜
란과 호란을 겪은, 그야말로 어떻게 추스를 수 없는 괴멸의 상황이었다.
이런 점이 왜란 배경 애정전기소설과는 또 다른 모습을 구축할 수 있게
하였다.

3. 현실과 이상, 그 어긋남의 교직(交織)

「동선기」는 총 15,000여 자로, 상당한 분량을 자랑하는 「운영전」·「왕
경룡전(王慶龍傳)」과 비교해도 훨씬 장편이다.19) 글자 수만큼 서사구조가
확대되어 있으며, 그 사이에 유영하는 인물도 다채로운 편이다. 그렇다
고 해서 핍진한 서사가 전편에 걸쳐 펼쳐지고 있느냐하면 꼭 그렇지는
않다. 그 서사의 양태는 비현실적 비약과 현실적 맥락이 교차되면서 전
란 속의 이합을 얽어놓은 것이다.

서문적은 이미 유씨(劉氏)와 정식 결혼을 한 처지로 과거 공부에 10여
년을 투자한, 적어도 서른은 넘은 나이다. 고전소설 치고 꾀나 '나이든'
주인공이다. 그런 그가 각 지역을 유람하며 기녀 편력을 일삼는다. 그야
말로 그는 탕아가 아니면 낭만적인 인물인 셈이다. 그러다가 동선을 만
난다. 그들의 만남은 예의 '전기적 만남'이다.

　　마침내 한 곳에 이르렀는데, 총죽이 숲을 이루고 부용은 연못에 가득하였다.
　그 연못 모퉁이에 작은 집이 하나 있고 고운 발이 드리워져 있었다. 주렴 안에
　서 곡을 타는 소리가 낭랑하게 들리는데, 밖에서 들으니 그 소리가 맑고 그 詞
　調는 아름다웠다. 이에 귀를 기울이고 조용히 들어보니 마치 대나무 속에서 나

---

19) 「운영전」은 약 12,000자, 「왕경룡전」은 11,500여 자이다.

오는 것 같았다. 대숲으로 다가가 엿보니, 그 소리가 또렷이 연잎 사이에서 들렸다. 다시 좇아서 곡을 들어보니 그 여운이 가느다랗게 半空의 雲煙 속에 퍼졌다. 서문적은 소매 속에서 옥피리를 꺼내 이에 화답하였다.[20]

그런데 이 결연의 과정에는 '곡성(曲聲)'이 절대적인 매개가 된다. 「위경천전(韋敬天傳)」에서 위경천이 소숙방(蘇淑芳) 집을 찾아 들어가는 것도 음악소리에 이끌려 간 것이었다. 그러나 그것뿐 이들의 결연에 음악이 더 이상 중요한 매개는 아니었다. 그런데 서문적과 동선에게 있어서 음악소리는 그들의 만남에 절대적인 요소였다. 동선의 노래와 서문적의 피리 반주는 예의 전기소설의 화답시와 같은 역할을 하는 동시에 이들의 존재 조건이기도 했다. 서문적은 동선의 모습을 직접 보지 않고 노랫소리만 듣고도 마음이 미쳐 금방이라도 방안으로 뛰어들어가려는 충동을 억제치 못한다.[21] 전체 분량의 1/3이 넘는 이 결연 과정은 따지고 보면 피리 불기를 끔찍이 좋아했던 서문적이 그 지우 동선을 만나기 위한 과정이어서, 동선이 어떤 신분이든 아무 장애가 되지 않았다. 지금 서문적은 이미 현실이 요구하는 존재로서의 가치를 상실했거나 거부한 인물로, 선계의 조종을 받는 동선을 만나고 있다. 거기다가 이들은 음악을 통해서 만난지라 이 만남과 결연의 과정은 매우 낭만적이다. 서두가 이렇게 낭만적이면서도 결연 과정에 신분 조건이 문제가 되지 않았다는 점은 뭔가 치열한 또 다른 현실이 준비되어 있음을 복선처럼 암시하고 있다.

아니나 다를까 한순간 '전란'이라는 현실적 조건이 들이닥치면서 서사 양태는 급변하게 된다. 주인공이 현실 공간으로 내던져지면서 작품은 줄곧 서사의 굴곡을 좇는데 더 무게가 실리게 된다.

---

20) 「동선기」. "畢竟至一處, 叢竹成林, 芙蓉滿塘, 塘隅有一小閣, 以翠簾襲之. 簾內有理曲聲, 琅琅然聞于外. 其音瀏亮, 其詞婉好. 乃側耳恬靜以聞, 則如從竹裏出, 就竹俟之, 宛在荷葉間, 又從而曲聽, 則餘韻裊裊, 渾在半空雲煙之中矣. 生乃抽袖中玉笛以和之."

21) 「동선기」. "生聞語音, 清和婉轉, 海棠花下如聽流鶯, 王謝堂前如對燕語. 心馳氣逸, 將欲驟入, 而旋恐見忤 (…하략…)."

홀연 수천 명의 군사들이 한밤중에 대궐 문을 공격하는데, 그 소리는 번개가 치는 듯하였다. 급히 일어나 보니 임금의 수레는 달아나 西湖를 향해 내달리고 있었다. 날이 밝아지자 천병만마가 장안을 유린하여 천지에 진동하니, 연기와 화염은 사방에 가득하였다. 엎어지고 넘어져 죽은 도민이 1만을 헤아렸다. 서문적은 가족을 이끌고 도망쳐 東溟의 섬으로 피신하였다.[22]

이 부분은 한양이 호병(胡兵)에게 함락을 당해 임금은 급히 남한산성으로 피난하고 자신은 강도로 피신하는 병자호란 때의 누군가가 겪었을 만한 그런 장면이거니와, 아직 정신을 차리지 못한 서문적에게 홀연 적병이 들이닥친 것이다. 그제야 서문적은 낭만적 분위기에서 깨어난 듯 허겁지겁 피난길을 떠난다.

서사 양태도 이 시점에서부터는 매우 급박하고 활기차게 돌아가기 시작한다. 곧 전란 속에서 서문적과 동선의 이합이 자못 사실적 필치 속에 그려지게 된다. 더구나 부장 안기(安琦)가 이들 사이에 끼어 들어 갈등을 일으킴으로써 동선과 서문적은 걷잡을 수 없는 전란의 파고를 경험한다. 안기는 동선을 차지하려고 하며, 서문적은 안기의 모함에 의해서 연옥(燕獄)에 갇히게 된다. 그 과정에서 대결과 속임수 등의 장치도 제법 활용된다.

그러다가 서사의 흐름은 후반부에 와서 다시 한번 급선회한다. 줄곧 현실 공간을 내달리던 서사는 안기의 협박에 견디지 못한 동선이 자결함과 동시에[23] 순식간에 비현실적인 국면으로 치환되어 버린다. 그런데 동선의 자결은 고조된 갈등을 약화시킬뿐더러 새로운 국면의 전환을 원천 봉쇄하는 것이었다. 때문에 자결에 이은 또 다른 어떤 소통장치가 필

---

22) 「동선기」. "忽有甲兵累千, 夜衝闕門, 聲如迅雷. 急起視之, 乘輦逸出, 疾向西湖. 旣明, 千兵萬馬, 踐踏長安, 聲震天地, 煙熖四塞, 都民顚仆而死者萬計. 生挈家奔竄, 轉入東溟之島."

23) 「동선기」. "安琦每招洞仙, 轉環益急, 仙不堪其苦. (…중략…) 遂改粧盛服, 臥而不動, 母乃痛深, 百分勉之, 强以糊物, 一切不應. 第七日朝視之, 已死矣."

요했다. 그것은 죽어 입관(入棺)까지 됐던 동선이 다시 살아나는 '기적'이
었다.

> 4일째 되던 날에 입관을 했는데, 이날 선반 위의 거문고가 스스로 울리며 곡
> 조를 연주하니 화기가 흘러나와 사람들이 모두 기이하게 여겼다. (…중략…) 그
> 날 밤 한밤중이 지나면서 관이 홀연 스스로 열리더니 패옥 소리가 쟁쟁하게 울
> 리는 것이었다. 놀라움에 돌아보니 염습한 도구들은 모두 없어졌고, 곧 옥안이
> 선명하고 채색이 휘황한 복장을 한 동선이 곧장 일어나서는 유씨 앞에 절을 올
> 리며 말하기를 (…하략…).24)

동선의 이 같은 명계 체험과 환생은 다시 서두에서 보여주었던 적강
한 동선으로서의 면모로의 회귀를 보여준다.25) 그리고 이후 과정은 그
런 동선의 역량이 십분 발휘되는 것으로 진행된다. 연옥에 갇혀 있던 서
문적의 편지가 난데없이 동선에게 전달되고, 호손달희(胡孫㯂嬉)에게 핍
박받아 잘렸던 동선의 팔이 다시 붙어 온전하게 되는가 하면, 서문적이
시체더미 속에서 기적적으로 살아나는 등 온통 비현실적인 요소로 가득
채워져 있다.

이 같은 서사의 흐름은 전반부의 낭만적 결연, 중반부의 현실적 맥락
과 치열한 갈등, 후반부의 비현실적 결구로 정리해볼 수 있겠다. 확실히
「동선기」는 남녀주인공이 이합을 반복하면서 갈등을 겪는 전란 소재 애
정전기소설과 같은 맥락이다.26) 그런데 「동선기」는 부분 부분의 현실적
맥락이 강하게 느껴지면서도 전체적으로는 비현실적 구도에 의한 낭만
적 경향이 주도함으로써 현실적 맥락이 강화되어 있는 이 시기 여타 애
정전기소설과는 차이가 난다. 특히 후반부에 집중적으로 나타나는 비현

---

24)「동선기. "第四日, 襲入棺, 是日架上彈琴, 自鳴成曲, 和氣發越, 衆咸異之. (…중
　략…) 是夜幾分, 棺忽自開, 珮玉錚然, 驚顧視之, 則所襲之具, 皆盡無有. 卽見玉顔鮮
　明, 彩服煒煌, 急起出拜於劉氏前曰 (…하략…)."
25) 이 작품의 적강소설의 면모에 대해서는 소재영,「동선기 연구」참조.
26)「동선기」의 애정전기소설로서의 면모에 대해서는 신상필, 앞의 논문 참조.

실적인 부분은 17세기 애정류 한문소설의 방향이 갑자기 선회하고 있다는 느낌마저 들게 한다. 「동선기」의 이런 구도를 어떻게 이해할 것인가? 그것은 이보다 창작 시기가 앞선 전란 소재 애정전기소설과 지향점이 좀 달랐던 데서 찾을 수 있을 것 같다.

「동선기」의 이러한 구성은 성공한 형태로는 비춰지지 않는다. 전반부의 낭만적 정조와 중반부의 현실적 맥락, 그리고 후반부의 비현실적 비약이라는 체계는 어딘지 모르게 부조화로 느껴지기 때문이다. 그런데 「동선기」의 주제를 이해하는 관건은 이 부조화의 문제를 어떻게 받아들여야 하는가에 달려 있다.

사실 전란을 배경으로 하고 있지만 후반부의 납득할 수 없는 비현실적 요소의 첨입으로 보았을 때 동선과 서문적은 모든 간난을 극복하고 화락한 결연을 이루어야 될 판이다. 그러나 「동선기」는 결코 현실(전란)을 극복·초월하고 화락한 삶을 추구한 작품이 아니다.

> 동선이 말하기를, "(…중략…) 청컨대 가산을 정리하면 노자를 꾸릴 수 있을 것이니, 대부인의 묘를 찾아 정성껏 예를 차려 제를 올린 다음 다른 곳으로 들어가 깊숙히 숨는 것이 좋겠습니다. 제가 듣자오니 桃竹山이 아득히 바다 가운데 있다고 하니, 어찌 세상을 피해 숨을 만한 곳이 아니겠습니까?"라고 하였다. 上客(서문적-인용자)은 이 말에 매우 기뻐하며 일가를 데리고 곧장 떠나니 이웃에서 따라가려는 자들이 백여 명이나 되었다.[27]

전란의 소용돌이 속에서 겨우 목숨을 부지하여 재회한 동선과 서문적은 13년 간의 간난신고를 치르고 맞이한 이 결연을 현실에서 누려볼 틈도 없이 살림살이를 주섬주섬 챙겨 피세(避世)하느라 급급하다. 여기 '도죽산(桃竹山)'은 『홍길동전』의 '율도국'과 비견되는 이상향이다. 모두 혼

---

27) 「동선기」. "洞仙曰 : '(…중략…) 請傾家産, 尤治行資, 過大夫人墓, 祭以盛禮, 轉入深藏, 可也. 吾聞桃竹山邈在溟海中, 豈非避世可藏處乎?' 上客甚喜其議, 捲一家卽發, 隣人願從者, 百餘人."

란한 시대의 한 상징임에 틀림없다. 그러나 양자의 의미 지향은 전혀 다르다. 홍길동의 율도국은 일종의 '현실의 대안처'로 기능한다면, 동선과 서문적에게 있어서 도죽산은 '현실의 피난처'이다. 지금 이들은 이 급박한 현실을 어서 빨리 도망치는 것이었다.

「봉래록(蓬萊錄)」이라는 유기(遊記) 뒤에 합철되어 있는 「금강문답(金剛問答)」은 바로 이 시기의 기록물이다.28) 서봉자(西峯子)가 피세의 뜻을 품고 금강산을 찾았는데, 마침 그곳에는 신선의 자취를 밟고 있는 네 사람이 난리를 피해 먼저 들어와 있었다. 이들이 주고받는 이야기는 모두 세상을 등지는 방도였다. 정묘호란과 인조반정을 경험한 서봉자로서는 세상의 난리에서 완전히 벗어나 있는 이 네 사람이 마냥 부럽기만 하다. 홍미로운 사실은 이 같은 피난처(혹은 피세처)가 전란의 시기를 맞이하여 구체적인 장소로 지목되고 있다는 점이다. 여기 '금강산'이 그렇고, 오도일(吳道一, 1645~1703)의 「설생전(薛生傳)」의 '영랑호(永郞湖)'가 그렇다. 결과적으로 이 시기 선계 체험담은 현실의 피난처를 찾아가는 과정의 산물이었다.29)

우리는 「최척전」·「주생전」 등에서의 전란의 상처를 경험한 바 있다. 그런데 이런 작품은 이제 막 초유의 전란을 정신 없이 경험한 흔적이 역력하다. 순식간에 들이닥친 전란이 인간 개체에게 어떤 무게로 다가왔는지를 보여줄 뿐 특별히 다른 제스처를 취할 여유가 없다. 그런데 한반도는 다시 또 '호란'이란 두 번의 대전란을 치러야 했다. 한 개인으로서 한반도에서 존립하는 것은 도저히 불가능한 현실이 된 것이다. 그래서 피세를 꿈꾸게 되었다. 「동선기」는 그런 시대의 반영물이었다. 지겹도록 전란을 치른 그 누군가의 실기이고 자화상인 셈이다.

---

28) 「봉래록」은 동국대 도서관에 귀중본으로 보관되어 있다. 이에 대해서는 정환국, 「車軾의 「蓬萊錄」에 대하여」(『한국한문학연구』 27집, 한국한문학회, 2001) 참조
29) 이런 측면에서 전 시기 「崔生遇眞記」와는 일정한 거리가 있다. 「최생우진기」가 사화 등 정치적 혼란 속에서 이념의 재정비 차원에서 仙界를 빌은, '이념향의 지향'이라면, 전란 후의 선계 체험담은 선계가 하나의 삶의 자체로 추구된 것이다.

이 점과 관련하여 주인공 동선(洞仙)의 형상을 정리해볼 필요가 있다. 그녀는 분명 여선(女仙)이지만, 보다 인간화된 여선이다. 작자는 동선의 이미지를 '보통의 여성'으로 각인시켜 놓았다. 이 점은 「동선기」의 형식의 불합리성과도 밀접하게 연관되어 있는데, 동선의 여선적인 면모와 인간적인 면모가 작품의 전개 과정에서 중첩되면서 형식상의 부조화를 초래한 것이다. 이를테면 전반부의 기녀로서 동선사(洞仙辭)를 부르던 모습은 막 적강한 동선이었고, 전란 속에 부침하며 안기의 협박에 고통스러워하는 그 모습은 한 여성으로서의 동선이었다. 그리고 후반부에 재생하여 서문적을 구해 도죽산으로 들어가는 모습은 바로 여선으로서의 동선이었다. 그러면서 작품 전체의 흐름은 동선이 '여선' 쪽보다는 '여성'으로서의 면모가 강하다는 사실이다. 여성이면서 도술을 부리던 「박씨전」의 박씨(朴氏)의 형상과도 또 다른 모습이다. 여선이기 때문에 전란이라 하더라도 죽진 않지만, 인간화되었기 때문에 예의 일반 사람이 겪을 법한 온갖 고초를 경험해야 했다. 이런 측면에서 이 작품이 민중적 염원을 노래하고 이를 극복해보려는 민중의 의지의 투영이라는 견해는 일면 수긍이 간다.30) 그러나 이를 극복해보려는 의지의 투영은 아니다. 그것보다는 이제는 도저히 극복할 수 없는 현실을 애써 등져 보려는 몸부림이라고 보는 것이 더 어울린다.

이 지점에서 중국 쪽의 작품을 하나 거론해둘까 한다. 청초(淸初)의 작품 『여선외사(女仙外史)』이다. 명초(明初)에 산동(山東) 지방에서 반란을 일으켰던 역사적인 인물 당새아(唐賽兒)가 역시 명초에 일어났던 '정난(靖難)'을 수습하는 내용이다. 그런데 이 당새아를 여선으로 둔갑시킨 점이 흥미롭다. 「비검기」 등과 마찬가지로 이 작품 또한 항아(嫦娥)였던 당새아가 당씨(唐氏) 집에 투탁하여 다시 태어난 여선이다. 그녀는 제2대 황제 건문제(建文帝)를 내쫓고 왕위를 탈취한 성조(成祖, 즉 永樂帝)를 죽이고

---

30) 김춘택, 앞의 책, 247~257면.

명조(明朝)의 정통을 회복한다. 비록 실존한 인물이지만 역사적 사실과는 전혀 다른 여선으로 둔갑시켜 허구로 꾸민 것이다. 그래서 "허탄함을 말하여 진실을 펴고, 기이한 일을 기록하여 바른 뜻으로 삼았다"[31]는 후대의 평을 들었거니와, 우리 쪽에서도 그 설정의 허탄함을 비판하기도 하였다.[32] 어쨌든 '동선'과 '당새아'는 주인공으로서 같은 셈인데, 동선은 호란 속에서 활동한 반면 당새아는 명말 청초의 왕조교체기에서의 혼란과 반란을 문제삼기 위한 설정이다. 그런데 당새아는 전일한 여선으로서의 형상이며, 따라서 그녀 앞에 가로놓여 있는 갈등은 모두 자연스럽게 해결할 과정으로 남아 있을 뿐이다. 그는 예정대로 전지전능한 능력을 발휘하여 국난을 극복하고 명조의 정통을 다시 반석 위에 올려놓는다.

이에 비해 동선의 형상은 초라한 편이다. 그러나 바로 여기서 「동선기」의 의미 지향은 보다 강렬해 보인다. 일반 인민이 아닌, 여선적 면모를 지닌 주인공을 내세워 전란의 소용돌이를 정면 돌파시켜 본 것이다. 현실을 극복하고자 하는 갈망으로서의 '이상'과 엄청난 무게로 후려쳐 오는 '현실'을 동시에 포섭하여 한반도의 지난한 전란을 반추시켜 준다.

4. 17세기 소설 전변의 면모로서의 「동선기」

이제 인물 형상과 구성의 특징을 통해서 「동선기」의 소설사적 이행기로서의 면모를 살펴보자.

---

31) 劉廷璣, 『在園品題』. "(…중략…) 所以謂之『外史』, 言誕而理眞, 書奇而旨正者也." (李時人 外, 『中國古代禁毁小說漫話』, 37면에서 재인용)

32) 李鈺, 「鳳城文餘·諺稗」(『薝庭叢書』 권28). "夫作稗史者, 巧覘正史之有疑案處, 便把作話柄. 李師師之游幸, 則忠義水滸傳有松江夜謁娼樓之語; 楡木川之卒崩, 則女仙外史有賽兒授劍鬼母之說. 千載之下, 紫聰耳目者, 罪固大矣."

　　[1] 「동선기」는 주인공 동선과 서문적 외에도 다양한 인물이 포섭되어
서사의 곡진한 부분마다 제 색깔을 발휘하고 있다. 동빈(洞賓)으로 자임
했던 서문적은 엄연한 잠영거족(簪纓巨族)이었다. 그러나 그는 유세의 뜻
을 지닌, 현실에서 소외된 인물이다. 때문에 전란 같은 무지막지한 위력
앞에서 그는 무력했고, 유독 동선의 의지와 그 노력에 의해 서사는 진행
될 수밖에 없었다. 「동선기」는 이 지점에서도 17세기 애정류 소설의 보
편성을 일면 획득하고 있다.

　　그런데 「동선기」에는 이전에 만날 수 없었던 인물군이 등장한다. 그
중심에 서 있는 개체가 바로 '안기(安琦)'라는 부정적 인물이다. 기존의
논의에서도 안기의 존재에 대해 주의가 기울여졌지만, 그는 단순히 악인
형으로만 각인되어 있는 것이 아니라, 다양한 형상을 통해 적대적 인물
의 전형성을 획득한 것으로 보인다. 때문에 「왕경룡전(王慶龍傳)」의 창모
(娼母)와는 또 다른 유형이다. 특히 안기가 동선에게 경도되어 그를 핍박
하는 과정은 「동선기」의 중반 부분을 장식하고 있는데, 마치 전란은 잠
시 안기가 동선을 넘보게 하기 위한 장치로 느껴질 정도다. 안기의 동선
에의 집착은 한편으로는 진정어린 모습으로, 또 한편으로는 세속적 욕망
에 사로잡힌 모습으로, 양면성을 지닌 존재로 다가온다. 때문에 악인형
인물로만 고착되어 있지 않다.

　　안기와 동선 사이의 갈등 구도는 중반부 작품 전개에 있어서 가장 중
심적인 것임은 물론 서사 진행의 절정으로 몰고 가는 방향키다. 전란이
라는 외형적 갈등 요소를 무색케 할 만큼 그의 존재는 도드라져 있다.
이에 비하면, 마지막에 등장하는 호손달희(胡孫㺚嬉)는 그야말로 단순한
악인형 인물일 뿐이다.

　　우리는 여기서 소설의 부정적 인물의 존재 이유를 실감하며, 그러한
부정적 인물이 작품 속에서 어떤 갈등의 파고를 일으키고 있는지 새삼
목도하게 된다. 이 같은 부정적 인물로는 안기·호손달희의 형상 외에
도 서문적의 친구로 등장하는 장만부(張萬夫) 같은 경우가 눈에 띈다. 서

문적과 장만부·최념(崔諗) 세 사람은 막역한 사이다. 현세에 별로 뜻이
없는 서문적에 비해 장만부는 대장부의 기상이 있는 인물이다. 그의 목
표는 바로 '입신양명'이었으며, 지금같은 전란의 시기가 절호의 기회임
을 호언하기까지 한다.33) 이런 그가 실제 전란의 소용돌이에 휩쓸려 들
어가서는 어떻게 되었던가? 그의 존재는 전반부 서문적과 서주(徐州)·
항주(杭州) 등을 유람한 이후에는 한동안 드러나지 않다가 동선이 연옥
(燕獄)에 갇혀 있는 서문적을 찾아 나선 과정 중에 다시 나타난다. 잠깐
드러낸 그의 모습은, 그러나 전혀 다른 인물로 변해 있었다.

　　옥단은 40일째 되던 날 한 곳에 도착하였는데, 홀연 장만부를 만나게 되어
　그 기쁨은 표현할 수 없을 지경이었다. 이내 그 사정을 알리자, 장만부는 "나
　또한 피로되었다가 저들의 뜻을 잘 따랐더니 저들이 나를 좋아하여 관직 하나
　를 주어 이곳을 지키며 있소. 이곳은 바로 西河館이란 곳이오 지금 小君부인
　(서문적의 부인 劉氏－인용자)과 낭자를 만나게 되니, 천만 뜻밖이라 마치 존형
　(서문적－인용자)을 만난 것처럼 놀랍고 기쁘오"라고 하였다. (…중략…) 장만부
　의 동료인 胡孫橽嬉라는 자는 풍채 건장한 자로, 난리가 일어난 후 장만부와
　결교한 자였다. 그는 항상 장만부를 통해서 동선의 정절과 그 아름다움을 들었
　던 터였다. 호손달희는 "원컨대 그 천하에 없는 절색을 보고 싶소"라고 하였다.
　이에 장만부는 "무슨 어려움이 있겠습니까?" 그날 밤으로 장만부는 동선에게
　사람을 보내어 "마침 부족하나마 갖춘 것이 있어 함께 위로코자 하니 오겠소?"
　라고 하자, 동선은 감격하여 즉시 찾아왔다. 얼마 후 소리가 들리는데 문지기가
　종종걸음으로 와서는 '胡孫使君이 납시었나이다' 하는 것이었다. 장만부는 동
　선에게 "저 사람은 나와 절친하니 무어 꺼릴 것 있겠는가?"라고 하며 마침내
　들어오게 하고 술을 내왔다.34)

---

33) 「동선기」. "張生曰 : '立德立言, 莫如立名, 立名又莫如逢時吐氣. 方今北馬南牧, 秦
　　喝不已; 野狐陸塌, 漢頌不絶, 此乃大丈夫得志之秋也. 正欲腰靑萍, 手白羽, 駕八飛,
　　披六塵, 鳴玉帳之雄風, 掃金門之腥穢. (…중략…) 一則祖先之榮, 二乃子孫之福也.'"
34) 「동선기」. "第四十日, 至一處, 忽逢張萬夫, 喜極幸甚, 告以情事. 張曰 : '吾亦被擄,
　　善承彼意, 乃悅之, 授以一官, 留守是境, 即西河之館也. 今見小君夫人及小娘子, 出
　　於慮不到處, 不覺驚喜, 若接吾尊兄矣.' (…중략…) 張同僚胡孫橽嬉者, 英傑人也, 張

여기의 장만부는 처음 호기 어린 목소리로 언급한 소회와는 딴판으로, 적진에 항복해 겨우 자리나 차지하고 있는 비열한 존재로 변해 있다. 거기다가 동선을 저편에 소개시키는 아부의 근성까지 드러낸 장만부는 어느새 적의 앞잡이 노릇까지 일삼고 있다. 여기서 또다시 전란 속에 부침한 한 개체를 만나게 되거니와, 결과적으로 동선의 갈등 상대로 문면에 자리한다.

「동선기」에는 이처럼 '부정적 인물군'이 등장하는 바, 이들 사이에 층차도 획일적이지 않고 다양하다는데 그 특징이 있다. 때문에 「동선기」의 전체적인 구도는 오랑캐↔악비라는 큰 갈등의 체계 속에 서문적·동선·유씨(劉氏) 등의 긍정적 인물과 안기·호손달희·장만부 등 부정적 인물 사이의 첨예한 갈등이 액자화된 형태다. 전란이라는 큰 틀 속에 '적대적 인물'을 한데 겹쳐 놓음으로써 중첩된 갈등 구도를 전개한 것이다.

그런데 이 같은 인물 설정과 그 구도는 기실 전 시기 소설에서는 찾아볼 수 없는 형태다. 전 시기 소설의 갈등 양태는 '주인공(인물)↔환경(사회)'이었다. 남녀주인공은 거부할 수 없는 엄연한 현실 앞에서 좌절할 수밖에 없었다. 이것이 이 시기의 소설의 미의식이기도 했다. 그런데 이 시기에 오면 점점 안타고니스트가 문면에 부상하기 시작한다. 「운영전」의 '특(特)'을 필두로, 「왕십붕기우기(王十朋奇遇記)」의 '손여권(孫汝權)', 「왕경룡전」의 '창모'를 거쳐 「동선기」의 '안기'·'호손달희'·'장만부'에 오면 부정적 인물도 층위가 생기고, 아울러 그 성격짓기가 애매한 인물까지 등장하기 시작한다. 이에 따라 갈등의 구도도 변모하게 되는데, 주인공은 바로 이렇게 문면에 부상한 부정적 인물들과 구체적으로 갈등을 일으키고 반전을 거듭하게 된다. 곧 소설의 갈등이 현상적으로 '인물(주인공)

自亂後, 相結爲契, 常與語洞仙之貞節且美. 樓嬉曰 : '願接天下所未見之色.' 張曰 : '有何難哉?' 到夕, 送人於仙曰 : '適有薄具, 欲與慰沃, 其肯來未耶?' 仙感而卽到. 俄聞, 閽者趨進曰 : '胡孫使君在門.' 張謂仙曰 : '彼與我契厚, 何嫌之有?' 遂令許入, 酒進 (…하략…)."

↔인물(적대자)’로 변화된 것이다. 물론 이때의 적대자는 그 후면에 사회라는 큰 장벽을 여전히 짊어지고 있으면서 구체적인 갈등의 국면을 자신이 떠맡는다. 이 같은 갈등 구도의 변모는 소설사에서 대단히 흥미롭다. 소설이 그만큼 독자들에게 다가가고 있었다는 점과 아울러 이런 갈등이 점차 현실 국면에서 해결될 수 있다는 모종의 실마리를 제공해주었다는 점에서 그렇다. 한마디 더 허락된다면 소설이 권선징악적 구도로 변모하면서 점차 해피엔딩으로 끝나는 형식을 취할 수 있는 계기가 마련된 것이다.

물론 「동선기」가 이런 단계에까지 나아간 것은 아니다. 그러나 이후 국문소설의 갈등은 거개가 이러한 양상으로 형식화되어 있다는 점을 상기할 때, 이 변화는 이 시기 소설사의 향방에 있어서 중요한 흐름으로 간주된다.

② 「동선기」는 애초 작품 서두에서 비현실적 직조를 예감케 하는 동선에 대한 짧은 멘트가 있었다. 그리고 그 내용은 병자호란 때 한 부부가 겪음직한 소재이기도 하다. 병자호란 실기류 중 부부가 겪은 피화(被禍)의 체험담 하나를 여기에 집어넣어 보면 어떨까 싶을 정도다. 전란은 「최척전」의 기적적인 생환이나, 「주생전」의 기약 없는 이별이나, 「위경천전」의 희망 없는 죽음 같은 상황들이 연출되는 소설의 중요한 소재임에 틀림없다. 「동선기」도 전란에 대한 가장 현실적인 상황을 포착해 놓은 것이다. 그런데 「동선기」에서는 이 난관이 극복할 수 없다는 전제에서 출발하고 있다. 그 가혹한 현실에서의 답을 찾을 수 없는 이상, 비현실적 주인공과 이상적 공간을 차용해서 그 대안을 찾아보려 했다.

이런 면모는 또한 17세기 애정류 한문소설의 이행기적 과정 속에서 주목해볼 만하다. 그런 예는 몇 가지 모티프에서도 확인해볼 수 있다. 특히 「동선기」는 『구운몽』과의 관련성이 적지 않다. 서문적이 양주(楊州)·서주(徐州), 그리고 항주(杭州) 지역을 유람하면서 설영(雪英)과 경경

(瓊瓊), 그리고 동선을 만나 결연하는 과정은 양소유(楊少遊)가 화주(華州)에서의 진채봉(秦彩鳳), 낙양(洛陽)에서의 계섬월(桂蟾月), 장안(長安)에서의 정경패(鄭瓊貝)를 차례로 만나 사랑을 일구었던 그 모습을 미리 보는 듯하다. 이 같은 인물의 유사성말고도 전체적 분위기가『구운몽』과 유사한 면이 많다. 곧 성진이 양소유로 탄생한 것을 눈여겨볼 때 동선과 서문적의 모습은 그리 낯설지 않다. 그러나 그 수법이나 문장 구사는『구운몽』과는 상당한 거리가 있다. 두 작품 사이에는 애정전기소설과 규방소설과의 차이가 가로 놓여 있는 것이다.

「동선기」에서 살펴지는 또 하나의 특징은 애정을 중심으로 서사가 진행되되, 전란으로 인한 군담적 요소가 틈입되어 있다는 점이다. 같은 전란을 소재로 한 「주생전」·「최척전」·「위경천전」의 경우 군담적 요소는 전혀 찾아볼 수 없다. 이런 점이 그 변모의 현저한 경우인데, 물론 이는 아직 소박한 형태이다.

> (동선은—인용자) 이에 행걸자 수백명을 취합하여 꾀하기를, "너희들은 또한 장차 비린 세상에 짓밟히고 말것인가? 만약 자신들의 삶을 아낀다면 모름지기 나의 말을 들을 것이다"라고 하자, 모두들 "예!"라고 하였다. 그런 후 그들을 거느리고 府中으로 들어가 관리를 위협하여 그 장물을 모두 빼내고, 남아 있는 것도 모두 수습하여 마침내 수십의 기마 및 활과 검, 깃발과 북, 비단과 베 등속을 얻었다. 그리고 오랑캐 복장을 만들어 입고 대오를 갖추어 거느리고 출발하니, 마치 성을 지키던 부장이 급보를 듣고 적진을 향하는 것 같더라.[35]

동선이 연옥(燕獄)에서 서문적을 구출하여 적진을 빠져 나오는 대목이다. 적의 관부(官府)를 습격, 무기를 탈취하고 적의 복장으로 위장하여 탈출하는 짧은 편폭의 장면이지만 적진 급습과 위장술 등 적잖은 군담적

---

35) 「동선기」. "乃聚行乞者數百人, 謀曰 : '汝等, 亦將爲踐踏腥塵乎? 若愛其生, 須聽吾言.' 僉曰 : '諾!' 然後, 領入府中, 劫其守吏, 盡發其藏, 收其所餘, 乃得數十騎及弓劍·旗鼓·布帛之屬. 製胡服而衣之, 設行伍而率之, 遂以啓行, 猶如守城副將聞急赴敵矣."

요소가 녹아들어 있다. 이미 앞에서 명대 연의류소설의 전통이 「동선기」
에 일정하게 녹아들어 있음을 밝혔거니와, 이후 규방소설에 오면 군담적
요소가 애정을 중심으로 접합되는 경향이 일반화된다는 점을 고려해볼
때36) 「동선기」는 그 초기적 모습을 보여준다. 이런 문제와 관련하여 주
목되는 점이 국문본 「동선기」이다.

　신구서림판 국문본37)에 대해서는 이미 소개된 바 있다.38) 국문본과
한문본 사이에는 이본이라 할 수 없을 만큼 차이가 많다. 한문본에 나오
는 동선의 자결과 재생, 그리고 후반부의 호손달희와의 갈등 등이 아예
빠져 있을 뿐만 아니라, 껄끄럽던 비현실적 요소가 거의 소거된 대신 동
선의 여영웅적 면모가 부각되어 있다.39) 게다가 재상 소참정(蘇參政)을
연계로 서문적이 연옥에서 구제, 이윽고 항주자사(杭州刺史)가 되어 유부
인과 동선, 그리고 소참정의 딸과 경경(瓊瓊)·설영(雪英) 등 모두 이부인
(二夫人)·삼가인(三佳人)을 거느리고 다손다복하게 살다가 우화등선(羽化
登仙)하는 결말 부분은 한문본에는 전혀 없다. 이 부분에 오면 오히려 국
문장편소설의 결말구조에 맞닿은 인상이다. 특히 소참정의 등장 부분은
일반 국문본 소설의 서두와 완전히 일치해 있다.40)

---

36) 17세기 중반 이후 애정소설에 애정과 군담이 접합되는 흐름은 주목해볼 필요가 있
　　다. 중국의 경우는 대체로 애정류 소설과 연의류 소설이 상호 구분되어 양자가 함께
　　발전한 반면, 우리의 경우 두 가지가 합쳐져 장편화된 경향이 짙다. 이에 앞서 17세기
　　애정전기소설도 이전의 전기소설의 틀을 벗어나 다양한 형태를 포지하면서 장편화와
　　장르적 변화를 나름대로 꾀하고 있었다.
37) 구활자본으로 1913년에 간행되었으며, 24회의 회장을 갖추고 있다. 본고에서는 『한
　　국고전문학』 100(집문당, 1984)의 1권에 수록된 「동선기」를 인용하였다.
38) 소재영, 앞의 논문.
39) 신구서림판 「동선기」. "선이 일습 남자의 옷을 바꾸어 입고 춘운을 데리고 표연히
　　길에 오르니, 일개 아녀자로 금석같은 절개를 지켜 부귀를 초개같이 여기며 죽기를
　　浮雲같이 알아 刺史의 위엄에도 승복치 아니하고, 만리 연경을 지척같이 여기며, 皇
　　城 원로를 이웃같이 알아 家夫를 伸寃하고 안기를 박살하니, 국가의 충신이요 일가
　　의 전부라 소소한 아녀자로 충절이 쌍전하니 가히 금석에 새겨 천추에 유전하염직하
　　더라."(19回)
40) 신구서림판 「동선기」. "소년 등과하여 벼슬이 玉堂翰院에 이르니, 청렴 정직하여 성
　　상이 기리시고 조야가 欽敬하나, 마음이 일상에 閑雅함을 좋아하므로, 일일은 벼슬을

이런 차이를 어떻게 설명할 수 있을까? 한문본과 국문본은 목표하는 의도가 서로 다른 데 있었다. 전자가 전란의 상처를 고발하기 위한 구도라면, 후자는 동선과 서문적의 고난 극복과 해후의 과정에 초점이 맞추어져 있었다. 요컨대 국문본은 후대에 국문장편소설의 전통 속에서 한문본을 개작한 것으로 판단된다. 이러한 한문본과 국문본의 관계는 「왕경룡전」과 이를 개작한 애국계몽기 신문소설 「용함옥(龍含玉)」의 관계와 그 궤가 비슷하다. 그런데 이런 변개가 가능하다는 것은, 역으로 그만큼 한문본 「동선기」의 구도가 그 전 시기 애정전기소설의 형식에서 많은 부분 일탈하여 후대 소설로의 변모의 가능성을 한껏 포지하고 있었다는 반증이겠다. 따라서 「동선기」는 그 형식과 방향에 있어서 17세기 소설의 행보가 어떻게 움직여갈 것인가 하는 문제에 있어서 여러 가지 시사점을 확보하고 있다.

5. 나오며

지금까지 「동선기」의 창작 배경과 그 시기 및 지향점, 그리고 전후 소설의 전변 과정 속에서의 위상을 짚어보았다. 서두에서 제기했었던 문제가 충족되었느냐고 반문해볼 때, 그리 만족스럽지 못하다는 사실을 인정하지 않을 수 없다. 그러나 이런 소설사적 흐름을 파악하는 작업은 어느 한 작품이 이에 대한 모든 실마리와 문제를 해결해주지 않는다는 점을

하직하고 고향에 돌아와 (…중략…) 다만 슬하가 적막하고 매양 슬퍼하다가 행년 오십에 비로소 일개 여아를 득생하니, 容貌淡蕩하고 才智過人하여 십여세 에 이르러 詩書書算과 針線紡績을 거칠 것 없이 능통하니, 공의 부부 晩來에 장중보옥 같이 사랑하여 후원에 별당을 세우고 공업을 힘쓰게 하며, 사오 개 시비로 갈마들어 使喚케하더라."(17회)

「동선기」는 상기시켜 주고 있는 셈이다.

지금 이 문제의 초점은 17세기 전반 애정류 한문소설과 17세기 중반 이후 발흥한 국문 장편소설과의 '거리 좁히기'이다. 「동선기」를 소설사의 흐름에 유념하여 그 특징을 간추려보려 한 것이다.

21세기 우리의 눈에 17세기는 과연 어떻게 각인되어 있는가? 그 속에 꽃망울 터지듯 만개한 '소설'은 또 우리에게 어떻게 다가와 있는가? 특히 『구운몽』 같은 걸작은 순전히 김만중(金萬重) 한 개인의 천재적 사유의 산물이던가? 과거와 고전소설에 관심을 뒀다면 누구나 생각해볼 수 있을 법한 문제다. 그런데 이런 문제를 되짚어보면 볼수록 그 속에는 '뭔가 계기가 있었을 텐데' 하는 의구심이 깊어진다. 이런 의구심이 연구자들 사이에 공유되기 시작하면서 지금 이 17세기의 전후 시기의 양식적 연결 가능성에 대한 조심성 있는 접근이 시도되고 있는 것 같다.

본고는 거시적으로는 이런 문제에 유념하면서 출발하였다. 그래서 진작에 16세기 말 17세기 전반까지 창작된 것으로 추정되는 애정류 한문소설(이를 편의상 본고에서는 애정전기소설이라 불렀다)의 구성 양태와 미의식을 추적해본 결과, 이후 국문소설과의 관련성이 적지 않음을 확인할 수 있었다.41) 그런데 그 자리에서는 「동선기」를 함께 다루지 못했다. 왜냐하면 그 성격이 약간 다르다고 판단되었기 때문이다. 지금 「동선기」를 분석하면서 느낀 점은 뒷시기 국문소설과의 연결 가능성이 더욱 뚜렷하다는 사실이다. 다만 여기서는 단순히 몇몇 모티프와 구성적인 측면을 따져 보았을 뿐이다. 표면적으로 드러나는 차이 속에 실가닥처럼 연결되어 있는 저류의 흐름을 파악하기에는 아직 충족되어야 할 문제들이 산적해 있다.

이제 이 문제를 풀어가기 위한 몇 가지 부스러기를 지적하면서 갈무리할까 한다. 17세기 한문소설(애정전기소설)과 국문소설(규방소설) 사이에

---

41) 정환국, 「17세기 애정류 한문소설 연구」, 성균관대 박사논문, 2000.

는 표기수단에서 미의식까지 그 거리가 엄연하다. 더구나 독자층의 문제가 개입될 때는 더욱 복잡한 양상을 띠게 된다. 이런 소설의 전변을 제대로 꿰뚫기 위해서는 먼저 양자의 양식적 특질이 보다 선명하게 밝혀질 필요가 있다. 이 시기 소설의 전반을 양자로 묶어버리는 것은 어쩌면 다양한 양상을 죽이는 결과가 될 수도 있겠지만, 그 흐름을 제대로 파악하기 위해서는 이 묶음은 불가피해 보인다. 물론 양자로 묶었을 때 각자 다양한 양상이 혼효되어 있는 바, 그 다양성도 동시에 파악되어야 할 것이다. 한편 양자 어느 쪽에도 편입되기 어려운 애매한 성격의 작품들이 더러 있는데, 이런 작품들의 특질도 함께 파악될 필요가 있다. 이를테면 「홍백화전(紅白花傳)」이 그런 작품이다.[42]

이 같은 전체적인 성격 파악과 함께 주의를 기울여야 할 부분이 모티프의 관련성이다. 모티프의 발전과 변개는 소설의 길이의 변화는 물론 질적 차이까지 담보하고 있다. 따라서 소극적인 작업으로 인식될 수도 있는 모티프의 흐름을 파악하는 일 또한 적잖은 해결을 기다리고 있다.

다음으로 중국 소설과의 관련성 문제다. 분명한 것은 우리 소설이 전환을 맞이할 때마다 중국 소설의 외형을 빌어 왔다는 사실이다. 이는 동아시아의 보편성에서 어쩔 수 없었던 과정으로 이해된다. 특히 이 시기에는 중국에서 재자가인소설이 발흥하였고, 우리 쪽에 그 영향이 적지 않았던 것으로 판단된다.[43] 그러나 단순히 영향 관계만을 따지는 것은 결코 생산적인 작업이 될 수 없다. 우리의 경우 규방소설이라는 우리만의 양식을 일구어냈기 때문이다. 그렇지만 이 시기 우리 소설의 전변을 보다 객관적으로 파악하기 위해서는 이 문제는 그냥 지나칠 수 없는 일이 되어 버렸다.

마지막으로 양자를 소설사적 흐름 속에서 파악하기 위해서는 독자층

---

42) 전란을 배경으로 족출한 夢遊錄의 행방도 또한 이 시기 소설의 전변에 있어서 문제 거리이다.

43) 이에 대해서는 제3부 「17세기 번안·개작 전기소설의 면모」에서 구체적으로 다루었다.

의 형성 문제를 밝히는 작업 또한 큰 몫으로 남아 있다. 약간 벗어난 이야기지만 『금오신화』와 17세기 전반 애정전기소설과의 가장 큰 차이점이라면, 서사의 경향성을 지적할 수 있다. 이미 17세기에 들어오면 소설은 확실히 누군가가 '읽을 것'이라는 점을 의식한 서사 양태를 보여준다. 그런 반면 『금오신화』는 결코 누군가가 읽을 것이라는 점은 의식하지 않았다. 그런데 이것이 17세기 후반으로 접어들면서 국문 장편소설에 오면 실제 독자층이 형성되어 있었다. 중요한 사실은 이런 독자층의 형성과 요구에 따라 소설의 양식도 바뀌게 되었다는 점이다. 이안 와트의 지적처럼 근대소설의 발생 과정에서 생기는 소설 장르의 속성이 우리 소설에도 적용되는 때가 된 것이다. 예를 들어 전란이 배경인 경우, 애정전기소설에는 참담한 현실을 묘사하려 했을 뿐이다. 그런데 독자층이 형성되면서부터 이는 고난의 장치일 뿐 극복되어야 할 대상으로 탈바꿈한다. 당연히 그에 따라 미의식도 차이가 나게 되었다. 그 가장 현저한 예가 이후 소설의 형식이 권선징악적 구도로 전화(轉化)되었다는 사실이다. 그런데 이런 변화가 바로 17세기 전후로 뒤미처 일어난 소설사의 행방이었다.

때문에 이런 점들이 하나하나 주목되고 그 주목의 덩어리가 한데 묶여졌을 때, 이 시기 연구는 보다 생산적인 논의가 될 것으로 믿는다.

▲「洞仙記」의 이본들.
「동선기」는 이본의 출입이 많은 작품인데, 여기 두 본은 모두 국립중앙도서관 소장으로 비교적 선본에 해당한다.

洞仙記

洞仙之遺響古也 皇唐之際徐杭人長於詞後未傳得西
志極其趣杭有一妓能以理會得之悉解星河月帳之真
響後數年捲入桃竹山二在海南數千里世莫气其
而終其詳在下
靖康中有西門生處名勳故杭州刺史西門巘之後也切被
慈母之教風眉名藝不拘個儻世居朴京萬歲山下嘗鬻
山東劉氏女亦縉纓族既有室豪不事契活酷好吹笛飄然
有遠去遺世之意母崔夫人憂之已丈夫之隆生止焉惝恃
下而妻子之楊以顯之鞠育以安之取高第行郡德孝于父

▲『會纂宋岳鄂武穆王精忠錄』(장서각 소장)의 「武穆像」과 첫 장.
이 책은 모두 6권 4책으로, 표제는 '精忠錄'이다. 李山海 등이 주도하여 임진자로 간행한
것으로, 이후 재간을 거듭했던 바, 바로 이 책은 1769년(영조 45) 간행본이다. 앞부분에
영조의 '御製序'가 붙어 있다.

會纂宋岳鄂武穆王精忠錄卷之一

宋史本傳

岳飛字鵬舉相州湯陰人世力農父和能節
食以濟饑者有耕侵其地割而與之貰其財
者不責償飛生時有大禽若鵠飛鳴室上因
以爲名未彌月河決内黃水暴至母姚抱飛
坐甕中衝濤及岸得免人異之少負氣節沈
厚寡言家貧力學尤好左氏春秋孫吳兵法
生有神力未冠挽弓三百斤弩八石學射於
周同盡其術能左右射同死朔望設祭於其

17세기 번안·개작 전기소설의 면모[*]

「왕십붕기우기(王十朋奇遇記)」와 「왕경룡전(王慶龍傳)」의 경우

1. 머리말

그 필사 시기를 두고 끊임없이 논란이 일고 있는『신독재수택본전기집(愼獨齋手澤本傳奇集)』에는 두 개의 번안·개작물이 실려 있다. 바로 「왕십붕기우기(王十朋奇遇記)」와 「왕경룡전(王慶龍傳)」이다. 이 두 작품은 중국 소설 및 원극(元劇)의 직접적인 영향으로 성립되었다. 「왕십붕기우기」는 원대의 잡극[南戲] 「형차기(荊釵記)」를 번개하였으며,[1] 「왕경룡전」은 삼언(三言) 중 하나인『경세통언(警世通言)』의 「옥당춘락난봉부(玉堂春落難逢夫)」의 개작이다.[2] 이처럼 두 작품은 각각 다른 형태의 중국 모

본(母本)을 개작했으면서도 모두 전기소설의 서사 문법으로 재탄생했다는 점에서 우선 흥미를 끈다. 그렇긴 하지만 원대의 희곡과 명대 후반의 의화본소설(擬話本小說)의 외형을 직접적으로 수용한 터라, 17세기 전기소설 중에서도 적잖은 장르적 변질을 보여준다. 결과적으로 두 작품은 17세기 전기소설의 편폭이 과연 어디까지인가를 고민케 한다. 동시에 이후 소설사의 구도와도 복잡하면서도 미묘한 관련 양상을 빚어냈다.

따라서 이들 작품은 우리들의 시선을 좀 색다른 각도에서 살펴보기를 강요한다. 지금까지 전기소설 하면 그래도 공간적 배경과 인물의 설정이 '우리 것'이었지만, 이제 모든 배경과 인물이 낯선 '중국'으로 바뀌는 상황을 맞고 있었다.3) 이런 특징은 이 시기 소설 양태의 전반적인 변화를 부추기고 있기도 하였다. 따라서 이 작품은 중국 쪽 소설의 유입과, 이를 선택적으로 수용한 우리 쪽의 움직임, 그리고 이 시기 소설 발달의 자양분이 어떠했던가 하는 점을 천착하는 자료로 삼을 수 있겠다.

송하준, 「왕경룡전 연구」, 고려대 석사논문, 1998.

3) 이 점 그냥 지나칠 문제가 아니다. 흔히 고소설 하면 17세기 중반을 고비로 국문소설이 중심에 자리하기 시작하면서 표기 체계는 국문을 사용하면서도 인물과 배경은 '중국', '중국인'으로 바뀌는 것이 일반적인 대세가 된다. 전기소설로 대표되는 한문소설과 전혀 다른 역전 현상이 빚어진 것이다. 이 점을 어떻게 설명해야 할 것인가? 그동안 이러 저런 정황 속에서 이에 대한 언급은 없지 않았지만, 여전히 명쾌한 답이 나오지 않고 있는 실정이다. 그런데 지금 이들 작품이 이런 면모를 보여주고 있는 것이다. 이른바 이행기적 면모로써 주목해볼 사안이다.

2. 「왕십붕기우기(王十朋奇遇記)」의 경우

1) 명대(明代) 전기(傳奇) 「형차기」와 「왕십붕기우기」

「왕십붕기우기」는 『신독재전기집』 외에는 다른 이본이 발견되고 있지 않다. 그런데 국문본 「설공찬전」이 발견된 『묵재일기(默齋日記)』에서 따로 「왕시봉뎐」이란 작품이 발견된 바 있다.[4] 그러다 최근 이 작품이 중국 희곡 「형차기(荊釵記)」[5]의 번역이라는 사실이 밝혀지게 되었다.[6] 이를 계기로 한문소설 「왕십붕기우기」와 국문본 「왕시봉뎐」이 모두 「형차기」를 토대로 개작된 것임이 드러나게 된 것이다. 그리고 최근에는 「형차기」와의 비교분석을 통하여 이 작품의 개작 양상이 구체적으로 밝혀지기에 이르렀다.[7] 이제 이 작품의 본격적인 논의와 함께 17세기 소설사에서의 위치를 점검해야 할 때가 된 것이다.

우선 기왕에 언급이 없지 않았지만, 「형차기」와의 관계를 간단히 정리해둔다. 「왕십붕기우기」는 원대(元代)의 남희(南戲)인 「형차기」를 가지고 개작한 것이 틀림없다. 그런데 원대의 남희들은 명대에 들어와서 새롭게 각색을 거쳐 전기(傳奇)[8]로 재탄생하게 된다. 「형차기」의 경우도 명대에 전기로 개작이 이루어졌다. 「고본형차기(古本荊釵記)」·「왕장원형차기(王壯元荊釵記)」·「왕십붕형차기(王十朋荊釵記)」 등의 개작본이 나왔으며, 이탁오(李卓吾)의 평본 「고본형차기」도 알려져 있다. 이들 이본들은 개작을

---

4) 이복규, 『새로발굴한 초기국문·국문본 소설』, 박이정, 1998.
5) 「荊釵記」는 원대 후기에 발흥했던 南戲의 四大 작품의 하나로, 「琵琶記」와 함께 가장 많이 알려진 작품이다. 송대에 실존했던 王十朋과 錢玉蓮의 고사를 취재하여 그들의 이합을 그렸다.
6) 박재연, 『왕시봉뎐─荊釵記』, 선문대 중한번역문헌연구소, 1999.
7) 정학성, 앞의 논문, 165~189면.
8) 명대에 이르러 원대의 희곡을 각색하거나 변용할 경우, 이를 모두 '傳奇'라고 지칭하고 있다(郭英德, 『明淸傳奇史』, 江蘇古籍出版社, 1996).

거치면서 크게 두 가지 계열로 나뉘어져, 왕십붕(王十朋)과 옥련(玉蓮)의 재회 장소가 주중(舟中)인 계열과 현묘관(玄妙觀)인 계열이 있게 되었다.[9]

곽영덕(郭英德)은 명대 전기(傳奇) 목록표에 이 「왕십붕형차기」를 집어넣고 그 편작자를 이경운(李景雲)이라고 밝혀 놓았는데,[10] 이경운이 누구인지 자세하지 않다. 한편, 강거영(江巨榮)은 명대 초기 전기의 번영에는 「형차기」·「유지원백토기(劉知遠白兎記)」·「배월정기(拜月亭記)」·「살구기(殺狗記)」 등 이른바 사대전기(四大傳奇)의 발전이 중요한 영향을 미쳤다고 보았다. 특히 「형차기」는 극정(劇情)의 처리나 성격의 묘사 등이 훨씬 성숙된 모습을 보여주고 있다고 지적하고 있다.[11] 바로 이 명대 전기로 굳어진 「형차기」가 「왕십붕기우기」의 성립에 보다 직접적인 영향을 미친 것으로 판단된다. 실제로 「왕십붕기우기」는 이 「형차기」의 외연을 그대로 빌려온 것임을 확인할 수 있다. 다만 인물 설정과 갈등 전개 등에서 몇 가지 변별성도 없지 않다.

그 개작의 양상에 대해서는 어느 정도 밝혀진 상태인데,[12] 가장 두드러진 개작의 경향은 이른바 '극본(劇本)'을 애정전기소설의 서사 문법으로 전화하면서 구조의 단순화를 이룬 점이다. 전기소설이 남녀주인공의 중점적 관계를 그 서사구조의 중심 축으로 두는 바, 「왕십붕기우기」는 「형

---

9) 李修生 主編,『古本戲曲劇目提要』, 文化藝術出版社, 1997, 226~227면 참조.

10) 郭英德, 앞의 책, 41면.

11) 江巨榮, 「約談明代傳奇」,『中國古典小說硏究集』2책, 人民出版社, 1982. "傳奇的初步繁榮, 以琵琶記和荊(「荊釵記」)·劉(「劉知遠白兎記」)·拜(「拜月亭記」)四大傳奇爲標志, 盡管這些作品的思想藝術價値, 互不相同, 但與早期南戲劇本相比, 它們在思想內容上和藝術形式上, 都有了長足的進步. 例如, 以描寫王十朋和錢玉蓮悲歡離合古事爲中心的荊釵記, 不僅在內容上表現了被奴役的婦女爲獲得堅貞的愛情同權豪勢要進行頑强鬪爭的主題, 而且在劇情的處理上, 性格的描寫上, 都臻于成熟."

12) 정학성, 앞의 논문, 182~186면 참조. 여기서는 다음 네 가지를 개작의 증거로 들고 있다. 첫째, 사건의 전개 또는 사건 및 인물 구성의 단순화. 둘째, 주인공 중심의 서술 시각을 통한 이야기의 전개. 셋째, 작가의식 또는 서술 시각에 있어서 봉건 지배층 중심의 가치관과 윤리 관념이 좀더 짙게 투영. 넷째, 조선인의 정서, 또는 조선의 실정에 맞게 변모, 변안 등이다.

차기」의 곁가지는 쳐내고 남녀주인공 중심으로 구조를 축약, 단순화시킨 것이다. 이 과정에서 몇 가지 변개를 이루게 되었으니, 다음은 그 예이다.

왕십붕이 옥련과 혼인한 후 서울에 올라가 장원급제하여 명성이 자자해지는데, 만후(萬侯)라는 재상이 그의 인품을 욕심내어 자기 딸과 혼인한 것을 요구한다. 여기까지는 양자가 같다. 그런데 이후 갈등 국면이 「형차기」는 거절당한 이 재상이 왕십붕에게 악의를 품고 결과적으로 주인공의 이합에 보다 적극적으로 개입되어 있음에 반해, 「왕십붕기우기」는 이 재상이 일회성 인물로 설정되어 있을 뿐, 손여권(孫汝權)이 이를 대신하고 있다. 즉 손여권을 보다 뚜렷한 존재로 부각시킨 것이다. 또한 「형차기」에는 간단하게 처리되어 있는 '택서(擇婿)' 문제가 「왕십붕기우기」에는 남녀주인공의 결연 과정을 대신할 만큼 비중 있게 다루어지고 있는 점도 그 양상이 다르다.

한편 국문본 「왕시봉뎐」은 「형차기」와의 친연성이 보다 뚜렷하여 「왕십붕기우기」보다는 「형차기」의 서사 문면에 훨씬 가깝다. 때문에 「왕십붕기우기」는 「왕시봉뎐」과 일정한 거리가 있다. 곧 양자는 한문본과 국문본의 차이가 아니라, 애초 그 성립이 독자적으로 진행된 것으로 판단된다.[13)

2) 택서(擇婿) 논의의 개입과 손여권(孫汝權)의 존재

「왕십붕기우기」는 재자 왕십붕과 가인 옥련(玉蓮)의 만남과 이별을 그린 작품이다. 그런데 이들의 결연 과정이 예의 애정전기소설처럼 서두에 드러나 있지 않다. 그 대신 양가의 주선에 의해 바로 혼인을 하는 것으

---

13) 이 문제는 「왕시봉뎐」과 「왕십붕기우기」의 성립 선후 문제와도 결부되어 있으며, 아울러 국문본과 한문본의 존재 양태를 이해하는 데 있어서도 새로운 실마리를 제공할 것으로 기대된다.

로 처리된다. 때문에 이들은 혼인을 하는 날에야 처음 상면을 한다. 전
기적 만남의 자리 대신에 이른바 '택서론(擇婿論)'이 그 자리를 메우고
있는 것이다.

> 전공원이 하루는 계모인 최씨에게 말하였다. "왕십붕은 지금은 비록 가난하
> 나 조만간 대부가 될 사람이오 내 그를 사위로 삼으려고 하오." "부부는 인륜
> 의 큰 도입니다. 어찌 다만 목전의 재주만 보고 후일의 원려를 생각치 않는단
> 말입니까?" "나는 택서를 알 뿐이지, 하필 재산의 유무를 따지겠는가?" 최씨와
> 양모는 그 뜻을 어길 수 없어 이내 매작의 예를 갖추어 매파를 王家에 보내게
> 되었다.14)

옥련의 아버지 전공원(全恭元)은 왕십붕의 사람됨됨이를 알아보고 그
에게 자기 딸을 시집 보내려 하는데, 부인 최씨(崔氏)는 왕십붕이 가난하
다는 이유로 반대 의사를 표명한 것이다. 그러나 가장의 권위는 단번에
위엄을 발휘해 혼사 문제는 쉽게 결정이 나는 듯싶었다. 그런데 이 와중
에 이웃의 손여권(孫汝權)이란 자가 옥련에게 연정을 품게 되면서 상황은
좀 복잡해진다.

> 이웃에 손여권이란 자가 있었는데, 생활이 좀 넉넉한 편이었다. 그는 옥련의
> 재색을 보고는 최씨를 통해 구혼을 하였다. 이에 최씨는 다시 남편에게 알리기
> 를, "王家는 더없이 가난하고 孫家는 대단히 부유합니다. 가난한 자를 사위 삼
> 아 무남독녀의 짝을 맺어주어 끝내 영락하게 해야 하겠습니까?"라고 하였다.
> 그러면서 억지로 손가에서 보내 온 金釵(금비녀)를 가져다가 다시 남편에게 부
> 탁하기를, "정 그러시다면 荊釵(가시나무로 만든 비녀로 왕가에서 보낸 것임—
> 인용자)와 금차를 한 통에 담아 놓고 옥련으로 하여금 선택하여 짝을 정하십시
> 다"라고 하였다.15)

---

14) 「王十朋奇遇記」(정학성, 『역주 17세기 한문소설집』 삼경문화사 2000. 이하도 동일
함). "恭元一日, 謂崔氏曰 : '王十朋爲人, 今雖貧矣, 未久爲大夫, 吾欲爲婿.' 崔氏答
曰 : '夫婦人倫之大綱, 豈可只見目前之才, 而不計異日之遠慮乎?' 恭元答曰 : '吾知擇
婿而已, 何必論財之有無乎?' 崔氏與養母, 不能違其志, 因修媒妁之禮, 遣媒於王家."

손여권의 등장은 이 작품의 중요한 연결고리가 되므로 주목을 요한다. 왕십붕을 달가워하지 않던 계모 최씨는 마침 손여권의 청혼으로 힘을 얻어 부권에 도전, 결국 최종 선택권은 당사자 옥련에게로 넘어가게 된다. 흥미로운 점은 「형차기」에서는 이 역할을 옥련의 고모가 담당하여 둘 사이의 혼인을 방해하는 부정적 인물로 그려져 있는 데 반해, 여기 계모 최씨는 부정적 인물이 아니라는 사실이다. 그녀가 남편 전공원에게 딸의 혼사 문제를 가지고 이의를 제기한 것은 왕십붕에게 어떤 악의를 품고 있거나 그녀 자신의 욕심이 있어서 그런 것이 아니라, 혼인에 있어서 현실적인 면을 고려해서였다. 때문에 그녀는 빈부의 문제를 저버릴 수 없다는 뜻을 완곡하게 남편에게 전했던 것이다. 그러면서도 그녀는 이후에도 계속 손여권의 마수에 걸려 갈등의 파고를 높이는 역할을 하고 있다. 그녀가 비록 부정적 인물로 선택되지는 않았지만, 이후 소설에서는 십분 그렇게 전화될 소지를 안고 있는 셈이다.

어쨌든 손여권의 집착과 뇌물 공세로 전가(全家)에서는 부부간에 불화가 생겼고, 이제 옥련의 결단만이 남게 되었다. 그런데 옥련의 반응은 의외로 단호하다.

옥련은 아뢰기를, "왕가가 비록 가난하고 형차도 지극히 천하지만, 저의 집에 먼저 도착했으니 저의 지아비의 물건으로 합당한 것입니다. (…중략…) 이 어찌 두 지아비를 섬기는 것과 다르겠습니까? 저희 집안의 욕을 어찌 씻을 것이며, 주위의 비웃음을 또한 어찌 면한단 말입니까?"라고 하였다.16)

옥련이 '어찌 두 사람을 섬기겠는가' 하며 왕십붕의 신물인 형차(荊釵)

---

15) 「왕십붕기우기」. "傍有孫汝權者, 居計稍富者也. 見其玉娘之才色, 求婚於崔氏. 崔氏更告家翁曰 : '王家至貧, 孫家至富, 求貧以作獨女之耦, 而終使零替乎?' 强取孫家之金釵, 而更囑家翁曰 : '荊金兩釵, 盛于一樯, 使玉娘選取之, 以作仇儷.'"
16) 「왕십붕기우기」. "玉娘曰 : '王家雖貧, 荊釵至賤, 先到吾家, 稱吾夫之物也. (…중략…) 何異於事二夫乎? 門戶之辱, 何可洗也; 傍人之笑, 何可免乎?'"

를 택함으로써, 결국 이 문제는 일단락되어 왕십붕과 옥련은 결혼을 하게 된다.[17)

「왕십붕기우기」에서 이 택서의 과정은 꽤 많은 지면이 할애되었다. 기존의 애정전기소설에서의 남녀주인공의 결연은 그들만의 뜻에 의한 일종의 '야합'이었고, 그리고 그것으로써 제도적 현실에 항거했다는 점을 환기해 보면, 확실히 다른 면모다.

한편 「최척전(崔陟傳)」에서도 옥영과 최척이 결연하는 과정에 이와 비슷한 양상이 간취된다. 옥영은 자신이 거처하고 있는 친척집에 공부하러 오는 최척에게 반한다. 그리고 창 틈으로 편지를 던져 표유매(摽有梅)의 뜻을 전달한다.[18) 옥영의 적극적 형상은 「최척전」의 도입부를 장식하고 있다. 이 같은 적극적 의지에 의해 이들은 서로의 마음을 확인하는 편지를 주고받았으며, 야합 없이 곧바로 양가 부모의 승낙을 받기 위한 설득 작업에 들어간다. 최척은 곧장 자기 아버지에게 무람 없이 정상사(鄭上舍)의 집에 기숙하고 있는 옥영과 혼인시켜 달라고 조른다.[19) 그러자 최척의 아버지는 정상사에게 그 가능성을 타진하고, 정상사는 옥영의 어머니 심씨(沈氏)와 의논을 하게 된다. 그런데 심씨의 대답이 이렇다.

> 저는 온 집안이 유리하여 의지할 곳이 없는 신세로 다만 저렇게 딸 아이 하나만 남겨져 있으니, 부유한 집안에 시집을 보내려고 합니다. 가난한 집안 자제는 비록 어질다 하더라도 시집을 보내고 싶지 않습니다.[20)

---

17) 「왕십붕기우기」. "父母不能違其志, 怒不待佳會之日, 馱送於王家. 玉娘入其門, 婦道甚修, 善事其姑."

18) 「최척전」(박희병 교주, 『한국한문소설』. 이하도 동일함). "一日, 上舍方食不出, 陟獨坐誦書, 忽然窓隙中, 投一小紙, 取而視之, 乃書摽有梅卒章."

19) 「최척전」. "陟得書喜悅, 請於其父曰 : '聞有寡母自京城來寓鄭家者, 有一處子, 年貌俱妙, 大人試爲不肯求於上舍, 必不爲疾足者之先得.'"

20) 「최척전」. "沈氏亦難之曰 : '我以盡室流離, 孤危無托, 只有一女, 欲嫁富人. 貧家子, 雖賢不願與也.'"

전란 중에 피란을 와서 남의 집에 얹혀 사는 신세인 심씨로서는 그 입장이 단호할 수밖에 없었는지도 모른다. 어쨌든 택서 논의에서 어머니의 첫 반응은 심씨나 최씨(崔氏)가 모두 같다. 그런데 옥영은 이 완강한 심씨보다도 최척과의 결연의 의지가 더 단호하다. 옥영은 반대하는 어머니의 면전에서 최척을 허락해줄 것을 요청한다.21) 옥영의 견결한 의지는 역시 옥련의 반응과 흡사한 면이 있다. 당사자인 두 주인공의 적극적인 주선으로 양가에서는 결국 혼인시키기로 하고 9월 망일(望日)로 혼례일을 정하게 된다. 이들은 주생(周生)과 선화(仙花)가 혼례일을 기다렸듯이, 그때를 손꼽아 기다린다.22)

그런데 이들의 결연에 좀더 고난이 필요했던지 손꼽아 9월을 기다리던 최척은 전란으로 인해 종군하게 됨으로써 앞날을 기약할 수 없는 처지가 되고 만다. 그리고 초조하게 최척이 돌아오기만을 기다리던 옥영 앞에 양생(梁生)이란 자가 불쑥 나타난다.

> 이웃에 양생이란 자가 있었는데, 집안이 매우 넉넉하였다. 그는 옥영이 현철하다는 것과 최생이 돌아오지 못하고 있다는 소식을 듣고 이 틈을 타 옥영과 혼인을 하고자 하여 몰래 재물을 鄭上舍의 처에게 주면서 날마다 그 성사를 부추겼다. (…중략…) 이에 정씨 부부는 한 입으로 양생을 추천하자, 심씨는 마음이 자못 끌리어 마침내 10월 좋은 날로 혼례일을 잡았다. 이제 이 혼사를 깨뜨릴 수 없게 되었다.23)

양생의 뇌물 공세에 정상사 부부는 물론이고 심씨까지 걸려들어 그만

---

21) 「최척전」. “玉英叔然遲疑, 强而後言曰 : ‘(…중략…) 竊覘崔生, 日日來學於阿叔, 忠厚誠信, 決非輕薄宕子, 得此爲配, 死無恨矣. 況貧者, 士之常, 不義而富, 吾甚不願, 請決嫁之.’”

22) 「최척전」. “卽日送媒定約, 乃以九月之望, 將行醮禮. 陟大喜, 屈指計日而待.”

23) 「최척전」. “隣有梁生者, 家甚殷富. 聞其玉英之賢哲, 與崔生之不來, 乘間求婚, 潛以貨賂啗諸鄭妻, 逐日董成. (…중략…) 夫妻合辭, 交口薦之, 沈意頗惑, 約以十月涓吉, 牢不可破.”

옥영은 양생에게 시집가야 할 형편이 된 것이다. 돌연한 양생의 개입은 바로 손여권의 개입과 거의 비슷한 시점에서 이루어지고 있다. 심씨의 마음이 끌리게 된 데에는 양생의 인물됨이 아니라 그가 부자였다는 데 있었다. 지금 과부인데다 의지할 곳 없는 심씨로서는 옥영의 혼사가 일종의 큰 의지처였던 바, 그녀가 양생으로 혼처를 삼은 것은 너무나 당연한 선택이었다. 더구나 지금 최척은 종군해서 돌아오지 않아 생사마저 묘연한 상황이다. 때문에 도저히 자기의 사윗감으로 인정되지 않았던 것이다.

그럼에도 옥영은 자결소동을 벌임으로써 이 난관을 극복한다.[24] 문제가 이처럼 간단하게 전환될 수 있었던 것은 「최척전」이 전란에 의한 이산의 고통과 재회라는 데에 초점이 맞추어져 있었기 때문에 더 이상 문제삼을 처지가 아니었기 때문이었는지도 모른다. 곧 양생은 잠시 옥영의 최척에 대한 의지가 여하한가를 시험하기 위한 일회성 인물로 개입시킨 데 불과하였다. 때문에 손여권과는 달리 더 이상 갈등을 일으키지 못하고 문면에서 사라진다.

그러나 어쨌든 「최척전」 서두의 이 과정은 바로 「왕십붕기우기」의 택서 논의 부분과 그대로 연결되어 있다. 이 같은 택서론은 19세기의 한문장편소설 「삼한습유(三韓拾遺)」에서 향랑(香娘)의 혼사를 놓고 부모 사이에 벌어졌던 논란으로 이어졌다. 여기서는 보다 현실적인 문제와 관련되어 착잡하게 진행된다.

향랑의 아버지는 사윗감에 대해서 아내와 이야기하기를, "내가 이 딸을 사랑한 지 오래되었소 이제 나이가 차 마땅히 사윗감를 가려 짝을 지어주어야 할 것인데, 지금 구혼하는 자는 모두 거리도 서로 가까울 뿐더러 문호도 엇비슷하다오 다만 한쪽은 가난하고 한쪽은 부유한데, 그 사람됨을 말하자면 가난한

---

24) 「최척전」. "就寢而睡, 夜深夢間, 忽聞喘息汨汨之聲, 覺而撫其女, 不在焉. 驚起索之, 則玉英乃於窓壁下, 以手巾結項而伏, 手足皆冷, 喉嚨間汨汨之聲, 漸微且絶. (…중략…) 自後絶不言梁家之事."

쪽이 부유한 쪽보다 낫다오 혼인을 하는데 재물을 따지는 것은 夷狄의 도이나, 백년을 蓬室로 사는 것은 또한 사람이 견디지 못할 것이오 나는 저 呂公이 집 사람들과 상의하지 않고 劉季(훗날의 漢高祖—인용자)를 섣불리 허락한 것처럼[25] 할 수는 없소 모름지기 심사숙고할 일이 아니겠소"라고 하였다.[26]

우선 아버지의 태도가 「왕십붕기우기」의 전공원과는 사뭇 다르다. 지금 사윗감을 고르는데, 문호도 거의 비슷하지만 문제는 한쪽은 부유하고 한쪽은 가난하다는 점이다. 향랑의 아버지는 물론 가난하지만 행의(行誼)가 있었던 동가(東家)의 인물을 옹호하는 편이다. 그리고 혼인을 하는 데 있어서 재산의 유무를 따지는 것은 오랑캐나 하는 일로 간주하고 있다. 그래서 마음은 동가 쪽으로 기운 상태다. 그러나 현실은 그렇지 않아서 딸이 평생을 고달프게 살게 할 수는 없는 일이었다. 비록 사위가 훗날 한고조(漢高祖)처럼 나라를 건국하여 자기 딸이 왕비가 되는 영화를 누리게 될지라도 현재의 어려움을 외면할 수는 없다는 것이다. 때문에 향랑의 아버지는 이 문제를 가부장의 위엄으로 결정지으려 하지 않았다. 더구나 그 계모마저 절대 가난한 집에는 보낼 수 없다고 펄펄 뛰게 되면서 「삼한습유」의 도입 부분은 택서 문제로 지난한 과정을 밟는다. 때문에 「왕십붕기우기」에서의 택서 문제보다 훨씬 심각한 양상을 띄고 있다. 이 같은 상황은 조선 후기 사회ㆍ경제적 변화와 맞물려 이해되는 국면이다. 이는 결국 일부종사(一夫從事)의 전통적 뿌리에서 출발하고 있으면서도 혼인의 현실적 문제, 그리고 조선 후기 계층간의 이해 문제가 엇갈려 있음을 반영하는 한 예로 이해되는 것이다.

어쨌든 「왕십붕기우기」의 택서론은 청춘남녀의 결합에 있어서 보다

---

25) 漢高祖가 미천했을 때, 呂文(呂公)이 그의 비상한 상을 보고 집안에 상의 없이 자기 딸(훗날의 呂后)을 高祖에게 시집보낸 일이 있다(『前漢書』 권91).

26) 「三韓拾遺」(규장각 가람문고본). "其父媒諸婦曰 : '吾愛此女久矣. 女年及長, 固當擇婿而配之, 今之求婚者, 相距密邇, 門戶亦甚均適. 然而一貧一富, 言其人, 則貧愈於富, 婚姻而論財, 夷狄之道也. 然而百年蓬室, 亦人所不堪之地也. 吾不能如呂公之不謀家人而輕許劉季, 須願三思.'"

현실적인 문제가 개입된 예로 볼 수 있겠다. 비록 예의 애정전기소설에서 보여주는 결연 과정의 극적인 효과는 반감되었지만, 그 나름의 사회현실을 반영해주고 있다는 측면에서 주목해볼 만하다.

한편 이 같은 「왕십붕기우기」 전반부의 특징은 소설의 양식사적인 측면에서도 적잖은 의미를 갖는다. 17세기 애정류 소설의 남녀주인공의 결연 형태가 우연한 만남과 타자가 배제된 야합의 형태를 띠고 있었다. 그것이 전기소설의 미의식이기도 했다. 그런데 이 작품은 그런 전기소설의 결연 형태에서 벗어나 있다. 「최척전」의 경우 서두에 택서 문제가 개입되어 있으나, 결연 과정 전반은 전기적 만남이다. 이처럼 정식 혼례 절차를 통해서 주인공이 결합하는 과정은 전기소설의 생명이라고 할 수 있는 '주인공의 만남'과는 확실히 동떨어져 보인다. 소설사의 흐름에서 볼 때 이 만남은 더욱 낯설다. 그러나 조선시대 시대 상황과 결부시켜 보면 이 부분은 오히려 현실적이다. 더구나 이후 규방소설이나 장편 가문소설 등에 오면 이 같은 결연 과정이 오히려 일반적임을 상기해볼 때 애정소설의 구조 양태의 변화를 여기서 규견할 수 있겠다.

다음으로 살펴볼 문제가 손여권의 존재이다. 「형차기」에서는 혼사 장애자로 재상 만후(萬侯)가 주도적인 가운데 손여권이 함께 등장하여 갈등을 일으킨다는 점을 지적했었다. 그런데 「왕십붕기우기」에서는 재상은 전혀 갈등의 당사자로 설정되지 않았고, 줄곧 손여권에 의해 갈등을 지속시킨다.

왕십붕은 옥련과 혼인한 후 발신을 위해 서울로 올라와 단번에 과거급제를 하여 조양판관(朝陽判官)으로 제수받아 곧 임지로 떠나게 된다. 이미 혼사 장애자로 등장했던 손여권이 이 시점에서 다시 등장한다. 그는 왕십붕과 함께 과거를 보러 왔다가 낙방하여 다시 고향으로 돌아올 처지이다. 그런데 바로 임지로 떠나야 했던 왕십붕으로서는 집안에 편지를 전해야 했다. 마침 손여권이 고향으로 돌아가는 길이라 그 편에 편지를 보내게 된다. 이 편지를 받은 손여권은 가만히 전해줄 사람이 아니었다.

그는 옥련에 대한 마음을 떨치지 못하고 있던 터라, 이를 기회로 다시 옥련을 차지할 계책을 세운다. 그것은 바로 편지를 위조하는 것이었다.

손여권은 그 편지를 받아서는 이렇게 위조를 하였다. '저는 지금 요행히 급제하여 조양판관을 제수받고 재상의 사위가 되어 신부를 데리고 조양으로 떠납니다. 우선 인마를 보내오니 모친께서는 홀로 오시고 집에 있는 아내는 처가로 보내십시오 저는 다시 보지 않으렵니다.'[27]

어머니에게 옥련과 함께 조양(朝陽)으로 모신다는 편지를 보낸 것인데, 손여권은 이처럼 감쪽같이 위조를 해버렸다. 왕십붕의 이름이 장안에 알려지면서 그 명성을 어여삐 여긴 한 재상이 사위로 삼으려 한 내용이 개입되어 있는데,[28] 손여권은 이 사실을 그대로 이용한 것이다.[29] 이 편지를 전해 받은 왕가(王家)에서는 몹시 의아해 하지만 편지내용이 이러한 이상 결국 옥련은 왕가에서 쫓겨난다. 왕십붕은 예기치 못했던 존재에 의해 아내와 기약 없는 이별을 해야 했다.

손여권은 성품이 원래 교활한 자로, 최씨에게 후한 뇌물을 주었다. 이에 최씨는 다시 전공원에게 고하기를, "왕공이 이미 다른 여자를 얻었으니, 다시 보고 싶지 않습니다. 차라리 손공을 사위로 삼는다면 왕공을 욕보이고 옥련도 의지할 수 있게 될 것이니, 이것이 좋지 않겠습니까?"라고 하였다. 전공원은 그 말을 가만히 듣고는 옥련을 불러 권유해보기도 하고 달래보기도 하였다.[30]

---

27) 「왕십붕기우기」. "汝權取其書, 改曰 : '息今幸登科, 仍拜朝陽判官, 爲宰相之婿, 挈此新室, 下去朝陽. 送此人馬, 母親獨來, 在家妻, 則送于其父家, 吾不顧更見'云云."
28) 「왕십붕기우기」. "傍有一宰相, 見其王公之才, 欲作之婿, 謂王公曰 : '吾止有一女, 欲事君子, 其肯乎?' 王公離席曰 : '生以荒蕪未學, 幸登高科, 舍其糟糠之妻, 更爲高門之婿, 於情不能所忍爲也.' 宰相慘不復言."
29) '편지위조' 모티프는 소설의 이른바 속임수의 한 형태로 이후 소설에 흔히 보이는 수법임을 감안해볼 때, 여기 「왕십붕기우기」에서의 이 장면은 그 첫 사례로 꼽힌다.
30) 「왕십붕기우기」. "孫公性本狡詐者, 厚賂於崔氏. 崔氏更告家翁曰 : '王公旣爲他室, 願不更見. 寧以孫公爲婿, 致辱於王公, 有賴於玉娘, 不亦可乎?' 父傾聽其言, 招其玉娘, 且勸且誘."

이윽고 손여권은 본가로 쫓겨나 있는 옥련에게 다시 접근하는데, 가장 용이한 방편이 계모 최씨였다. 최씨는 계속 손여권의 마수에 걸려 그 흉계의 앞잡이 노릇을 하는 처지다. 급기야 옥련의 부모는 왕십붕에 대한 오해로 원망이 쌓여 미련 없이 손여권에게 딸아이를 주기로 약속한다. 옥련은 강제적으로 손여권과 혼례를 치러야 하는 위기에 봉착한다. 그리고 이후 옥련과 왕십붕은 걷잡을 수 없는 시련을 겪게 된다.

이처럼 손여권은 주인공의 이합에 적극적으로 개입하여 서사 전개를 주도하고 있다. 「운영전」의 '특'보다 부정적 인물로서의 면모가 강하다. 이런 안타고니스트의 형상은 「왕경룡전」에 가면 더 성숙(?)해진 면모로 다가오게 된다.

3) 후반부 결구의 새로운 가능성

손여권을 받아들일 수 없었던 옥련은 혼례를 앞둔 전날 밤 강에 투신한다. 그런데 이때부터 서사의 진행은 우연의 우연을 거듭하면서 복잡한 양상을 띤다. 이 과정을 잠깐 노트해둔다.

> 福州刺史 全自夏가 현몽계시에 의해 강에 투신한 옥련을 구해내고, 왕십붕의 소재를 탐문하던 중 그가 죽었다는 오보를 접한 옥련은 실신을 거듭한다. 한편 조양판관을 제수 받아 임지로 떠났던 왕십붕은 부임도중에 임직이 복주자사로 바뀌어 복주로 향하던 중, 옥련의 투신 소식을 접하게 된다. 그녀가 이미 죽었다고 믿은 왕십붕은 통분해 마지않는다. 그래서 왕십붕과 옥련은 각각 복주에 도착, 서로를 위한 불공을 드리기 위해 吉祥寺를 찾는다. 바로 그곳에서 서로 죽은 줄로만 알았던 상대방과 해후하게 된다. 매우 우연한 재회였다.

이것이 후반부 숨가쁘게 달려온 서사의 끝이다. 요컨대 왕십붕과 옥련은 실제 살아 있으면서도 상대방이 이미 죽은 것으로 '오해'하게 됨으로써 반전이 지속되는 형식을 취한 것이다. 짧은 분량 속에 상당히 복잡한 모티프와 트릭이 구사되고 있다. 이 과정에서 몇 가지 특징적인 장면들이 소설적 흥미를 끌게 하는데, 먼저 주목되는 점은 옥련의 투신과 현몽에 의한 구제이다.

> 옥련은 기일이 닥치자, 한밤중에 목욕재계하고 옷을 갈아입은 다음 방에 단정히 앉아 있다가 이윽고 몸을 빼 빠져 나왔다. (…중략…) 필시 강에 몸을 던져 죽어 시신도 찾지 못할 거란 생각에 온 집안이 통곡할 뿐이었다. 그런데 옥련이 강에 뛰어 들던 날, 전자하는 복주자사가 되어 식구들을 데리고 부임하던 길에 마침 강가에 배를 대고 쉬고 있었다. 전자하는 뱃머리에서 잠깐 눈을 붙였다. 겨우 호접몽을 꿀 즈음, 어떤 사람이 하늘로부터 내려와서 그에게 말하기를, "오늘밤 한 여자가 이 강에 와서 몸을 던질 것인데, 이는 바로 그대의 전생의 딸이다. 그대는 모름지기 구제하여 양육하게"라고 하고는 대답을 하기도 전에 갑자기 사라지고 말았다. 전공은 몸을 뒤척이며 깼는데, 홀연 누군가가 강에 떨어지는 소리가 들리는 것이었다. 이에 급히 사공을 불러 그를 건져 올리도록 했다.[31]

이처럼 현몽계시에 의한 주인공의 구제는 「최척전」의 장육불(丈六佛)의 현몽이 연상되지만, 중국 소설은 물론, 17세기 이후 우리의 고전소설에도 적잖이 장치화되는 수법이기도 하다. 더욱이 현몽계시는 고전소설 전반에 걸쳐 찾아지는 우연성과 비현실성을 담보하는 모티프다. 때문에 그것이 고전소설의 현실성을 떨어뜨리는 잣대쯤으로 인정되어 왔다. 그러나 가끔 가혹한 현실 앞에 나름대로의 통일성과 필연성을 부여해보려는 고심의 장치로 소용됨을[32] 환기해볼 때 이에 대한 적극적 의미 또한

---

31) 「왕십붕기우기」. "玉娘及其期, 夜沐浴更衣端坐椒房, 挺身以出. (…중략…) 慮必投江而死, 莫得其屍, 擧家痛哭而已. 玉娘投江之日, 全自夏爲福州刺史, 挈其室家, 適泊舟于江滸. 全自夏假寢於舡頭, 纔成蝴蝶之夢, 有一人, 自天降而來, 謂全公曰 : '今夜一女來此投江, 此乃君前生之女也. 君須濟而養之.' 未答倏然而去. 全公欠伸而覺, 忽有投江之聲, 急招舟子而拯之."

32) 박희병, 「최척전」, 앞의 책, 96면.

무시할 수 없을 것이다.33) 이 「왕십붕기우기」의 현몽계시 모티프와 연결
되는 작품이 「사씨남정기(謝氏南征記)」이다. 곧 사씨(謝氏)의 고행과 구원
의 모티프와 유사하다. 교채란(喬彩鸞)의 음모·술수에 의해 집안에서 쫓
겨난 사씨는 초(楚) 땅을 전전하다가 희망을 잃고 소상강(瀟湘江)에 몸을
던졌는데, 그때 한 불자(佛者)가 현몽계시를 받아 그녀를 구원하게 된다.
　다음은 왕십붕이 죽었다는 오보를 접하고 옥련이 실신을 거듭하는 장
면이다.

> 　그 관리가 朝陽 경계에 이르렀는데, 흰 상여에 붉은 弔旗가 강가에서 머물러
> 있었다. 명정을 보니, '朝陽判官王公之柩'라고 쓰여 있는 것이 아닌가? 아랫사
> 람에게 물어보니, '부임한 지 얼마 되지 않아 병으로 죽었다'는 것이었다. 그 관
> 리는 실상을 자세히 알아보지도 않고 다만 왕십붕이 죽었다고 판단하고 급히
> 돌아와 보고하였다. 옥련은 그 소식을 듣고 놀라 얼굴이 굳어지고 간장이 찢어
> 지는 듯 죽음의 문턱에까지 이르게 되었다.34)

　옥련을 구해준 전자하(全自夏)는 그녀를 계속 보살펴주게 된다. 그러
던 어느 날 옥련이 자기 남편은 지금 조양판관으로 있는 왕공(王公)이라
고 아뢴다. 이 사실을 확인하기 위해 관리를 보냈던 것인데, 그 관리는
명정에 쓴 것만 보고 왕십붕이 죽은 것으로 오인, 이를 보고했던 것이
다. 그런데 사실은 왕십붕은 부임 도중 임직이 바뀌어 복주자사(福州刺
史)로 가게 되었고, 지금 죽은 왕공(王公)은 왕십붕의 후임으로 온 왕자
공(王自恭)이라는 자였다. 그는 그만 채 한 달이 지나지 않아 병으로 죽
고 말았다.35)

---

33) 물론 현몽계시가 들어 있는 작품들마다 그 의미가 똑같이 부여될 수는 없겠다. 같은
　　현몽계시라고 해도 그것이 작품에 어떠한 양태로 투과되어 있느냐에 따라 그 의미 지
　　향은 상당히 달라질 수 있다.

34) 「왕십붕기우기」. "吏往朝陽界, 素轜丹旌來次江際, 見其名旌, 名旌曰'朝陽判官王
　　公之柩'. 問其下人, 則到任未久, 得疾而死. 吏者未究其實, 只以忖度王十朋之死也,
　　急還來報. 玉娘實聽其言, 驚悼失色, 肝摧腸裂, 幾至死門."

이미 중간에 몇 가지 우여곡절이 있었던 터라 이 체직(替職)과 관리의 오보는 옥련더러 괜스레 죽음의 문턱을 헤매게 한다. 그런데 이런 착각 모티프는 옥련에게 중첩된 시련을 안겨주기 위한 방편이면서 자못 지루해질 수 있는 후반부에 활력을 불어넣어 준다.

손여권의 방해에 의해 휘몰린 이들의 이별이 이처럼 또 다른 우연한 계기들로 인해 갈등을 고조시킨다. 왕십붕 쪽에서도 옥련이 투신해 죽었다는 소식만 접한 상태라 지속적인 장애에 부딪치는 셈이다.[36] 양쪽 모두가 상대방이 죽은 것으로 인식하게끔 사건이 진행되면서 더욱 극적인 효과를 내고 있는 것이다. 이 같은 상황은 이들이 해후하는 장면에서도 그대로 이어진다.

> 옥련은 향촉도 없이 吉祥寺에 가서 정성을 다해 불공의 자리를 마련하였다. 그런데 마침 복주자사도 아내를 잃고 이곳에서 불공을 지내고 있었다. 옥련이 장막 구멍 사이로 슬쩍 보니, 그 용모가 王公의 자태와 흡사했다. 그러나 불공이 끝나고 그냥 돌아올 수밖에 없었다.[37]

서로의 명복을 빌기 위해 길상사(吉祥寺)에 들렀다가 우연히 해후를 했으나 서로가 죽은 것으로 알고 있던 터, 비슷하다는 느낌만 받았을 뿐, 그냥 돌아올 수밖에 없었다. 그러다가 이런 의문 투성이었던 문제들은 결말에 가서 하나하나 풀어지게 된다. 그리고 이들은 감격의 해후를 한다.[38]

이처럼 「왕십붕기우기」는 후반부의 몇 가지 흥미로운 장면을 끼워 넣

---

35) 「왕십붕기우기」. "(…중략…) 州倅答曰 : '幸參高科, 初拜朝陽判官, 未久旋替, 以王自恭爲代右公. 赴任之月, 得疾而死云.'"

36) 「왕십붕기우기」. "州倅答曰 : '(…중략…) 妻則獨在本家, 不知其某事, 投江而死云. 故欲拾骸骨, 送人久矣, 而迄不來也.'"

37) 「왕십붕기우기」. "玉娘持無香燭, 往吉祥寺, 虔設齋筵. 適有福州倅亦喪室, 設齋于此矣. 玉娘以帳穴微見, 其貌洽似王公之容體. 齋罷而還."

38) 「왕십붕기우기」. "因遂留宿, 相與極娛. 樂昌之鏡, 延平之劍, 從此而再合也."

어 사건을 복잡하게 끌고 간다. 그러다가 모든 사실의 의문들이 마지막에 가서 얽힌 실타래가 풀리듯이 순식간에 풀리고 사건이 종결된다. 이런 묘미는 확실히 이 시기 애정류 한문소설로서는 새로운 형태이다.

「왕십붕기우기」는 남녀주인공 사이의 정조(情調)가 거의 자제되어 있는 대신, 적대적 인물의 등장을 통하여 왜 그들이 이별을 하게 되고 다시 재회를 할 수 있었는가에 대한 서사의 추이에 무게 중심이 실려 있다. 그 속에 드러난 몇 가지 모티프는 애정전기소설이 포지하고 있던 생래적 특징이 아니고, 기왕에 중국 소설 중에 비전기류(非傳奇類)에서 구현된 수법이다. 이는 이후 규방소설이나 가정소설 같은 장편소설들에 가면 자연스럽게 나타나는 요소이기도 하다. 따라서 이것이 애정전기소설에서 시연되고 있는 사실은 소설 양식사에서 주목해볼 대목이 아닐 수 없다.

그렇지만 「왕십붕기우기」는 이런 17세기 애정류 한문소설로서는 독특한 경향을 보여주고 있으면서도 전체적인 구성의 짜임새는 상당히 엉성한 편이다. 무엇보다 짧은 편폭에 복잡한 구도를 소화시키려다보니 인과성이 떨어진다. 그래서 중간 중간 논리적 비약이 수반되는 경우가 적지 않다.

그렇다면 정작 이렇게 된 이유는 뭘까? 이는 물론 중국 쪽의 것을 개작한 작자의 역량의 한계에 그 원인이 있겠지만, 보다 중요한 이유는 희곡의 형태를 소설로 전화시키는 과정에서 노정될 수밖에 없는 문제였던 것 같다. 중국 희곡의 경우, 많은 장면이 엮어져 하나의 완성된 작품의 형태를 이루고 있다. 「형차기」도 모두 48척(齣, 연극의 한 장면)으로 짜여져 있다. 하나 하나의 장면이 독립적으로 의미를 가질 수 있는 것인데, 이를 하나의 서사적 줄거리로 꿰어 맞춘 데서 초래된 결과로 판단되는 것이다. 더구나 그것을 전기소설의 서사 문법으로 전화하는데는 더더욱 기량이 필요하였을 것이다. 이 점에 있어서 이 작품은 충분한 역량이 발휘되지 못한 감이 있다.

「왕십붕기우기」는 이처럼 희곡을 전기소설의 전통 속에서 엮어본 작품이다. 때문에 이 같은 구성의 문제가 없지 않았던 것이다. 그러나 손여권의 존재나 몇몇 장치들은 거칠게나마 이후 소설사에 풍부한 소재로 제공되었다. 이 같은 「왕십붕기우기」의 특징적 면모와 구성적 한계는 「왕경룡전」에서 보다 세련되고 합리적으로 해결될 실마리가 보인다.

3. 「왕경룡전(王慶龍傳)」의 경우

1) 「옥당춘락난봉부」와 「왕경룡전」

「왕경룡전」은 명대 〈삼언(三言)〉·〈이박(二拍)〉의 직접적인 영향을 받은 것으로 주목되어 그동안 어느 정도 그 양상과 위상이 밝혀졌다. 초기 연구에서는 주로 『경세통언(警世通言)』 제24화 「옥당춘락난봉부(玉堂春落難逢夫)」의 번안물로 인식되는 정도였다. 그러나 최근에는 새로운 이본들이 소개되는 한편,[39] 단순히 「옥당춘락난봉부」의 번안물이 아니라, 우리의 서사 전통에 맞게 변개·개작한 작품으로 새롭게 조명되기에 이르렀다. 아울러 일정 정도 작품론도 진척이 된 바 있다.[40] 또한 사인과 기녀의 애정 갈등이라는 점에서 「춘향전」과 대비되는 점도 없지 않은데,

---

39) 이본이 현재 국문본 2개본을 포함 모두 10여 종이 알려져 있다.

40) 그 성립과 영향 문제를 다룬 논문으로는 김현룡, 「王慶龍傳에 대한 고찰」(『어문논집』 19·20집(月岩朴晟義還曆紀念論叢), 고려대 국문과, 1977); 심경호, 「朝鮮後期 小說考證(I)—포공연의·성풍뉴·왕경룡전·소시직금회문록·소씨명행록(『한국학보』 56집, 일지사, 1989); 증천부, 「한국소설의 明代 擬話本小說 수용의 일 연구」(앞의 논문) 등으로 이어졌으며, 작품론으로는 정환국, 「왕경룡전 연구」와 송하준, 「왕경룡전 연구」 등이 있다.

이와 관련된 의미가 천착되기도 하였다.[41] 무엇보다 조선 후기 애정소설의 변이 양상 속에서 왕경룡전계 애정소설의 계보가 선명하게 파악되기에 이르렀다.[42] 한편 애국계몽기 작품「용함옥(龍含玉)」·「청루지열녀(靑樓之烈女)」등과의 밀접한 관련성도 논의되었다.[43] 이제「왕경룡전」은 그 작품성의 문제를 떠나서 애정소설의 새로운 유형을 창출한 것으로 그 의미가 부각되기에 이른 것이다.

이 작품의 모작이 되는「옥당춘락난봉부」는 〈삼언〉·〈이박〉 중에서는 그리 뛰어난 작품으로 인정받지 못하고 있는데,[44]「왕경룡전」이 과연 어떠한 양태로 개작되었기에 조선 후기 애정소설의 한 유형을 창출할 수 있었던가? 이 문제에 주목하면서, 그리고「왕십붕기우기」와의 관련성도 염두에 두면서 구조상의 특징과 의미를 규명해보련다.

본격적인 논의에 앞서 이 작품의 성립 과정과 개작 양상을 정리해둔다. 우선「옥당춘락난봉부」가 〈삼언〉·〈이박〉에 수용되어 성립된 경위는 아영(阿英)의 글에서 명료하다. 아영은「옥당춘락난봉부」의 남주인공 왕경룡(王景隆)은 만력(萬歷) 연간에 진사를 지낸 '왕삼선(王三善)'이고, 여주인공 옥당춘(玉堂春)은『칠수유고(七修類稿)』에도 나오는 '소소소자매(蘇小小

---

41) 심경호,「춘향전의 사설짜임과 갈등구조에 대한 비교문학적 일고찰」,『고전문학연구』6집, 한국고전문학회, 1991.
42) 박일용,「조선후기 애정소설의 서술 시각과 서사세계」, 서울대 박사논문, 1988.
43) 이에 대해서는 증천부,「韓國小說의 明代話本小說 수용연구」(앞의 논문)와 정환국,「애국계몽기 한문소설의 성격 규명을 위한 시론」(『한국한문학연구』21집, 한국한문학회, 1998)에서 구체적으로 다루어진 바 있다.
44) 錢伯城은 이 작품을 평하기를, "但是, 從小說藝術的角度來看, 這篇小說只能給'欠佳'的評語, 兩個字, 一個是俗, 一個是陋. 說俗, 描寫的人物, 都脫不了俗氣, 卽使是玉堂春, 看她罵起人來, '小淫婦''小賤人'不絶于口, 形象幷不可愛, 比之她的前代姉妹李亞仙, 遜之遠矣. 說陋, 文筆淺陋, 話本所特有的流利生動的語言, 以及人物對話的活潑口吻, 在這裏都是看不到的. 〈三言〉收入此篇, 只能說是因它的故事膾炙人口, 而不是因它的藝術之完美動人"(『新評警世通言』, 上海古籍出版社, 1992, 390면)이라고 하여, '俗'과 '陋'의 태를 벗어나지 못한, 예술적으로는 부족한 작품이라고 보았다. 그런데도 이 작품이 〈삼언〉에 실리게 된 것은 당시 이에 관련된 고사가 인구에 회자되고 있던 때문이라고 보고 있다. 곧 통속성이 강한 작품인 셈이다.

姊妹)'의 또 다른 모습으로, 이 작품이 실제 있었던 인물의 고사에 근거하
여 지어졌다고 하였다. 또한 작품의 성립에 앞서 '옥당춘고사(玉堂春故事)'
가 경희(京戲, 즉 京劇)로 공연되었고, 처음 소설로 지어졌던 것은 『전상해
강봉거관공안전(全像海剛峰居官公案傳)』이라는 작품의 「투간공안(妬奸公案)」
이었다 한다. 그러다가 비로소 약간의 변개를 거쳐 풍몽룡(馮夢龍)에 의해
「옥당춘락난봉부」로 정리되었다고 한다.[45]

위의 논의로 볼 때, 「옥당춘락난봉부」는 실존한 인물과 실재한 고사
를 취재하여 성립되었고,[46] 이에 앞서 이미 경극으로 인기를 얻고 있었
던 것이다. 한편 당나라 전기 「이와전(李娃傳)」은 이 전통의 원점에 서
있다. 「이와전」은 상주자사(常州刺史) 형양공(榮陽公)의 아들이 장안(長安)
의 명기 이와(李娃)를 사랑한 나머지 재산을 모두 탕진하고 우여곡절을
겪는다는 내용으로 이후 소설에 그 영향이 적지 않은 작품이다. 때문에
「옥당춘락난봉부」의 형식은 의식적이든 무의식적이든 「이와전」의 영향
아래에서 잡극(雜劇)으로, 또는 소설로 약간의 경향을 달리하며 이어진
전통 속에서 성립되었던 것이다. 또한 「옥당춘락난봉부」는 그 제목 아
래에 '여구각왕공자분지기기부동(與舊刻王公子奮志記不同)'이라 하여 여타
비슷한 작품들과 차별성을 두고자 한 혐의가 보이는데, 실제 「왕공자분
지기(王公子奮志記)」라는 비슷한 류의 작품이 있었다. 이는 바로 다름 아
닌 「이와전」류의 작품이 그만큼 다양하게 혼효 발전되어 있었다는 증거
일 게다. 또 한 가지 놓치지 말아야 할 점은 「옥당춘락난봉부」는 공안소
설(公案小說)의 형태가 점점 애정류로 변화된 속에서 성립되었다는 사실
이다. 이는 「옥당춘락난봉부」와 「왕경룡전」의 차별성을 열어 놓았다는
점에서 그렇다.

이제 「옥당춘락난봉부」와 「왕경룡전」의 관계를 살펴보자. 우선 기본
적인 줄거리에선 양자 사이의 편차가 거의 없는 편이다. 물론 인물 명칭

---

45) 阿英, 「玉堂春故事的演變」, 『小說二談』, 上海古典文學出版社, 1958, 1~31면.
46) 보다 구체적인 정보는 심경호, 「조선후기 소설고증(I)」(앞의 책, 92~93면) 참조

이야 다르기는 하지만 그들의 역할은 엇비슷하다. 그리고 사건 전개에 있어서도 부분적인 차이가 발견될 뿐 큰 차이는 없다. 때문에 「왕경룡전」은 「옥당춘락난봉부」를 개작하여 이루어진 소설임에 틀림없다.47) 그러나 「왕경룡전」만의 독자성도 없지 않다. 두 주인공의 결합 방식이나 결말의 처리 방법, 그리고 인물의 역할 등에서 각각 차이가 발견된다. 여기 그 몇 가지를 뽑아 보았다.

첫째, 주인공의 성격에 차이가 있다. 옥당춘은 현실에 대처하는 데 왕경룡에게 의존하는 경향이 없지 않다. 남녀주인공이 대등한 속에서 난관을 극복해 나가는 데 반해, 「왕경룡전」에서는 여주인공 옥단(玉檀)에게 절대적인 역할을 부여함으로써 그녀의 적극적인 의지에 의해 서사가 진행된다.

둘째, 후반부 의옥(疑獄) 성립과 해결에 차이가 있다. 「옥당춘락난봉부」는 의옥을 해결하는 과정에 중점이 두어져 있는 반면48) 「왕경룡전」은 의옥 성립 과정이 집중적으로 서술되어 있고 그 해결 과정은 오히려 간단하게 처리해 버렸다.

셋째, 보조인물들의 형상에 차이가 있다. 우선 노복이 자결하는 모티프는 「왕경룡전」에만 보이며, 상대적으로 「옥당춘락난봉부」에는 「왕경룡전」의 조운(朝雲)과 조고(趙賈)에 해당하는 망팔(亡八)과 심홍(沈洪)의 개입이 보다 뚜렷하여 악인형 인물로서의 의미가 부각되어 있다. 중국 애정소설의 경우, 기녀와 사인 사이에 상인(장사치)을 개입시켜 갈등을 일으키는 것이 일반적인 갈등구조의 한 특징이다. 이에 반해 「왕경룡전」은 창모(娼母)의 역할을 보다 부각시켜 상대적으로 조고(趙賈)의 역할은 미약하다.

---

47) 이로 미루어 볼 때 중국의 경우는 진작에 「李娃傳」 계열의 애정담이 하나의 유형으로 자리하고 있었고, 우리의 경우는 이 영향을 받아 성립된 「왕경룡전」을 축으로 조선 후기 애정소설의 한 흐름이 성립되었음을 알 수 있다.

48) 이는 「옥당춘락난봉부」가 公案小說에서 출발한 데 기인한다.

넷째, 「왕경룡전」은 서사 과정 중에서 몇 가지 중요한 모티프에 집중적인 서술을 보여준다.

다섯째, 신분 문제와 부자 갈등을 처리하는 방식이 다르다.[49]

그러나 무엇보다 큰 차이점은 화본소설의 전통을 17세기 애정전기소설의 서사 문법으로 개작했다는 점이다. 그런데 앞서 논의한 「왕십붕기우기」의 경우, 극본을 가지고 이 시기 소설의 서사 양태로 개작하면서 매끄럽지 못한 부분이 적지 않았음을 지적했었다. 그러나 「왕경룡전」의 경우는 전혀 그렇지 않다. 이는 「왕경룡전」이 당시 독자들의 기호에 맞게, 또한 우리 소설의 성향에 맞게 변개하였다는 증거다.

2) 구성의 현실적 원리와 극적 반전을 통한 흥미의 제고

① 「왕경룡전」은 두 주인공 왕경룡과 옥단의 이합이 복잡한 사건들을 통과하며 합리적 원리에 의해 그려진 점이 가장 큰 특징이다. 두 주인공의 만남과 이별의 과정에는 다음과 같은 단계들이 놓여 있다. 우선 부명(父命)으로 식은(息銀)을 받아 귀향하던 경룡이 청루(青樓)에서 옥단을 만나게 됨으로써 처음 인연을 맺는다. 그러나 식은을 탕진한 경룡이 창모(娼母)의 음모로 인해 옥단과 이별하고 모진 고생을 겪는다. 그 후 다시 옥단의 주도 아래 이들은 잠시 상봉의 기쁨을 맞지만, 또다시 불가피한 재이별의 아픔을 경험한다. 그리고 마지막으로 옥단이 온갖 시련을 극복해내고 경룡이 등제함으로써 완전한 결연을 이룬다.

옥단과 경룡의 만남에서 결연까지의 과정은 전기소설에서 보여주는 일반적인 패턴을 그대로 따르고 있는 편이다. 경룡이 미혹되어 이끌려 온 청루와 그 주위에 대한 묘사 — 재자가인들의 결연 장소로 — 나, 여

---

49) 이 외에 부분적인 차이에 대해서는 송하준, 앞의 논문 참조

주인공 옥단의 자태 묘사, 그리고 대면 후 서로의 마음을 확인하는 화답시의 수창 등은 예의 전기소설에서 흔히 발견되는 부분이다. 그런데 이 과정에 청루의 주인인 창모가 깊숙하게 개입함으로써 「왕경룡전」의 갈등 국면은 예기치 못한 방향으로 흘러간다.

수만냥의 식은을 탐낸 창모는 경룡을 의도적으로 옥단과 결연시켰고, 경룡이 식은을 탕진할 즈음이 되자 비정하게 그를 제거하려 한다. 여기서 옥단과 경룡은 첫 이별을 한다. 그들의 이별에는 두 가지 중요한 요인이 개입되어 있는데, 그것은 창모의 물욕과 경룡의 무분별한 현실 대처였다. 이는 이 시기 애정류 한문소설에서는 쉽게 찾아볼 수 없는 면모이기도 하다. 예의 애정류 소설이 사회적인 장벽에 의해 갈등을 겪는 데 비해, 경룡과 옥단은 개인적인 문제에 의해 갈등이 표면화되고 있다는 점에서 그렇다. 이는 갈등의 주요인이 사회에서 개인으로 변모하는 예로써 주목된다.

한편 주인공 경룡은 겨우 죽음을 면하고 급기야 유리걸식하는 신세로 전락한다. 그러던 중 옥단과 다시 상봉하게 되는데, 이는 옥단의 주도면밀한 계획에 의해 실현된다. 작자는 이 재회의 과정에 세심한 배려를 아끼지 않는다. 즉 창모의 일거수 일투족을 살피며 기지를 발휘하는 옥단과, 그녀의 계획에 따라 하나 하나 수행하는 경룡의 모습이 숨가쁘게 전환됨으로써 극적 전개가 물 흐르듯 자연스럽다. 그 정황이 매우 치밀하게 묘사되는데, 이때부터 두 주인공이 애정을 성취하는 과정은 거의 옥단 혼자만의 독무대다.

재이별은 경룡이 옥단의 도움으로 탕진한 식은을 되찾아 귀향하게 된 데서 연유한다. 이미 자기 판단이 흐려진 경룡에게는 새로운 계기를 마련하기 위해, 그리고 옥단에게는 또 다른 시련을 겪게 하는 과정인 셈이다. 마치 이들간의 사랑을 시험하기 위한 것인 듯 이 과정은 거의 불가피해 보인다.

경룡을 돌아보며 말하기를, "개인적으로 간직하던 패물이니 강남에서 팔면 허비한 돈을 충당할 수 있을 거예요" 하고는 급히 싣고 달아나게 하였다. 경룡은 그 이별이 안타까워 오열하며 옥단을 부둥켜안고 차마 떠나가지 못하더라. 옥단은 손으로 경룡을 밀치며 문밖으로 나가게 하니, 경룡은 마지못해 이별하며, "어느 때나 다시 만날 수 있겠소?" 하니, 옥단은 "낭군께서 돌아가 부모님을 뵌 후 독서에 열중하시어 다른 날 과거에 급제하여 이 州의 刺史가 되신다면 이때가 바로 첩과 다시 만날 날이 될 겝니다. 그렇지 않으면 다시는 첩을 만나기는 어려울 거예요"라고 하였다.[50]

옥단은 겨우 되찾은 식은에 자신의 패물까지 보태주며 경룡을 급히 고향으로 돌려보낸다. 그러면서 '자기를 다시 만날 날은 등제하는 날'이 될 것이라며 경룡을 독려하는데, 이 의도적이고 한시적인 이별은 경룡이 늦게나마 식은을 환수해 부명을 이행함으로써 그들의 사랑을 보장받기 위한 과정이기도 했다.

그리고 최종적인 결연은 경룡이 재차 이별할 때의 약속을 이행하고, 또 옥단이 모진 고초를 이겨냄으로써 이루어지게 된다. 중간에 옥단이 조고(趙賈)에게 피체되고 이어서 의옥에 연루되는데, 이러한 옥단의 사정을 알고 한동안 식음을 전폐하며 앓던 경룡은 헤어질 때의 약조를 되새기며 부지런히 과업에 힘쓴다. 또한 옥단도, 창모와 조고 등에 의해 모진 협박을 받아 자살까지 기도하면서도 끝내 기지로 상황을 헤쳐가며 의옥을 성립시킴으로써 경룡의 구원을 기다린다. 결국 경룡의 등제와 옥단의 기지로 그들은 모든 장애 요소를 극복하고 완전한 결연을 이룬다.[51]

「왕경룡전」의 이와 같은 서사를 따라가다 보면 인상적으로 눈에 들어

---

50) 「왕경룡전」(三芳錄本을 저본으로 하여 이본교감을 하였음. 이하도 동일함). "顧謂龍曰 : '私藏寶佩, 幸鬻於江南, 則以充虛費之數.' 急令載駄而遁去. 慶龍恐其分離, 慘慘嗚泣, 抱扶玉檀, 不忍捨去. 玉檀以手推龍出門, 龍黽勉相別曰 : '何時乃有重逢之期?' 檀曰 : '公子歸覲之後, 專意讀書, 異日登第, 得刺此州, 則是妾相逢之日. 不然則見妾難矣.'"

51) 보다 구체적인 구조적 특징에 대해서는 정환국, 앞의 논문 참조

오는 점이 바로 사회 현실에서 충분히 일어날 수 있을 법한 내용으로 하나의 '애정담'을 엮었다는 사실이다. 그리고 결말은 해피엔딩이다. 「상사동기(相思洞記)」에서 보여준 어줍잖은 결말 부분에 대한 교통정리가 이루어진 셈이다.

앞서 살펴본 작품들의 서사 전개에 있어 그 현실적 맥락이 흐려지는 부분은 정도 이상의 우연성이나 '인간의 힘'을 넘어선 비현실적인 국면들이 요소 요소에 개입된 데 기인하고 있다. 또한 비록 현실적 원리가 잘 적용되고 있는 작품들이라 하더라도 거기에는 기본적으로 비현실적 체계를 담보로 하고 있다. 이에 비해 「왕경룡전」은 일단 현실적인 생활의 원리에서 찾을 수 있는 사건들로 전체가 채워져 있다는 측면에서 다른 작품과 변별된다.

「왕경룡전」이 이 같은 현실적 체계를 갖출 수 있었던 데에는 몇 가지 요인이 있었다. 첫째, '인간의 물욕'이라는 소재를 작품의 중요한 갈등요인으로 설정한 것이다. 물욕이라는 것 자체가 '전란'이나 '신분 갈등' 등 현실에서 극복 불가능한 요소가 아니라, 인간이 끊임없이 추구하고 지향했던 과정의 산물이다. 그것이 작품 속에서 활개를 치면서 현실의 실상을 말해주었던 바, 여기서 서사의 현실적 원리가 용해될 수 있었다. 둘째, 인물의 설정이 현실적이라는 점이다. 사인(士人) 왕경룡과 기녀 옥단이라는 남녀주인공 설정이 그렇고, 이른바 포주로 등장하는 창모, 그리고 장사치 조고와 매표자(賣瓢子) 등 당대 실생활에서 쉽게 마주칠 수 있는 인물들이다. 셋째, 화본소설로 성립된 작품의 외형을 그대로 빌려왔기 때문이다. 화본소설의 경우는 문언소설과는 달리 민중들의 실제 경험에서 성립된 작품들이 많다. 「옥당춘락난봉부」도 앞서 이미 언급했듯이 실존했던 인물을 중심으로 꾸민 통속성이 강한 작품이다.

「왕경룡전」은 이후 소설에도 그 영향이 적지 않았음을 감안할 때, 그 구성의 현실적 원리가 하나의 큰 장점임에 틀림없다.

② 「왕경룡전」의 서사에서 또 한 가지 주목을 끄는 점은 서사 전개에 있어서 흥미를 제고할 수 있는 요소가 작품 전면에 부각되어 있다는 사실이다. 이는 갈등을 지속적으로 유지하며, 결과적으로 서사구조의 역동성을 부여하는데 기여한다.

그 큰 얼개는 창모 쪽의 음모와 이에 맞선 옥단 쪽의 계략에 의한 반전이다. 창모는 경룡의 돈이 다 떨어지자 그를 제거하기에 이른다. 그 이유는 그가 돈이 다 바닥났다는 이유도 있었지만, 무엇보다 옥단을 그에게 뺏기게 되면 더 이상 옥단을 가지고 돈벌이를 할 수 없었기 때문이다.[52] 그래서 꾸민 음모가 '갈대숲[蘆林]'에서 경룡을 유인, 감쪽같이 죽이는 것이었다.

> 이에 경룡에게 말하기를, "제가 다시 가서 잠그고 오면 좋겠으나, 말타고 달려갈 근력이 없사옵니다. 공자께서 수고해주시겠습니까?"라고 하였다. 경룡은 그 말에 전혀 의심하지 않고 갔다오기로 하였다. 창모는 열쇠를 주면서, "속히 가서 잠그고 돌아오세요. 우리들은 여기서 기다리고 있겠습니다"라고 말하였다. 경룡은 말을 타고 채찍을 휘둘러 돌아갔다. 몇 리쯤 가자, 창모는 옥단을 윽박질러 다른 길로 달아나 버렸다. (…중략…) 경룡이 창모 집에 도착해보니, 집은 네 벽만 남았을 뿐 보이는 물건이라곤 없었고, 집을 지키는 노복도 보이지 않았다.[53]

계획이 선 창모는 일가를 데리고 길을 떠났다가 '깜박 잊고 집의 문을 안 잠궜다'며 경룡에게 달려가 잠그고 와 줄 것을 요청한다. 아무 영문도 모르고 있던 경룡은 의심 없이 창모의 집으로 되돌아온다. 그러나

---

52) 「왕경룡전」. "其母知檀不可避, 思欲以先除龍. 遂與朝雲謀曰 : '取玉檀鞠育者非他, 一歡取直, 猶患千金之不多, 今者, 豈可以檀兒, 空作王家之物乎?' 相與設計."

53) 「왕경룡전」. "乃請於龍曰 : '吾欲還去下鎖而來, 老嫗筋力, 不堪驅馳, 公子可能忘勞否?' 龍不疑其言, 遂請行. 娼母以金鎖授之曰 : '速往下鎖而還. 吾當留待.' 龍遂以單騎, 促鞭回走. 量去數里, 娼母乃驅迫玉檀, 取他路遁去. (…중략…) 龍到其家, 見家徒四壁, 無物見在, 又無守家奴僕."

그 집에 있던 재화는 모두 다른 곳으로 치워 버려 네 벽만 남은 상태다. 이웃에게 물어본 이후에야 자신이 창모에게 속았다는 사실을 알게 되나 때는 이미 늦었다. 그래서 하릴없이 갈대숲으로 다시 돌아왔으나, 기다리는 것은 옥단이 아니라 창모가 보낸 도적떼였다. 이후 경룡은 엄청난 고초를 겪게 되고, 여기서부터 뚜렷한 갈등 국면이 형성된다. 이 음모는 옥단도 전혀 눈치를 채지 못했던 것이어서, 이들은 한동안 이별의 슬픔과 함께 생사를 모른 채 상사(相思)의 나날을 보내게 된다.

그 이후 옥단이 경룡을 우여곡절 끝에 다시 만나 창모를 역으로 속여 궁지에 몰아가는 장면은 보다 치밀하다. 반격이 시작된 것이다. 옥단은 우선 경룡을 귀공자로 꾸며 창모의 집으로 들르게 한다.

경룡은 곧 이웃마을 시장으로 달려가 옥단이 준 금은을 팔아 비단옷을 사서 입고 준마도 샀다. 또 빈 가죽 상자 2백 개를 사서 그 속에 돌덩이를 가득 채우고 금동 자물쇠로 잠궈 마치 금은보화가 들어 있는 것처럼 모양새를 꾸몄다. 그리고 마부와 말 백 필을 빌려 거기에 모두 실었다. (…중략…) 옥단은 이에 앞서 몰래 시비를 시켜 경룡에게 술을 따를 때는 물을 타서 올리도록 하였다. 거기다가 경룡의 주량이 무한정이라 끝내 취하지 아니하였다. 그러나 창모와 朝雲은 마음을 놓고 술에 흠뻑 취해 부축을 받고서야 안으로 들어갔다. 경룡과 옥단은 재화와 기물을 모두 쓸어모으고는 北樓로 돌아와 잠자리에 들었다.54)

좀 과장된 표현이다. 옥단의 계획에 의해 경룡은 엄청나게 화려한 겉치레를 하고 창모 앞에 다시 나타난다. 창모는 화려하게 꾸미고 나타난 경룡에게 다시 침을 흘리며 술자리를 베풀었다가 여지없이 당하고 만 것이다. 더구나 다음날 깨어보니 경룡과 자신의 보화는 간데 없었고, 팔다리가 묶여 신음하고 있는 옥단을 보면서도 창모는 이 모두 꾸며진 일

---

54) 「왕경룡전」. "慶龍卽歸隣邑市場, 賣其金銀, 買綺紈而服之, 買駿馬而騎之. 又買空皮箱二百箇, 實以石塊, 鎖以金銅, 若藏金寶樣, 貰夫馬百匹而駄之. (…중략…) 玉檀先時, 陰令侍婢斟酒於龍, 則和水以進之. 況龍酒量無窮, 終不沈, 而娼母及朝雲, 放情泥醉, 扶入于內. 龍與檀, 盡收其財寶器物, 歸寢於北樓."

이었음을 전혀 파악하지 못하고 있다.55) 이렇게 창모를 속여 재물을 환수한 후 옥단과 경룡은 최종적 결연을 위해 두 번째 이별을 하면서 유예기간을 갖는다. 그 기간은 3년이었다. 이는 「상사동기」에서의 김생과 영영이 다시 만나기까지의 유예기간과 같다. 그런데 여기서의 3년은 훌쩍 흘러가 버린 시간이 아니라, 갈등 관계를 지속하는 속에서 옥단과 창모 사이의 첨예한 대립으로 채워져 있다.

여지없이 당한 창모는 이제 장사치 조고를 이 대결의 국면 속에 끌어들인다. 창모의 뇌물을 받은 조고는 옥단을 납치,56) 수청을 강요한다. 또다시 상황이 반전된 것이다. 그러나 이런 상황에서도 옥단은 다시 기지를 발휘하여 반전을 꾀한다. 이미 조고의 집에 피체된 옥단은 이런저런 이유로 얼마 동안 위기를 모면하며 기회를 보고 있었다. 그런데 마침 조고의 처와 한 박수무당이 사통하고 있다는 사실을 알아낸다.

옥단이 하루는 그들이 만나는 기회를 타서 창 밖에서 엿보다가 손으로 바라지에 구멍을 내어 몰래 엿보는 자신이 이들에게 보이도록 했다. 두 사람은 옥단이 반드시 남편에게 일러바칠 것이라고 염려한 나머지 계획을 세워 그 흔적을 없애기로 했다. 마침 남편은 출타하여 이웃집에서 자고 아침에야 돌아왔다. 그 아내는 죽을 쑤어 그 속에 독약을 넣어 남편과 옥단에게 내왔다. 이때 옥단은 마침 머리를 빗고 있었다. 죽을 보고는 독약이 타져 있는 듯한데 자기 것에만 들어 있는 게 아닌가 싶었다. 이에 옥단은 교태를 부리며, "죽이 맛이 좋아 보입니다. 제가 많은 것을 먹지요"라고 하고는 내 온 것을 서로 바꾸어 자기 앞에 두고 머리 손질을 핑계로 시간을 끌며 먹지 않고 있었다. 趙賈가 그 죽을 다 먹자, 옥단은 자기 앞의 죽을 손으로 잘못 건드린 것처럼 하여 엎어버렸다. 얼마 후 조고는 방바닥에 엎어져 피를 토하며 죽고 말았다.57)

---

55) 「왕경룡전」. “檀送龍, 掩泣還寢, 與侍婢相約, 各取衣絮, 塞其口. 又以條索, 皆縛其手足, 俱倒於床下.”

56) 「왕경룡전」. “未出徐州境, 忽有人, 群聚阻於路中, 擁玉檀, 驅迫而去. 檀顧呼嫗, 嫗已無在矣.”

57) 「왕경룡전」. “檀一日, 乘其來會, 覘於窓外, 手鑽窓牖, 顯示窺覘之狀. 兩人恐檀必告其夫, 相與謀計, 欲滅其跡. 會其夫出宿于隣家, 翌朝而還. 舊妻以珍味作粥, 置毒

이 부분은 속임수가 연이어지면서 대단히 흥미롭게 꾸며져 있다. 가
장 눈에 띄는 점은 옥단이 바라지에 구멍을 뚫어 이들의 사통을 엿봄으
로써 결과적으로 저들로 하여금 스스로 조고를 제거하도록 한다는 것이
다. 「옥당춘락난봉부」에는 이 장면은 전혀 나타나 있지 않고, 심홍(沈洪)
의 아내가 단독으로 남편을 제거하면서 오히려 옥당춘(玉堂春)을 이용한
것으로 나와 있다. 이에 비해 여기서는 의옥을 성립시킨 장본인이 옥단
이 됨으로써, 옥단이 위기에 대처하는 능력을 십분 발휘하도록 하였다.
옥단의 이 교묘한 계책은 다시 상황을 반전시켜 이들의 최종적 결연을
일구어내는 계기가 되었던 바, 이 과정의 흥미로움은 가히 파격적이다.
　「왕경룡전」은 이처럼 서사 전개의 처리 과정에서 몇 가지 모티프를
동원 흥미를 끄는데 상당한 힘을 기울이고 있다. 이 같은 계략과 음모
등이 소설의 장치로 인입된 사실은 전 시기 소설의 창작 동인과 이후
소설의 창작 형태가 구별되고 있다는 점에서 주의깊게 살펴져야 한다.

3) 창모(娼母)의 인물 형상–부정적 인물의 구체적 모습

　「왕경룡전」에는 십여 명의 인물이 등장한다. 이중 그 역할의 면모를
제대로 살필 수 있고, 작품의 성격을 좌우하는 인물로는 두 주인공인 왕
경룡과 옥단, 그리고 창모·노구(老嫗)·노복(老僕) 등이다.
　왕경룡은 옥단을 만나기 전까지는 전형적인 양반가의 재자(才子)였
다.[58] 그런데 청루에 미혹되어 옥단에게 빠진 이후로는 분별력을 잃은
한 청년으로 변하고 만다. 그러면서 대단히 굴곡적인 모습을 보여준다.

於中, 進于其夫及玉檀. 檀方梳頭, 見其粥疑有毒, 而又慮只毒於己, 乃嬌態曰 : ‘見其
粥甚美, 吾欲取其多者.’ 換其所進而置於前, 托以粧梳, 遷延不食, 及其趙賈盡食之
後, 佯若觸手覆之. 俄而, 趙賈仆地, 嘔血而死.”
58) 「왕경룡전」. “小少聰慧, 才思過人. (…중략…) 無意娶聘, 足不出門, 終日讀書者累
年.”

청루에 있으면서 5~6년 동안 수만 냥에 달하는 재보(財寶)를 모두 탕진하게 되고, 창모의 음모에 빠져 죽음의 위기에 봉착했던 경룡은 겨우 목숨을 보전하지만 살아갈 방도가 없어 보인다.

경룡은 힘겹게 걸어가 어떤 마을에 다다랐다. 걸인들이 "너는 뒤에 왔으니, 편히 여기에 끼일 수는 없지. 반드시 너 혼자 삼경을 알리는 북을 친 후에야 허락될 게야"라고 하였다. 그러나 경룡은 그날 밤 피곤에 지쳐 잠에 곯아 떨어져서는 제때 북을 치지 못하고 말았다. 이에 걸인들은 직무 태만이라 하여 경룡을 윽박질러 쫓아버렸다. 경룡은 눈물을 흘리며 굶주린 배를 잡고 이곳저곳을 기어다니면서 걸식을 하였다. 그러다가 楊州에 굴러 들어와 저자거리에서 구걸하며 구차하게 세월을 보내고 있었다. 마침 정월 초하루를 만나 관청에서 儺役이 있었다. 경룡은 남에게 고용, 俳優가 되어서 바야흐로 관청의 뜰에서 연기를 하는데 (…하략…).59)

기식하려고 걸인패에 들어갔다가 거기서도 쫓겨나 양주(楊州) 지역을 전전하다가 급기야 광대 노릇을 하는 지경에까지 이른다. 재상의 아들로 한참 호기를 부리던 자가 그야말로 비참한 지경으로 추락하고 만 것이다. 그러나 왕경룡은 후반부에 가서 옥단의 도움을 받아 다시 학업에 정진, 장원급제하여 어사가 된다.60) 이 같은 경룡의 굴곡적인 삶의 체험은 일반 애정전기소설의 주인공에서는 전혀 만나볼 수 없던 예다. 「옥당춘락난봉부」의 왕경륭(王慶隆)도 똑같은 상황에 봉착하지만, 이 같은 굴곡은 보여주지 않는다. 「상사동기」에서 땀을 뻘뻘 흘리며 오금을 저리고 있던 김생(金生)이 나중에 장원급제한다는 설정과도 비교가 되지 않는다.

---

59) 「왕경룡전」. "龍艱難得行, 赴其里閭, 乞人等曰 : '爾以後來, 不可晏然同參. 必當獨扣三更夜, 然後方許.' 龍其夜因困憊倒睡, 誤下更點. 乞人等以怠職, 衆攻而黜之. 龍啼飢匍匐, 處處乞食, 轉入楊州, 行乞於市, 苟延時月. 適值歲夕, 有儺役於公府. 龍傭役於人, 爲優盲之奴, 方戲於庭除 (…하략…)."

60) 「왕경룡전」. "龍力業三年, 得選解元, 又中會元, 終得壯元及第, 爲翰林修撰. 時朝廷, 以徐州有殺夫之訟, 遂成疑獄, 久而未決, 啓請遣御史窮問考處, 上兪允. 龍求爲其任, 遂到徐州."

이 같은 왕경룡의 형상은 상대적으로 옥단의 주도면밀한 형상과 대조적이다.

이런 면에서 왕경룡의 모습은 확실히 독특한데, 「왕경룡전」에는 이보다 안타고니스트 '창모'가 더 흥미롭다. 그는 돈이라면 깜빡 죽는 창가의 포주이다. 당연히 속물적인 근성이 잔뜩 배어 있는 인물이다. 경룡이 처음 청루에 도착했을 때 한 노구가 옥단을 추천하자,[61] 경룡은 삼천 냥의 거금을 써서 옥단과의 면대를 요청한다.[62] 그러자 창모의 반응이 이렇다.

> 창모는 바로 욕심이 났다. 경룡을 자기 집으로 데리고 가서 술자리를 성대하게 마련하였다. 금병풍을 둘러쳤고 수놓은 장막은 높이 거둬 올렸다. 좋은 술과 안주가 넘치듯 여기저기 벌여져 있었다. 곱게 꾸민 기녀들은 풍악을 울리고 술을 따르기도 하였다. 자리를 화려하게 장식한 물건들과 기쁨을 돋울 도구들이 낮의 잔치 때보다 갑절이나 화려하였다.[63]

옥단과 한 번 만나는 조건으로 삼천 냥을 받은 창모는 곧장 경룡의 돈에 마수를 뻗치기 위해 극히 화려한 술자리부터 마련한 것이다. 멋모르던 경룡은 그만 화려한 술자리에 도취되어 간다.

창모의 이러한 모습은 그야말로 현실적인 인간형이다. 그는 돈이면 사족을 못쓰는 존재이다. 옥단도 결국 '창가(娼家)의 재물'이었기 때문에 경룡에게 넘겨주지 않으려 했을 뿐만 아니라, 후반부에 가서 궁지에 몰린 창모는 옥단을 조고에게 천금을 받고 팔기에 이른다.[64] 게다가 목적

---

61) 「왕경룡전」. "嫗謝其賜而笑曰 : '彼以悅人爲業, 招之則來. 但公子之欲見彼娥者, 若以其美貌之故, 則美於斯者, 亦存焉. 乃彼娥之小妹也, 其名玉檀, 年今十四, 姿色絶人, 討盡兩館, 無出其右者. 但以年少, 時未售價, 若賂重貨, 必有好緣."

62) 「왕경룡전」. "龍見此絶艶, 心不定情, 卽銓銀三千兩, 送其家, 使老嫗致辭於其女之母曰 : '物雖不厚, 敢備一見之資.'"

63) 「왕경룡전」. "其母利之, 邀龍至家, 盛設筵席. 金屛交回, 繡幕高褰; 玉醴激灩, 香羞錯落; 紅粧執樂, 翠黛奉盃. 潤席之物, 助歡之具, 窮極華侈, 又倍於日午之宴矣."

64) 「왕경룡전」. "同郡大賈趙姓者, 年雖已老, 夙慕玉檀之姿色. 今聞放節, 欲得一歡,

달성을 위해서는 사람을 매수하기까지 하는 등[65] 돈이 되는 일이라면 무엇이든지 할 태세다. 「옥당춘락난봉부」에는 이와 함께 장사치 심홍(沈洪)이 두드러진 악인형으로 등장하여 옥당춘을 괴롭힌다. 이에 비해 「왕경룡전」에서는 조고의 형상을 강하게 부정화시키지 않음으로써 창모의 악인형으로서의 모습을 부각시키고 있다. 결과적으로 창모는 그야말로 철저하게 이끝을 좇아 내달리는 악인형 인물의 전형적인 상이다. 「왕경룡전」은 이러한 인물들의 형상을 통해 남녀간의 애정의 꿋꿋함과 상품 경제의 이기 속에 침잠해가는 인간의 굴절된 모습을 일정하게 드러낼 수 있었다.

지금 17세기 애정류 한문소설에서 새롭게 부각되는 인간형이 부정적 인물이다. 「운영전」의 특, 「왕십붕기우기」의 손여권, 그리고 「왕경룡전」의 창모로 이어지면서 점점 작품 전개에 중요한 갈등 개체로 부각되고 있는 것이다. 이들의 존재는 결과적으로 소설이 인간의 선악 속에서 갈등 구도를 만들어 냈다는, 갈등의 형태 변화를 초래하였다는 점에서 중요하다. 그런데 특은 말할 필요가 없고, 손여권이나 창모도 작품 속에서 유일한 악인형으로 등장한다.[66] 그런데 「동선기」의 경우는 악인형 인물군이 등장함으로써 보다 고양된 갈등 체계를 보여준다. 「동선기」는 '전란'이라는 큰 틀 속에 '부정적 인물', 즉 대사회적 장벽과 악인형 인물이라는 두 가지 중첩된 갈등 구도를 결구한 점이 설정에 있어서 특징인 것이다.[67]

이와 같은 부정적 인물의 부상은 이 시기 소설의 갈등의 형식을 새롭게 하는 지점이 아닐 수 없으며, 그런 점에서 「왕경룡전」과 「동선기」는 다시 조명될 필요가 있다.

　以千金賂娼母, 娼母受之 (…하략…)."
65) 「왕경룡전」. "娼母先是, 陰與同里商家寡媧, 賂重寶以秘計約之."
66) 물론 「왕경룡전」에는 趙賈 등이 등장하나, 그 역할은 미약하다.
67) 구체적인 양상에 대해서는 제3부 「동선기의 지향과 소설사적 의미」 참조

4. 맺음말

지금까지 17세기에 중국 작품을 번안·개작한 「왕십붕기우기」와 「왕경룡전」을 그 서사 전개를 쫓아가며 분석해 보았다. 요컨대 그 서사 지형의 변화와 인물의 형상에 초점을 맞추어 '새로운 형태'로써 주목한 것이다.

초기 소설사를 훑어볼 때, 그것이 우리에겐 어떤 역사적 조건이고 한계라도 되듯이 중국 소설의 흐름과 변화에 민감했던 게 사실이다. 나말여초 전기의 면모가 그렇고, 또 『금오신화』가 그렇고, 지금 17세기 전기소설도 역시 그렇다. 초기 소설사의 변화의 요인에는 항상 중국 소설의 그림자가 드리워져 있었던 것이다. 그러나 이것을 꼭 영향 관계로만 따지고 말 것은 아니다. 전통적으로 한·중은 '한자문화권'으로서의 공유성을 가져왔던 바, 소설 분야의 근친성은 충분히 예상할 수 있는 부분이다. 그러나 이런 지점에도 불구하고 양국은 정치·사회적으로 상이한 조건에 있었던 만큼, 그 질적 차이는 엄연히 존재했다. 소설의 형식이 비록 근사하고, 대체적으로 우리 쪽에서 이를 받아들이는 상황이긴 했지만, 그 안에 펼쳐진 사유의 지점과 생활의 면모는 지역적 거리 이상으로 차이가 큰 것이다.

이제 이런 조건들이 밝혀진 이상, 양국의 소설에서 전통시대 '동아시아'로서의 공통성과 개별 사회의 생활 방식으로서의 변별성이 구체적으로 분석되어야 할 것이다.

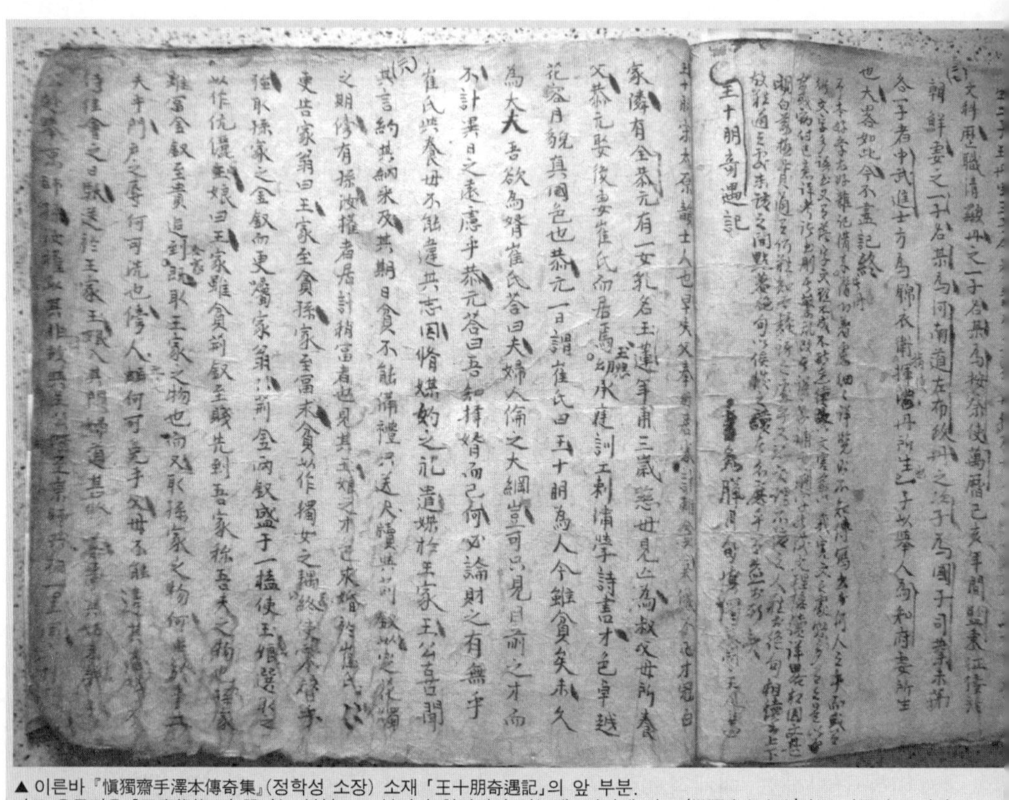

▲ 이른바 『愼獨齋手澤本傳奇集』(정학성 소장) 소재 「王十朋奇遇記」의 앞 부분.
바로 오른편은 「王慶龍傳」이 끝나는 부분으로 부기가 첨입되어 있는데, 여기에 바로 '愼獨齋主人書'라는 언급이 보인다.

三芳錄　王檀　雲葉

王慶龍傳　一作　玉檀傳　英：附安琞院記

慶龍字時見　江紹興府人也少小聰慧言才慧過人父魏公嘉
靖末任滁老是時龍年十八以勤學無意娶聘已不出門終夜
讀書者累年會魏公以論事忤旨羅帰田里而曾有貸銀數萬
兩於東帝富商人　適興販江南而不迄故將行魏公留慶龍
話曰銀兩數萬家之重貨不可使一蒼頭賣其徵還汝其取來
龍受命落後率一奴僕留京師月餘商人乃帰盡還其恩龍
即治行孝向浙江路次徐州忽念此地素稱繁華思欲一見乃
詔老僕曰我暴時家刊剋嚴局束於書籍年齒已長庠閉門栅
世之所謂酒肆倡樓豪侈佳麗者未知果何也今欲小浮於譚

▲「王慶龍傳」 첫 장.
앞에서 소개한 『三芳錄』에 실려 있으며, "一作 玉檀傳"이란 부제가 달려 있다.

荆釵記

明　柯丹邱　箸

第一齣　家門

〔臨江僊〕〔末上〕一段新奇眞故事須敎兩極馳名三千今古腹中存開言驚

四座打動五靈神六府齊才拜七步八方豪氣凌雲歌聲過住九霄雲十分全

會者少不得仁義禮先行〔問答照常〕

〔沁園春〕才子王生佳人錢氏賢孝溫良以荆釵爲聘配爲夫婦春闈催試拆

散鸞凰獨步蟾宮高攀仙桂一舉鰲頭姓字香因參相不從招贅改調潮陽

修書遠報萱堂中道奸謀變禍殃岳母生嗔逼凌改嫁山妻守節潛地去投江

幸神道匡扶撈救同赴瓜期往異鄉吉安會義夫節婦千古永傳揚

王狀元不就東牀壻　　万俟相改調潮陽地

孫汝權套寫假書歸　　錢玉蓮守節荆釵記

▲ 명판본 「荆釵記」의 첫 장.

이 본은 명말 汲古閣에서 간행한 六十種 희곡을 1935년 다시 간행한 것 중에 하나이다. 여기 「형차기」는 모두 48齣으로 구성되어 있다.

전기소설의 전변과 속화[*]

이후 소설사의 전개와 관련하여

1. 하나의 가능성

전 시기 전기소설과 구분되는 17세기 전기소설의 특징으로 가장 현저한 예는 아무래도 '서사성의 확대'를 들 수 있겠다. 그런 표지는 분명 일률적이지 않은데, 그것이 단순한 분량의 확대만을 의미하지 않기 때문이다. 여기서의 관심은 이 확대 과정에서 인입된 '장치'이다.

이 시기 서사 확대의 극점에 있는 작품으로는 아무래도 「최척전」을 들어야 할 것 같다. 전체 길이는 결코 장편은 아닌데, 동아시아 전체를 무대로 주인공들의 쉼 없는 움직임이 복잡하게 녹아들어 있다. 특히 최척과 옥영이 헤어진 이후의 서사 과정은 원활한 장면 전환을 통해 서사

---

* 이 글은 필자의 박사논문 「17세기 애정류 한문소설 연구」의 제6장 3절 「이후 소설과의 관련 양상」 부분을 개고, 정리한 것이다. 이후 이 분야에 대해서 양승민의 「17세기 전기소설의 통속화 경향과 그 소설사적 의미」(고려대 박사논문, 2003)가 제출된 바 있다.

의 편폭의 극대치를 보여준다. 이 같은 면모는 앞 시기 소설에서는 결코 만날 수 없는 서사 양태임에 틀림없다. 그런데 이 작품을 읽어가다 보면 부분부분 인물 형상이나 서사의 핍진함이 없는 것은 아니나, 너무 다양한 지역을 정신 없이 표류한 느낌을 먼저 받게 된다. 때문에 서사 과정에서 느낄 수 있는 묘미는 그리 많지 않다. 곧 서사의 엄청난 확대만큼 작품 길이가 이를 당해내지 못하는 인상이다. 이런 사정으로 갈등의 이완이나 소통 장치 없이 빼곡이 사건만 채워 놓은 느낌이다. '전란의 고초'를 보다 강하게 경험할 기회를 부여해준 것은 사실이지만, 그 소재가 전란이 아니고 다른 어떤 인정물태를 그렸을 경우, 「최척전」 같은 형태는 더 이상 걸맞지 않은 것이다. 이는 곧 서사의 확대가 단순히 배경의 확대나 작품의 길이만을 가지고 소설적 묘미를 구현해낼 수 없다는 사실을 말해준다.

소설이 독자를 의식한 하나의 징표는 서사 과정에 흥미를 끌 만한 인물이나 모티프를 집어넣어 그 과정을 제고시키는 데서 찾을 수 있다. '흥미의 제고'를 위한 장치들은 소설의 장르적 성숙과 무관하지 않으며, 수용자층의 시대적 요구에 따른 결과물이기도 하다.

이런 점을 의식하면서 여기서는 소박하지만 이전엔 시도되거나 구현된 예가 없는, 이 시기 전기소설에 체화된 몇 가지 수법과 장치들을 확인해보고자 한다. 이는 17세기 중반 이후 본격화된 장편소설과의 연관성 문제와 직결된 지점이기도 하다. 이른바 규방소설, 가정소설 등으로 지칭되는 조선 후기 국문장편소설과 17세기의 애정전기소설과는 실상 그 거리가 그리 크지 않다. 아니 거리가 큰 작품도 있지만 그 거리가 거의 느껴지지 않는 작품도 있다. 17세기 소설사는 그야말로 색의 스펙트럼이다. 그래서 이쪽 끝과 저쪽 끝은 전혀 다른 색이지만, 그 중간에 비슷한 색이 혼효, 변화를 일으키고 있었다. 그런데 이 변화 과정에는 소설독자, 즉 향유층의 증가와 그 성격에 따라 추동된 점이 크다는 가정이 필요하다. 요컨대 '읽을거리'로 자리잡아 가는 과정에서 표기문자도 변화되었고, 그에 따른 형식과 내용도 운동성을 가졌다는 말이다.

2. 몇 가지 변모의 증거들

먼저 이러한 하나의 장치로써 눈에 띄는 것은 '속임수(트릭)'의 활용이다. 「운영전」의 후반부 특(特)의 등장에 대해서는 앞서 언급했거니와, 그는 상전인 김진사를 속임으로써 이미 위험에 봉착해 있는 김진사와 운영을 더욱 곤궁하게 만든다. 아울러 그는 음모와 속임수를 제법 치밀한 계획에 의해 실행, 그 자신을 부각시키고 있다. 독자들은 이 난데없는 인물 등장에 일면 의아하기도 하면서도 일면 종반부의 갈등 구도를 통해서 새로운 흥미를 느낄 것이다. 위기에 처한 주인을 마음대로 농락하던 그는 그러나 금방 비명횡사하고 만다.[1] 후반부의 치열한 갈등 구도에 돌출한 악노(惡奴)를 작자는 죽음으로 징치해 버린 셈이다. 「운영전」에서 최소한 이 부분만큼은 소박하게나마 '복선화음(福善禍淫)'의 구도가 인입되어 있다.

그러나 특의 음모가 「운영전」의 갈등 구도에 절대적인 영향을 미치지도 않으며, 서사 전개에 있어 그 문제의식에 부응한 장치로도 보아지지 않는다. 때문에 특의 개입은 소설에 있어서 하나의 새로운 삽입 요소 정도로 이해될 뿐이다. 이 같은 요소가 좀더 서사 전개에 영향을 미치고 있는 경우는 「왕십붕기우기(王十朋奇遇記)」이다.

손여권(孫汝權)은 편지를 위조하여 끝까지 옥련(玉蓮)을 차지하려 한다. 그의 편지 위조[2]는 결과적으로 왕십붕(王十朋)이 옥련과 이별하여 고난

---

1) 「운영전」(삼방록본). "焚香百拜, 叩頭百番而出. 後七日, 特壓陷井而死."
2) 편지 위조의 모티프는 이후 소설의 중요한 모티프 중의 하나로 자리하게 된다. 규방

을 겪는 계기가 된다는 점에서 서사 전개에 상당한 영향을 미치고 있다. 흥미롭게도 이러한 속임수는 소설의 부정적 인물의 출현과 함께 나타난 다는 사실이다. 부정적 인물의 등장은 소설의 갈등 국면을 '개인↔사 회'에서 '인물↔인물'로 전화시켰다는 면에서도 중요하지만, 새로운 볼 거리로 다가온다는 점에서도 중요하다. 독자는 거부할 수 없는 현실을 소설에서 접하고 안타까워하기도 하지만, 부정적 인물을 보면서 좀더 열 려진(아니 가능해진) 현실에 반가워한다. 게다가 저들의 악행을 보면서 공 분을 토해내기도 하고, 저들이 징치되고 나면 공동의 파토스를 경험하기 도 한다. 부정적 인물은 이런 면에서 확실히 소설과 독자의 거리를 좁히 는데 중요한 매개였다.

그런데 지금 언급한 속임수라는 흥미 요소는 두 작품을 통해 보았을 때 아직 전체 흐름을 주도할 만한 정도는 아니었다. 이러한 요소가 갈등 의 중요한 계기가 되고 새로운 환경을 조성하게 되는 예는 「왕경룡전」 에서 만나게 된다. 또한 흥미의 제고라는 측면에서는 「상사동기(相思洞 記)」도 놓칠 수 없는 작품이다. 지금 이 두 작품에 대해서는 그 실상을 보다 구체적으로 따져 볼 필요가 있다.

「왕경룡전」은 애정전기소설로의 장르적 귀속은 틀림없어 보이나 앞 에서도 지적했듯이 그 양상이 사뭇 다르다. 비록 전기체의 미려한 문장 을 구사하고 있으면서도 거기서 느껴지는 이미지는 전기소설에서 살펴 지는 미의식의 범주를 상당히 벗어나 있다. 거기다가 장면전환의 장치로 '각설(却說)'이 이용되고 있다. '각설', '화설(話說)' 등은 이미 독자를 의식 한, 또는 독자를 고려한 소설에서나 나타나는 것으로, 중국 화본소설에 서 일반화되었으며 우리 소설의 경우 17세기 애정류 한문소설까지는 거 의 보이지 않다가 규방소설에 오면 보편화된 경향을 보여준다.

소설은 물론이거니와 野談에서도 적잖이 보이며, 「金氏南征記」 등 한문소설 일반에 도 두루 취재되어 갈등을 부추기거나 고조시키는 역할을 한다. 또한 '꾀쟁이 하인' 유 형의 구비문학 등에도 이 모티프는 두루 퍼져 있다.

「왕경룡전」은 갈등의 계기가 '물욕(物欲)'에 있는 점도 다른 작품들과는 변별되는 특징임을 지적한 바 있다. 창모의 음모에 의해 재상의 자제였던 재자 경룡은 걸인, 광대로까지 전락한다. 그러다가 옥단의 도움을 받아 어사가 되기에 이른다. 이 같은 주인공의 굴곡적인 삶은 소설의 인물이 보다 평범한 인물로 전화되어 간다는 점을 보여준다.

「왕경룡전」에는 이에 머물지 않고 주인공들의 안타고니스트에 대한 반격을 세심하게 구조화시켜 놓고 있다. 옥단과 창모(娼母)·조고(趙賈) 사이의 대립에서 나타나는 트릭과 기지, 그리고 반전이 흥미롭게 전개되고 있는 것이다. 더구나 결말에 가서 경룡이 장원급제하여 암행어사가 되어 옥단의 의옥을 풀고 적대자를 응징한다는 결말구조는 바로 복선화음의 원리가 적용된 것이기도 하다. 앞서 특의 악행과 징치에서 드러났던 소박한 복선화음의 면모가 결말구조에 처음으로 구체화된 예이다.

하지만 이와 같은 전기소설의 변모 과정으로 어느 작품보다 주목할 대상이 「상사동기」이다. 이 작품이 「운영전」과 대비되어 연구된 예는 적지 않았다. 엇비슷한 구조이나 작품성이 뛰어난 「운영전」에 비해 떨어지는 작품으로 간주되곤 하였다. 그런데 소설사에서 해피엔딩의 구조를 본격적으로 보여준 작품으로 이채를 띠며, 그래서 그것이 「운영전」에 대한 반동으로 엮어졌다는 의미를 부여하게 되면서 주목되기도 하였다.3) 그런데 이 작품은 전기소설의 변모 과정으로서 새롭게 부각될 필요가 있다.

무엇보다 이 작품은 기존 전기소설이 보여주는 묵직한 주제에서 벗어나고 있다. 더구나 내용의 전개를 따라가다 보면 아주 소박한 이야기 형식임을 알 수 있다. 특히 전체 분량의 2/3가 남녀주인공의 결연 과정에 할애되어 있다는 점은 이 작품의 '읽기'에 있어서 관건이 아닐 수 없다. 그 과정을 잠시 추적해본다.

---

3) 신동흔, 「운영전에 대한 문학적 반론으로서의 영영전」, 『국문학연구』 5집, 서울대 국문과, 2000.

김생은 이 사실이 적이 의심스럽기도 하고 미덥기도 하여 기쁜가 싶더니 곧 두려워지기도 하였다. 마음을 정할 수 없어 초조하게 안석에 기대어 문을 열어 두고서 기다렸다. 해는 장차 정오가 되어 가는데 사람의 그림자는 전혀 보이지 않았다. 가슴이 답답하고 창자는 타는 듯하였다. 물끄러미 멍청하게 앉아 있는 것이 마치 서리맞은 파리모양 같았다. 김생은 갑자기 뛰쳐 일어나서는 부채를 휘둘러 기둥을 내치면서 老嫗를 불렀다. "창자는 근심에 끊어질 것 같고, 눈은 기다림에 빠질 것 같은데, 문 앞을 지나가는 사람들은 가까이 오지만 도리어 그 사람이 아니니, 나의 바램이 끝나는 것이 아닌가?"라고 하였다. 노구는 위로하 였다. "지성이면 감천이니, 낭군께서는 좀 진정하시구려." 이윽고 창 밖에서 신 발 끄는 소리가 나는데 점점 가까워지고 있는 것이 아닌가? 김생은 놀라 돌아보 니 바로 영영이었다. 김생은 손뼉을 치며, "이 어찌 천분이 아니겠는가?"라고 하 였으며, 노구 또한 마치 갓난아이가 어머니를 만난 것처럼 기뻐하였다.4)

홍화문(弘化門) 앞에서 처음 영영(英英)을 본 김생은 그 아래 상사동(相 思洞)까지 뒤쫓아갔지만, 다시 만날 날이 아득해 그만 상사병으로 몸져 눕고 만다. 그런데 하인 막동(莫同)이 꾀를 써서 전별연(餞別宴)을 벌여 재 회하게 만든다. 이 재회는 상당히 주도면밀한 계획을 짠 끝에 성사된다. 그리고 이제 영영이 오기만을 기다리는 장면이다. 그런데 아직 오질 않 고 있다. 설레는 마음으로 기다리던 김생의 마음은 점점 답답해지고 급 기야 실성한 사람마냥 멍해지는 상황이다. 대문에 고정되어 있던 그의 시선은 이제 안에 있는 주모에게 돌려져 하릴없이 화를 내기도 한다. 바 로 이 즈음 문밖에서 신발 끄는 소리가 들려온다. 그 소리에 뒤를 돌아보 니 바로 그녀가 문 앞에 와 있지 않은가. 그야말로 껑충껑충 뛸 양이다. 우리는 이 한 부분만으로도 「상사동기」란 작품에 충분히 집중해볼 수

---

4) 「상사동기」(三芳錄本을 저본으로 이본 교감을 하였음. 이하도 동일함). "生將信將 疑, 且喜且懼, 心莫能定, 而悄然憑几, 開戶而待之. 日將欹午, 了無形影. 胸煩腸熱, 凝坐成癡, 正若霜後蠅然也. 生飜然起立, 揮扇擊柱, 呼嫗而告之曰: '愁腸欲斷, 望眼 欲穿, 多少行人, 近而却非, 吾望絶矣.' 嫗慰之曰: '至誠感天, 郎且少安.' 有頃, 窓外 有曳履聲, 自遠而近. 生驚顧視之, 乃英少娘也. 生拍手曰: '豈非天耶?' 嫗亦喜之, 如 赤子見慈母也."

있다. 눈을 떼지 않고 볼 수 있는 대목이라는 말이다. 그런데 김생의 애타는 마음은 여기서 끝나지 않는다. 아마도 그는 더 많은 곤욕을 치러야할 모양이다.

영영은 김생을 데리고 와 한 방에 들어가게 하고는, "낭군께서는 잠시 편안히 계십시오"라고 말하면서 곧장 안으로 들어가더니 오래도록 나오지 않았다. 김생은 무료하기 짝이 없어 앉았다 눕다가 하는데, 괴이쩍은 마음은 더욱 심해졌다. 얼마 후, 어떤 사람이 종종 걸음으로 中門에 들어와서는 보고하기를, "진사 나으리께서 들어오셨습니다"라고 하는 것이었다. (⋯중략⋯) 사람의 소리가 점점 들리지 않고 불빛마저도 꺼져 버리고 말았다. 이윽고 영영은 오른손에 玉燈을, 왼손에는 銀瓶을 들고 나와 방문을 열었는데, 김생은 벽에 바짝 붙어 발을 포갠 채 서서는 '이제 장차 죽었구나'고 생각하고 있었다.5)

자기 집에서 한번 만나기는 했으나 신분이 궁녀였던 영영은 다시 만날 기약만 하고 떠나버린다. 이젠 궁궐 담을 넘어 들어오라는 것이다. 그러면 좋은 인연을 맺을 수 있을 거란다. 일종의 길들이기인 셈이다. 어쨌든 이 과정은 영영의 치밀한 계획에 의해 주도되었고, 지금 그녀의 지시대로 김생은 허물어진 궁궐 담을 넘어 들어와 있다. 그런데 이렇게까지 했는데도 영영은 또다시 더 그를 기다릴 것을 요구한다. 주인인 회산군(檜山君)이 돌아올 시간이라는 핑계로 김생을 다른 방에 집어넣고 나가버린 것이다. 빈방에서 불안한 마음으로 한참을 기다리는데, 인적도 끊기고 불빛마저 꺼진 한밤중, 누군가가 김생이 머물고 있는 방으로 들어오는 게 아닌가. 이젠 죽었다싶어 벽에 몸을 잔뜩 붙이고 발돋움을 한채 서 있다.

김생의 이러한 모습은 이후 풍자소설에서나 있을 법한 형상이다. 전기

---

5) 「상사동기」. "英引生納之一房曰 : '郞且少安.' 卽入于內, 久而不出. 生不任無聊, 或坐或臥, 私怪殊甚. 旣而, 有人趨入中門報曰 : '進賜且入矣.' (⋯중략⋯) 人聲漸息, 火光亦滅. 英右手持玉燈, 左手携銀瓶, 出而開戶, 則生塗壁累足而立, 自以爲將死而已."

소설에서 희극적으로 전화된 주인공을 김생을 통해서 처음으로 접해보는 것 같다. 이 부분은 긴장감을 느끼게 하기보다는 잔뜩 시달리는 김생의 모습을 부각시키는데 초점을 두고 있는 것으로 보인다. 그러면서 궁궐을 배경으로 펼쳐지는 '사랑놀음'을 적당한 긴장과 흥미를 가지고 지켜 보게 한다. 상대적으로 당사자인 영영은 그곳이 궁궐임에도 불구하고 여유만만이다. 더욱이 영영은 잔뜩 긴장하고 있는 김생에게 웃으면서 "낭군께서는 뭐 그리 근심하고 계십니까? 첩이 위로코자 술을 데워 왔나이다"6)라고 너스레를 떤다. 그리고 그제야 하룻밤의 꿈같은 시간을 보낸다.

이 하룻밤의 소동은, 「운영전」에서처럼 더 이상 궁궐이 절대적인 장애로 느껴지지 않게 한다. 회산군이란 존재도 작품 전편 중 이 부분에 잠시 등장할 뿐인데, 그것도 절대적 상징으로서의 모습도 아니다. 그는 그저 술이 곤드레만드레하여 코만 골고 있는 그런 존재로 형상화되어 있으며,7) 영영과 김진사 사이에 어떤 장애물도 되지 못하는 존재다. 다만 이들이 결연하는 시간을 늦추어주는 역할 정도에 머물러 있다. 이처럼 몸을 가누지도 못한 회산군이 잠깐 작품 문면에 나타났다가 아무 일 없는 듯이 사라지게 한 것도 바라보기에 따라 이렇게도 볼 수 있다. 즉 그는 절대권력의 나약한 표상이 아니라, 오히려 궁궐이라는 엄연한 현실, 그 벽을 낮추는데 기여하는 인물로 말이다. 영영과 김생의 관계를 술이 취해 전혀 의식하지 못하게 했다는 것은 의도적 묵인으로 보인다. 어쨌든 회산군의 모습은 최소한 「운영전」에서 보여준 안평대군의 이미지와는 판이하다.

때문에 이 작품은 궁궐이라는 소재를 취하고 있고, 그럼으로써 신분 갈등 요소를 십분 가지고 있었으면서도 그 처리 방향이 예상과는 전혀 다르다. 비극적 환경을 설정해 놓았으면서도 여러 가지 장치들을 이용해

---

6) 「상사동기」. "英笑謂生曰 : '郎君無乃有驚懼之心乎? 妾欲慰之, 故持溫酒而來.'"
7) 「상사동기」. "進賜醉臥庭中, 尙不覺悟, 鼾睡漸熟. 英承夫人之命來報曰 : '久臥冷地, 恐爲風霜.' 挽起王子, 扶而入內."

이를 희극적으로 해소해보려는 전개 의도가 간취된다.

그런 한편 「상사동기」는 전체적인 흐름을 중시하기보다는 요소 요소의 흥미적 요소를 십분 활용하려는 의도도 엿보인다. 여기 결연까지의 과정이 전체 분량의 2/3를 훨씬 넘는다. 유독 김생과 영영의 결연 과정에만 집중 투자한 인상이다. 그리고 이후의 과정은 의외로 싱겁다. 때문에 전기소설이 가진 본연의 문제의식을 여기서 찾으려고 했다가는 낭패를 보기 쉽다. 「상사동기」는 그 비극적 현실을 드러내는데 의미가 있지 않았다. 오히려 남녀주인공의 결연 과정이 여러 가지 에피소드를 가지고도 충분히 소설적 긴장감과 흥미를 제고시키고자 하는데 더 관심이 있었다.

이런 면모는 「상사동기」가 이른바 해피엔딩의 결구로 가는데 일종의 필요 조건으로 기능한다고 보여진다. 그 조건이 후반부에 들어가면 하나 더 붙는다.

> 세월이 점점 흐르고 시간이 순식간에 지나가, 온갖 근심의 떨기 속에 3년의 세월이 지나가고 있었다. 情은 일의 변화를 좇는지라, 그녀에 대한 생각은 점점 엷어져 갔다. 김생은 다시 구업을 닦아 경사에 침잠하고 문장에 발분하였다. 과거일이 되자, 그는 재사들과 과장에서 재주를 다투어 두 번 나가 모두 합격, 천명 중에 장원으로 발탁되니 일세에 그 혁혁함은 견줄 데가 없었다.[8]

한 번 멀어진 후, 다시 만날 기약 없이 3년이라는 긴 시간이 훌쩍 흘러버리고 말았다. 전기소설로서는 엄청난 시간의 유예를 둔 셈이지만, 중요한 점은 그 시간의 유예만큼 김생에게 영영의 존재는 차츰 지워지고 있었다는 사실이다. 그리고 그 대신 출세의 길에 몰두하고 있었다. 전기소설에 '정은 일의 변화를 좇는다'는 정수사변(情隨事變)의 논리가

---

8) 「상사동기」. "歲月荏苒, 光陰倏忽, 百憂叢裡, 三秋已過, 情隨事變, 念懷稍弛. 復事舊業, 沈潛乎經史, 發奮乎文章, 以待槐黃之期, 與國士鬪觜距於試場. 再進再捷, 擢千人爲壯元, 光耀一世, 人莫比肩."

포섭되고 있다. 전기적 인간은 상대방에 대한 어떤 상황에서도 변치 않는 사랑을 담보로 해서 형성된 인간형이었다. 그런데 김생은 이른바 출세와 사랑이라는 어름에서 이를 선택적으로 받아들인 현실적 인간이었다. 이러한 남주인공의 모습을 「빙허자방화록(憑虛子訪花錄)」의 빙허자(憑虛子)에게서도 찾을 수 있다.9)

「상사동기」는 현재 그 이본이 독립된 편으로 전해지는 것보다는 대체로 다른 소설들과의 합편으로 전해지는 경우가 더 많다. 이는 추측컨대 그 작품의 중요성보다는 다른 작품과 함께 즐겨 읽혔던 데에 기인하는 것으로 보인다. 규창(葵窓) 이건(李健)은 유독 「상사동기」에 대해 2편 ─「제상사동기(題相思洞記)」·「제전객기(題餞客記)」─ 이나 감상을 싣고 있으며, 석로(釋老) 권전(權佺, 1583~1651)은 병중에 무료함을 달래기 위해 「상사동기」를 읽었다고 한다.10) 이미 17세기 중반 이전에 「상사동기」는 이른바 '각병지자(却病之資)'로 많이 읽혀졌다는 사실은, 그리 심각한 문제의식은 지니지 않았으면서도 읽을 재미가 부가된 이런 류의 소설들이 적잖이 성행하고 있었다는 사실을 알려주는 증거물이다.

---

9) 이에 대해서는 제2부 「16~17세기 동아시아 전란과 애정전기소설」 참조

10) 권필의 조카인 權佺의 문집 『釋老遺稿』 권1에 「余罹病久矣 病中無聊莫甚 使兒輩 讀相思洞記 至金生與英(원문에는 '榮'으로 나와 있으나 오류로 인정됨)伊相別之語 漫吟 爲却病之資」라는 제목의 詩가 있다. 시 원문은 다음과 같다. "惆悵伊人久未見, 宮門深鎖錦帳寒. 東邊桃李西邊柳, 何日移栽一處看."(이 책을 권오훈 씨의 도움으로 직접 볼 수 있었다)
　이 자료는 박노춘 교수가 「古典文學 관계 기록三片」(『숭전어문학』 5집, 숭실대 국문과, 1976)에 소개한 바 있다. 그는 조카가 즐겨 읽었기 때문에 「상사동기」는 권필의 작품이 아닌가 하고 추측하였으나, 그 가능성은 희박하다. 그러나 이미 17세기 중엽 이전에 「상사동기」가 일종의 '却病之資'로 읽혀졌다는 사실은 흥미롭다.

3. 전기소설의 속화(俗化)

그렇다면 이 시기 소설들의 위와 같은 특징들을 어떤 경향으로 수렴해볼 수 있을까? 결론부터 말하자면 작자와 독자 사이에 일정한 조응이 이루어지면서 성립된 '속화(俗化)의 한 경향'으로 이해된다. 그러나 이 문제는 좀 복잡한 시각에서 이해될 필요가 있다. 때문에 우리 소설사의 통속화 문제부터 언급하는 게 불가피할 것 같다.

루카치는 소설은 자신의 장르적 본령과 달리 통속화될 수 있는 거의 유일한 문학 장르라고 지적한 바 있다.[11] 그러나 모든 예술 장르가 그러하듯이 그 시작과 더불어 '통속화'로 돌진하지는 않는 법이다.[12]

우리의 경우, 소설의 통속화는 대체적으로 18세기 후반 이후 세책점(貰冊店)이나 방각본(坊刻本)이라는 상업적 출판이 가능해진 시점에서 현저해지기 시작하다가 19세기에 접어들어 급경사를 타는 것으로 인정되고 있다. 그리고 그 주류에 있었던 양식이 군담류 국문소설이었다.[13] 때문에 우리의 경우 그 본격적인 시작점이 18세기 후반 19세기 초로 잡혀지는 것이다. 그런데 통속성, 통속화라는 의미 그 자체가 대단히 역사적인 산물임을 환기해볼 때, 우리 소설의 경우 그 시발점을 어디서부터 잡을 수 있는가 하는 점은 아직 답을 찾지 못하고 있다.

필자는 18~19세기의 통속적 구조의 맹아는 17세기에 이미 감지되는 것으로 보고 있다. 이는 17세기 후반에 구체적 자기 모습을 가지게 되는, 그래서 상당한 독자층을 형성한 규방소설(閨房小說)이 그것이다.[14] 그런

---

11) 루카치, 반성완 역, 『소설의 이론』, 심설당, 1985.

12) 물론 통속 예술의 한 경향이 이미 고대 오리엔트시대에까지 거슬러 올라간다는 지적도 있다(A. 하우저, 「통속예술론」, 『예술의 창조』, 태극출판사, 1974, 468면).

13) 임형택, 「19세기 문학예술의 성격, 그 인식상의 문제점」, 『기전어문학』 10집, 수원대 국문과, 1996. 박희병도 이런 견해에서 의견을 개진한 바 있다(「고전소설 연구의 새로운 방향 모색」, 『민족문학사연구』 창간호, 민족문학사연구소, 1991).

데 규방소설 자체가 통속물은 결코 아니다.

중국의 경우 잘 알려진 대로 통속화는 대중화를 뜻하는 것으로 이해되고 있다. 때문에 이에 대한 적극적인 의미가 부여되어 있으며, 이는 16~17세기에서 이미 언급되고 있는 사실이기도 하다. 풍몽룡(馮夢龍)은 통속은 대중화를 말한다고 주장하였다.

> 明은 어리석은 자를 인도할 수 있다는 의미를 취한 것이요, 通은 세속과 통한다는 의미를 취한 것이요, 恒은 익혀도 염증나지 않고 전해주어도 오래갈 수 있다는 의미에서 취한 것이다. 이 세 작품은 명칭은 매우 다르지만, 그 의미는 하나이다.15)

『유세명언(遺世明言)』·『경세통언(警世通言)』·『성세항언(醒世恒言)』의 명(明)·통(通)·항(恒)의 세 가지 의미는 결국 지향점에서 똑같다는 것인데, 이는 소설이 대중에게 읽히는 데 있어서 그렇다는 것이다. 읽힘으로 해서 무언가 이끌어내는 것이 있다는 게다. 풍몽룡은 통속의 의미를 다음과 같이 규정하고 있다.

> (…중략…) 소설은 選言에 자료가 되기에는 적지만, 통속에 자료가 되는 것은 많다. 시험삼아 說話人으로 하여금 현장에서 묘사하게 하면, 기쁘고 놀라운가 하면, 슬퍼 눈물을 흘리고, 노래하며 춤추게도 된다. 칼을 들고 날뛰고, 내려와 절을 하고, 머리를 자르려하는가 하면, 돈을 던지기도 한다. 겁쟁이는 용감해지고, 음탕한 자는 정숙해지며, 박덕한 자는 후덕해지고, 완악한 자는 땀을 흘리게 된다. 비록 날마다 『효경』·『논어』를 외운다 하더라도 그 감인력은 반드시 이처럼 빠르고 깊숙하지는 못할 것이다. 오호라, 통속을 않고서 이것이 가능하겠는가?16)

---

14) 임형택, 앞의 논문. 이러한 논의에 대한 구체적 실상에 대해서는 「17세기 閨房小說의 성립과 倡善感義錄」(『東方學志』 57집, 연세대, 1988) 참조.

15) 「醒世恒言序」, 『醒世恒言』(中華書局, 1965, 832면). "明者, 取其可以導愚也; 通者, 取其可以通俗也. 恒則習之而不厭, 傳之而可久. 三刻殊名, 其義一也."

16) 「古今小說序」, 『古今小說』(江蘇古籍出版社版, 1991, 646~647면). "(…중략…) 小說

소설을 저잣거리에서 읽는 모습과 그 반응이 조선 후기 강담사(講談師)
의 모습과 연결됨은 너무나 당연하다. 어쨌든 통속을 통해 대중에 흡수
되는 소설은 경서(經書)보다 훨씬 더 감인력이 신속하고 크다는 것이다.
따라서 소설이 대중에게 접근하는 데 있어서는 필연적으로 통속이 되어
야 한다고 보았다. 이 같은 소설의 효용성과 감화력을 중시하며 풍몽룡
과 능몽초(凌蒙初)는 당대까지 대중적 기반을 가졌거나 유행했던 소설들
을 모아 각색하여 〈삼언〉·〈이박〉으로 집대성했던 것이다.

　이 같은 통속화는 소설이 소수의 독서인에게서 대다수 민중에게로 옮
겨가는 과정의 산물로,17) 교화작용을 통해서 이루어졌던 것이기도 하
다.18) 이때 '통속'은 확실히 '대중화'로 이해된다.

　이렇게 볼 때 현재 '통속' '통속화'에 대한 인식은 중국과 우리나라
사이에 상당한 차이가 있다. 그런데 이 문제는 양국의 소설 발달 과정의
차이에서 연유하는 면이 없지 않다. 독자층 또는 대중화의 면에서 그 양
상이 달랐다. 우리의 경우 17세기 전반까지도 중국과 같은 화본류 소설
이 성립되어 있지 않았다. 그 원인은 여러 가지가 있을 수 있으나, 어쨌
든 우리의 경우는 소설이 시정문화 속에서 자라나지 못하고 문인전기(文

之資于選言者少, 而資于通俗者多. 試令說話人當場描寫, 可喜可愕, 可悲可涕, 可歌
可舞. 再欲提刀, 再欲下拜, 再欲決脰, 再欲捐金. 怯者勇, 淫者貞, 薄者敦, 頑鈍者汗
下. 雖日誦孝經·論語, 其感人未必如是之捷而深也. 噫! 不通俗而能之乎?"
17) 胡士瑩, 『話本小說槪論』下, 中華書局, 1980, 404～411면.
18) 북경대학, 『中國小說美學』, 1982.
　중국 소설 연구의 경우, 이처럼 통속의 긍정적인 측면이 강조된 반면, 이후 소설의
통속적 성향의 부정적 측면에 대해서는 별다른 논의가 없는 것으로 보인다. 통속화가
긍정적으로만 이해되는 것 또한 소설연구에 있어서 균형감각을 잃은 것이다. 한편 宋
偉는 통속소설의 결점을 몇 가지로 지적한 바 있는데, 인물 형상이나 고사의 襲用이
획일하여 전체적으로 다양한 인물의 존재나 서사의 전개가 원천 봉쇄되어 있는데다,
획일적 역사관이 투영된 경우가 많음을 지적하고, '尊劉抑操' 같은 예가 이에 해당한
다고 보았다. 아울러 통속유서란 것이 민간에서 장기간 유전되던 이야기 토대가 문인
들의 가공을 거쳐 성립되었기 때문에 걸핏하면 주제사상과 인물 형상에 있어서 상호
모순성을 드러내기도 한다고 지적하였다(「試論中國古典通俗小說的缺點及其影響」,
『中國古典小說硏究集』8, 人民出版社, 1987).

人(傳奇)의 전통 속에서만 이어져 온 형편이다. 그리고 규방소설에 와서 그 독서층이 상당히 확대된 것은 사실이지만 그럼에도 불구하고 규방의 부녀자 또는 독서 가능층에 한정되어 있었다. 때문에 우리의 경우 소설의 대중화라는 말은 애초 걸맞지 않았다. 이 점이 통속화라는 문제에 있어서도 일정하게 작용하고 있는 편이다. 대신 우리 소설이 독자에게 다가가는 과정은 '속화(俗化)'의 과정을 통해서 이해해보아야 할 것이다.

이 시기 소설의 속화 문제는 18~19세기 본격적인 통속물에 대한 전사(前史)로서의 탐색이기도 하지만, 소설사에서 17세기가 갖는 소박하지만 뚜렷하게 드러나는 한 경향을 살펴내는 작업으로 중요한 것이다. 또한 통속적 경사의 가능성을 타진하는 속에서 17세기 소설의 변모 과정과 양상이 자연스레 드러날 수 있다.

작가와 독자라는 문제를 우선 떠나서 17세기 애정전기소설을 읽어보면, 그것이 의식적이든 무의식적이든 읽을 대상을 염두에 둔 표현이나 수법을 적잖이 발견할 수 있다. 특히 「상사동기」에서는 정형화된 패턴 속에서 독자를 의식했거나, 아니면 정형성을 탈피해보고자 했던 때문인지 부분 부분에 흥미를 제고시키는 몇 가지 장치들을 집어넣은 흔적을 확인할 수 있었다. 이 같은 특징을 소설사적 변화 속에서 어떻게 설명할 수 있을까? 이는 비록 당시 독자가 창작층, 이것이 규방에 한정되어 있어 민중으로까지 완전히 저변화는 이루어지지 않았다 하더라도[19] 일정한 소설의 속화에 말미암은 것으로 보인다.

여기서의 '속화'는 통속성의 긍정적인 측면의 의미와 '소설의 대중화 과정'으로 이해해도 무방할 것이다. 소설사의 흐름에서 본다면 이 속화의 과정은 꼭 필요한 단계였다. 서구의 근대적 의미의 소설(곧 novel)이 18세기 이후 중간 계층의 성장과 그들의 독서요구에 의해 탄생되었듯이[20]

---

19) 독자층의 범위와 대상에 대해서도 여러 가지 가능성을 열어두고 상정될 필요가 있다. 16세기만 해도 소설류 탐독의 대상이 광범위했음을 시사하는 자료들이 보이기 때문이다.

우리 쪽에서도 근대적 의미의 소설이 재창조되는 시점으로 이 시기 소설들이 주목되는 것이다. 한편 이런 류의 소설들이 그야말로 통속화로 흘러버린 예를 몇 작품에서 찾을 수 있다. 「빙허자방화록(憑虛子訪花錄)」·「백운선완춘결연록(白雲仙翫春結緣錄)」과 「낙동야언(洛東野言)」 등이 그것이다. 이들 작품들은 크게 애정전기소설의 범주에 귀속될 성질의 것이면서도 그 문제의 심각성은 현저히 반감된 것들이다. 때문에 작품성은 상당히 떨어진다. 「상사동기」를 모방하되 약간 기량을 발휘해보면 이 같은 작품들이 쏟아질 태세다.

「빙허자방화록」은 앞서 전란 소재 애정전기소설로 언급한 바 있다. 빙허자(憑虛子)의 우유부단한 모습과 매영(梅英)과 영산홍(映山紅)의 설정은 흡사 「주생전」에서 주생과 배도·선화를 연상하게 하거니와 몇 가지 특징적인 면을 구비하고 있음에도 불구하고 그 문제의식은 그리 크지 않다.

「백운선완춘결연록」은 역시 「빙허자방화록」·「상사동기」와 함께 합철된 작품으로, 백운선(白雲仙)과 이옥연(李玉燕)·지월연(池月蓮) 사이의 이별과 해후를 그리고 있다. 곧 결말부에 가서 백운선은 이옥연과 지월연을 모두 자기의 아내로 맞아들여 해로하는 것으로 마무리되는데, 이 작품은 특히 그 서사의 과정이나 배경 설정 등에 있어서 재자가인소설의 대표적인 작품인 『옥교리(玉嬌梨)』 등과 유사한 디테일을 보여준다. 전기소설의 전통 속에서 『옥교리』 등을 패로디한 것이다.[21] 그런데 그 짜임은 매우 거칠다. 거기다가 어떤 문제의식은 더욱 잘 찾아지지 않는다.

한 연구에서 「상사동기」와의 유사성을 문체·표현·구성면에서 적시한 예가 있거니와,[22] 이들 사이에는 비록 내용은 다르지만 그 표현 양태

---

20) 이언 와트, 『소설의 발생』(전철민 역, 열린책들, 1980) 참조
21) 『玉嬌梨』는 남주인공 蘇友白과 여주인공 白紅玉·盧夢梨 사이의 결연을 다룬 재자가인소설인데, 이들 인물 설정에서부터 결연 과정 등이 이 작품과 엇비슷하다.
22) 박노춘, 「빙허자방화록·백운선완춘결연록 略考」, 앞의 책, 195~201면.

나 문체 등은 「상사동기」와 유사하다. 그런데 「상사동기」에서 아직까지 포지하고 있는 '건강성'은 전혀 찾아지지 않는다. 실제로 이 두 작품은 「상사동기」보다는 상당히 늦은 시기에 쓰여진 것으로 보인다. 무엇보다 중국의 재자가인소설의 영향이 짙게 느껴지는 데다 「백운선완춘결연록」의 경우 『구운몽』의 여주인공인 계섬월(桂蟾月)과 적경홍(狄驚鴻)이 언급된 내용이 있는 것으로 보아,23) 최소한 18세기에 들어와서 창작된 것으로 짐작된다.

한편 「낙동야언(洛東野言)」24)은 아직 학계에 소개되지 않은 작품으로, 남주인공 오응석(吳應錫)과 여주인공 양애옥(楊愛玉)의 만남과 결연을 그리고 있다. 비록 짧지만 회장 형식을 취하고 있어, '금가기우(琴歌奇遇)'・'화도상사(畫圖相思)'・'총각신서(總角信誓)'・'섬수뇌롱(纖手牢籠)'・'재자연벽(才子聯璧)'・'소아담몽(小娥談夢)'・'홍촉기담(紅燭奇談)'・'황리호음(黃鸝好音)' 등 모두 8회로 나누어져 있다. 이 재자와 가인은 만날 때 음악과 그림으로 서로 화답하는가 하면, 주인공들의 내면 심리의 변화 등이 제법 그럴 듯하게 묘사되어 있다. 또한 남녀주인공 사이에서 춘앵(春鶯)이라는 시비의 주선도 예사롭지가 않으며, 작품의 전개가 사건의 변화를 쫓아가기보다는 인물들의 장황한 대화를 통해 이루어지고 있는 점도 특징적이다. 무엇보다 혼사 장애 요소가 속출하여 흥미를 제고시키고자 하는 의도가 강하게 나타난다. 그러나 미사여구가 남발되는 문체, 그리고 구성의 긴밀도나 갈등의 요인도 너무 느슨하다. 작자가 자신의 문

---

23) 「白雲仙翫春結緣錄」(박노춘 소장본). "有一少娘子, 年未三五, 態度之閑軒, 顔色之灼灼, 生之平生所不見所不聞者也. (…중략…) 張麗華・虞美人, 目雖不見, 而何過於此也; 桂蟾月・狄驚鴻, 耳雖聞也, 何能當此也?"

24) 남권희 교수 소장본이다. 겉표제가 '洛東野言'으로 나와 있으며, 표제 아래에 "永嘉權思鼎 浩甫戱著"라는 언급이 보인다. 원래는 「낙동야언」이라는 표제하에 「鳳凰朝百禽」이라는 우언담이 있고, 「遣睡魔說」・「呑蝨屑文」・「反求論」・「雙溪堂記」・「禁松禊序」・「請燭文」 등의 단문이 편제되어 있으며, 제일 뒤에 「小說」이라는 항목을 설정하여 이야기를 전개하고 있는 바, 여기서는 이를 편의상 「낙동야언」이라고 붙여둔다. 분량은 한 면이 12행, 각 행은 24자이며 총 28장으로, 그 분량은 적지 않다.

예취향을 한 번 부려보는 정도에 머물러 있다는 인상을 지울 수 없다. 그리고 전체적으로 중국 애정류 소설에 자주 보이는 여러 가지 모티프들을 조합해 놓은 감이 없지 않다. 이 작품도 그 지어진 시점은 상당히 늦은 것으로 보인다. 한 문사가 이런저런 애정류 소설을 읽고 그 작품들을 패로디한 것일 텐데, 어떤 주제 구현의 흔적은 잘 찾아지지 않는다.

그러나 이 같은 작품들이 탄생하고 있다는 사실은 그것이 어떤 사회적 감응력으로 작용될 능력은 떨어지지만, 애정전기소설의 패턴을 패로디하거나 조합하여 개인적인 취향으로 재창조되고 있었다는 사실을 알려준다. 아울러 이는 애정전기소설의 속화의 단계에서 나타나는 자연스러운 현상으로 이해된다.

지금까지 17세기 애정류 한문소설에서 나타나는 소설사의 이행기적 면모를 '속화 가능성'으로 귀납하여 몇몇 사례에서 그 조건을 찾아보았다. 우리 소설사의 흐름에서 한 가지 눈여겨지는 점은 조선 후기 — 구체적으로 규방소설 — 에 오면 현저한 경향의 하나가 권선징악의 구도가 설정된다는 점이다. 기실 권선징악은 이때 와서 소설사에 구체적으로 나타나며, 17세기 전반까지는 드러나지 않은 현상이었다. 권선징악적 구도는 곧 소설이 독자를 의식하면서부터 생겨난 한 경향으로 판단된다. 바로 소설이 독자를 의식하게 되면서 그 방향은 틀어지게 마련이다. 즉 부분 부분에 흥미를 제고할 수 있는 장치를 배치했는가 하면, 모두에게 눈물샘을 자극하게 하는 부분을 삽입하기도 하고, 종국에 가서는 권선징악으로 결말을 처리하는 방향이다. 작자와 독자 사이의 일정한 교호작용 속에 성립된 형태가 권선징악적 구도라는 말이다. 여기서 독자들은 소설을 읽는 재미와 흥분의 파토스를 경험하게 되었다. 그 과정에서 소설은 필연적으로 속화의 과정을 겪을 처지에 놓이게 된 것은 당연한 흐름으로 보아진다.

4. 소설사의 이행기적 면모—규방소설(閨房小說)과의 관련성

17세기 소설을 양분해보자면, 전반에는 본 연구의 대상인 애정전기소설이, 후반에 들어서면서 이른바 규방소설이 소설사의 주류를 점하였다. 이 구분은 도식적 이분법이라는 인상을 지울 수 없지만, 그럼에도 이 같은 양상은 분명 뚜렷한 소설사의 흐름이었다. 그런데 양자는 표기 체제에서부터 작품의 길이 등 모든 면에서 상당히 이질적 성격을 보여준다. 그러나 무엇보다 흥미로운 현상은 17세기 중반 이후로는 소설의 양상이 독자와의 긴밀한 연관성 속에서 그 존재가 부각되기 시작한다는 점이다. 따라서 이 양자의 구도도 이런 상황에서 이해할 필요가 있다. 곧 애정전기소설에서 서서히 독자층이 형성되고 있었음을 작품의 양태를 통해서 이미 확인해보았다. 그러다가 규방소설에 오면 보다 뚜렷하고 구체적인 수요층이 형성되고 있었다. 그 수요층은 규방(閨房)의 여자들이었다.[25] 조태억(趙泰億)의 「언서서주연의발(諺書西周演義跋)」은 이 사실을 잘 대변해주고 있다.[26] 이 규방의 요구가 반영된 산물이 바로 『구운몽』과 『창선감의록(倡善感義錄)』이었거니와, 고답적인 애정전기의 형태는 그 자체의 변모 노력에도 불구하고 본격적인 소설의 대중화시대에는 걸맞을 수 없는 장르적 한계를 드러낼 수밖에 없었다. 곧 규방의 요구에 부응하기 위해서는 이 전기적인 장르 체계로는 거의 불가능한 것이었다. 때문에 이에 대응한 산물이 규방소설인 셈이다.

이 불균형의 언저리에서 17세기 전반을 장식했던 애정전기소설이 어

---

25) 이 시기 소설 향유의 양상에 대해서는 임형택, 「17세기 규방소설의 성립과 창선감의록」(앞의 책)과 정출헌, 「17세기 국문소설과 한문소설의 대비적 위상」(『한국한문학연구』 22집, 한국한문학회, 1998)에서 개진된 바 있다.

26) 趙泰億, 「諺書西周演義跋」(『謙齋集』 권42). "我慈闈旣諺寫西周演義數十編, 而其書闕一筴, 秩未克完, 慈闈常嫌之. 久而得全本於好古家, 續書補亡, 完了其秩. 未幾, 有閭巷女, 從慈闈乞窺其書."

떻게 변모하면서 그 주류적 위상을 상실해 갔던가? 그러나 결과적으로 규방소설을 통해서 결코 식지 않은 생명력을 자랑하고 있었다. 그리고 한편으로는 단편화된 형태로서의 자기 모습을 19세기까지 단선적으로나마 보여 주었으니, 18세기의 「심생전(沈生傳)」, 19세기 초반에 창작된 「절화기담(折花奇談)」과 19세기 말에 창작된 것으로 추정되는 「포의교집(布衣交集)」 등은 그 확실한 증거들이다.27)

여기서는 이 중 17세기 애정전기소설의 규방소설과의 관계를 규명해 봄으로써 17세기 소설사의 구도를 짜 보는 것이 목적이다. 이미 양자의 이질성을 언급한 바 있다. 그러나 17세기 애정전기 → 규방소설로의 이행에는 그 속에 흐르는 인과적 합법칙성이 없을 수 없다고 본다. 곧 규방소설의 탄생에는 이른바 '규방의 요구'라는 사회적 현상에 추동된 것이 확실한데, 그렇다면 그 요구를 어떤 소설 장르로 대응했던가? 이 점을 따져 볼 때 바로 앞 시기 애정전기소설과의 관련성을 떠나서는 설명될 수 없다. 반대로 애정전기소설의 입장에서 보자면, 사회적 변화와 맞물려 소설사의 주류적 위상을 바야흐로 발흥하는 국문소설 쪽에 넘겨주어야 하는 시점이었다. 그때의 변모 양상은 어떠했던가? 사실 이 부분은 고전소설이 근대적 의미의 소설로의 재탄생을 사적으로 조명해보는 데 있어 관건이 아닐 수 없다. 때문에 이 과정을 밀착 취재하는 것은 17세기 애정류 한문소설의 발흥과 그 양상을 규명하는 일 못지 않게 중요한 과제임에 틀림없다. 더욱이 이 시기는 소설의 표기 체제가 한문 위주에서 국문 위주로 전환하는 과정이었다. 표기 체제의 전환은 그것이 수용자층의 현실을 반영한 것이기도 하면서 동시에 소설이 사대부가의 서안(書案)에서 좀더 밖으로 뛰쳐나오는, 이른바 소박한 의미의 '대중화'를 의미하는 것이었다. 소설사에서 또 하나 중요한 전환의 시점에 처해 있는 것이다. 이 같은 변모는 어떻게 가능할 수 있었던가?

---

27) 전기소설의 이후 향방에 대해서는 윤재민, 「조선후기 전기소설의 향방」(앞의 책)과 정길수, 「折花奇談 연구」(서울대 석사논문, 1999)에서 그 대체적인 윤곽이 잡혀졌다.

그 요인은 몇 가지를 들 수 있다. 그 하나는 이미 지적한 것처럼 소설
향유층의 증가와 그들의 다양한 요구가 장편화와 함께 '읽을감'으로 만
들어진 데 있었다. 또한 17세기 애정전기소설의 전통을 녹록치 않게 받
아들인 데서 찾을 수 있다. 그리고 또 한 가지는 중국 쪽의 영향이다. 특
히 명말청초에 발흥한 재자가인소설(才子佳人小說)의 영향이다. 이 시기
소설의 장편화 문제도 이 재자가인소설류와의 영향 관계를 규명해볼 때
보다 분명한 이해의 시각을 마련할 수 있을 것으로 기대된다.[28]

여기서의 관심은 17세기 애정전기소설과 규방소설과의 거리이다. 이
문제를 본격적으로 다루는데 중요한 실마리를 제공해주는 작품이 「홍백
화전(紅白花傳)」이다. 이 작품은 장르 귀속부터 문제적이다. 우선 분량은
약 3만 자 정도로 애정전기소설과는 비교할 수 없을 정도의 장편이며,
10회의 회장을 갖춘 장회체(章回體) 소설이다. 외형적인 규모로 보아서는
애정전기소설 쪽보다는 규방소설 쪽에 더 가까워 보인다. 그러나 규방소
설의 의식과도 일정한 변별성이 드러난다. 때문에 「홍백화전」은 17세기
애정전기소설과 규방소설 사이에 위치한 작품이다. 더욱 흥미로운 사실
은 이 작품이 양자의 요소들을 다양하게 포지하고 있다는 점이다.[29] 지
금 「홍백화전」은 그 이행기적 작품으로 주목되는 것이다.

필자는 이 작품의 성립을 17세기 중반 내지 그 이후로 판단하고 있다.
아직 정확한 시기를 판단할 증거가 없지만, 소설사의 흐름에서 볼 때 이
지점에 위치하는 것으로 판단되는 것이다.[30]

이제 논의를 위해서 잠시 「홍백화전」의 얼개를 살펴본다. 이 작품은

---

28) 재자가인소설의 흐름과 양상에 대해서는 최수경, 「淸代 才子佳人小說의 연구」(고려
대 박사논문, 2001) 참조.

29) 윤세순, 「紅白花傳을 통해 본 애정전기의 이행기적 면모」, 『漢文學報』 2집, 우리한
문학회, 2000.

30) 19세기 전후에 성립한 것으로 보는 연구가 있지만(최윤희, 「홍백화전의 구성적 특징
과 서술의식」, 고려대 석사논문, 1999) 동의하기 어렵다. 그리고 최근에 윤세순은 18세
기 전반으로 비정한 바 있다(「홍백화전 연구」, 성균관대 박사논문, 2003).

남주인공 계일지(桂一枝)와 여주인공 순직소(荀織素)·설유란(薛幽蘭)의 결
연 과정을 다룬 것이다. 곧 한 남자와 두 여인의 결연담이다. 순직소와
설유란은 거의 동등한 입장에서 의기투합, 계일지를 남편으로 맞아들인
다. 이 같은 1 : 2의 결합은 중국의 경우 앞서 거론한 「유생멱련기(劉生覓
蓮記)」 등 명대 애정류소설에서 서서히 나타나기 시작한 설정이며, 재자
가인소설에 오면 뚜렷한 유형적 특징으로 자리한다.

그런데 처음 계일지와 순직소는 어머니가 자매지간인 이종사촌간이
다. 사촌간의 남녀주인공 설정은 명대 애정류 소설의 전반에 나타나는
특징인데, 재자가인소설에 오면 이 같은 친척간의 설정이 사라진다. 때
문에 계일지와 순직소의 관계는 「가운화환혼기(賈雲華還魂記)」의 위붕(魏
鵬)과 가운화(賈雲華)의 경우와 마찬가지이다. 게다가 계일지가 어머니를
일찍 여의고 직소의 집안에 의탁하였다가 서로의 사랑을 키워 가는 과
정은 위붕이 아버지를 여의고 가운화의 집에 의탁했다가 가운화와 사랑
에 빠지는 서두의 과정과 매우 흡사하다. 우리의 경우 이처럼 남녀주인
공이 사촌지간으로 설정된 예는 없었다. 그런데 비로소 「홍백화전」에서
처음 보이며, 이후로도 잘 나타나지 않은 설정이다. 이 때문에 인물 설
정부터 「홍백화전」은 상당히 이질적이다. 요컨대 「홍백화전」은 작품 서
두의 과정이 애정전기소설의 틀을 고수하고 있는 셈이다. 그런데 이 이
후의 전개 과정은 재자가인소설의 특징적인 국면들을 그대로 흡수하고
있다. 『옥교리(玉嬌梨)』와의 친연성은 「백운선완춘결연록」과 함께 주목된
다. 이들의 결연 과정을 따라가다 보면 계일지와 순직소·설유란의 결
합 과정이 그대로 꿰맞혀질 정도다. 그 부분 부분에 삽입되어 있는 모티
프까지도 유사하다.31)

---

31) 이를테면, 각각 남녀주인공이 觀音寺와 玉淸觀에 우연히 들렀다가 그림과 시를 통
　　해서 상대방을 의식, 이를 통해서 결연의 실마리를 찾게 된다는 모티프나 두 여주인공
　　이 의기투합하여 남주인공에게 접근하는 과정 등이 그렇다(이후 윤세순은 재자가인
　　소설 『宛如約』과 비교 분석하여 또 다른 가능성을 열어놨다. 「홍백화전 연구」, 성균관
　　대 박사논문, 2003).

이를 통해서 볼 때 「홍백화전」은 전체적으로 중국의 재자가인소설의 양태를 흡수하고 거기에 부분 부분 애정전기소설의 면모를 투과시켜 성립된 작품임을 알 수 있다. 우리 소설에서 이처럼 재자가인소설의 영향이 뚜렷하게 감지되는 작품은 달리 찾아지지 않는다. 거기다가 주인공의 설정이 1:2가 됨으로써 그동안 애정전기소설에서 보여준 남녀주인공의 1:1의 중점적 관계를 벗어나 일부다처제의 형식을 보여주게 되었으며, 서사가 단선적 구조에서 벗어나 교착적 이중구조[32]로 변모할 수 있게 되었다. 기실 이 같은 인물 설정과 구조의 변화는 규방소설의 중요한 장르 성립의 조건이 되기도 하였던 바, 「홍백화전」은 이런 면모를 시험적으로 보여주고 있는 것이다.

지금 17세기 애정류 한문소설, 즉 애정전기소설의 향방을 논의하는 자리에 「홍백화전」을 특별히 언급한 것은 이 작품의 이행기적 면모에 유념했기 때문이다. 그 양식상의 변모나 분량면에서 보여준 특징은 확실히 애정전기소설과 규방소설 사이의 교량적 위치에 서있는 것으로 보인다. 「홍백화전」의 존재는 17세기 중반 이후 중국 재자가인소설의 보다 신속한 유입과 더불어 발흥하기 시작한 규방소설의 흥성의 언저리로 그 의미를 부여해볼 만하다.

이제 17세기 애정류 한문소설이 규방소설 쪽에 어떻게 포섭되어 있는가를 살펴볼 차례다. 애정전기소설의 서사 문법이나 미적 원리가 『구운몽』·「사씨남정기」·『창선감의록』 등에 인입된 점에 대해서는 연구가 있었다.[33] 대체로 남녀주인공의 결연 과정에서 전기소설의 서사 문법이 용해되어 있음을 확인할 수 있다. 또한 규방소설의 변모 양상을 가지고 전대 애정전기류와의 대비가 이루어지기도 했다.[34] 때문에 여기서는 기

---

32) 윤세순, 앞의 논문. 그러나 「홍백화전」의 교착적 이중구조는 아직은 상당히 소박한 차원에 머물러 있다.

33) 박희병, 「한문소설과 국문소설의 관련 양상」, 『한국한문학연구』 22집, 한국한문학회, 1998, 14~27면.

34) 김대현, 「17세기 소설사의 한 연구」, 앞의 논문.

왕의 논의를 대체적으로 수렴한 가운데 17세기 애정류 한문소설의 변모 양상을 규방소설 쪽에 닿아 있는 면들을 간단하게나마 지적해봄으로써 17세기 소설의 지형도를 그려볼까 한다.

대체적으로 애정류 한문소설 중 서사성이 보다 강화된 작품들이 이후 소설과의 관련성, 특히 장편화와의 문제와 연관이 깊다. 「왕십붕기우기」 와 『사씨남정기』의 관련성은 상당히 긴밀한데, 그 몇 가지를 추려본다. 첫째 여주인공이 적대자의 무고에 의해 남주인공과 이별을 강요당하고 있다. 사씨(謝氏)는 교채란(喬彩鸞)의 계략과 무고에 의해 남편 유연수(劉延壽)와 이별하게 되는 것은 주지의 사실이다. 둘째, 고초를 겪던 여주인 공이 현몽계시에 의해 죽음에서 구제되고 있다. 『사씨남정기』에서는 그 구성이 복잡한 만큼 현몽계시가 「왕십붕기우기」에 비해 보다 빈번하다 는 것이 차이라면 차이이다. 셋째, 남녀주인공의 해후가 산사(山寺)를 매 개로 이루어지고 있다. 이외에도 갈등이 적대자의 계략과 음모에 의해 지속되고 있다는 점, 그리고 그 배경이 중국의 남방 지역으로 설정되어 있다는 점 등 많은 부분에서 그 유사성이 살펴진다. 때문에 「왕십붕기우 기」의 전반부를 대폭 수정하고 중간 중간 여러 가지 요소를 첨입시키고 문체를 보다 유려하게 조직하고 나면 『사씨남정기』가 완성될 듯싶다.

그리고 「왕경룡전」의 결말구조는 규방소설 전반에서 나타나는 양상 의 초보적 모습이기도 하다. 특히 『창선감의록』에 도드라져 있는 계략 과 반전의 서사 행보와 닮아 있다. 그리고 「동선기」에서의 서문적(西門 勣)의 여성편력을 확대해보면 『구운몽』의 양소유(楊少遊)의 형상에 이를 수 있을 것으로 기대된다.

그렇다면 「운영전」·「주생전」·「위경천전」 등의 비극적 결말구조를 가진 작품들의 향방은 어떤가? 이들의 후대적 전화의 모습은 좀체 잘 드 러나지 않는다. 그 이유는 이후의 고전소설 전반이 해피엔딩의 결말구조 를 보여주고 있기 때문이다. 더 이상 독자들은 주인공들을 비극적 삶으 로 내팽개치지 않기를 바랬던 바, 이제 소설의 주인공들은 모든 고난을 극복하는 불굴의 화신으로 다시 탄생했던 것이다.

그럼에도 「운영전」과 「주생전」·「위경천전」 등은 비교적 애정전기소설의 서사 문법이 적극적으로 채용된 『구운몽』과의 관련성이 적지 않은 것으로 판단된다. 특히 양소유와 결연하는 팔선녀(八仙女)의 면모는 「운영전」의 운영을 비롯한 궁녀들에 대비될 만하다. 「운영전」의 비극적 정조를 약간 누그러뜨리고 운영을 필두로 자란(紫鸞)·소옥(小玉) 등을 하나하나 김진사와 결합시키면서 분량을 대폭 확대하다 보면 『구운몽』이 성립될 수 있을 것 같다. 그만큼 「운영전」과 『구운몽』은 그 작품성뿐만 아니라, 미의식 등이 상당히 닿아 있다. 다만 『구운몽』은 「운영전」 등에 비해 훨씬 인물의 움직임이 활발하며, 서사 공간이 넓은 편이다. 「운영전」 등의 서사 문법이 상당히 인입되어 있으면서도 그 '비극적 정조'는 '활발한 움직임'으로 대체된 셈이다. 또한 「동선기」의 면모와 아울러 볼 때 『구운몽』의 탄생이 결코 평지돌출적 사건이 아니라는 사실을 환기해 둘 필요가 있겠다.

소설의 영향 관계는 단순히 외형적 유사성만으로 따질 수 없는 법이다. 그 저변에 흐르고 있는 사유양식의 연관성이 더 중요할 터다. 때문에 「운영전」과 『구운몽』과의 관련은 보다 중요한 소설사의 흐름으로 따져 보아야 할 문제이다.

그런데 명말 청초의 재자가인소설도 마찬가지지만, 「홍백화전」도 내용이 남녀주인공의 만남과 결연까지 복잡해진 과정을 그리고 있다. 그러나 규방소설은 오히려 사랑을 성취하는 과정이 아니라, 결연 이후 일부다처 — 대체로 일부삼처(一夫三妻) — 가 성립된 속에서 가정사의 갈등을 그리고 있다. 때문에 전자가 '결연담'이라고 한다면 후자는 '가정담'이다. 곧 소설의 내용을 청춘남녀의 사랑에서 가정 속의 갈등으로 전화시킨 것이다. 이미 17세기 중반 무렵에 성립되었다고 하는 『소현성록(蘇賢聖錄)』은 이런 가정담이 진작에 장편으로 꽃을 피웠던 유력한 증거이다.35) 이 같은 변화의 요인도 역시 규방의 요구가 일정 정도 반영된 결

과라고 이해되는 것이다.36)

　17세기 애정전기소설은 분명 남녀주인공의 1 : 1의 일부일처제를 표방
하고 있다. 그러면서도 「동선기」·「주생전」·「왕경룡전」 등에서는 향후
일부다처제로 전환될 소지가 다분해 보인다. 「동선기」 국문본의 경우,
결말 부분에서 실제로 서문적이 동선은 물론 경경(瓊瓊)·설영(雪英) 등을
맞아들임으로써 일부다처제를 구현하고 있다. 「왕경룡전」도 옥단과 경
룡과의 집중적인 관계가 시종일관 지속되지만, 결말에 가서는 경룡이 고
향에 돌아가 부모의 강요에 못 이겨 모씨(某氏)를 아내로 맞아들임으로
써, 셋은 해로한다. 이처럼 애정전기소설에서 서서히 나타나기 시작하는
결말 부분의 일부다처의 양상이 규방소설에 오면 아예 일부다처제에서
시작하는 계기가 되었다.

　규방소설의 특징 중에 또 하나가 군담적 요소의 대거 인입이다. 장편
화의 과정에서 '군담'은 필연적으로 개입되게 되는데, 이 규방소설의 군
담 요소 삽입은 대략 두 가지 측면에서 이해될 수 있겠다. 그 하나는 전
란을 겪고 난 경험이 작품에 반영된 것이며, 또 하나는 중국쪽 연의류
소설의 현저한 유입과 성행이다.37) 요컨대 규방소설은 종래 애정소설의
전통을 이으면서 그 속에 군담적 요소를 적절히 흡수하여 새로운 형태
의 양식으로 태어났다는 점에서 또 다른 의미를 부여해봄 직하다.

　그러나 이 군담적 요소마저도 기실 애정전기소설의 몇 편에서 간취되
는 면모이기도 하다. 「동선기」의 동선, 「왕경룡전」의 옥단 등의 면모에
서는 여성 영웅소설의 주인공으로 전화될 요소를 다분히 안고 있었다.
애국계몽기소설 「용함옥(龍含玉)」의 옥단은 완전한 여성영웅으로 형상화

---

35) 『소현성록』에 대해서는 박영희, 「소현성록연작 연구」(이화여대 박사논문, 1994) 참조.
36) 그러나 이 같은 애정류의 변화 이유에 대해서는 보다 면밀한 이해가 필요한 것으로
　　판단된다. 다만 여기서는 가시적인 요소만을 지적했을 뿐이다.
37) 실제 전란 이후 『삼국지연의』 등 연의류 소설이 급속히 읽혀졌던 것으로 보이는데,
　　「서포만필」에서 『삼국지연의』가 임란 이후 우리나라에 성행하게 되었다는 언급은 이
　　를 뒷받침하는 것이기도 하다.

되면서 남만(南蠻)을 평정하는 군담 모티프가 착잡하게 그려져 있다.[38]

또 한 가지는 결말의 처리 양상이다. 17세기 애정전기소설은 그 결말이 비극적인 것도 있으나, 점차 해피엔딩의 결구로 바뀌어 가는 상태에 있었다. 이는 고전소설 전반에 걸쳐 결말 부분에 일어나는 변화인데, 규방소설에 오면 '권선징악'을 표방하면서 으레 행복하게 끝난다. 결과적으로 17세기 애정류 한문소설은 그 주류적 위상을 국문소설 쪽에 넘겨주면서 아울러 그 스스로 포지한 여러 가지 변화의 가능성들을 규방소설을 통해 일구어내게끔 하였다.

한편 「상사동기」는 그 경우가 좀 다르다. 이미 앞에서 언급했듯이, 비극적인 소재를 희극적으로 전화하면서 사대부의 전유물이었던 무거운 전기소설을 보다 가볍게 하여 수요층과 가깝게 한 점은 이 작품의 큰 장점이다. 그렇지만 이 작품은 확실히 규방소설 쪽과는 전혀 맥락이 닿고 있지 않다. 굳이 하나가 있다면 결말의 해피엔딩이라는 것뿐이다. 그렇다면 이후 소설과의 연관성은 없는가? 그렇진 않다. 「상사동기」는 오히려 풍자류나 판소리계 소설 쪽과 친근성이 느껴진다. 특히 김생(金生)의 모습에서는 기녀에게 망신당한 배비장(裵裨將)이나 이춘풍(李春風), 그리고 민중의 분노를 대변한 방자(房子)나 말뚝이의 놀림감이 될 양반의 모습이 떠올려진다. 그렇게 될 소지가 다분히 있다. 「상사동기」는 17세기 애정전기소설의 후대 소설과의 연결 가능성을 또 다른 차원에서 보여준다.

이렇게 볼 때 17세기 애정류 한문소설은 이미 다양한 변화 속에서 일정 정도 변모된 형태이면서 동시에 소설이 저변화되는 시대를 맞이하여 그 자신을 새로운 형식에 넘겨 줄 태세였다. 때문에 각 작품들간에도 그 층차가 상당히 큼을 알 수 있다. 이점은 고전소설의 양식사 측면에서 대단히 중요한 과정으로 이해된다. 소설의 근대적 재탄생의 언저리에 17세

---

38) 「용함옥」에 대해서는 정환국, 「애국계몽기 한문소설의 성격 규명을 위한 시론」(『한국한문학연구』 21집, 한국한문학회, 1998) 참조.

기 애정전기소설이 위치해 있었던 셈이다. 그래서 그 발전적 형태가 바로 이어서 발흥한 규방소설 쪽에 흡수되었는가 하면 이후 소설의 다양한 양태에도 직·간접적인 파급 효과가 없지 않았다. 이런 측면에서 17세기 애정전기소설은 향후 소설사의 자양분이 넘쳐나는 텃밭이 아닐 수 없었다.

우리 고전소설은 17세기 애정류 한문소설을 시발점으로 비로소 표기체제뿐만 아니라, 다양한 층위에 상응한 다채로운 유형으로 거듭날 수 있었다. 17세기 애정류 소설의 구도는 여기서 그려진다.

警世通言

自昔博洽鴻儒兼採稗官野史而通俗演義一種尤
便於下里之耳目奈射利者損漆以大傷雅道本
坊恥之茲刻出自平平閣主人手授非警世勸俗之
語不敢濫入庶幾木鐸老人之遺意或可以不棄也

金陵兼善堂評譯

▲ 명대간본 『警世通言』의 내표지.
金陵 兼善堂 주인이 간행한 것으로 나와 있다. 三言 중에서도 가장 널리 보급된 『경세통언』은 우리나라에서도 많이 읽힌 소설집으로 유명한데, 국립중앙도서관에 소장된 『啖蔗』가 그 구체적인 예가 될 것이다.

早擲文書事遠遊十年西去又南還天公不念長爲

客漫教東風送雨來

余罹病久矣病中無聊莫甚使兒輩讀相思洞

記至金生與榮伊相別之語漫吟爲却病之資

惆帳伊人久未見宮門深鎖錦帳寒東邊桃李西邊

柳何日移栽一處看

憶西州故人

流落江南三十春病身憔悴洛城人西州此去知何

許商首天涯淚滿巾

其二

▲「相思洞記」를 읽고 감회를 읊은 『釋老遺稿』의 시 부분.
『석노유고』(권오훈 소장)는 權佺의 문집으로, 그가 却病의 자료로 삼았다는 내용을 담고 있다. 시 제목은 「余罹病久矣
病中無聊莫甚 使兒輩讀相思洞記 至金生與榮(英)伊相別之語 漫吟 爲却病之資」이다.

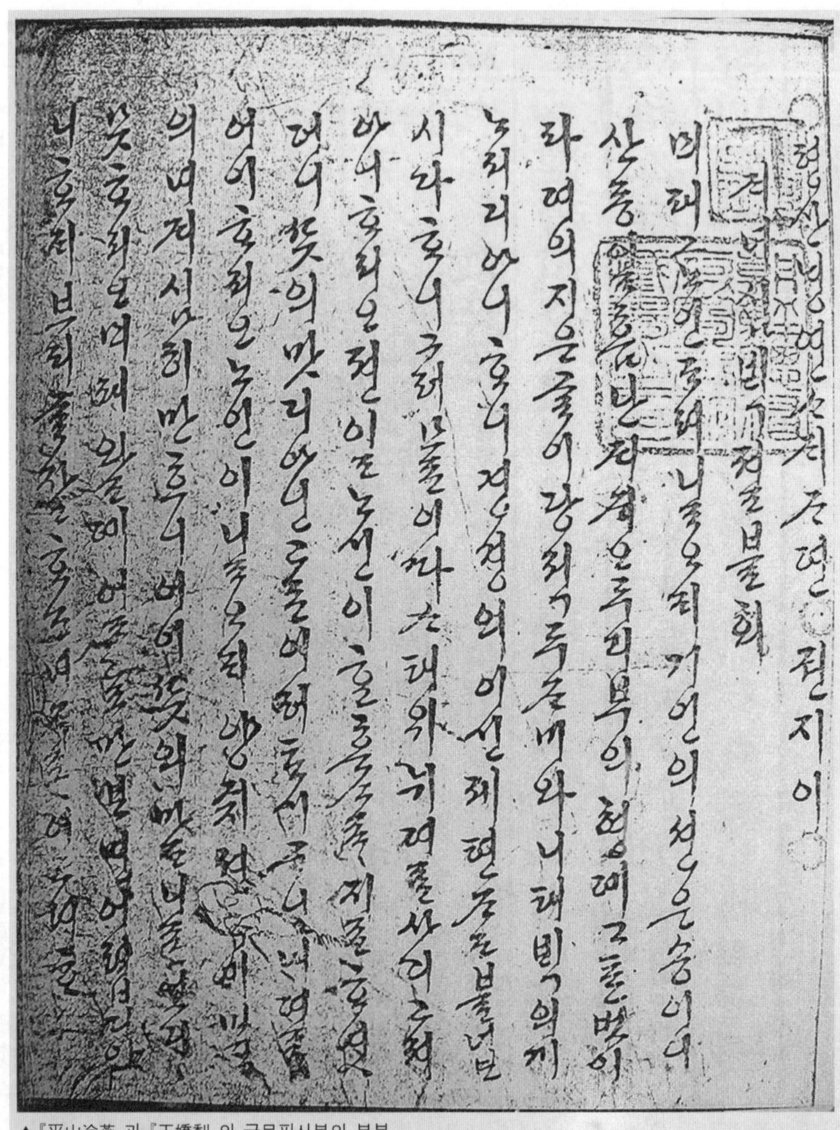

▲『平山冷燕』과『玉嬌梨』의 국문필사본의 부분.
여기『평산닝연슈지즈던』은 국립중앙도서관 소장본으로 상중하 3책이다.『옥교리』는 동경대학 阿川文庫 소장본으로 국내에는 복본이 들어와 있다. 이 두 책 모두 중국의 재자가인소설의 국내 유입과 영향의 면모를 보여주는 좋은 자료이다.

옥교리 권지 일

경통녀간의 ᄒᆞᆫ 녀러부 계시니

경운현의 오일ㅣ흠은 ᄒᆡᆼ이오 ᄌᆞᄂᆞ태 경벼ᄌᆞ

진이흠[흠]ᄒᆞ믈이ᄂᆞ야 란을버시 걸ᄀᆞᆫ라향으로 도화 옥교라

빅해생이 본더우ᄒᆞ을 ᄒᆡᆼ이 엄ᄌᆞ 아ᄅᆞ 아이 엄ᄇᆞ서 만ᄒᆞ

로잇ᄂᆞ더라 빅공의 위인이 팀정ᄒᆞ야 옥심이 적ᄅᆞ면ᄂᆞᆫ

ᆫ녀의 이셔되 산동 ᄂᆞᆨ부ᄉᆞ와 ᄎᆡ 되여 머ᄅᆞᆯ 갓ᄌᆞ다 만적 셜이 흠

 廬 副 使
 城 市 中
 沈 靜

찾아보기